本成果受到中国人民大学中央高校
建设世界一流大学（学科）和特色发展引导专项资金支持

归藏研究

辛亚民 著

人民出版社

序

　　《周礼·春官》有《连山》《归藏》《周易》"三易"之说。《周易》为"五经"之首,传本不绝;《连山》《归藏》则失载,仅有辑本存世,而真伪难辨。1993年,湖北荆州王家台出土了一批秦简,据马国翰辑本,得知是《归藏》简,学界由此掀起一股《归藏》热。2000年,王明钦在北京大学新出简帛国际学术研讨会上公布秦简《归藏》释文以后,论作更加丰富,高达数十家之多。但迄今为止,如何读懂秦简《归藏》50余卦?秦简《归藏》的卦画、卦名、卦辞,各自有哪些解释?用秦简《归藏》,当采哪一家的说法?如何看待《归藏》与《周易》?仍是难题。辛亚民教授的《归藏研究》一书为回答上述问题提供了优选的方案,是秦简《归藏》研究的集大成之作,可以说代表了目前国内外《归藏》研究的最新水平。

　　具体而言,其成就有三:

　　一是文献整理全面系统。

　　作者对秦简《归藏》研究先有《集释》,后有《校释》,由繁到简,由疏而密,最后臻于大成之境。《集释》以王明钦释文为底本,以卦为单位,逐一汇总相关研究成果,最后以按语的形式给出笔者自己的意见。可谓是"民主"与"集中"的统一。

　　比如坤卦的卦名秦简写作"𡖔",到底如何释读,学人们意见不一,是一个仍未解决的老大难问题。《集释》以发表时间为序,列举了14家之说,涵盖了各家的意见。在此基础上,又以按语的形式提出了自己的看法,"𡖔"即"𡠜",即"寅"字,当训作"敬"。《尔雅·释诂》:"寅,敬也。"又《尚书·尧典》:"寅宾出日。"伪孔传:"寅,敬。"又《尚书·舜典》:"夙夜惟寅。"《尚书·无逸》:

"严恭寅畏。"俱为"敬"义。卦辞讲述夏后启登天,"帝"认为他"弗良"而"投之渊",后文说"寅共工……",这里的"寅共工"就是"敬共工"。

作者将"𧰼"释为"寅"的意见笔者不一定赞成,但其引证侯乃峰"此字与竹本《颐》卦对应今本'颠'之字所从'真'几乎同形"的意见却很有价值。须知侯说见于其在中国台湾出版的《周易文字汇校集释》一书的附录,没有《集释》的称引,一般人是难以注意到的。《集释》按语 17000 余字,不说是字字珠玑,却也是精彩纷呈,代表了秦简《归藏》文献研究的最高水平。

作者立志,"一方面对学界原有成果尽可能'涸泽而渔'式地加以搜罗,并加以归纳、总结、整合;另一方面,对《归藏》之外的易类传世文献和出土文献相关内容及研究成果尽可能全面、完整地加以利用和吸收,力争作出一部到目前为止具有总结性意义的《归藏》集释";要"将简本《归藏》与辑本《归藏》加以整合,作较为全面、深入的校勘、整理,作出一部校勘精良,能够代表学界最新研究成果的《归藏》读本"。这一目标,应该说实至名归,甚至可以说是超额完成了。

二是学术史的破旧返真。

秦简《归藏》未出土以前,学界多视《归藏》为伪书,罕有注意。秦简《归藏》出土以后,伪书说销声匿迹,但"殷易"说死水又起微澜,信者渐众。程二行、彭公璞著《〈归藏〉非殷人之易考》一文,认为《归藏》为《周易》的衍生物,成书时代与《易传》相当,绝非商易。作者则接踵继华,系统、全面地进行论证,认为《周礼》将"三易"并举,并没有充分证据说明"三易"是一种时间上的顺序,由此得出《归藏》早于《周易》的结论更多的只是一种推测,更不能由此而认为《归藏》为殷易。作者明确提出,《归藏》为殷易的提法出现于汉代。王充《论衡·正说》明确将《归藏》与"殷易"相联系,郑玄以《归藏》为殷易也是采"近师"之说。可见,以《归藏》为殷易是东汉一些学者所持有的观点。东汉经师由《礼记·礼运》中孔子所说的《坤乾》联系到《周易》,进而联系到《周礼》所言的"三易"之一的《归藏》,由此得出"《归藏》即殷易"的结论。但是这两处说法都不能充分证明殷人有名为《归藏》的卜筮之书。古人将《说卦传》"坤以藏之"说与《归藏》之名义联系起来,也是不可靠的。这些论证,虽不能说是独出机杼,但也属后出转精,振聋发聩。

又《说卦传》"帝出乎震"章有"艮，东北之卦也，万物之所成终而所成始也，故曰成言乎艮"说，故东晋干宝视以为《连山》易之遗说，薛贞、朱元升进而以为"《连山》首艮"。我的老师金景芳先生也以为是。作者则认为"《连山》首艮"说来源十分可疑，多属猜测。"帝出乎震"章以震为始，以艮为终，实际上是取八卦卦德构建的一条略显粗糙的生成论链条，艮卦在此链条中取其完成、终止的卦德义，而非"山"义，且其地位在这一链条中并非高于其他七卦，八卦只是各自承担自身在生成中的功能而已。清华简《筮法》中艮、兑二卦的特殊性应该是基于《筮法》自身的占卜体系，与《说卦传》"帝出乎震"章中艮卦的地位并无关联。

这一观点及其论证，信而有征，完全可以视为定论。可以补充的是，孔颖达《周易正义·卷首》云："案《世谱》等群书，神农一曰连山氏，亦曰列山氏。"所谓"神农"即炎帝，"连山氏"即"列山氏"，又作"烈山氏"。甲骨文"山"字与"火"字有形近而讹的，所谓"连山氏""列山氏""烈山氏"实质即"烈火氏"。以"烈火"得，故帝号"炎帝"，"炎"也是"火"。由此可见，所谓"连山"即"烈火"，与"山"无涉。既然如此，以《说卦传》"帝出乎震"章的艮卦之说为首艮的《连山》易之遗说，自属无稽之谈。

打破"殷易《归藏》"说、"《连山》首艮"说、《说卦传》"帝出乎震"章为"《连山》易"之遗说这些成说，对于重构中国易学史、恢复中国上古学术史的本来面目意义重大。这些拨乱反正的工作，不惟引起了我的共鸣，相信读者们也会为之动容。

三是《周易》研究的创新与突破。

近几十年以来，《周易》虽为显学，论作连篇累牍，但对卦爻辞本身的研究，真正有意义的突破，鲜之又鲜。作者通过秦简《归藏》、辑本《归藏》与今本《周易》、帛书《周易》经传、上博本《周易》、阜阳简《周易》、清华简《别卦》《筮法》所载卦名的比较分析，在《中孚》《小畜》《大畜》《小过》《大过》5卦卦名的研究上取得令人信服的成就。

比如《中孚》卦卦名"中孚"之义，《杂卦传》《序卦传》都以"信"释之；孔颖达等以"内"释"中"，黄寿祺、张善文因而译"中孚"为"中心诚信"。作者则认为，"孚"字的来源和"中"有着密切的关系。一方面，"中""忠"古通，"中"可训"忠信"义,《周礼·春官·大司乐》"中和祇庸孝友",郑玄注:"中,犹忠也。"扬雄《太玄·穷》"民好中",范望注:"中,忠信也。"《管子·君臣下》:"官必中信以敬",丁士涵注:"中即忠字"。另一方面,《周易》卦爻辞"孚"字习见,古训为信。因此,作"信"义的"孚"字和作"忠信"义的"中"字义近,故古人又在"中"后加一"孚"字,以凸显"中"在易学系统中的"信"义。

这一思路凿破混沌,弥足珍贵。实际是说,"中"当读为"忠",而"忠"与"孚"复词同义。清华简《别卦》省略了"孚",只称"中(忠)",就是证明。《大象传》:"泽上有风,中孚;君子以议狱缓死。""以议狱缓死"释"中孚",即是以"中孚"为"仁"。

如果说作者对《中孚》卦名的解释与笔者是不谋而合的话,其《小畜》《大畜》《小过》《大过》4卦卦名之论则使笔者茅塞顿开,叹为观止。

作者指出,关于卦名中"大""小"含义,之前的解释都是联系卦义加以说明,如大畜、小畜,认为二卦都是和"蓄积""蓄养"有关,而"大""小"的区别在于,前者"所畜者大",后者"所畜者小"。同样,大过、小过,被解释为"大有过越""小有过越"。这些解释不符合事实,冠有"大""小"的卦名其"核心词"是后一个字,这个字是取自该卦卦爻辞,而两卦中皆有该字,且都取了该字作卦名,为避免重复,冠以"大""小"二字以示区别——这里的"大""小"并无深意。

又说:大过卦上六爻辞有"过涉灭顶",故取"过"字为卦名;小过卦六二爻辞"过其祖,遇其妣"、九三爻辞"弗过防之"、九四爻辞"弗过遇之"、上六爻辞"弗遇过之"——都有"过"字,故亦取"过"为卦名,但前面已有一个"过"卦,故冠"大""小"以示区别。

以"大""小"二字作区别字在古代较为普遍,如商王名号,王国维先生云:"其称大甲、小甲,大乙、小乙……殆后来加之以示别。"再如《诗经》有"大雅""小雅"之别,虽然这里的"大""小"具体的所指说法很多,但作为区别字的意义是很明确的。

这些论述非常精当,意义重大,可以说是近几十年来《周易》卦爻辞研究标志性成果。

当然,《诗》无达诂,《易》无达占,该书也有一些值得提出来讨论的问题。

《系辞传》云："子曰：乾坤，其《易》之门邪？乾，阳物也；坤，阴物也；阴阳合德而刚柔有体，以体天地之撰，以通神明之德。"又云："一阴一阳之谓道。"帛书《衷》也载："子曰：《易》之义谇阴与阳。"《庄子·天下》篇进而概括为："《易》以道阴阳。"也就是说《周易》是阴阳哲学。

《周易》为什么是阴阳哲学？孔颖达从六十四卦的结构形式上总结为："二二相耦，非覆即变。"

所谓"二二相耦"，就是说今本《周易》六十四卦的结构是二个卦二个卦为一对偶，依此当分为乾坤、屯蒙、需讼、师比、小畜履、泰否、同人大有、谦豫、随蛊、临观、噬嗑贲、剥复、无妄大畜、颐大过、习坎离、咸恒、遁大壮、晋明夷、家人睽、蹇解、损益、夬姤、萃升、困井、革鼎、震艮、渐归妹、丰旅、巽兑、涣节、中孚小过、既济未济三十二对。所以，"二二相耦"就是"对"。"对"是《周易》最基本的精神。

所谓"覆"就是"表里视之，遂成两卦"，一个卦体上下颠覆而成两卦，如☳☶屯，倒过来就是☶☳蒙，说是两卦，其实只有一个卦体。所谓"变"就是两卦卦画阴阳相反，如☰乾与☷坤，☵习坎与☲离。它们"反复唯成一卦"，只好"变以对之"，以相应卦位上相反的阴、阳爻来区别。

《周易》三十二对卦，"非覆即变"，既不属于卦画阴阳相反的变卦，也不属于上下颠倒而成的覆卦者，是不存在的。不论变卦，还是覆卦，它们的卦体都是相反的。只不过一是两卦卦体阴阳相反，一是两卦卦体方向相反。

《周易》卦画结构的这种相对相反性质，对卦义有没有影响？对这一问题首先进行系统探讨的当属《杂卦传》。《杂卦传》就是以"二二相耦"为据系统探讨《周易》六十四卦卦义之作，其方法可谓"以异相明""对举现义"。

比如乾、坤这一对，"乾刚，坤柔"，乾为刚健，坤为柔顺。两卦卦体阴阳相对，卦义相反。震、艮这一对，"震，起也；艮，止也"，两卦卦画相反，一为震动，一为艮止，卦义相反。解、蹇这一对，"解，缓也；蹇，难也"，两卦卦画相反，一为舒难解困，一为行走艰难，卦义相反。鼎、革这一对，"革，去故也；鼎，取新也"，两卦卦画相反，革为革命，而鼎象征政权稳固，卦义相反。谦、豫这一对，过去人多训"豫"为"喜"，《杂卦传》却说"谦轻而豫怠也"，是说谦卦之义为自贱、谦虚而豫卦之义为傲慢、自大，谦、豫两卦卦画相反，卦义自然也相反。比较之下,两说高下立判。《杂卦传》解卦"以异相明""对举现义"正是抓住了《周易》卦画与卦名"二二相耦""相反为义"的特点。冯友兰将《周易》称为"对子哲学",也是看到了这一点。因此,"二二相耦"是《周易》本经最基本的规律。打破"二二相耦"这一结构规律就不能称为《周易》。而看不到《周易》"二二相耦""相反为义"的特点,解《易》就不能提纲挈领,做到纲举目张。

作者以《小畜》《大畜》《小过》《大过》4卦的"大""小"为虚词确属创见,从"二二相耦""相反为义"的规律来看,也言之成理。

与《小畜》相偶的是《履》卦,从卦画上看,☴《小畜》倒过来就是☱《履》卦。履为行,畜为止,卦义正好相反。《小畜》之"小",确为虚词。

与《大畜》相偶的是《无妄》卦,从卦画上看,☶《大畜》倒过来就是☳《无妄》卦。《杂卦传》:"大畜,时也;无妄,灾也。"无妄是无所希望,为之绝望,故以为"灾"。大畜是得"时","天反时为灾",相反之义也很清楚。"畜"有喜欢、喜爱义。为人所喜爱,为人所厚待,与"灾"恰成反对。所以,这里的"大"字也是虚词。

与《大过》相偶的是《颐》卦,从卦画上看,☱《大过》与☶《颐》阴阳相反。《杂卦传》:"大过,颠也;颐,养正也。"李鼎祚《周易集解》引虞翻曰:"颠,殒也。"《系辞传》:"后世圣人易之棺椁,盖取诸《大过》。""过"也就是死,至今人们还将人死称为"过了"。颐是"养正",活得合规范,合标准,也就是颐养天年,活得很好;过是死亡。卦义完全相反。所以,"大过"的"大"字也是虚词。

与《小过》相偶的是《中孚》卦,从卦画上看,☳《小过》与☴《中孚》阴阳相反。"中孚"即"忠孚",复词同义,义为忠厚仁爱。"小过"之"过"是严厉责求的意思。《系辞传》:"断木为杵,掘地为臼,臼杵之利,万民以济,盖取诸《小过》。"表面上说"臼杵"敲击"之利"是受到《小过》卦的启发,实质告诉我们"小过"之义是敲打。"小"不会有敲打之义,有敲打之义的只能是"过",也就是后来的"挝"。由敲打引申而有责过义。《广雅·释诂一》:"过,责也。"《吕氏春秋·离俗览·适威》:"烦为教而过不识,数为令而非不从。"高诱注:"过,责。"因此,"过"即责求。此指严刑峻法,苛责于民。因此,与义为忠厚仁爱的

"中孚"相对的"小过","小"也是虚词。

因此,作者认为这些卦卦名冠以"小""大"之字仅仅是为了区别二卦而加,并无深意。这是完全正确的。可以进一步补充的是,这里的"小""大"之字是为了区别二卦卦名同字而不同义而加。《小畜》《大畜》都用"畜"字,但两者含义不同。《小畜》之"畜"取蓄止义,《大畜》之"畜"取喜欢、喜爱义。冠之以虚词"小""大",正是为了区分两卦"畜"字意义的不同。《小过》《大过》也是如此。

懂得《周易》"二二相耦""相反为义"的规律,就能发现作者对《周易》卦名的一些意见是值得斟酌的。

比如作者认为,小畜、大畜卦名最初为"小舆""大舆","舆"字取自爻辞,后在转写过程中由于通假原因逐步演变为"小毒""大毒""小督""大督""小畜""大畜"等,后世不明缘由,"望文生义",由"畜"字解释出"蓄积""蓄养"等义。这一论述,显然是疑古过勇,求之过深。《小畜》之"畜"取蓄止义,由其相偶的《履》卦"履"义为行可知。《大畜》之"畜"取喜欢、喜爱义,也由其相偶的《无妄》卦"无妄"为"灾"可知。如果以小畜、大畜卦名最初为"小舆""大舆",与其相偶的《履》卦、《无妄》卦"相反为义"的规律就被打破了,《周易》就不是"阴阳哲学""对子哲学"了。讨论《周易》的卦爻辞时,我们不能忘记这一解《易》的第一要义。

《说卦传》的"帝出乎震"一段,作者有详尽而精彩的分析,但也有值得商榷之处。比如作者效仿朱熹《大学章句》,将"帝出乎震,齐乎巽,相见乎离,致役乎坤,说言乎兑,战乎乾,劳乎坎,成言乎艮"视为"经",其后的解释文字视为"传",而"经""传"非一时一人所作,故认为"传"以"万物"释"帝"不正确,"帝"应该为"最高主宰",也就是上帝。这一论证,有片面之嫌。所谓"经",即论点。所谓"传",可视为论据。在同一篇文章里,先提出论点,再逐条予以论证,不是很正常吗?为什么所谓"经""传"就一定不是一人所作,"传"以"万物"释"帝"就一定不正确?从内容上看,"帝出乎震"一段为八卦卦气说,纯属自然哲学,与上帝无涉。因此,将其归于宗教神学还得慎重。其实,"帝"可读为"商"。《广韵·锡韵》:"商,本也。"《正字通·口部》:"木根、果蒂、兽蹄,皆曰商。""帝出乎震"即"商出乎震",是说各种植物的根部在春天里开始发芽了。"传"谓之"万物出乎震",应该还是可信的。

"他山之石,可以为错",这些意见,不一定正确,仅供参考。

廖名春

2023 年 5 月 23 日于北京

目　录

绪　　论

就学界目前的研究状况而言，"《归藏》"有三种不同的所指，一是典籍所载与《连山》《周易》并称"三易"的《归藏》，汉代学者称之为"殷易"；二是清人严可均、马国翰等辑佚的《归藏》，简称"辑本《归藏》"；三是1993年湖北江陵王家台出土的秦简《归藏》，简称"简本《归藏》"。此三者之间的关系是学界争论的焦点之一。

以1993年简本《归藏》的出土为界，《归藏》的研究可以划分为两个阶段。第一阶段，由于史料有限，学者大多对所谓的"三易"之一的《归藏》持保留态度，认为即使有所谓的"殷易《归藏》"，也是汉初已亡，而晋、隋以来先后复出之《归藏》，被认为是伪书，宋元间又失传，至清有辑佚本。第二阶段，1993年王家台秦简《归藏》出土，其内容大多可以和辑本《归藏》相对应，证明了《归藏》不伪，为先秦古书。随后学界掀起了一波以简本为基础的《归藏》研究的热潮，讨论十分热烈，涉及问题既丰富又深入，在取得诸多成果的同时，也有许多争议悬而未决。

从出土文献的角度来看，易类出土文献先后有湖南长沙马王堆汉墓帛书《周易》（简称：帛书《周易》），上海博物馆藏战国楚竹书《周易》（简称：上博简《周易》），安徽阜阳汉简《周易》（简称：阜阳简《周易》）、清华大学藏战国竹简（四）·《筮法》《别卦》（简称：清华简（四））以及本文讨论的秦简《归藏》。将《归藏》与不同的易类文献加以对照研究基本上已经是学界的共识，也取得了很好的效果，尤其是清华简（四）的公布又一次推动了对《归藏》的探讨。

从1993年秦简《归藏》出土至今已有30余年，学界对于《归藏》的认识也逐渐趋于成熟。对学界以往的讨论加以回顾、整理,在已有成果的基础上加以总结性的综合整理研究,以贡献于学界,是本研究的目的所在。

已有学者就《归藏》研究做过相关综述,赖贵三《〈归藏易〉研究之回顾与评议》对2011年之前的关于《归藏》研究的成果加以总结、介绍并综合评议,文章重点介绍了高明的《连山》《归藏》研究,并在其他学者《归藏》研究的成果中选择了8篇具有代表性的论文加以介绍和评议①;赵争《湖北江陵王家台秦简〈归藏〉研究综述》将2012年之前学界关于秦简《归藏》的研究从"释文与校释""性质与年代""秦简《归藏》与易学史相关问题"及"相关其他研究"四个方面作了相对全面的综述②。迄今数年过去,尤其是2014年《清华简(四)》公布以来,再次带动了对《归藏》的研究,发表了不少成果。本文在学界原综述的基础上,补充《归藏》研究的最新成果,作一次相对更为全面的综述。

就目前的研究现状来看,学界关于《归藏》的讨论主要集中在《归藏》文本、《归藏》的年代和性质、《归藏》与汲冢竹书的关系三个方面。

一、《归藏》文本

《归藏》文本方面的讨论内容较为丰富和深入,以下从辑本《归藏》文本、简本《归藏》释文、《归藏》篇目、《归藏》卦名四个方面予以评述。

(一) 辑本《归藏》文本

辑本《归藏》是简本出土之前可见的《归藏》唯一文本,由于历史上一直以来视《归藏》为伪书,故在简本问世之前对辑本的研究相对较少。1915年《中国学报》刊载刘师培《连山归藏考》一文,文章简明扼要地梳理了《连山》《归藏》书名的含义、创作时代以及流传过程,认为《汉志·术数略》"《南龟书》二

---

① 参见赖贵三:《〈归藏易〉研究之回顾与评议》,*The Journal of Studies*,vol.58,Seoul:The Society of Chinese Studies,December 2011。

② 参见赵争:《湖北江陵王家台秦简〈归藏〉研究综述》,《周易研究》2012年第5期。

十八卷"为《商龟书》之讹,亦即《归藏》,宋以后亡佚①。1939 年《制言》第 49 期刊载高明《连山归藏考》一文,文章旁征博引,较为细致地考察了《连山》《归藏》名义、由来、卦序特点、占法及流传,对旧说多有辨析,认为后人所见《归藏》为伪书。② 郭沫若《青铜时代》初版于 1945 年,其中论及《归藏》,认为《归藏》之名仅见于《周礼》,和《周礼》一样系伪作,晋以后所见《归藏》内容出自汲冢竹书《易繇阴阳卦》,③这一观点对后来的《归藏》研究影响较大。王宁《〈连山〉〈归藏〉名称由来考》发表于简本出土之前,文章受郭沫若影响,认为汉以前无《归藏》,刘歆据汲冢竹书《易繇阴阳卦》和《山海经》伪造《归藏》一书及书名。④ 简本出土后,王宁又有《传本〈归藏〉辑校》,在清人马国翰、严可均辑佚本的基础上结合简本《归藏》加以重新校订,并以按语的形式给出自己的意见,提出"坤"字恐为晚出之字,"天目"当为"天日"等。⑤ 王宁的《归藏》研究成果较多,后文还将叙述。

随着简本《归藏》出现,对辑本《归藏》加以校勘,一些重要问题得以解决,王明钦《试论〈归藏〉的几个问题》指出辑本《归藏》中原来被视作卦名的"大明""荧惑""耆老"其实是筮人名⑥;而在王明钦另一篇论文《王家台秦墓竹简概述》中,根据简本对辑本中的传抄讹误和脱漏作了进一步校勘,指出辑本"分"卦,其实是"介"卦之讹,马国翰辑本中"殷王其国,常毋谷月"应为"殷王筮其邦,尚毋有咎"⑦。

单纯就辑本《归藏》文本的研究成果相对有限,简本出现之后,《归藏》的

①　参见刘师培:《连山归藏考》,黄寿祺、张善文编:《周易研究论文集》(第一辑),北京师范大学出版社 1987 年版,第 108—109 页。

②　参见高明:《连山归藏考》,黄寿祺、张善文编:《周易研究论文集》(第一辑),北京师范大学出版社 1987 年版,第 110—131 页。

③　参见郭沫若:《青铜时代》,科学出版社 1957 年版,第 78 页。

④　参见王宁:《〈连山〉〈归藏〉名称由来考》,《古籍整理研究学刊》1991 年第 5 期。

⑤　参见王宁:《传本〈归藏〉辑校》,复旦大学出土文献与古文字研究中心网,http://www. gwz.fudan.edu.cn/SrcShow.asp? Src_ID = 1003。

⑥　参见王明钦:《试论〈归藏〉的几个问题》,古方、徐良高等编:《一剑集》,中国妇女出版社 1996 年版,第 101—112 页。

⑦　参见王明钦:《王家台秦墓竹简概述》,艾兰、邢文编:《新出简帛研究——新出简帛国际学术研讨会文集》,文物出版社 2004 年版,第 26—49 页。

文本问题开始明朗化,辑本、简本的文本问题的探究开始合流。

(二) 简本《归藏》释文

王家台秦简整理者王明钦在《王家台秦墓竹简概述》①一文中,较为完整地公布了秦简《归藏》五十三卦的卦画、卦名与卦辞释文。此前尚有部分有限内容公布,如《文物》介绍王家台秦墓时所公布的蛊、节、同人三卦的内容②,随后的研究有:连劭名《江陵王家台秦简与〈归藏〉》认为蛊卦当读为卷卦,同人卦"昔考"当为"昔者",节卦"老考"当是"耆老"③;王宁《秦墓〈易占〉与〈归藏〉之关系》根据简本蛊、节、同人三卦的内容认为这三卦内容出自《归藏·郑母经》④。王明钦《王家台秦墓竹简概述》中的秦简释文发表后,这一释文成为研究简本《归藏》文本内容的基础,涌现了一批成果。廖名春《王家台秦简〈归藏〉管窥》对简本《归藏》介卦、规卦、天目等卦名用字及其与今本《周易》的对应关系进行了讨论,并指出简本卦画阴爻"∧"是一种别写,而非数字。⑤连劭名《江陵王家台秦简〈归藏〉筮书考》,主要依秦简《归藏》卦名与《周易》的对应关系,对寡(坤)、天目、比、右等十八个卦简文进行了考释。⑥王辉《王家台秦简〈归藏〉索隐》对兼卦和天目卦内容进行了考释,指出"兼"为"寅"的讹字,辑本《归藏》𡓘即寅之隶定;⑦王辉后又发表《王家台秦简〈归藏〉校释》对秦简《归藏》肫、师、比、少督等二十三卦简文与辑本《归藏》互校,并结合文献典籍,作出训解。⑧蔡运章《秦简〈寡〉、〈天〉、〈蛊〉诸卦解诂》对寡、天、蛊、师、曜等卦内容作了较为详细的释读,该文释"兼"为"寡",认为坤、寡含义相通,并指出"天目"之"目"当为"曰"等。朱兴国《王家台秦墓竹简〈归藏〉全解》以王明钦释文为基础,结合辑本《归藏》、今本《周易》对简本《归藏》内容

---

① 王明钦:《王家台秦墓竹简概述》,艾兰、邢文编:《新出简帛研究——新出简帛国际学术研讨会文集》,文物出版社 2004 年版,第 26—49 页。

② 参见荆州地区博物馆:《江陵王家台 15 号秦墓》,《文物》1995 年第 1 期。

③ 参见连劭名:《江陵王家台秦简与〈归藏〉》,《江汉考古》1996 年第 4 期。

④ 参见王宁:《秦墓〈易占〉与〈归藏〉之关系》,《考古文物》2000 年第 1 期。

⑤ 参见廖名春:《王家台秦简〈归藏〉管窥》,《周易研究》2001 年第 2 期。

⑥ 参见连劭名:《江陵王家台秦简〈归藏〉筮书考》,《中国哲学史》2001 年第 3 期。

⑦ 参见王辉:《王家台秦简〈归藏〉索隐》,《古文字研究》2002 年第二十四辑。

⑧ 参见王辉:《王家台秦简〈归藏〉校释》,《江汉考古》2003 年第 1 期。

逐一作详细注解,其中不乏象数内容。① 另外还有对简本《归藏》个别卦的内容加以考释的论文,如李尚信《读王家台秦墓竹简"易占"札记》提出少督卦"□小子"当为"晋小子",右卦"平公"当为"晋平公"。②

有学者考察了简本《归藏》的用韵状况。王传龙《"〈归藏〉"用韵、筮人及成书年代考》论证《归藏》经文本可供吟唱,除繇辞之外或有爻辞;③于成宝也考察了《归藏》文本形态具有的"押韵"、多用"四字句"的特点;④且二人都认为《归藏》成书早于《周易》。

另外,2014 年,美国学者夏含夷著 *Unearthing the Changes:Recently Discovered Manuscripts of the Yi Jing(I Ching)and Related Texts* 一书第五章将简本《归藏》内容译为英文。⑤

简本《归藏》的释文取得的成果最为丰富,经过多年讨论,大部分问题业已成熟,应当做一总结性工作。

(三)《归藏》篇目

宋《崇文总目》卷一《易类》曰:"(《归藏》)今但存《初经》《齐母》《本蓍》三篇。"据马国翰《玉函山房辑佚书》所辑,则可知《归藏》还有《郑母经》《启筮》两篇。学界关于这些篇目的名称含义以及现存《归藏》文本篇目归属问题也进行了深入讨论。

关于篇目名称含义,马国翰最初怀疑"齐""郑"取地域名,廖名春《王家台秦简〈归藏〉管窥》认为《郑母经》之"郑"当读为"奠",与"尊"通用,"奠母"体现了《归藏》卦序"尊母"思想,⑥张树国赞同此说,且认为"齐母"为"敬母"之

---

① 参见朱兴国:《王家台秦墓竹简〈归藏〉全解》,三易通义——朱兴国的博客,http://blog.sina.com.cn/u/2707129527。

② 参见李尚信:《读王家台秦墓竹简"易占"札记》,《周易研究》2008 年第 2 期。

③ 参见王传龙:《"〈归藏〉"用韵、筮人及成书年代考》,《儒家典籍与思想研究》(第六辑),北京大学出版社 2014 年版。

④ 参见于成宝:《略论〈归藏易〉》,《语文学刊》2014 年第 3 期。

⑤ 参见 Edward L.Shaughnessy.*Unearthing the Changes:Recently Discovered Manuscripts of the Yi Jing(I Ching)and Related Texts*.New York:Columbia University Press,2014.pp.171-187。

⑥ 参见廖名春:《王家台秦简〈归藏〉管窥》,《周易研究》2001 年第 2 期。

义①。雪苗青在廖说的基础上提出"郑"不是表示"尊",而是表示名词意义的"帝",《郑母经》即帝坤经。② 关于《启筮》,王宁《传本〈归藏〉辑校》认为"盖即取其首条首句'昔者夏后启筮'中'启筮'二字为名"③。连劭名④、张树国⑤并同此说。关于《初经》,张树国认为主要保存了《归藏》卦名,而《本蓍》则是记录"通过揲蓍获得卦画,以附着繇辞"⑥。

关于现存《归藏》文本篇目归属问题,王宁《〈归藏〉篇目考》将马国翰辑本所载的《归藏》篇目《初经》《六十四卦》《十二辟卦》《齐母经》《郑母经》《本蓍篇》《启筮》与汲冢竹书《周易》类书籍篇目结合加以考察,提出辑本《归藏》系汲冢竹书《易繇阴阳卦》《卦下易经》和《公孙段》的合编。⑦ 高新华认为,全本《归藏》共十三篇,而已发表的简文可能分属于《齐母经》《郑母经》《启筮》三篇。⑧ 王传龙认为秦简并非《归藏》本经,而是利用《归藏》进行占卜的记录,故属于《归藏》的传文《郑母经》。⑨

总体来看,正如古人所言,《归藏》篇目,义多未详,现存《归藏》文本所属篇目争议较大,多属推测。

(四)《归藏》卦名

卦名问题是《归藏》研究中最直观,现在看来也是最具有突破口意义的问题。由于《归藏》卦辞与《周易》大相径庭,但是大部分卦名却与《周易》有对应关系,这引起了学者的极大兴趣。

---

① 参见张树国:《〈归藏〉殷易说新证及篇名释义》,《中原文化研究》2022 年第 5 期。
② 参见雪苗青:《〈归藏〉书名来源考:"帝—坤"体居首——兼解王家台秦简〈归藏〉坤卦名"寡"之谜》,《怀化学院学报》2016 年第 4 期。
③ 参见王宁:《传本〈归藏〉辑校》,复旦大学出土文献与古文字研究中心网,http://www.gwz.fudan.edu.cn/SrcShow.asp? Src_ID = 1003。
④ 参见连劭名:《江陵王家台秦简与〈归藏〉》,《江汉考古》1996 年第 4 期。
⑤ 参见张树国:《〈归藏〉殷易说新证及篇名释义》,《中原文化研究》2022 年第 5 期。
⑥ 参见张树国:《〈归藏〉殷易说新证及篇名释义》,《中原文化研究》2022 年第 5 期。
⑦ 参见王宁:《〈归藏〉篇目考》,《古籍整理研究学刊》1992 年第 2 期。
⑧ 参见高新华:《秦简〈归藏〉所含篇目考:兼论〈归藏〉非汲冢〈易繇阴阳卦〉》,《北京大学中国古文献研究中心集刊》2021 年第 2 期。
⑨ 参见王传龙:《"〈归藏〉"用韵、筮人及成书年代考》,《儒家典籍与思想研究》(第六辑),北京大学出版社 2014 年版。

　　早在 1983 年,饶宗颐先生就将《归藏》卦名与今本《周易》参照,并制为一表,指出"《归藏》卦名大体与《周易》同,只有少数差别"①。随着马王堆帛书《周易》、阜阳简《周易》、上博简《周易》及《清华简(四)》的相继面世,个别学者也曾制表加以对比,马王堆帛书《周易》整理者之一于豪亮先生将马王堆帛书《周易》经传与汉石经《周易》、通行本《周易》六十四卦卦名制为一表加以对照,并注意到帛书《周易》钦卦、林卦卦名与《归藏》联系紧密,由此推断《归藏》成书绝不晚于战国,非汉人能伪造②。王明钦在《王家台秦墓竹简概述》中作"《归藏》与《周易》卦名、卦画比较表"③。夏含夷 Unearthing the Changes: Recently Discovered Manuscripts of the Yi Jing(I Ching)and Related Texts 一书第四章也作"《周易》与《归藏》卦名、卦序比较表",将今本《周易》、上博简《周易》、马王堆帛书《周易》、阜阳简《周易》、秦简《归藏》及辑本《归藏》卦名和卦序作了对照。④ 蔡飞舟《清华简〈别卦〉解诂》将《别卦》卦名与上博简《周易》、马王堆帛书《周易》、阜阳简《周易》、今本《周易》及秦简《归藏》、马国翰辑本《归藏》制为一表加以对照,并以《别卦》为中心,从通假和象数的角度加以探究。⑤

　　李学勤先生《王家台简〈归藏〉小记》将简本卦名结合辑本与今本《周易》卦名比照,分五类情况:卦同名异、文字形体不同、通假字、增字、误字。⑥ 廖名春《王家台秦简〈归藏〉管窥》深入考察了简本《归藏》部分卦名,认为介卦训"大",与豫同义,亦卦、夜卦即《周易》蛊卦,罶卦为夬卦,亦(笔者按:简本有二亦卦)为颐卦,𣪠可能摹写有误,天目当为天曰,卦名为天。⑦

　　王宁在《归藏》卦名研究方面用力甚勤,有多篇论文发表。《〈归藏〉卦名辨证》对辑本《归藏》六十一卦卦名用字作出训释并与《周易》对比,做了尝试

　　① 参见饶宗颐:《殷代易卦及有关占卜诸问题》,《文史》(第二十辑),中华书局 1983 年版。
　　② 参见于豪亮:《帛书〈周易〉》,《文物》1984 年第 3 期。
　　③ 参见王明钦:《王家台秦墓竹简概述》,艾兰、邢文编:《新出简帛研究——新出简帛国际学术研讨会文集》,文物出版社 2004 年版,第 33—34 页。
　　④ 参见 Edward L.Shaughnessy.Unearthing the Changes:Recently Discovered Manuscripts of the Yi Jing(I Ching)and Related Texts.New York:Columbia University Press,2014.pp.167-169。
　　⑤ 参见蔡飞舟:《清华简〈别卦〉解诂》,《周易研究》2016 年第 1 期。
　　⑥ 参见李学勤:《王家台简〈归藏〉小记》,《周易溯源》,巴蜀书社 2006 年版,第 289—296 页。
　　⑦ 参见廖名春:《王家台秦简〈归藏〉管窥》,《周易研究》2001 年第 2 期。

性的探究;①《秦简〈归藏〉几个卦名补释》认为简本散卦可能是"简"形讹或音讹,劳卦为"袋""劳"形近而讹,陵卦"陵""谦"通假等;②后又根据《清华简(四)》发表《读〈清华简(肆)〉札记二则》,部分修正了之前的观点,提出简本《归藏》的乾卦脱了卦名和"曰"字,"乾"讹作"朝",卦辞中的"朝朝"即"乾乾",读为"斁斁","乾""斁"音近通假;散卦之"散"为"斁"之讹等③。王宁卦名研究的特点是随着新材料的出现,加以新的思考,并不断改进结论。

其他学者对卦名的讨论并未有专门论文,多包含在简本释文的探究中。

总体来看,卦名的差异大多是由于通假造成,但尚有个别卦名是通假无法解释的,以上学者的部分观点其实还有较大的商榷空间。卦名问题是易学研究中的一个关键点和突破口,也是本书重点讨论的问题之一。

二、《归藏》的年代和性质

由于简本《归藏》为新出土材料,学界更加关注简本的年代和性质,并由此论及辑本的情况。大体有以下三类意见。

(一) 简本《归藏》即是"殷易"《归藏》

梁韦弦《王家台秦简"易占"与殷易〈归藏〉》认为简本卦之象义较《周易》简单直观,简本占辞内容更为原始,故推断简本《归藏》大体为殷易《归藏》;④梁韦弦后又发表《〈归藏〉考》坚持之前意见⑤。林忠军《王家台秦简〈归藏〉出土的易学价值》认为辑本《归藏》卦名继承自简本《归藏》,而《周易》卦名又继

---

① 参见王宁:《〈归藏〉卦名辨证》,《周易研究》1995 年第 2 期。
② 参见王宁:《秦简〈归藏〉几个卦名补释》,复旦大学出土文献与古文字研究中心网,http://www.gwz.fudan.edu.cn/SrcShow.asp? Src_ID=1906。
③ 参见王宁:《读〈清华简(肆)〉札记二则》,简帛研究网 2014/2/22, http://www.bamboosilk.org/article.asp? classid=4。
④ 参见梁韦弦:《王家台秦简"易占"与殷易〈归藏〉》,《周易研究》2002 年第 3 期。
⑤ 参见梁韦弦:《〈归藏〉考》,《古籍整理研究学刊》2011 年第 3 期。

承自《归藏》，文王重卦之说不可信，夏商周三易之说不能轻易否定。① 倪晋波《王家台秦简〈归藏〉与先秦文学》将简文筮辞类型分为"叙事型"和"隐喻型"两类，从反映出的思维特质推断秦简《归藏》早于《周易》。② 邢文《秦简〈归藏〉与〈周易〉用商》认为简文中大量记录黄帝、炎帝、夏后、商王的内容和《归藏》为商易的说法相符合，少许武王、穆王的记载当是后人增补。③ 王葆玹《从秦简〈归藏〉看易象说与卦德说的起源》认为秦简《归藏》的内容表明《周易》六画卦因袭殷人，简文明夷卦、灌卦等筮辞证明秦简《归藏》必有祖本成于殷代。④ 雪苗青《〈归藏〉书名来源考："帝—坤"体居首——兼解王家台秦简〈归藏〉坤卦名"寡"之谜》认为秦简《归藏》与辑本《归藏》内容相符合，且其中记载的周代筮例属于后世的编辑行为，不能推翻《归藏》商易论，《归藏》"帝—坤"居首反映了商王室的文化精神。⑤ 张树国《〈归藏〉殷易说新证及篇名释义》通过考察简本《归藏》筮例，认为《归藏》系商代"占卜宝典"。⑥

（二）王家台秦简"易占"即《归藏》，但非"殷易"《归藏》

由于秦简出土之初整理者在简报中并未直接断定其为《归藏》，而是谨慎地称其"易占"，其后有部分学者关注的问题是"易占"是否就是《归藏》，而《归藏》是否就是"殷易"则属于另外一个问题，或悬置，或存疑。李家浩《王家台秦简"易占"为〈归藏〉考》根据考古简报公布的几条筮辞，结合传世文献，证明秦简"易占"即《归藏》，但和辑本《归藏》属于不同的传本，秦简《归藏》有可能是战国晚期秦人的抄本，而辑本《归藏》的来源可能出自汉代。⑦ 李学勤《王家台简〈归藏〉小记》认为简本《归藏》是流行于战国末的一种筮书，无法

---

① 参见林忠军：《王家台秦简〈归藏〉出土的易学价值》，《周易研究》2001 年第 2 期。

② 参见倪晋波：《王家台秦简〈归藏〉与先秦文学》，《晋阳学刊》2007 年第 2 期。

③ 参见邢文：《秦简〈归藏〉与〈周易〉用商》，《文物》2000 年第 2 期。

④ 参见王葆玹：《从秦简〈归藏〉看易象说与卦德说的起源》，艾兰、邢文编：《新出简帛研究——新出简帛国际学术研讨会文集》，文物出版社 2004 年版，第 146—153 页。

⑤ 参见雪苗青：《〈归藏〉书名来源考："帝—坤"体居首——兼解王家台秦简〈归藏〉坤卦名"寡"之谜》，《怀化学院学报》2016 年第 4 期。

⑥ 参见张树国：《〈归藏〉殷易说新证及篇名释义》，《中原文化研究》2022 年第 5 期。

⑦ 参见李家浩：《王家台秦简"易占"为〈归藏〉考》，《传统文化与现代化》1997 年第 1 期。

论证与《周礼》所载的《归藏》及孔子所见的《坤乾》的关系,但能够肯定要比《周易》晚,不会很古。①

大部分学者认为秦简"易占"即是《归藏》,但《归藏》并非"殷易"或者说不能等同于"殷易"。王宁《秦墓〈易占〉与〈归藏〉之关系》根据考古简报所公布的三条释文通过与辑本《归藏》之《郑母经》的比较,认为秦简《易占》是《归藏》的重要组成部分。柯鹤立《兆与传说:关于新出〈归藏〉简书的几点思考》认为《归藏》并没有特别保存跟商代有关的故事,而是在向战国晚期流行的神话故事找依据,所以不一定早于《周易》。② 蔡运章《秦简〈寡〉、〈天〉、〈蚕〉诸卦解诂》认为秦简《归藏》是战国早中期人在《周易》的影响下,利用春秋战国文献里的神话人物故事编撰而成的易学著作。③ 宋镇豪《谈谈〈连山〉和〈归藏〉》结合传世文献中《归藏》佚文等材料推断简本《归藏》成书或在周秦时期,但有本自远古传说及夏商周三代的筮占材料。④ 王明钦《试论〈归藏〉的几个问题》根据简文中提到的"穆天子"断定《归藏》成书年代绝不可能早到周穆王时期,而是在西周末年到春秋初期,与《周易》古经年代相当。⑤ 李零《跳出〈周易〉看〈周易〉——数字卦的再认识》也认为简本、辑本中都出现了周穆王,当然不会是商代的内容。⑥ 程二行、彭公璞《〈归藏〉非殷人之易考》认为《归藏》为《周易》的衍生物,成书时代与《易传》相当,绝非商易。⑦ 赖贵三《〈归藏易〉研究之回顾与评议》认为秦简"易占"应定作"《归藏》摘抄本",所谓"殷易"文献不足,无法判断,《归藏》未必是殷易,《归藏》不宜简单视为神话典籍或先秦筮书。⑧ 夏

---

① 参见李学勤:《王家台简〈归藏〉小记》,《周易溯源》,巴蜀书社 2006 年版,第 289—296 页。

② 参见柯鹤立:《兆与传说:关于新出〈归藏〉简书的几点思考》,艾兰、邢文编:《新出简帛研究——新出简帛国际学术研讨会文集》,文物出版社 2004 年版,第 154—157 页。

③ 参见蔡运章:《秦简〈寡〉、〈天〉、〈蚕〉诸卦解诂》,《中原文物》2005 年第 1 期。

④ 参见宋镇豪:《谈谈〈连山〉和〈归藏〉》,《文物》2011 年第 2 期。

⑤ 参见王明钦:《试论〈归藏〉的几个问题》,古方等编:《一剑集》,中国妇女出版社 1996 年版,第 101—112 页。

⑥ 参见李零:《跳出〈周易〉看〈周易〉——数字卦的再认识》,《传统文化与现代化》1997 年第 6 期。

⑦ 参见程二行、彭公璞:《〈归藏〉非殷人之易考》,《中国哲学史》2004 年第 2 期。

⑧ 参见赖贵三:《〈归藏易〉研究之回顾与评议》,*The Journal of Studies*,vol.58,Seoul:The Society of Chinese Studies,December 2011。

含夷 *Unearthing the Changes：Recently Discovered Manuscripts of the Yi Jing（I Ching）and Related Texts* 一书认为秦简的内容和辑本《归藏》相合，《归藏》不仅是一篇真实的先秦文本，也是在解释占筮结果时相对《周易》而言的另一种重要选择，并对"殷易《归藏》说"持保留态度。① 郑吉雄《〈归藏〉平议》认为，从《归藏》内容判断其不可能是殷易，而是后人依附在《归藏》之上，袭取其形式所撰写的内容。②

（三）王家台秦简"易占"内容既非"殷易"亦非《归藏》

个别学者持秦简"易占"应独立看待的观点，史善刚、董延寿《王家台秦简〈易〉卦非"殷易"亦非〈归藏〉》认为，王家台秦简《易》卦非"殷易"亦非《归藏》，而是一部杂占类史书，是一部带有神话色彩的卜筮史书；而所谓的《归藏》纯属"子虚乌有"③。汪显超《王家台易简〈归藏〉是个错误结论》认为王家台易简不可能是《归藏》，而是先秦历史上一部用《连山》和《归藏》方法筮占当时重大事件的实例汇编，是供专业人士学习的筮占文献。④

笔者认为关于这一问题争论的关节点在于对"殷易"《归藏》的认识，以上学者都未曾对传统的"三易"说以及"殷易《归藏》"说详加讨论，多以已有成见为前提来判定秦简《归藏》性质，而笔者以为秦简《归藏》的研究恰好能够反观传统的"三易说"和"殷易说"，先从学术史的角度对所谓的"三易说"和"殷易《归藏》说"加以审视和厘清，然后联系《归藏》，才能对此问题有一个较为明确的定位。

三、《归藏》与汲冢竹书

由于大部分学者由秦简《归藏》肯定了"《归藏》不伪"，自然就会涉及《归

① 参见 Edward L.Shaughnessy. *Unearthing the Changes：Recently Discovered Manuscripts of the Yi Jing（I Ching）and Related Texts*.New York：Columbia University Press,2014.pp.143-144。

② 参见郑吉雄：《〈归藏〉平议》，《文与哲》2016 年第 29 期。

③ 参见史善刚、董延寿：《王家台秦简〈易〉卦非"殷易"亦非〈归藏〉》，《哲学研究》2010 年第 3 期。

④ 参见汪显超：《王家台易简〈归藏〉是个错误结论》，《阳明学刊》2012 年第六辑。

藏》在历史上的流传问题。《隋书·经籍志》说:"《归藏》汉初已亡,案晋《中经》有之。"而《晋书》记载晋时汲郡出土的竹书中有大量易类竹简,由此,有不少学者将《归藏》与汲冢竹书联系起来。大体有以下两类观点。

(一)《归藏》即汲冢竹书《易繇阴阳卦》

郭沫若根据《晋书》《隋书》的记载,提出《归藏》即汲冢竹书的整理者之一荀勖对汲冢竹书中的一篇《易繇阴阳卦》所赋予的拟名。① 郭说影响很大,后来的学者大多接受这一观点。任俊华、梁敢雄《〈归藏〉、〈坤乾〉源流考》认为西晋以后人们所看到的《归藏》及征引文字均出自荀勖命名的《归藏》,实即汲冢竹书《易繇阴阳卦》。② 程浩《辑本〈归藏〉源流蠡测》在分析史料记载及辑本《归藏》篇目的基础上,认为传世《归藏》内容其实就是汲冢所出的易类文献的汇编,但不一定和《周礼》所说的《归藏》有实际联系。③ 刘彬《子夏与〈归藏〉关系初探》也持《易繇阴阳卦》为《归藏》之说,并进一步提出《归藏》传自子夏。④ 王宁《〈归藏〉篇目考》接受了郭沫若《归藏》出自汲冢竹书的说法,但认为《归藏》并非《易繇阴阳卦》,而是《易繇阴阳卦》《卦下易经》和《公孙段》的合编。⑤ 夏含夷认为汲冢竹书中有《归藏》,或者说有一种被后来命名为《归藏》的古书。⑥

总的来看,这一观点基本是由郭沫若奠定,后来学者都是在郭说的基础上加以补充。但是这一说法也存在很大的缺陷,另一派学者针锋相对地提出了相反意见。

(二)《归藏》流传与汲冢竹书没有关系

李学勤不同意《归藏》出自汲冢竹书说,认为荀勖作为汲冢竹书的整理者

---

① 参见郭沫若:《青铜时代》,科学出版社 1957 年版,第 78 页。
② 参见任俊华、梁敢雄:《〈归藏〉、〈坤乾〉源流考》,《周易研究》2002 年第 6 期。
③ 参见程浩:《辑本〈归藏〉源流蠡测》,《周易研究》2015 年第 2 期。
④ 参见刘彬:《子夏与〈归藏〉关系初探》,《孔子研究》2007 年第 4 期。
⑤ 参见王宁:《〈归藏〉篇目考》,《古籍整理研究学刊》1992 年第 2 期。
⑥ 参见 Edward L.Shaughnessy.*Unearthing the Changes:Recently Discovered Manuscripts of the Yi Jing(I Ching)and Related Texts.*New York:Columbia University Press,2014.p.147。

之一,如果发现《易繇阴阳卦》就是《归藏》一定会加以说明。① 梁韦弦《秦简〈归藏〉与汲冢书》也认为束皙、荀勖等参加竹书整理的学者并未指出《易繇阴阳卦》即《归藏》,所以二者不是一种书。② 朱渊清《王家台〈归藏〉与〈穆天子传〉》也认为郭璞征引《归藏》非常具体,而束皙也始终未明言《易繇阴阳卦》即是《归藏》。③ 赖贵三《〈归藏易〉研究之回顾与评议》认为汲冢书《易繇阴阳卦》篇幅与薛贞注《归藏》差距悬殊,史籍也并无明载晋《中经》所收《归藏》出自汲冢,《归藏》流传与汲冢《易繇阴阳卦》无关。④ 雪苗青《〈连山〉〈归藏〉的汉代官藏本之考定》在批判郭沫若、王宁、任俊华等人的基础上提出《归藏》为汉代官藏,是郭璞等人所引《归藏》的来源,汲冢书《易繇阴阳卦》不是晋《中经》所录《归藏》,将王家台秦简"易占书"划类为"归藏"是合理的。⑤ 郑吉雄《〈归藏〉平议》认为《归藏》并非汉初已亡,也没有足够证据支持《易繇阴阳卦》就是《归藏》,讨论《归藏》似乎并不需要去深究这个问题。⑥ 高新华在质疑郭沫若的基础上提出六点证据,认为《归藏》不是汲冢书《易繇阴阳卦》,且至少在战国秦汉之际是流传于世的。⑦

这类观点指出了《归藏》出自汲冢说的重要缺陷,而且他们的观点是建立在《归藏》并非"汉初已亡"的前提下的。笔者更倾向于这一说法。

总体来看,首先,与简本《归藏》的出土文献性质密切相关,关于《归藏》文本的讨论在《归藏》研究中所占比重最大,是学界关注的重点内容,所取得的成果也最为丰富,其中不少具体的问题已经基本讨论成熟,亟须一部具有总结性质的研究对已取得的成果加以梳理和整合。

其次,《归藏》与今本《周易》及其他易类文献相比,卦辞和《周易》不属于

---

① 参见李学勤:《周易溯源》,巴蜀书社 2006 年版,第 257 页。

② 参见梁韦弦:《秦简〈归藏〉与汲冢书》,《齐鲁学刊》2003 年第 6 期。

③ 参见朱渊清:《王家台〈归藏〉与〈穆天子传〉》,《周易研究》2002 年第 6 期。

④ 参见赖贵三:《〈归藏易〉研究之回顾与评议》,*The Journal of Studies*,vol.58,Seoul:The Society of Chinese Studies,December 2011.

⑤ 参见雪苗青:《〈连山〉〈归藏〉的汉代官藏本之考定》,《周易研究》2014 年第 6 期。

⑥ 参见郑吉雄:《〈归藏〉平议》,《文与哲》2016 年第 29 期。

⑦ 参见高新华:《秦简〈归藏〉所含篇目考:兼论〈归藏〉非汲冢〈易繇阴阳卦〉》,《北京大学中国古文献研究中心集刊》2021 年第 2 期。

同一种类型,更非一个系统,而卦名的差异则是最为直观的现象,不少学者对此多有探究,但目前争议较大。笔者经过数年的探索,结合最新的易类出土文献,逐渐发现卦名的研究对于《归藏》乃至整个易学具有突破口的意义,所以卦名的研究在易学研究方面意义重大,还需深入开掘。

最后,不少学者关注《归藏》与汲冢竹书的联系,实际上是受郭沫若观点的影响,郭沫若的时代秦简《归藏》尚未出土,《归藏》为伪书的观点仍然是学界主流观点,且郭氏以首言"三易"的《周礼》为刘歆伪作,所以他联系汲冢竹书来讨论《归藏》情有可原。如果我们站在已经被秦简证明《归藏》不伪的立场上重新梳理《归藏》的流传,《归藏》与汲冢竹书的问题其实是比较明朗的。

第一章　"《归藏》殷易说"考辨

按照传统观点,《连山》《归藏》与《周易》并称"三易",且分别对应了夏、商、周三代。但是《汉书·艺文志》未载《归藏》,晋、隋以来先后复出之《归藏》被认为是伪书,即使此"伪书"宋元间又失传,至清有辑佚本。

1993 年王家台秦简《归藏》出土,其内容大多可以和辑本《归藏》相对应,证明了《归藏》不伪,为先秦古书。随后学界掀起了一波以简本为基础的《归藏》研究的热潮,有学者认为目前流传下来的《归藏》即是"殷易"。在此,笔者也就"《归藏》殷易说"这一《归藏》研究中的核心问题加以梳理和考辨,以就正于学界。

一、"归藏"之名出自《周礼》

关于"归藏"一名在古籍中的出处,学界有不同的意见,一种认为:

> 载籍所见,连山、归藏二名,最早出于《山海经》"伏羲连山","黄帝归藏","列山周易"。其后,始出于敱莽之时的《周礼》说:"太卜掌三易之法,一曰连山,二曰归藏,三曰周易。"《周礼》之后,东汉的一些经学家开始称呼归藏之名。①

按,今本《山海经》并无"归藏"之语,说"归藏"出自《山海经》是根据宋人

---

① 王立洲:《〈归藏〉在汉、魏两代的文化史意义》,《古典文献研究》2009 年第十二辑。

著述中对《山海经》文句的引用。宋王应麟《玉海》第三十五卷云:

> 王洙曰:"《山海经》云:伏羲氏得河图,夏后因之曰《连山》;黄帝氏得河图,商人因之曰《归藏》;列山氏得河图,周人因之曰《周易》。"

又宋罗泌《路史·发挥一》罗苹注文亦云:

> 《山海经》云:"伏羲氏得河图,夏后因之曰《连山》;黄帝氏得河图,商人因之曰《归藏》;列山氏得河图,周人因之曰《周易》。"

有学者指出,"此文不类《山海经》文字,疑为古注佚文,王氏或误以为《山海经》正文"①。

鉴于此,我们同意另一种观点,即《归藏》之名,最早较为可靠的出处是在《周礼》,其《大卜》云:

> (大卜)掌三易之法,一曰《连山》,二曰《归藏》,三曰《周易》,其经卦皆八,其别皆六十有四。

又《筮人》云:

> 筮人掌三易以辨九筮之名,一曰《连山》,二曰《归藏》,三曰《周易》。

就《周礼》的这两段记载本身而言,并未明确指出《归藏》就是殷易。但是这里两处均按《连山》《归藏》《周易》的次序列出,引起了一些学者的注意。高亨先生认为:"(《连山》、《归藏》)依《周礼》所记,皆与《周易》相类,按其次序,似《归藏》作于《周易》之前,《连山》作于《归藏》之前。"②林忠军先生也认为:"从其排列次序看,将《连山》《归藏》置于《周易》之前,这种排列绝非偶然,当视为《归藏》早于《周易》的重要证据。"③

笔者认为,古书中将几种同类或性质相关事物并举属于常见现象,其内在逻辑或有时间序列的意义,或无时间序列的意义。《周礼》将"三易"并举,并没有充分证据说明"三易"是一种时间上的顺序,由此得出"《归藏》早于《周易》"的结论更多的只是一种推测,更不能由此而认为《归藏》为殷易。所以,《周礼》关于"三易"的提法只能够证明《归藏》是与《连山》《周易》并存的一种

---

① 程二行、彭公璞:《〈归藏〉非殷人之易考》,《中国哲学史》2004年第2期。
② 高亨:《高亨〈周易〉九讲》,王大庆整理,中华书局2011年版,第7页。
③ 林忠军:《王家台秦简〈归藏〉出土的易学价值》,《周易研究》2001年第2期。

占筮之书。

在此有必要附带一提的是,由于《周礼》一书自身的特殊原因,"三易"的提法也曾受到过怀疑。

以郭沫若先生为代表,郭文称:

> 《归藏》之名仅见于《周礼》的春官太卜,与《连山》《周易》共合为所谓"《三易》",但《汉书·艺文志》中并没有《连山》和《归藏》的著录,我疑是和《周礼》一样乃刘歆所伪托的东西,不过那伪托品没有流传便化为了乌有。①

1993 年湖北江陵王家台秦简《归藏》的出土,证明《周礼》所说的《归藏》确为先秦古书,并非后人伪作。

接下来的问题是,此《归藏》是否就是"殷易"呢?

二、"《归藏》殷易说"的由来

载籍所见,《归藏》为殷易的提法出现于汉代,中间经历了一个过程。

郑玄注《周礼·大卜》"掌三易之法,一曰《连山》,二曰《归藏》,三曰《周易》"一句时,引杜子春的说法:"杜子春云:《连山》,宓戏。《归藏》,黄帝。"这是将《归藏》与上古帝王黄帝相联系。杜子春将"三易"与上古帝王相联系并非偶然,郑玄注《周礼·大卜》"掌三兆之法,一曰《玉兆》,二曰《瓦兆》,三曰《原兆》"时,也引杜子春的说法:"杜子春云:《玉兆》,帝颛顼之兆。《瓦兆》,帝尧之兆。《原兆》,有周之兆。"此是将龟卜之法的"三兆"分别与上古帝王"颛顼""帝尧"以及后世的"有周"相配套。可见,将《周礼》所说的三种卜筮之法与三个不同时代或帝王(主要是上古)相联系是杜子春一贯的观点。

杜子春的这一观点,还没有将"三易"和夏、商、周"三代"加以配套,而是和三代之前更早的上古帝王相联系,这就开启了"《归藏》殷易说"的滥觞。有

---

① 郭沫若:《中国古代社会研究》,河北教育出版社 2004 年版,第 300 页。

学者称,"杜子春说,可视为'三代易说'的萌芽"①。

笔者认为,杜子春的这一说法,缺乏历史的实证考察,很大程度上是反映了杜子春自身的学术立场以及他所处时代的观念。有学者认为:

> 杜子春受业于刘歆,故用刘氏"三统三辰"之意说《周礼》"三易""三兆"之名。是"三代易说"的始作俑者,实为杜子春。其后经由师门授受,不断修正与补充,至东汉后期,"夏、商、周三代之易"随古文经学之盛而大行于世。②

此说可从。

其后,王充在其《论衡·正说》中明确将《归藏》与"殷易"相联系:

> 古者烈山氏之王得河图,夏后因之曰《连山》;烈山氏之王得河图,殷人因之曰《归藏》;伏羲氏之王得河图,周人曰《周易》。

据考证,这里的第二个"烈山氏"当为"归藏氏"。③

与王充说法一致,郑玄也是明确地将"三易"与"三代"相联系。孔颖达《周易正义·序》载:

> 郑玄《易赞》及《易论》云:"夏曰《连山》,殷曰《归藏》,周曰《周易》。"

又《礼记·礼运》:

> 孔子曰:"我欲观夏道,是故之杞,而不足征也,吾得《夏时》焉;我欲观殷道,是故之宋,而不足征也,吾得《坤乾》焉。"

郑玄注"吾得《坤乾》焉"一句云:"得殷阴阳之书也,其书存者有《归藏》。"这里也是明确将《归藏》与殷商相联系。至于《坤乾》与《归藏》以及与"殷易"的关系留待下文讨论。

至此,到王充、郑玄,"《归藏》为殷易"一说得以正式确立。

值得一提的是,郑玄的弟子赵商就杜子春的"三易与上古帝王"说与郑玄曾有过讨论,见《周礼注疏》贾公彦疏:

---

① 程二行、彭公璞:《〈归藏〉非殷人之易考》,《中国哲学史》2004年第2期。
② 程二行、彭公璞:《〈归藏〉非殷人之易考》,《中国哲学史》2004年第2期。
③ 参见黄晖:《论衡校释》(第四册),中华书局1990年版,第1133—1134页。

赵商问此,并问下文:"子春云'《连山》,宓戏;《归藏》,黄帝。'
今当从此说以不?敢问杜子春何由知之?"郑答云:"此数者非无明
文,改之无据,故著子春说而已。近师皆以为夏殷周。"郑既为此说,
故《易赞》云夏曰《连山》,殷曰《归藏》,如是《玉兆》为夏,《瓦兆》为
殷可知,是皆从近师之说也。

由此可见,郑玄以《归藏》为殷易也是采"近师"之说。可见,以《归藏》为
殷易是东汉一些学者所持有的观点。

三、殷人是否确有名为《归藏》的占筮之书

从上文所引贾公彦疏可知,对"殷易《归藏》"的说法郑玄也没有直接的证
据,只是因袭"近师"之说而已。那么,殷人是否确有名为《归藏》的筮书?

学界持肯定意见的学者①,一般基于以下两个方面的论证。

首先,由《左传》所记载的筮例可知春秋时期还存在《周易》之外的其他
筮法。

《周礼》说《归藏》"其经卦皆八,其别皆六十有四",郑玄注云:"三易卦、
别之数亦同,其名、占异也。每卦八,别者重之数。"其中"其名、占异",根据孙
诒让《周礼正义》的解释:"名异,谓《连山》《归藏》卦名与《周易》或同或异;占
异,谓《连山》《归藏》以不变为占,与《周易》以变为占异。"

《左传》襄公九年云:

> 穆姜梦于东宫。始往而筮之,遇《艮》之八,史曰:"是谓《艮》之
> 《随》。随,其出也。君必速出。"姜曰:"亡,是于《周易》曰:随,元亨
> 利贞,无咎……"

---

① 如李学勤先生认为:"春秋时在《周易》之外另有其他筮法,这从《周礼》来看当即《连
山》《归藏》,应属可信。《归藏》本为殷商筮法,也较有根据。《周易》结构与二易相似,有可能是
在二易,特别是殷人《归藏》基础上损益修改而成。在周代,二易仍和《周易》并行,其自身当亦有
其演变过程,即是《归藏》也不会仍为殷商之旧。"参见氏著:《周易溯源》,巴蜀书社 2006 年版,第
48 页。

杜预解"遇《艮》之八"云：

《周礼》大卜掌三易，然则杂用《连山》《归藏》《周易》。易皆以七八为占，故言"遇《艮》之八"。

于"是谓《艮》之《随》"下云：

史疑古易遇八为不利，故更以《周易》占，变爻得《随》卦而论之。

这是说《连山》《归藏》用七八，以不变为占，和《周易》用九六，以变为占不同。

孔颖达对此有更为详尽的论述：

《周易》之爻唯有九六，此筮乃言"遇《艮》之八"。二易皆以七八为占，故此筮遇八，谓《艮》之第二爻不变者是八也……《连山》《归藏》以不变为占，占七八之爻，二易并亡，不知实然以否。世有《归藏易》者，伪妄之书，非殷易也。假令二易俱占七八，亦不知此筮为用《连山》，为用《归藏》。所云"遇《艮》之八"，不知意何所道。以为先代之易，其言亦无所据，贾、郑先儒相传云耳。先儒为此意者，此言"遇《艮》之八"，下文穆姜云"是于《周易》"；《晋语》公子重耳筮得贞屯悔豫皆八，其下司空季子云"是在《周易》"，并于遇八之下别言《周易》，知此遇八非《周易》也。

除上文所举"遇《艮》之八"的筮例外，《左传》另有几处也可参考，如：

（1）《左传·僖公十五年》：秦伯伐晋。卜徒父筮之，吉。涉河，侯车败。诘之。对曰："乃大吉也。三败必获晋君。其卦遇《蛊》，曰：'千乘三去，三去之余，获其雄狐。'……"

（2）《左传·成公十六年》：楚晨压晋军而陈……苗贲皇言于晋侯曰："楚之良在其中军王族而已。请分良以击其左右，而三军萃于王卒，必大败之。"公筮之，史曰："吉。其卦遇《复》，曰：'南国蹙，射其元王，中厥目。'……"

以上两条，高亨先生认为，"盖六爻皆七、八者，不变之卦也"，"其繇辞不见于《周易》，盖据别种筮书，其繇辞当为卦辞，其卦名与《周易》同"。①

就以上所引《左传》筮例而言，将其归结为殷易《归藏》显然是有问题的。

---

① 高亨：《高亨〈周易〉九讲》，王大庆整理，中华书局2011年版，第63页。

《左传》原文并未明确记载此系用《归藏》占法,后世学者所注也多为推测。如孔颖达所言"假令二易俱占七八,亦不知此筮为用《连山》,为用《归藏》",即使"以为先代之易,其言亦无所据"。此外,这些材料也没有直接涉及与"殷易"的联系。因此,笔者认为,以《左传》相关筮例证明《归藏》为"殷易"的说法显然是不能成立的。

其次,肯定"《归藏》殷易说"的另一个证据是上文提到的《礼记·礼运》中孔子所说的"坤乾"。

《礼运》相关原文上文已引,兹不重复。

金景芳先生认为,《归藏》确为殷易,且根据《礼运》所说"坤乾"推断,《归藏》首坤次乾,这源于"殷道亲亲",重母统,故殷易首坤。[1]

李学勤先生提出"《归藏》本为殷商筮法,也较有根据",也是基于《礼运》关于《坤乾》的记载。[2]

还有学者认为《周礼》所称《归藏》必出现于先秦时,而《礼运》所称"坤乾"绝非乾坤一词的倒置,而是与《归藏》有渊源关系的卦书,并提出"归藏"为"坤乾"的音转。[3]

按,郑注"吾得《坤乾》焉"一句云:"得殷阴阳之书也,其书存者有《归藏》。"孔颖达《礼记正义》说:"先言坤者,熊氏(安生)云:殷易以坤为首,故先坤后乾。"如果《礼记·礼运》所载可信,这段材料有以下几个方面需要讨论。

首先,鉴于《礼记》文本本身的特殊,《礼运》的说法只能作为一种参考。

其次,即使《礼运》说法符合历史事实,"坤""乾"俱为《周易》卦名,以《坤乾》名书,可知该书与《周易》相类,又属殷人及其后裔(宋),笔者颇怀疑东汉经师正是由《坤乾》联系到《周易》,进而联系到《周礼》所言的"三易"之一的《归藏》,因此得出"《归藏》即殷易"的结论。这样就把杜子春的将三易与三代前上古帝王相联系的说法改造成了三易与夏商周三代相配的观点,所以郑玄在回答弟子赵商的问题时才会说:"近师皆以为夏殷周。"因此,汉儒的"三

---

① 参见金景芳、吕绍纲:《周易全解》,金景芳先生原《序》,载金景芳、吕绍纲:《周易全解》,上海古籍出版社 2005 年版,第 10 页。

② 参见李学勤:《周易溯源》,巴蜀书社 2006 年版,第 48 页。

③ 参见任俊华、梁敢雄:《〈归藏〉、〈坤乾〉源流考》,《周易研究》2002 年第 6 期。

易三代说",除时代思潮的原因外,《礼运》的"《坤乾》说"也是重要的思想来源。

再次,今本《周易》首乾次坤,而孔子以《坤乾》名书,按古书通例,此书卦序当首坤次乾,《归藏》首坤的说法即由此而来,后世学者进一步敷衍为"殷道亲亲""重母统"等。

复次,郑玄注,《坤乾》为"殷阴阳之书","其书存者有《归藏》",即郑玄时所存之《归藏》与《坤乾》为一类,同属"殷阴阳之书"中的一种,并非说《坤乾》即《归藏》,也就是说,至少在郑玄看来,《坤乾》并非就是《归藏》,二者并不等同。

最后,"坤""乾"作为卦名,各有其确定的含义,"坤乾"一词作为书名,也是取前两卦卦名而已。而"归藏"一词则有其特定的含义,根据郑玄注"归藏者,万物莫不归而藏于其中";因此,即使"坤乾"与"归藏"有字音上的联系,但由此判定二者为"音转"的通假关系,则是有很大疑问的。

四、关于"殷易"的考古材料

学界还有一些学者利用考古材料论述了自己的观点。

反对《归藏》殷易说"的学者有一种意见,认为所谓的"殷易《归藏》"纯属"子虚乌有",而真正的"殷易"就在殷墟出土的占卜《易》卦之中。① 兹将文章所举出土文物列举如次:

(1)殷墟四盘磨卜骨《易》卦;

(2)殷墟小屯南地卜甲《易》卦;

(3)安阳苗圃北地 M80 磨石《易》卦;

(4)传安阳殷墟小屯出土陶篹;

(5)安阳殷墟出土陶篹;

---

① 参见史善刚、董延寿:《王家台秦简〈易〉卦非"殷易"亦非〈归藏〉》,《哲学研究》2010 年第 3 期。

（6）山东平阴朱家桥 M9 出土陶罐。

以上六种文物共同特点就是上面都有六画类似卦画的刻符，姑且称作"数字卦"，其中文物（2）上还有"贞吉"二字。笔者认为，此即真正的"殷易"所在。

下面我们就以上材料进行逐一讨论。

关于文物（1），曹定云先生有专文研究，曹文从该卜骨文字特征、钻凿形态推断该卜骨属于殷商"康丁"时期，并指出：

> 四盘磨"易卦"卜骨肯定不是《周易》，以时间和族属推之，似应为《归藏》。但目前材料太少，且卜骨上的"卦名"有的字不清，故是否一定为《归藏》，还不能最后断定。这有待于今后新材料的发现与研究。①

以"殷易"为殷墟出土的《易》卦卜骨的结论当是基于曹定云先生的这一观点。

但是对于文物（1）的时代和族属，学界存在不同看法。李学勤先生认为，首先，卜辞有"囟（斯）"字，"'斯……'这样的句例在大量殷墟卜辞中尚属未见，而在周原卜辞中则是习见的。……这是卜骨应属周人系统的一个明显标志"②。其次，曹文所说的"康丁卜辞"，按照李学勤先生的分类，"其年代下限可以到文丁时期"③。再次，根据钻凿形态，"周原出土的卜骨，虽多为圆钻，但其兆枝都是内向的，和四盘磨的一版显然相似"④。最后，就文字特征，"四盘磨卜骨上文字的字体，和周原甲骨较早的酷似"，"特别是扶风齐家村所出 80 扶齐采:94 卜骨，……和四盘磨这版非常相像"⑤。

基于此，我们认为，将四盘磨卜骨认定为"殷易"的观点还有待商榷。

再来看上文所列的文物（2），即殷墟小屯南地卜甲《易》卦。对此，肖楠先生有专文论述，肖文指出，"尽管该'易卦'卜甲出于殷墟，可它在整治方法、钻

---

① 曹定云：《殷墟四盘磨"易卦"卜骨研究》，《考古》1989 年第 7 期。
② 李学勤：《周易溯源》，巴蜀书社 2006 年版，第 205 页。
③ 李学勤：《周易溯源》，巴蜀书社 2006 年版，第 206 页。
④ 李学勤：《周易溯源》，巴蜀书社 2006 年版，第 206 页。
⑤ 李学勤：《周易溯源》，巴蜀书社 2006 年版，第 206 页。

凿形态、字体风格等方面都有别于殷代而近于西周"①。

李学勤先生对此卜甲作了释文,并指出:

"贞吉"一语见于《周易》,在殷墟卜辞中却是没有的。肖楠文中指出,"卜甲上之'贞'字上有一个小小的'卜'字,是周原甲骨的常见写法"。这个"贞"字和凤雏卜甲 H11:1、H11:112、H11:174 等片的"贞"几乎完全一样,而前面已说过,H11:1、H11:112 等确定属于纣与文王时期。②

如此看来,文物(2)也不能认定为"殷易"。

再来看(3)、(4)、(5),李学勤先生认为:

迄今已知殷墟的筮数例证,数量并不很多,而且多是应有器物,如殷墟苗圃北地 M80 的砺石,属殷墟三期;同地点 GT406:6、GT409:6 两件陶簋,属殷墟四期。《邺中片羽二集》所收的一件陶爵范,很可能也是苗圃北地所出,也属四期。……由此可以联想,苗圃北地之所以屡见筮数,也有可能是有殷人以外的人员在那里聚居或服役,有着不同于殷人的风习。……由此我们不妨猜测,这些均与周人有其关系。③

上文所说的"苗圃北地 M80 的砺石"即文物(3),《邺中片羽二集》所收的陶范即文物(4),GT406:6、GT409:6 两件陶簋即文物(5)。

关于文物(6)山东平阴朱家桥 M9 出土陶罐,学界讨论较少,据称"时代与文王约略相当"④。

基于以上论述,我们认为,将以上列举的六种文物上的筮占定位为"殷易"尚缺乏说服力,就族属而言,属殷人还是周人,学界意见不统一;就时代而言,称作"殷商时代之易"也不大合适,严格来说,既包括殷代晚期,也包括殷末周初。

此外还有一些意见值得注意,可以作为上述"殷易说"的补充。

---

① 肖楠:《安阳殷墟发现"易卦"卜甲》,《考古》1989 年第 1 期。
② 李学勤:《周易溯源》,巴蜀书社 2006 年版,第 208 页。
③ 李学勤:《周易溯源》,巴蜀书社 2006 年版,第 208—209 页。
④ 张亚初、刘雨:《从商周八卦数字符号谈筮法的几个问题》,《考古》1981 年第 2 期。

与筮数相关的商周出土材料中有两件文物引起了学者们的注意:

(1)《殷墟文字外编》448 卜骨,释文一般作"上甲六六六",时代为商代晚期;

(2)《商周金文录遗》253 父戊卣,释文一般作"六六六父戊",时代为商末周初。①

关于(1),李学勤先生的意见是"性质如何,还待考虑"②。饶宗颐先生认为:"在龟甲及彝器上先公名号兼记着坤卦卦名用意尚未明。"③另外,饶宗颐先生将张亚初、刘雨先生所作的《商周八卦符号登记表》中的"陶器、卜甲、彝器上可确定为属于商季之契数资料"单独列出,并作了统计,指出:

> 无九的数字。以一、五、六、七、八最为常见,而"六"数则几乎每一卦卦爻皆用之,⚌为三个阴爻之数,即是坤卦。旧说殷易首坤,未为无因。④

李尚信先生也提出:

> 殷墟出土的数字卦有崇尚坤之倾向。……周立升先生指出:"上甲、父戊都是殷商的先公名号,如果契数⚌是坤卦(后人将其横置作《,正是坤之古文),当可推知殷人是贵坤的。称《归藏》首列坤,为殷易,是有一定道理的。"⑤

以上两种意见认为殷人所存占卜记录尚六、尚坤,并在坤卦卦象后附有先公名号,以此来证明"殷易贵坤说"。笔者遍检商代彝器契画,除以上两则材料提及的内容之外,其铭文有筮数与先公名号者还有其他,如:

(1)父乙爵,铭文:"右史父乙,五五五。"(《三代吉金文存》16.46.3)

(2)小臣卣 2 件,器盖上铭文相同:"王易(锡)小臣兹,易(锡)在寝,用乍(作)且(祖)乙尊。五五五。右史。"(《三代吉金文存》13.35)

(3)祖丁觯,铭文:"五五五,且(祖)丁。"(《三代吉金文存》13.50.3)

---

① 参见张亚初、刘雨:《商周八卦符号登记表》,载《从商周八卦数字符号谈筮法的几个问题》,《考古》1981 年第 2 期。

② 李学勤:《周易溯源》,巴蜀书社 2006 年版,第 208 页。

③ 饶宗颐:《饶宗颐史学论著选》,上海古籍出版社 1993 年版,第 33 页。

④ 饶宗颐:《饶宗颐史学论著选》,上海古籍出版社 1993 年版,第 32—33 页。

⑤ 李尚信:《王家台秦简〈归藏〉出土的易学价值》,《周易研究》2001 年第 2 期。

（4）盉,铭文:"五五五。"(《三代吉金文存》14.1.3)

以上彝器铭文,就筮数而言,俱为三个数字五相重①,五为阳数,可"译为"乾卦,且有先公名号相连。恰好可以作为殷人"尚六""贵坤"的反证。因此,笔者认为,商代彝器上的筮数只能作为一种普通的卜筮记录看待,并不能由此得出"殷人贵坤"的结论,以此作为"殷易"《归藏》首坤的根据,说服力尚嫌不够。

综上所述,所谓的"《归藏》殷易说",就文献所见有两处来源,一为王充、郑玄对杜子春说法的发展、改造;二为《礼记·礼运》所说的可观"殷道"的《坤乾》。二者的相互糅合构成了学术史上"《归藏》殷易说"的渊源。但是这两处说法都不能充分证明殷人有名为《归藏》的卜筮之书。

考古材料中殷商时期殷人的占筮记录是研究"殷易"的宝贵资料,但没有充分的证据说明这些资料即是"殷易《归藏》"。

根据《周礼》,《归藏》属"三易之法"之一。与"三兆之法"不同,"三易之法"本质上是一种"数占"。联系殷商时期的考古资料,学界称为"数字卦"的商代器物上的契画被认为是数占的记录。考古学者也在殷墟发现了数占的一种工具——彩色小石子。② 这些占卜记录和工具由于年代久远,所能提供的信息十分有限,许多问题还存在争议,还不能认定其为"殷易《归藏》",但对于探究"殷易"及其与《周易》筮法的关系,进而厘清学术史上扑朔迷离的关于"《归藏》"的说法,还是具有十分重要的参考价值。

---

① 王化平认为,金文中确有数字卦"五五五",但也有一些属于误释,如三个字符均有"父"叠写成,应释作"爻",不能释作"五五五"。兹备一说。参见氏著:《万物皆有数:数字卦与先秦易筮研究》,人民出版社2015年版,第48—51页。

② 参见宋镇豪:《商代社会生活与礼俗》,中国社会科学出版社2010年版,第644—645页。

第二章 《归藏》的流传

上文在对"《归藏》殷易说"进行讨论的过程中已经涉及了《归藏》一书在古代的流传过程。《归藏》一书的流传也是学界研究的一个重要问题,对于认识《归藏》本身有着较为重要的意义。

一、《归藏》流传梗概

这里有必要先对《归藏》在古代流传的基本情况作一梳理。

(一) 两汉时期

上文已述,《归藏》一名首见于《周礼·大卜》,杜子春以为"黄帝"之易,后王充、郑玄以为"殷易"。值得注意的是,郑玄在注《礼记·礼运》"坤乾"时的一句话——"其书存者有《归藏》"。还有一点特别重要,与刘歆同时的桓谭所著《新论·正经》云:

易,一曰《连山》,二曰《归藏》,三曰《周易》。《连山》八万言,《归藏》四千三百言。《连山》藏于兰台,《归藏》藏于太卜。

这是明确道出了《归藏》字数以及藏书地点。

但是,这一时期的"《归藏》说"的特征是"只见其名,不见其文"。

还有必须说明的一点,也是为后世学者所注意的一点,就是刘歆《七略》和班固《汉书·艺文志》均未著录有《归藏》一书,这也是后世学者质疑《归藏》的重要原因之一。

（二）魏晋时期

这一时期，张华《博物志》以及郭璞注《山海经》、《穆天子传》屡引《归藏》，并指出篇名。试举几例如次：

1.《山海经注》

郭注《西山经》"钟山之子"章云：

> 此亦神名，名之为钟山之子耳，其类皆见《归藏·启筮》。《启筮》曰："丽山之子，青羽人面马身。"

又注《海外西经》"夏后启"章云：

> 《归藏·郑母经》曰："夏后启筮：御飞龙登于天，吉。"明启亦仙也。

又注《海外东经》"汤谷十日"章云：

> 《归藏·郑母经》云："昔者羿善射，毕十日，果毕之。"

2.《穆天子传注》

卷五"丙辰，天子南游于黄室之丘，以观夏后启之所居"，郭璞注云：

> 疑此言太室之丘嵩高山，启母在此山化为石，而子启亦登仙，故其上有启石也。皆见《归藏》及《淮南子》。

此是继汉代以后晋人典籍中出现的有关《归藏》的内容，较之汉代的"只见其名，不见其文"，这里不但引用了其中的具体内容，而且涉及具体的篇目。

与讨论《归藏》的流传密切相关，这一时期，汲郡竹书出土是一起重大事件。

《晋书·束皙传》载：

> 初，太康二年，汲郡人不准盗发魏襄王墓，或言安釐王冢，得竹书数十车。其《纪年》十三篇……其《易经》二篇，与《周易》上下经同。《易繇阴阳卦》二篇，与《周易》略同，繇辞则异。《卦下易经》一篇，似《说卦》而异。《公孙段》二篇，公孙段与邵陟论《易》。……《师春》一篇，书《左传》诸卜筮，"师春"似是造书者姓名也。……《穆天

子传》五篇,言周穆王游行四海,见帝台、西王母。

其中的《易繇阴阳卦》为学者所注意,甚至有学者认为此即后世所见之《归藏》。这一点留待后文详述。

(三) 隋唐时期

《隋书·经籍志》中有两处关于《归藏》的记载十分重要:

(1)《归藏》十三卷,晋太尉参军薛贞注。

(2)《归藏》汉初已亡,案晋《中经》有之,唯载卜筮,不似圣人之旨。以本卦尚存,故取贯于《周易》之首,以备"殷易"之缺。

孔颖达《左传正义》中也说道:

《连山》《归藏》……二易并亡……世有《归藏易》者,伪妄之书,非殷易也。

这一时期,学者认为所谓的"殷易"《归藏》已经亡佚,而在世间流传的《归藏》为托伪之书。

(四) 宋代及以后

宋《崇文总目》载:

《归藏》三卷,晋太尉参军薛正注,隋世有十三篇,今但存《初经》《齐母》《本蓍》三篇,文多阙乱,不可详解。

欧阳修在《经部·易类·小序》中称:

(连山、归藏)夏、商之易,已亡,汉初虽有《归藏》,已非古经,今书三篇,莫可究矣。

此残存三卷本,至《中兴书目》尚有著录,《遂初堂书目》著录有《归藏经》,《宋史·艺文志》也有《归藏》薛贞注三卷。

此三卷本随后亡佚。清马国翰《玉函山房辑佚书》与严可均《全上古三代秦汉三国六朝文》对《归藏》作了辑佚。

以上便是《归藏》在古代流传的大致情况。总的来看,其流传过程较为曲折,中间又是疑案重重。下面我们对其中的重要问题一一进行检讨。

二、《归藏》是否"汉初已亡"

《归藏》"汉初已亡"的提法源自隋唐时期,其理由大致有二:其一,刘歆《七略》和班固《汉书·艺文志》均未著录有《归藏》一书;其二,汉人论《归藏》也是"只见其名,不见其文"。与此相关,对于魏晋时期《归藏》文句的出现,其解释是"唯载卜筮,不似圣人之旨",系"伪妄之书"。

在秦简《归藏》出土之前,"伪书"的结论古今学者多有支持,几成定论。随着简本《归藏》的发现,讨论辑本《归藏》是否托伪已无意义,因此,问题更加集中于一点——汉代究竟有无《归藏》流传?

这一问题的核心是,为何汉代学者言之凿凿,屡屡论及《归藏》,但《七略》和《汉书》却未收录?

支持汉代有《归藏》流传的学者理由较为明确,一是郑玄注《礼记》云:"其书存者有《归藏》",二是桓谭所言:"《归藏》四千三百言……藏于太卜"。而对于《七略》《汉志》不载《归藏》的原因,孙诒让《周礼正义》认为"或偶失录耳",李学勤先生认为,"或许正是认为书不足据的缘故"[1]。还有一种意见认为,"桓氏所见之《连山》《归藏》,刘歆没有细加分别,统称为《周易》归之于《数术略》"[2]。

持反对意见的学者提出,郑玄、桓谭等人并未见过《归藏》。关于郑玄注《礼记》所云"其书存者有《归藏》",该文认为:

> 其实,郑玄并未见过《归藏》,故他既不敢言《归藏》就是殷易《坤乾》,也不敢说《归藏》是由《坤乾》增删而成。他故意模糊其辞:用可包罗星象、龟筮、择日、形法、杂占等等在内的几乎与数术书同义的"阴阳之书"来把《坤乾》《归藏》纳入同一类中。因此,郑注的后一句,似应诠释为:保存了《坤乾》那种殷代阴阳之义的书有《归藏》。

---

① 李学勤:《周易溯源》,巴蜀书社 2006 年版,第 48 页。
② 程二行、彭公璞:《〈归藏〉非殷人之易考》,《中国哲学史》2004 年第 2 期。

由此看,郑玄只肯定了《归藏》对《坤乾》有继承关系,并不能说明当时有《归藏》存在。①

关于桓谭"《归藏》四千三百言……藏于太卜"的记载,该文认为:

> 笔者一点也不怀疑桓谭会凭空编造,谭是一个有气节的学者,其言之凿凿,又不象"戏说"。这究竟是怎么一回事? 看来只能作如下解释:《连》《归》究竟有何内容,当时大家都不得而知。谭又笃信新问世的古经《周礼》的"三易"之说。于是他便把当时兰台、太卜所藏的一种有8万字、一种有4300字的、皆是以64卦为载体的非《周易》的筮书——例如,录入《汉志·数术略·蓍龟类》中的《大衍筮》《大次杂易》或录入《六艺略·易类》中的《古杂》80篇中的某些篇章——推定其为《连山》《归藏》而与刘歆相异。这种做法正符合其本传所说,谭"尤好古学,数从刘歆、杨雄辨析疑异"的学术个性。……汉兰台太卜藏有《连山》《归藏》之说,只是桓谭个人标新立异之见,是不足为据的。②

按,我们认为,《归藏》"汉初已亡"的结论不可信,郑玄和桓谭的说法已经很明确,③汉代确实有《归藏》一书在流传。李学勤先生也据郑、桓的记载,认为"东汉时实有一种《归藏》存在,汉初已亡之说未必可据"④。

这里有必要就桓谭关于《归藏》的说法作一些补充讨论。

据项思侠的研究,首先,以字数悬殊问题质疑桓谭是不成立的。"《连山》八万言"的说法,一方面,此《连山》不一定就是夏代之书,联系《归藏》的内容特征,《连山》极有可能也是一种占筮记录的集成,并且文辞繁琐;另一方面,如高亨所言"《连山》八万言似有经有传"⑤,以汉人注经之琐碎,八万言也就不足为奇了。其次,桓谭原文同时还记录了《古文尚书》、古帙《礼记》、古《论语》、古《孝经》的篇卷及字数,据后人研究认为桓谭所论严谨而无误,故《归

---

① 任俊华、梁敢雄:《〈归藏〉、〈坤乾〉源流考》,《周易研究》2002年第6期。
② 任俊华、梁敢雄:《〈归藏〉、〈坤乾〉源流考》,《周易研究》2002年第6期。
③ 参见梁韦弦:《秦简〈归藏〉与汲冢书》,《齐鲁学刊》2003年第6期。
④ 李学勤:《周易溯源》,巴蜀书社2006年版,第335页。
⑤ 高亨:《周易古经今注》,中华书局1984年版,第8—9页。

藏》也应可信。最后,桓谭著篇名即为"《正经》",本就是为澄清、匡正经书及经解中的一些问题,岂有欲正而己先胡乱编排之理? 故桓谭所论,应为亲见、确凿的言论。①

那么关于《七略》《汉志》"不录"《归藏》该如何解释?

学界目前有以下五种说法。一是如李学勤先生所言,也许是刘歆认为此书"不足据";二是程二行、彭公璞两位先生所言,刘歆未将《归藏》细加分别,统称为《周易》归之于《数术略》;三是孙诒让所言,刘歆"偶失录耳";四是雪苗青认为,《归藏》属西汉官藏自然定本,不在刘歆校理范围之内,故《汉志》不录;五是顾实称:"盖此二书,西京中秘所不藏……故《七略》俱不著录,而班固因之。"②即西汉校书时,于当时及前代典籍并未搜罗殆尽,而所校之书也仅是西京中秘所藏之书。桓谭言"《连山》藏于兰台,《归藏》藏于太卜",则是此二书不在西京中秘,不属校理对象,故《七略》阙录、《汉志》因之③。

笔者认为,《汉志》不录之书夥矣,学界对此亦多有研究。余嘉锡《古书通例》论《汉志》不著录之故有三,除为民间所有、前汉末年著作二因而导致祕府未收外,尚有一种原因,就是"《七略》不录国家官书",即"国家法制,专官典守,不入校雠也"④。《归藏》为占筮之用,藏于太卜,属"专官典守",自然不在校录范围。⑤

接下来的问题是,既然汉代有《归藏》流传,为何"只见其名,不见其文",而到了魏晋时期其篇名和内容才被略略称引?

对于这一问题,有学者从文化史的角度进行了解答,还有学者将魏晋时期的《归藏》文本与当时出土的汲冢竹书相联系加以解释。下面我们就这两个重要问题分别加以讨论。

---

① 参见项思侠:《桓谭〈归藏〉论辨析》(未刊稿)。
② 顾实:《〈汉书·艺文志〉讲疏》,商务印书馆2021年版,第27页。
③ 参见尹海江:《〈汉书·艺文志〉研究》,浙江大学博士学位论文,2007年。
④ 余嘉锡:《目录学发微·古书通例》,中华书局2007年版,第190—191页。
⑤ 笔者曾就此问题请教李若晖先生,教以此说,谨注于此,示不掠美耳。

三、《归藏》在汉、魏两代流传的
不同特征及其原因

（一）汉代的流传特征及其原因

《归藏》在汉代流传的具体内容可以划为两个方面：

（1）将"三易"与"三代"配合。具体内容参见第二章，兹不赘述。

（2）《归藏》"首坤"说和"以不变为占"。皇甫谧云："《归藏》首坤，万物莫不归藏其中也。"郑玄注《易纬·乾凿度》："（《归藏》以）不变为占，占七八之爻。"

关于（2），其《归藏》"首坤"说，王立洲先生指出：

> 皇甫谧释连山何以首艮曰："夏以十三月为正，人统艮渐正月，故以艮为首。"此说用到了三代改制说的两个核心观念，其一是三统，其二是三正。……从皇甫谧以及后人对归藏卦序的解释之中，我们可以发现他们试图将三易引入三统的努力。①

而关于汉人所谓的"《归藏》以不变为占"，王文认为：

> 郑玄注《乾凿度》曰："……连山、归藏占象，本其质性也。周易占变者，效其流动也。"察郑玄之意，此处与周易之"流动"相对的"质性"是连山、归藏占象的原因。何谓质性？《礼记·表记》说"夏尚忠，殷尚质，周尚文"。董仲舒以黑、白、赤配以忠、敬、文三德，是为三统。除此之外，董仲舒《三代改制质文》复有夏、商、质、文"四法"交替，或径以"质""文"相替代称。刘向《说苑·修文》说"商者，常也，常者质，质主天。夏者，大也，大者文也，文主地"。此处郑玄还是在暗示商周二代的差异、更迭、交替。郑玄对《归藏》"七八不变"为占的强调，以及后世对此一观念的因袭，其中所表达的还是三

---

① 王立洲：《〈归藏〉在汉、魏两代的文化史意义》，《古典文献研究》2009 年第十二辑。

统论。①

王文还提出:

> 汉代学者对《归藏》的阐释,表现的是汉代文质变更的意识形态。……对于汉人,以及后世人心中的汉人来说,《归藏》的意义只有他们作为三易之一,才具有意义。"一代有一代之易",《连山》《归藏》《周易》,与三统、三代是一个意义体系之内的概念。……汉儒对《归藏》的阐释,不过是在为"三统连环"的意识形态添砖加瓦。②

王文从文化史的角度对《归藏》在汉代的流传作出了阐释,学界也有其他学者持类似的观点③,这对于理解《归藏》在汉代的流传特征提供了新的认识。一方面我们认为,汉人对《归藏》的阐释自然有它的时代原因在内,但另一方面也不能忽视《归藏》自身的性质、特点,"三易"未必如汉儒所说与"三皇"或"三代"有如此严密的配合关系,但就目前掌握的材料来看,《归藏》的一些内容还是有比较早的来源。

(二) 魏晋时期的流传特征及其原因

这一时期以张华、郭璞为代表,在著作中屡屡引述《归藏》文句,且出现了汉人尚未提及的《归藏》篇名。王立洲先生将历代引用《归藏》的书籍、作者、时代制成表格形式,兹引用如下:④

书名	作者	分卷所引						总计	年代
		初经	齐母	郑母	遗爻	本蓍	启筮	逸文	
博物志	张华			6		3			9	(232—300)
山海经注	郭璞			2			8		10	(276—324)
尔雅注	郭璞	1							1	(276—324)

---

① 王立洲:《〈归藏〉在汉、魏两代的文化史意义》,《古典文献研究》2009 年第十二辑。
② 王立洲:《〈归藏〉在汉、魏两代的文化史意义》,《古典文献研究》2009 年第十二辑。
③ 参见前文所引程二行、彭公璞《〈归藏〉非殷人之易考》,载《中国哲学史》2004 年第 2 期。
④ 参见王立洲:《〈归藏〉在汉、魏两代的文化史意义》,《古典文献研究》2009 年第十二辑。

续表

书名	作者	分卷所引							总计	年代
		初经	齐母	郑母	遗爻	本蓍	启筮	逸文		
周礼注	干宝	8							8	(283—351)
北堂书钞	虞世南				3				3	隋末
艺文类聚	欧阳询				3				3	唐武德七年 (624)
周礼注疏	贾公彦				2				2	唐永徽中
文选注	李善				2		2	1	5	唐显庆三年 (658)
初学记	徐坚				1		2	2	5	唐开元十三年 (725)
史记索引	司马贞							1	1	唐开元中
太平御览	李昉等		2		4	1	3	5	15	宋太平兴国八年 (983)
易丛说	朱震				1			1	2	绍兴甲寅(1134)
路史	罗泌						3	3	6	乾道庚寅(1170)
西溪易说	李过				4				4	庆元戊午(1198)
汉制考	王应麟				2			4	6	宋末

考郭璞所引内容《归藏》，多为古史神话，这当然是由于《归藏》中的古史神话内容和《山海经》联系紧密，可以互相发明。而张华《博物志》所引，亦不出乎此类。王嘉《拾遗记》称："华好观祕异图纬之部，捃采天下遗逸，自书契之始，考验神怪，及世间闾里所说，造《博物志》四百卷。"可见，张华所引《归藏》内容也与其人其书的旨趣相关。

此外，也有学者指出魏晋时期的《归藏》流传与当时的时代风气有关："汉末迄于魏晋……神仙方术的风气很盛"，"《归藏》一书浓郁的神话色彩，丰富的神话内容，与魏晋时代的神仙风气相契合。它被爱好、重视和反复称引，亦是情理之中的事情"。①

---

① 参见王立洲：《〈归藏〉在汉、魏两代的文化史意义》，《古典文献研究》2009 年第十二辑。

四、《归藏》与汲冢竹书

谈到《归藏》的流传,有一点是不能绕开的,那就是汲冢竹书与《归藏》的关系。

汲冢竹书出土于晋武帝时期,《晋书·束皙传》记载最为详尽,前文已引,兹不赘述。其中出土的易类书籍中《易繇阴阳卦》一书与《归藏》直接相关。

郭沫若先生认为:

> 《易繇阴阳卦》,又有《归藏易》的名称。《隋书·经籍志》上说:"《归藏》汉初已亡,案晋《中经》有之,唯载卜筮,不似圣人之旨。"但晋代的《中经》所著录的都是汲冢的出品。《晋书·荀勖传》上说:"得汲郡冢中古文竹书,诏勖撰述之,以为《中经》,列在秘书。"据此可以知道所谓《归藏易》不外是由荀勖对于《易繇阴阳卦》所赋予的拟名。①

近年来也有学者提出,"《易繇阴阳卦》为《归藏》别称","自西晋以降《归藏》的各种版本及人们所征引的《归藏》文字,均出自由荀勖重新命名的汲冢本《归藏》"。②

李学勤先生认为,"晋《中经》即荀勖所著《中经新簿》,而荀勖是整理汲冢竹书的主要人物之一。《易繇阴阳卦》如是当时存在的《归藏》,荀勖一定会作出说明"③。

与李学勤先生观点一致,梁韦弦先生认为:

> 《晋书·束皙传》记汲冢书云:"《易繇阴阳卦》二篇,与《周易》略同,繇辞则异。"束皙、荀勖这些亲身参加整理汲冢书的学者并不认为《易繇阴阳卦》即《归藏》,而荀勖又正是《中经新簿》的作者。……这就意味着《中经新簿》所著录之《归藏》13 卷与《易繇阴

---

① 郭沫若:《青铜时代》,科学出版社 1957 年版,第 78 页。
② 任俊华、梁敢雄:《〈归藏〉、〈坤乾〉源流考》,《周易研究》2002 年第 6 期。
③ 李学勤:《周易溯源》,巴蜀书社 2006 年版,第 257 页。

阳卦》并非一种东西,倘是同一种东西,何以勖所著录者称《归藏》而汲冢之卦书则称《易繇阴阳卦》?如《易繇阴阳卦》本身能表明它就是《归藏》,整理它的学者们为何不直认其为《归藏》?故《中经新簿》所著录者之所以被称为《归藏》,必有被称为《归藏》的理由。可见,中经之《归藏》与汲冢书之《易繇阴阳卦》不是一种书。①

按,我们认为,支持"《归藏》出自汲冢书"的学者,其理由大致有二:其一,认为《归藏》"汉初已亡",而晋《中经》载之,恰好晋代又有汲冢易类书籍出土,这不能不让人怀疑《中经》所载之《归藏》即出自汲冢竹书;其二,根据《艺文类聚》记载:

> 王隐《晋书》曰:太康元年,汲县民盗发魏安釐王冢,得竹书漆字
>
> 古书,有易卦,似《连山》《归藏》文……

这一条似乎又肯定了前面的怀疑。但是,如果仔细推敲,就第一条理由而言,前文已证,《归藏》"汉初已亡"的说法不足据,结合简本《归藏》来看,《归藏》一书应该是战国时代就存在,至汉、晋时期流传不绝的古书;另外,《中经》作者荀勖参加了汲冢竹书的整理,如果他看到汲冢竹书中有《归藏》,定会加以著录,故《归藏》即汲冢书《易繇阴阳卦》的说法不可信。就第二条理由,《艺文类聚》所引也是说汲冢书中有"似《归藏》"者,并未明确说明即是《归藏》,也不能作为汲冢书中有《归藏》的证据。因此,就目前掌握的材料来看,《归藏》一书的流传和晋代汲冢竹书应该没有关系。②

五、秦简《归藏》与"殷易"《归藏》、辑本《归藏》的关系

由于学界对"殷易"《归藏》以及《归藏》一书在古代的流传持有不同的意

---

① 梁韦弦:《秦简〈归藏〉与汲冢书》,《齐鲁学刊》2003 年第 6 期。

② 高新华就"《归藏》非汲冢《易繇阴阳卦》"问题列举了六条理由予以论证,笔者赞同此说。参见氏著:《秦简〈归藏〉所含篇目考:兼论〈归藏〉非汲冢〈易繇阴阳卦〉》,《北京大学中国古文献研究中心集刊》2021 年第 2 期。

见,故自 1993 年秦简《归藏》出土以来,对其与"殷易"《归藏》以及与辑本《归藏》的关系的认定也是存在不同的看法。

学界对于王家台秦简"易占"是否就是古书《归藏》,大致有以下三类意见:

(1)秦简《易占》即是"殷易"《归藏》。

梁韦弦先生认为,"秦简'易占'之占辞……绝非后世所能编造,当即殷易《归藏》所收夏商旧有的占筮记录之辞。秦简'易占'虽非殷易《归藏》之原貌和全貌,但大体为殷易《归藏》之内容"①。林忠军先生也认为,王家台秦简《归藏》"再次印证了辑本《归藏》不伪,《归藏》早于《周易》"②。

(2)秦简《易占》非"殷易"《归藏》。

李学勤先生认为,"王家台秦简《归藏》是流行于战国末的一种筮书,并在后世传流增广,直到宋朝还有篇章保存。目前无法论证的是这种《归藏》与《周礼》所记的《归藏》、孔子所见的《坤乾》等有多少关系,但其卜例繇辞文气不能与《周易》相比,不会很古是肯定的"③。李家浩先生认为,王家台秦简"易占"即为后世辑佚之《归藏》,但"可能是战国晚期秦人的抄本"④。李零先生说:"现在发现的王家台秦简《归藏》和前人所辑《归藏》佚文,其繇辞提到周武王和周穆王,当然不会是商代的内容。"⑤王明钦先生也认为,"《归藏》的成书年代,当在西周末年到春秋初期,这与《周易》经的年代也相差不远"⑥。程二行、彭公璞二先生撰文指出,"《归藏》皆为《周易》的衍生物,其成书大抵与《易传》的时代相先后,决非夏、商之易"⑦。

(3)王家台秦简《易》卦非"殷易"亦非《归藏》。

史善刚、董延寿两位先生认为,王家台秦简《易》卦非"殷易"亦非《归

① 梁韦弦:《王家台秦简"易占"与殷易〈归藏〉》,《周易研究》2002 年第 3 期。
② 林忠军:《王家台秦简〈归藏〉出土的易学价值》,《周易研究》2001 年第 2 期。
③ 李学勤:《周易溯源》,巴蜀书社 2006 年版,第 296 页。
④ 李家浩:《王家台秦简"易占"为〈归藏〉考》,《传统文化与现代化》1997 年第 1 期。
⑤ 李零:《跳出〈周易〉看〈周易〉——数字卦的再认识》,《传统文化与现代化》1997 年第 6 期。
⑥ 王明钦:《试论〈归藏〉的几个问题》,载《一剑集》,中国妇女出版社 1996 年版,第 107 页。
⑦ 程二行、彭公璞:《〈归藏〉非殷人之易考》,《中国哲学史》2004 年第 2 期。

藏》,而是一部杂占类史书,是一部带有神话色彩的卜筮史书;而所谓的《归藏》纯属"子虚乌有"。①

按,我们认为,就"殷易"《归藏》而言,前文已述,殷人确否有名为《归藏》的筮书,就目前而言证据不足,只能以存疑论之。就简本《归藏》内容来看,正如李学勤先生所言,其"卜例繇辞文气不能与《周易》相比,不会很古是肯定的",将其定位为"殷易"不可信。就简本和辑本的关系而言,笔者同意王明钦、李家浩先生等人的观点,辑本《归藏》内容虽有增广、舛误,但大多和秦简《归藏》一致,可以说和简本是一脉相承的。

六、《归藏》篇目问题

《归藏》篇目较为集中始见于《崇文总目》:

> 《归藏》三卷,晋太尉参军薛正注,隋世有十三篇,今但存《初经》
> 《齐母》《本蓍》三篇,文多阙乱,不可详解。

这里提及《初经》《齐母》《本蓍》三种,另据上文郭璞注引,尚有《郑母经》《启筮》二种。马国翰所辑《归藏》即包含以上五种。

《归藏》篇目总计多少?《崇文总目》云"隋世有十三篇",笔者颇怀疑此"十三篇"为"十三卷"之讹,因为据《隋书·经籍志》著录"《归藏》十三卷",因此,《归藏》十三篇还需存疑。

就现存五篇篇题含义和所从属内容来看,也存在诸多疑问。

《初经》,从马辑《归藏》来看,主要是八纯卦卦名、卦辞以及六十四卦卦名。篇名既曰"初经",而所辑八纯卦卦名前皆冠以"初"字,故此篇当是将八纯卦单独摘出作为一篇,名曰《初经》。马辑中六十四卦卦名及"十二辟卦"本不属于该篇内容,尤其是"十二辟卦",当属汉代卦气学的理论。

至于《郑母》《齐母》,马国翰以母取坤义,又"疑十二辟卦以十二分野配

---

① 参见史善刚、董延寿:《王家台秦简〈易〉卦非"殷易"亦非〈归藏〉》,《哲学研究》2010年第3期。

之",即以地域释齐、郑。廖名春先生则认为《郑母经》之"郑"当读为"奠",与"尊"通用,"奠母"体现了《归藏》卦序"尊母"思想。① 此说影响较大,支持者众。张树国在此基础上进一步提出"齐母"为"敬母"之义。② 雪苗青则认为"郑"不是表示"尊",而是表示名词意义的"帝",《郑母经》即帝坤经。③ 按,释"郑"为"尊"、"齐"为"敬"皆有据可循,但释"郑"为"帝"则有曲折之嫌。

《启筮》,王宁《传本〈归藏〉辑校》认为"盖即取其首条首句'昔者夏后启筮'中'启筮'二字为名"④。连劭名⑤、张树国⑥并同此说。以"启筮"名篇,合古书通例,笔者同意此说。

《本著》就马辑内容来看,当是对占筮工具和方法的说明,记录"通过揲著获得卦画,以附着繇辞"⑦,类似于朱熹《易学启蒙·筮仪》。此类内容很难说属于《归藏》本经,简本中也未见此内容,当是后人所附之"传"。

总体而言,现存篇目名称中《齐母》《郑母》含义不甚明朗,尚待深究,其余各篇较为明确。

还有一个问题,就马辑各篇内容来看,各篇内容分属关系也存在很大疑问。如《初经》,只收八纯卦内容,《启筮》收夏后启筮例,但考之简文,坤卦卦辞即是夏后启筮登天,如此,则坤卦属《初经》还是《启筮》?且在马辑《郑母经》中亦有"夏后启筮乘飞龙而登于天""昔夏启筮徙九鼎"等文,如此,《郑母经》与《启筮》又如何区别?

目前学界也有学者就现存《归藏》内容的篇目归属问题作了相关探讨,如王宁《〈归藏〉篇目考》将马国翰辑本所载的《归藏》篇目《初经》《六十四卦》《十二辟卦》《齐母经》《郑母经》《本著篇》《启筮》与汲冢竹书《周易》类书籍篇目结合加以考察,提出辑本《归藏》系汲冢竹书《易繇阴阳卦》《卦下易经》

---

① 参见廖名春:《王家台秦简〈归藏〉管窥》,《周易研究》2001 年第 2 期。
② 参见张树国:《〈归藏〉殷易说新证及篇名释义》,《中原文化研究》2022 年第 5 期。
③ 参见雪苗青:《〈归藏〉书名来源考:"帝—坤"体居首——兼解王家台秦简〈归藏〉坤卦名"寡"之谜》,《怀化学院学报》2016 年第 4 期。
④ 王宁:《传本〈归藏〉辑校》,复旦大学出土文献与古文字研究中心网,http://www.gwz.fudan.edu.cn/SrcShow.asp? Src_ID=1003。
⑤ 参见连劭名:《江陵王家台秦简与〈归藏〉》,《江汉考古》1996 年第 4 期。
⑥ 参见张树国:《〈归藏〉殷易说新证及篇名释义》,《中原文化研究》2022 年第 5 期。
⑦ 张树国:《〈归藏〉殷易说新证及篇名释义》,《中原文化研究》2022 年第 5 期。

和《公孙段》的合编①,前文已述,我们认为《归藏》与汲冢竹书没有关系,此说可以不论。高新华认为,全本《归藏》共十三篇,而已发表的简文可能分属于《齐母经》《郑母经》《启筮》三篇。② 王传龙认为,秦简并非《归藏》本经,而是利用《归藏》进行占卜的记录,故属于《归藏》的传文《郑母经》。③ 笔者认为,在《归藏》篇目具体问题,如篇目名称含义、分篇标准等,没有探究清楚之前,讨论辑本或简本篇目归属均属推测。以上学者观点,彼此差异也较大,兹备一说。

① 参见王宁:《〈归藏〉篇目考》,《古籍整理研究学刊》1992 年第 2 期。

② 参见高新华:《秦简〈归藏〉所含篇目考:兼论〈归藏〉非汲冢〈易繇阴阳卦〉》,《北京大学中国古文献研究中心集刊》2021 年第 2 期。

③ 参见王传龙:《"〈归藏〉"用韵、筮人及成书年代考》,《儒家典籍与思想研究》(第六辑),北京大学出版社 2014 年版。

第三章　秦简《归藏》的风格特征

　　秦简《归藏》出土,证明《归藏》不伪。《归藏》作为先秦占卜古书,与同是卜筮类古籍《周易》相比,其形式和内容都体现出自身的独有特点。笔者试图通过与《周易》的比较,从文本形式和思想内容两个方面对《归藏》的风格特征加以论述,以期对《归藏》能有更进一步的认识。

　　为讨论方便,兹将整理本秦简《归藏》全文引录如下:

　　1.▤裏曰:昔者夏后启是以登天,帝弗良而投之渊,寅共工以□江□□501

　　2.▤天曰:朝朝不利为草木,赘赘称下□☑181

　　3.▤肺曰:昔者效龙卜为上天而枚占☑323

　　4.▤蒙曰:昔者□□卜□☑

　　5.▤讼曰:昔者□□卜讼启□□□☑

　　6.▤师曰:昔者穆天子卜出师而枚占于禺强,禺强占之曰:不吉。龙降于天,而道里修远;飞而冲天,苍苍其羽。

　　7.▤比曰:比之茉茉,比之苍苍;生子二人,或司阴司阳;不□姓□☑216

　　8.▤少督曰:昔者□小子卜其邦尚毋有咎,而枚占☑206

　　9.▤履曰:昔者羿射褫比庄石上,羿果射之,曰履□☑461

　　10.▤奈曰:昔者弜龙卜□□而枚占囷京,囷京占之曰:不吉。奈之□☑2

　　11.▤否曰:昔者□□□☑

　　12.▤同人曰:昔者黄帝与炎帝战于涿鹿之野,将战,而枚占巫咸,巫咸占之曰:果哉而有咎□☑189

13. ䷰右曰:昔者平公卜其邦尚毋有咎,而枚占神老,神老占之曰:吉。有子其疾间瘳,四方敬贺,风雷不惊□ 302

14. ䷛大过曰:昔者日月卜望□□

15. ䷚颐曰:昔□

16. ䷮困曰:昔者夏后启卜其邦尚毋有吝,而枚占□ 208

17. ䷯井曰:昔者夏后启贞卜□ 319

18. ䷘肅曰:昔者宋君卜封□而枚占巫苍,巫苍占之曰:吉。肅之芒芒,肅之秋秋,初有吝,后果遂 214

19. ䷶丰曰:昔者上帝卜处□□而枚占大明,大明占之曰:不吉。□臣膿膿,牝□雄雄□ 304

20. ䷽小过曰:昔者殷小臣卜桃唐而枚占仲虺,仲虺占之曰:不吉。过其门言者□□ 523

21. ䷒临曰:□

22. ䷓观曰:昔者夏后启卜晹□

23. ䷃卒曰:昔者仙卜出云而枚占困京,困京占之曰:不吉。卒□

24. ䷗复曰:昔者陼王卜复白雉□□

25. ䷘无妄曰:出入荡荡,室安处而野安藏,无妄□ 471

26. ䷛曜曰:昔者殷王贞卜其邦尚毋有咎□

27. ䷃散曰:昔者禹卜食散实而枚占大明,大明占之曰:不吉。散其□

28. ䷻节曰:昔者武王卜伐殷而枚占老考,老考占之曰:吉。□ 194

29. ䷺涣曰:昔者高□ 328

30. ䷢塞曰:□

31. ䷨损曰:□

32. ䷞咸曰:□

33. ䷟恒曰:昔者女娲卜作为緘而□ 476

34. ䷲罷曰:昔者赤鸟止木之处,初鸣曰鹊,后鸣曰乌,有夫娶妻,存归其家□ 212

35. ䷨妸曰:昔者□ 5

36. ䷹兑曰:兑兑黄衣以生金,日月并出,兽□□ 334

37. ☰丽曰:昔者上☐

38. ☰劳曰:昔者蚩尤卜铸五兵而枚占赤帝☐536

39. ☰陵曰:昔者赤乌卜浴水,通而现神,为木出焉,是帝☐503

40. ☰介曰:交交黄鸟,杂彼秀墟,有丛者☐☐有☐☐人民☐207

41. ☰归妹曰:昔者娅娥窃不死之药于西王母以奔月,而枚占有黄,有黄占之曰:吉。翩翩归妹,独将西行,逢天晦芒,毋惊毋恐,后且大昌。☐201

42. ☰渐曰:昔者殷王贞卜其邦尚毋有咎,而枚占巫咸,巫咸占之曰:不吉。不渐于☐335

43. ☰晋曰:昔者夏后启卜飨帝晋之墟,作为钧台于水之阳,而枚占皋陶,皋陶曰:不吉。

44. ☰明夷曰:昔者夏后启卜乘飞龙以登于天,而枚占皋陶,皋陶占之曰:吉。吉而必同,与神交通;以身为帝,以王四乡。☐

45. ☰蛊曰:昔者殷王贞卜其邦尚毋有咎,而枚占巫咸,巫咸占之曰:不吉。蛊其席,投之溪;蛊在北,为牝☐☐213

46. ☰未济曰☐☐☐枚卜☐☐☐☐

47. ☰遂曰:遂茛以入为羽,不高不下即利,初事有利☐☐463

48. ☰亦曰:昔者北敢大夫卜逆女娲而枚占☐343

49. ☰随曰:昔者北敢大夫卜逆女娲而枚占☐☐404

50. ☰噬曰:☐之☐噬嗑之☐☐☐537

51. ☰贲曰:昔☐

52. ☰中孚曰:帝☐卜☐317

53. ☰大壮曰:昔者丰隆卜将云雨而枚占困京,困京占之曰:吉。大山之云徕☐196

一、文本形式的特征

（一）有卦无爻的文本形式①

《归藏》文本相比较《周易》，其形式上的最大特点就是"有卦无爻"。《归藏》每一卦都是由六爻组成，卦名与《周易》大多一致，但是只有卦辞，却没有爻辞。此是《归藏》在文本形式方面与《周易》相比最突出的差别。《归藏》的这一形式特征使其诠释空间大大受限。一方面，和《周易》相比，《周易》有六十四条卦辞，三百八十六条爻辞，而《归藏》只有六十四条卦辞，有限的字数、有限的内容，这是对《归藏》加以诠释发挥所面临的先天困难；另一方面，《周易》正是因为有了六爻之分，为后来《易传》及以后的易学家的发挥、创造提供了广阔的空间，以致产生了系统、丰富的爻位、象数理论，推动易学自身获得了极大的发展。而《归藏》缺乏爻位支撑，仅凭单调的卦名、卦辞，不能发展出类似《周易》的爻位理论，自然也不为历代易学家所重视。《归藏》在学术史上的影响远不及《周易》，其流传过程曲折，甚至被疑为伪书，如果从文本形式方面探究原因的话，"有卦无爻"的文本形式是其重要原因。

（二）程式化的卜例繇辞

《归藏》的内容较为程式化，其卦名后的卦辞按照行文格式可划分为两类，一类属卜例，一般是以"昔者"开头，然后说"某某""枚占"于"某某"，结果为"吉"或"不吉"，后接韵语性质的繇辞。可惜的是，由于竹简残断严重，这类卦辞大多保留了前半部分，即"昔者某某枚占于某某"，而后半部分繇辞大多

---

① 　王传龙据李过《西溪易说》记载，《周易》诸卦爻辞袭自《归藏》，提出"《归藏》或有爻辞"。参见氏著：《〈归藏〉用韵、筮人及成书年代考》，《儒家典籍与思想研究》（第六辑），北京大学出版社 2014 年版。按，李过说《周易》不仅卦名袭自《归藏》，卦辞也有袭自《归藏》者，当是看到《归藏》佚文中有与《周易》卦爻辞相同辞句者，虽然这些辞句在《周易》多属爻辞而非卦辞，但并不能说明《归藏》本身有爻辞；就现存《归藏》文本内容也无法证明《归藏》有爻辞，且古人认为《归藏》以不变为占，故笔者认为《归藏》有卦无爻。

残缺,少量根据辑本得以补全。另一类是卦名之后直接接韵语性质的繇辞,同样由于竹简的残损,没有完整保留。

就第一类"卜例式"卦辞而言,占《归藏》内容的多数,这种程式化的行文一方面鲜明地体现了《归藏》一书的卜筮性质——明确说明了某人向某人占卜,另一方面则影响了后世学者的发挥创造,而且其后半部分所接的韵语式繇辞也是受到前半部分卜例的限定,显得刻板、单调,很难有诠释发挥的余地。试举一例:

䷿师曰:昔者穆天子卜出师而枚占于禺强,禺强占之曰:不吉。

龙降于天,而道里修远;飞而冲天,苍苍其羽。

"穆天子"即周穆王,古籍记载是一位极具神话色彩的帝王天子,其事见《穆天子传》《列子》等书。"禺强",古神名。《山海经·大荒东经》载:"黄帝生禺䝞,禺䝞生禺京。禺京处北海,禺䝞处东海,是为海神。"郭璞注:"禺京,即禺强也。"禺强,又作禺彊。《山海经·海外北经》载:"北方禺彊,人面鸟身,饵两青蛇,践两青蛇。"郭璞注:"禺彊,字玄冥,水神也。"《庄子·大宗师》说:"禺强得之,立于北极。"袁轲《中国神话词典》以为"禺强之神职,实海神而兼风神"。这说明"禺强"是我国古神话传说中神的名字,此处穆王以出师之事卜问于他。"龙降于天……苍苍其羽"为韵语,系繇辞。道里,道路、路途之义,《管子·七法》:"有风雨之行,故能不远道里矣。"郭璞《穆天子传》注引《竹书纪年》曰:"穆王西征,还里天下,亿有九万里。"可以视作穆王西征"道里修远"的一个注脚。"苍苍",青色貌,《广雅·释器》:"苍,青也。"整句卦辞意为:昔者穆天子以出师之事向禺强占问,禺强占卜后说:"不吉。龙从天而降,但路途远长;腾飞上天,羽色青黑。"

就此条卦辞而言,是一条卜筮记录。前半部分讲求卜之人、卜问之事及卜问之神,很程式化;中间是占断之辞——"不吉",非常明确;后半部分是韵语式的繇辞,用取象的手法,以"龙"喻"穆王",以"道里修远"说明为何"不吉"——取象直白,语言形式也显得缺乏突出的特点。

相比较而言,《周易》卦爻辞的行文形式则要灵活和丰富得多,其卦爻辞的类型多样,如学者所言,有"记事之辞""取象之辞""说事之辞""断占之辞"等,①

---

① 参见高亨:《周易古经今说》,中华书局1984年版,第46—49页。

虽然也是为占卜服务,但其判断吉凶的形式却很多样;有纯粹用来确定吉凶的文辞,如乾卦卦辞:"元亨,利贞";有单纯叙事而不对吉凶作出判断的,如坤卦"初六"爻辞:"履霜,坚冰至";有先叙事而后确定吉凶的,如乾卦"九三"爻辞:"君子终日乾乾,夕惕若。厉,无咎";有先定吉凶后叙事的,如小畜卦卦辞:"亨,密云不雨,自我西郊";还有在一卦或一爻中兼及数事,以占筮的先后为序,叙事、定吉凶的,如复卦卦辞:"亨,出入无疾,朋来无咎。反复其道,七日来复。利有攸往"。这些不同形式的卦爻辞,其涉及的内容也相当广泛,有战争、祭祀、生产、婚姻、行旅、打猎等当时人类社会的生活情况,也涉及当时发生的气候变化、天象情况、自然灾害等。正是由于其形式多样,内容丰富,后世学者才得以多角度、全方位地对其加以开掘、创新。从思想史的角度而言,《周易》卦爻辞相比《归藏》,涉及宗教观念、人生态度、伦理观念以及对周围世界的总的认识的内容要丰富得多,比如卦爻辞中反映出的天道人事具有一致性的思想,人生境遇可以转化的思想,以及对人的劝诫等,[①]都是《归藏》卜例繇辞中很难找到的内容,而正好是这些内容,对后来的易学发展起到了深刻的影响,《周易》被认为是讲天道人事的学问,也是由此推演而来。

二、思想内容的特征

(一) 托"神"言事的叙述方式

就思想内容而言,《归藏》有一个突出的特点,即"托神言事"。《归藏》卜例中所提及的人物,大多是上古神话人物或具有神话色彩的历史人物,如夏后启、女娲、黄帝、蚩尤、丰隆、鲧、后羿、姮娥、夏桀、殷王、武王、穆天子、西王母、仓颉、炎帝等,所以这些卜例应该是虚拟的。[②] 大量运用神话人物的内容反映了《归藏》作者的一种思维特点,即假借原始信仰的资源来显示、维护和加强占卜的神秘性和神圣性,从而树立其权威性,我们不妨称其为"托神言事"。

---

① 参见朱伯崑:《易学哲学史》第 1 卷,昆仑出版社 2005 年版,第 23 页。
② 参见李学勤:《周易溯源》,巴蜀书社 2006 年版,第 294 页。

相比较而言,《周易》卦爻辞也是与原始的宗教信仰有关,但其思想内容又不局限于宗教迷信,包含了诸多思维方式的萌芽。具体来说,它虽然也是源于"神道",但是却包含有"设教"的良好契机和条件。如《周易》卦爻辞中一些涉及古代宗教迷信的内容,但其思想却表现出了一定的辩证思维,如"东邻杀牛,不如西邻之禴祭,实受其福"。此外,如"无平不陂,无往不复""大往小来""小往大来""君子终日乾乾,夕惕若,厉,无咎",以及乾卦六爻爻辞"龙"的飞升变化,都包含有对立面互相转化的思想,这为后来《周易》由卜筮之书升华为哲学之书提供了良好的基础。再如,有些卦爻辞不仅示人以吉凶,同时予人以教训,令人的行为按某种规范而行动。如谦卦初六爻辞说:"谦谦君子,用涉大川,吉。"谦即谦卑,认为君子有谦卑的品德,过大川可平安无事。恒卦六五爻辞说:"恒其德,贞。妇人吉,夫子凶。"这是说,做妻子的德行有恒,遇事吉利。做丈夫的恒守其德,不能唱义断事,遇事则凶。这些说明,吉凶之事是同人的品德联系在一起的。此外,《归藏》的卦辞断语只有简单的"吉"和"不吉"两类,而《周易》卦爻辞中的断语,除吉凶、得失、利不利之外,经常使用"咎""悔""吝"。按后来《系辞》的解释,大的得失,则以吉凶明之,小的问题则以"咎""悔""吝"示之。不能补过者则明"咎",善于补过者则明"无咎"。有小缺点,则以"悔""吝"劝告之。这就意味着事情的吉凶又同人能否悔恨改过联系在一起。而《归藏》卦辞的内容,只是记录所卜之事,并加以"吉"或"不吉"的断语,而卦爻辞对所占之事则强调其教训的意义,由"神道"这一卜筮的外壳,最终落实在了"设教"这一人事问题上。

总的来看,《归藏》的思想内容,不但直接引用神话人物、神话传说,而且这些神话人物都是明确作为问卜之人和筮人存在,整个卦辞就是单纯讲述占卜一事,且只有"吉"或"不吉"这两种结果。这种仅仅服务于占卜迷信的单一而刻板的思维方式,很难让人在思想方面有更多的发挥和开掘,因为它仅仅停留在"神道"的层面,而缺乏上升至"设教"的条件和契机,因而在学术史,尤其是思想史方面的影响和地位,与同是源于卜筮的《周易》最终有了天壤之别。

(二) 单调刻板的繇辞内容

《归藏》卦辞除大量卜例内容外,还有一些均为韵语、歌谣性质的繇辞,试举几例：

　　☲萧曰：昔者宋君卜封□而枚占巫苍，巫苍占之曰：吉。萧之苍苍，萧之狄狄，初有吝，后果遂 214

　　☲无妄曰：出入荡荡，室安处而野安藏，无妄□ 471

　　☲介曰：交交黄鸟，杂彼秀墟，有丛者□□有□□人民□ 207

　　☲归妹曰：昔者姮娥窃不死之药于西王母以奔月，而枚占有黄，有黄占之曰：吉。翩翩归妹，独将西行，逢天晦芒，毋惊毋恐，后且大昌。201

　　▨□下，以求不得，以田伤马。……□ 482

　　▨陈，众龙之嚣，群神伏匿，大臣不朝。259

　　▨□于溥，唯花作作，不出而利后之，亡羊得牛。538

　　《归藏》所载卜例虽有托古之嫌，其中一些繇辞也多文气不古，但就部分韵语、歌谣性质的繇辞而言，其文辞特征确实给人以古奥的印象，也许有较早的来源，但苦于竹简残损严重，传世材料有限，很难作一考证，兹就现有材料，谈谈笔者的一些不成熟的意见。

　　《归藏》中的具有韵语、歌谣性质的繇辞大多直接和占卜结果相联系，其内容明确示意"有利"或"不利"的结果，显得单调、刻板。如上文所举 439 号简师卦，其占卜结果为"不吉"，其后的繇辞即说"龙降于天，而道里修远"，显得很直白。再如 201 号简归妹卦，其占卜结果为"吉"，后面的繇辞即说"毋惊毋恐，后且大昌"，这就几乎完全属于占卜术语了。同样，"初有吝，后果遂""出入荡荡，室安处而野安藏，无妄""以求不得，以田伤马""众龙之嚣，群神伏匿，大臣不朝""不出而利后之，亡羊得牛"等，其指向性很明显，多是单一指向"吉"或者"不吉"的功利目的，再加上语句单薄，没有更多内容（爻辞）的支撑，显得过于单调和刻板，要对其加以艺术或思想的加工，困难重重。

　　相比较而言，韵语、歌谣性质的繇辞在《周易》卦爻辞中屡见不鲜，这些韵语、古歌在思想、艺术方面相比《归藏》就要高出一筹。《周易》卦爻辞的选择、编排、文字加工，显示出了编者的独具匠心。如中孚卦九二爻辞："鸣鹤在阴，其子和之；我有好爵，吾与尔靡之。"其表现亲情，其乐融融，可以说是不折不扣的诗歌，毫不逊色于《诗经》中的作品。类似的还有震卦卦辞"震来虩虩，笑言哑哑,震惊百里,不丧匕鬯"等。还有一些筮辞,内容生动,感情充沛,极具艺术效果,如中孚卦六三爻辞说"得敌,或鼓或罢,或泣或歌"。此是写战争情形,兵士或有余勇而击鼓,或已精疲力竭,或悲伤而哭泣,或动情而吟唱。场面真实生动,感情浓烈,有很强的艺术感染力。再如"无平不陂,无往不复""其亡其亡,系于苞桑"等,在思想方面本身就包含有深刻的内容,带给人的不仅仅是单纯的对占卜结果的示意,更多的是对周围世界的思考、反省。这些繇辞虽然也是用于占卜,但它们相比较《归藏》繇辞,更多的是采用了较为艺术或思辨的手法,使得占问吉凶的功利目的的色彩大大减弱,在带给人审美享受、思考省察的同时,也为读者作进一步的诠释、创造提供了充分的空间。

通过以上比较,我们可以发现《归藏》在易学史上地位和影响有限的主要原因,而其流传过程也是一波三折,命运多舛,其最终导致亡佚的结果,在笔者看来,绝非偶然。

第四章 《归藏》卦名研究

《归藏》卦名与《周易》或同或异的现象一直是学者们比较关注的问题,尤其是简本《归藏》的出土,由于卦辞与《周易》大相径庭,而卦名却多有相同,再度引起了学界对《归藏》卦名的研究兴趣,所取得的成果丰硕。笔者在学界研究的基础上作了进一步的探索,就《归藏》与《周易》卦名进行比较研究,进而对易学文献、易学诠释的相关问题作了相关讨论。

一、易卦卦名差异及其原因

除辑、简本《归藏》外,这里讨论的相关《周易》类文献有今本《周易》,帛书《周易》,上博简《周易》,阜阳简《周易》及清华简(四)。①

考察以上《周易》类文献,会发现同一个卦在不同的文献中写作不同的名称是一种常见现象,列表如下:

---

① 以上诸文献,本文所用版本如下:辑本《归藏》用清代学者马国翰:《玉函山房辑佚书》本,载马国翰:《玉函山房辑佚书》(第一册),广陵书社2005年版;秦简《归藏》用王明钦:《王家台秦墓竹简概述》,载艾兰、邢文编:《新出简帛研究》,文物出版社2004年版;帛书《周易》用裘锡圭主编:《长沙马王堆汉墓简帛集成》(第三册),中华书局2014年版;上博简《周易》用濮茅左:《楚竹书〈周易〉研究》,上海古籍出版社2006年版;阜阳简《周易》用韩自强:《阜阳汉简〈周易〉研究》,上海古籍出版社2004年版;清华简(四)用李学勤主编:《清华大学藏战国竹简(四)》,中西书局2013年版。

易卦卦名对照表

今本《周易》	帛书《周易》	上博简《周易》	阜阳简《周易》	清华简（四）	秦简《归藏》	辑本《归藏》
乾	键			軷	天	乾
坤	川			臾	𡨄	奭
屯	屯/肫		肫		肫	屯
蒙	蒙	尨	蒙	懞		蒙
需	襦/嬬	孤				溽
讼	讼/容	讼		讼	讼	讼
师	师	帀	帀	帀	师	师
比	比	比	比		比	比
小畜	少蒝/小蓄			少管	少督	小毒畜
履	礼/履		履	颜	履	履
泰	泰/奈	泰		𢍺	奈	泰
否	妇		怀	畐	否	否
同人	同人		同人	同人	同人	同人
大有	大有	大有	大有	少又	右	大有
谦	嗛/溓/兼	厤		谦	陵	兼
豫	馀/予/余	𣄼	豫	介	介	分
随	隋	陵	隋	悬		马徒/规?※
蛊	简/故	蛊		蛊	夜/亦	蜀/夜?
临	林		林	謹	临	林祸
观	观		观	观	灌	观
噬嗑	筮盍/筮闸		筮闸	夔	筮	
贲	繁		贲	纛		
剥	剥		僕	僕		僕
复	复/覆	返	复	返	复	复
无安	无孟	亡忘	无亡	亡孟	毋亡	母亡
大畜	泰蓄/大蓄	大坒		大管		大毒畜
颐	颐	颐	颐	顑	亦	颐
大过	泰过/大过		大过	大迊	大过	大过
习坎	习赣/劳			褑	劳	荦
离	罗		离	罗	丽	离
咸	钦	钦		慇	咸	钦

续表

今本《周易》	帛书《周易》	上博简《周易》	阜阳简《周易》	清华简（四）	秦简《归藏》	辑本《归藏》
恒	恒	死		悉	恒我	恒
遯	掾	脙	椽	敚	遂	遂
大壮	泰壮/大莊/大牀/壮			大臧	大壮	
晋	溍/晋			蠈	曹	晋
明夷	明夷			亡尸	明夷	明尸
家人	家人			俥	散	散家人
睽	乖/诶	楑		傫	瞿	瞿
蹇	蹇	訐	蹇			蹇
解	解	繲		纏		荔
损	损		损	歚	损	员
益	益					诚?
夬	夬	夬		𠊓	罷	规?
姤	狗/均/句	敂		緐		夜?
萃	卒	喫		𡉚	卒	萃
升	登		登	挰	偋/升	称
困	困	困		困	困	困
井	丼	汬	井		井	井
革	勒	革		惑		革
鼎	鼎		鼎	鼎	鼎	鼎
震	辰			枣/䨮		釐
艮	根/谨	艮	艮			狠
渐	渐	渐		蔩	渐	渐
归妹	归妹			邎妹	归妹	归妹
丰	丰/鄷	丰		酆	丰	丰
旅	旅	遬	旅	遬	旅	旅
巽	筭			巽		巽
兑	夺/说			兑	兑	兑
涣	涣/奂	舜		惌	涣	奂
节	节		节		节	节
中孚	中复/中覆			中	中绝	

续表

今本 《周易》	帛书 《周易》	上博简 《周易》	阜阳简 《周易》	清华简(四)	秦简 《归藏》	辑本 《归藏》
小过	少过	少羋		少逝	大过	小过
既济	既济/既齎	既淒			螜	岑霏?
未济	未济/未齎/ 未洛	未淒		潅		未济

注:辑本《归藏》卦名后凡标有"?"者系有争议卦名,与今本《周易》对应情况尚未确定。

以上这种"同卦异名"的情况大体可分为四类。

第一类,由于同音通假造成,这类情况占多数。如今本《周易》蒙卦,上博简《周易》作"尨";无妄卦,秦简《归藏》、辑本《归藏》作"毋亡",帛书《周易》作"无孟",上博简《周易》作"亡忘",《清华简(四)》作"亡孟";大壮卦,帛书《周易》作"泰壮";小过卦,帛书《周易》作"少过"等。这种由于文字通假现象造成的卦名差异,除极个别卦名有争议外,问题比较清楚,学界的意见也基本统一。在笔者看来,这类由于文字通假而造成的卦名"差异",严格来说,甚至都不能归入"同卦异名"的范围,不是我们要讨论的重点。

第二类,同一卦卦名用字音义悬隔,不能用通假字或异体字来解释。这类情况较少,但要解释这一现象较有难度,学界争议较大。如今本《周易》震卦,辑本《归藏》作"釐",《清华简(四)》或作"坴"卦。这种情况,用通假是无法解释的。在笔者看来,这类情况所涉及的问题较为重要,直接与卦名的来源相关,乃至关系到《周易》古经的创作、编纂、成书等重要的易学问题,是我们要重点讨论的问题。

第三类,由于文字讹误造成。这类情况也属于少数,个别卦问题比较清楚,学界也已经有定论。如今本《周易》豫卦,秦简《归藏》、《清华简(四)》均作"介"卦,辑本《归藏》作"分"卦,显然"分"当是"介"字之讹。① 但还有个别卦问题较为复杂,如今本《周易》家人卦,简本《归藏》作"散"卦,这一问题学

---

① 王明钦先生、李学勤先生等已指出此问题,参见王明钦:《王家台秦墓竹简概述》,载艾兰、邢文编:《新出简帛研究》,文物出版社2004年版,第35页;李学勤:《〈归藏〉与清华简〈筮法〉、〈别卦〉》,《吉林大学社会科学学报》2014年第1期。

界争议较大,笔者认为此问题涉及《归藏》卦名来源,卦辞的创作、编纂以及与《周易》的关系等重要问题,也是本文要探讨的重点。

第四类,由于文字演变造成。这类情况涉及古文字复杂的发展演变情况,但对后来《易传》及后世易学的诠释造成直接影响,也是需要重点讨论的问题。

以上四类只是一个大体分类,四类情形也有互相交叉的方面,还有部分涉及四类情形之外的一些细节问题,我们将在行文过程中作详细论述。另外,我们的讨论着眼于有代表性的、较为典型且笔者认为业已思考成熟的一些卦作为探讨对象,个别不具代表性的卦暂不讨论。

二、同音通假造成的卦名差异

上文已述,同音通假造成的所谓卦名差异大多数问题都比较明朗,甚至严格来说都不能归入"同卦异名"的范围内。但有一个卦名较有争议,即今本《周易》坎卦在《归藏》等其他文献中作"劳",对这一问题的探讨也会涉及易学的诠释等重要问题,在此有必要作一深入讨论。

(一)《说卦传》"以劳释坎"

《周易·说卦传》中有一章就八卦各自的功能进行过简要说明:"帝出乎震,齐乎巽,相见乎离,致役乎坤,说言乎兑,战乎乾,劳乎坎,成言乎艮。"就坎卦而言,这里以"劳"释坎,将坎卦与"劳"联系起来,令人费解。该章文字中又紧接着解释道:"坎者,水也,正北方之卦也,劳卦也,万物之所归也,故曰劳乎坎。"这一解释是将八卦与四时、八方结合起来,赋予了八卦以时空的意义;就坎卦而言,方位对应北方,时令对应冬季,万物已历四季,勤劬劳倦,故曰"劳乎坎"。后世易学家受这一解释的影响,基本都是按照这一思路来理解和诠释"劳乎坎"。如李鼎祚《周易集解》引崔憬:"冬至则坎王,万物之所归也。"①

---

① 李鼎祚:《周易集解》,上海古籍出版社1989年版,第268页。

孔颖达《周易正义》也道:"受纳万物勤劳则在乎坎。"①

(二)"坎""劳"异名

《说卦传》及后世易学家"以劳释坎"是一种带有明显诠释色彩的思想性的阐释,与此相映成趣的是,参照前文"易卦卦名对照表",我们会发现部分《周易》类的传世文献和出土文献中,坎卦的卦名直接作"劳"卦。

如辑本《归藏》,其中坎卦作"荦",马国翰引李过的说法:"谓坎为荦,荦者劳也,以为万物劳乎坎也。"又引黄宗炎:"坎为劳卦,故从劳,谐声而省。物莫劳于牛,故从牛。"②这里的"荦""劳"二字,一声之转,音近而假。李过的解释显然是运用《说卦传》的说法,黄宗炎认为作"荦"是因为"物莫劳于牛",明显是望文生义。

湖南长沙马王堆帛书《衷》有"劳之(卦)"之说③,检视上文卦名对照表,秦简《归藏》坎卦即作"劳"卦,《清华简(四)》作"袈",整理者认为,"袈即劳字,卜辞金文等习见"④。

坎卦为何作劳卦? 学界关于此问题的讨论大致可分三类观点。

第一类,认为坎卦称作劳卦是本于《说卦传》,以李学勤先生为代表。

李学勤先生认为:

> 《坎》卦《归藏》作《劳》,特别值得注意。《说卦》云:"帝出乎震,齐乎巽,相见乎离,致役乎坤,说言乎兑,战乎乾,劳乎坎,成言乎艮。"又称:"坎者,水也,正北方之卦也,劳卦也,万物之所归也,故曰劳乎坎。"所说的"劳"有特定涵义,不会是由《归藏》而来,而《归藏》卦名用《劳》应该本于《说卦》。辑本《归藏》作《荦》,是通假字,李过《西溪易说》已指出:"谓坎为荦,荦者牢也,以万物劳乎坎也。"⑤

这一观点提出了坎、劳的源流关系,但尚未对《说卦传》"以劳释坎"的说

---

① 孔颖达:《周易正义》,《十三经注疏》,上海古籍出版社1997年版,第94页。
② 马国翰:《玉函山房辑佚书》(第一册),广陵书社2005年版,第33页。
③ 参见廖名春:《帛书〈周易〉论集》,上海古籍出版社2008年版,第382页。
④ 李学勤主编:《清华大学藏战国竹简(四)》,中西书局2013年版,第134页。
⑤ 李学勤:《周易溯源》,巴蜀书社2006年版,第291页。

法加以进一步的追问和反思。笔者认为,将《说卦传》的说法作为坎、劳卦名差异的原因或根据还需要进一步讨论。《说卦传》以劳释坎只是提供了坎、劳之间的某种联系,进一步追究二者为什么会有这种联系才是问题的关键所在,简单地以《说卦传》有"劳乎坎"这样的说法作为坎卦写作劳卦的原因是不够的,甚至有颠倒因果的危险。

第二类,结合坎卦卦义和卦象,寻找与"劳"之间的联系。如王辉认为,"劳、坎意义接近","长期辛劳使人忧愁,故劳有愁义","此卦上下皆坎,亦称习(袭)坎,即重坎。遭遇重险,亦令人忧恨",故"此卦名劳或坎均可"。①

这一观点似乎也能解决《说卦传》"以劳释坎"的原因,但相关论证尚有疑点,"劳、坎意义接近"的说法较为牵强,结论较难令人信服,有学者对此提出质疑。② 笔者认为,将"坎"释为"忧愁"义不见于诸家说法,且"忧愁"义又是从坎卦"重险"的卦象引申出的意义,更显曲折。正如有学者反驳的,既然《易传》认为坎为水、为险、为陷,为什么不直接以"水""险""陷"代"坎",而用一个显得很突兀的"劳"字呢?

第三类,从古文字学的角度加以解释,王宁《秦简〈归藏〉几个卦名补释》道:

> 楚简中的"劳"字的写法,是从炏从衣或卒,作"𤎩"(上博一《缁衣》4 简)、"𤏞"(郭店简《缁衣》6 简)等形,金文《䣄鎛》中"劳于齐邦"、《齐侯鎛》"董劳其政事"的"劳"作"𤏶",也是从炏从衣这个写法。这个字形和小篆"袭"字作"𧟰"是非常相近的,它们之间很可能存在着某种分化或讹变的关系。也就是说,先秦易书中的坎卦很可能有时候是被写作"袭","袭"与"坎"古音影溪旁纽双声、蒸侵通转叠韵,读音是相近的……在先秦的易书里,坎卦的写法一定很多……

---

① 王辉:《王家台秦简〈归藏〉校释》,《江汉考古》2003 年第 1 期。

② 王宁先生认为,"就坎卦本身而言,其卦象极多,最有名的是坎为水,为什么不以'水'代之? ……可见卦象之说实在没有说服力。再说字义说,'坎'之本义是'陷也',并无忧、恨义,上引王辉先生说所引的《太玄》《九叹·离世》里的'坎'均'悇'字之假借,二字古音同。《说文》:'悇,忧困也',《广雅·释诂一》:'悇,忧也',均其证,故不得言'坎'本身有忧、恨义也。所以说从字义上说'坎'义为'劳'也是根据不充分的。"参见王宁:《秦简〈归藏〉几个卦名补释》,复旦大学出土文献与古文字研究中心网,http://www.gwz.fudan.edu.cn/SrcShow.asp? Src_ID=1906。

而先秦时期很可能尚有的一种是写作"勞",也是音近假借,因为"勞"与"劳"形近的原因,坎卦才讹写作"劳",辑本《归藏》更假借作"荦"。也就是说,《衷》《归藏》作"劳(荦)"也是因为在音近假借过程中发生了讹字现象而然,它与卦象、字义均无关系。①

这一观点立足于出土文献,从古文字学的角度加以解释,列举"劳"字的古文字写法,并与"勞"字的古文字形加以对照,从实证的角度作出解释,认为"坎"或被写作通假字"勞",而"勞"又讹为"劳";坎卦作劳,与坎卦卦象、字义无关。笔者同意坎卦作劳"与卦象、字义均无关系",但从"假借过程中发生讹字现象"加以解释则过于曲折了。

(三)"坎""劳"通假

笔者在前人研究的基础上,就"坎—劳"的问题重新作一探究。

从坎、劳二字的字音来看,"坎",溪母谈部;"劳",来母宵部。两字声韵并远,所以一般不会考虑到二者会有同音通假的关系。但是王志平先生通过考察二字的声、韵,提出二者声、韵可通,为通假关系。就声母而言,王文通过大量例证,证明了"劳"声与见系字声母关系密切,"'劳'字也有见系一读"。至于韵母,王文通过"劳、寮声通,而炎、寮声通"等例证,证明了"劳""坎"是宵谈对转的关系。② 对于文中提出的"'牢'才是卦名本字,'劳'则可能是通假字"的观点笔者并不认同,但对"坎""劳"二字为音近而假的观点则完全赞同。在此,还可以补充一个易学方面的证据,今本《周易》及辑本《归藏》的"革"卦在马王堆帛书中作"勒"。"革",见母职部字;"勒",来母职部字——也是见母和来母声转的一例。

以上,我们认为,坎卦作劳卦,源于"坎""劳"二字音近通假,与象数、易理等无关。

---

① 王宁:《秦简〈归藏〉几个卦名补释》,复旦大学出土文献与古文字研究中心网,http://www.gwz.fudan.edu.cn/SrcShow.asp? Src_ID=1906。

② 参见王志平:《清华简〈筮法〉"劳"卦即"坎"卦说解》,《传统中国研究集刊》2018年第1期。

（四）对"以劳释坎"的反思

至此,我们对"坎""劳"卦名差异问题的探究似乎可以告一段落,但是通过对这一问题的考察,我们可以看到易学自身发展的特殊性,尤其是其中文献实证与思想诠释之间的张力,更是其他经学典籍所少有的。

在此基础上我们来探讨《说卦传》"以劳释坎"的问题。实际情形应该是,《说卦传》作者利用"劳""坎"二字音近的现象,对坎字所作的声训——这是《易传》诠释卦义的一个"惯用"手法——从而赋予了坎卦更加丰富的意义,直接从"劳"的字义出发,提出"(帝)劳乎坎",后又紧接着引入四时八方的观念,提出"坎者,劳之卦",以坎卦为"万物之所归",有"劳倦"之义。

《说卦传》"以劳释坎"这一创造性的诠释虽然不符合文献的实证原则,但却产生了巨大影响,后世易学家在解经、构建自身的易学思想体系的过程中自觉接受了这一观念,并加以进一步发展。如郑玄释"坎……劳卦也"云:"水性劳而不倦,万物之所归也,万物自春出生于地,冬气闭藏,还皆入地"①——从中诠释出一种自然哲学的观念。再如东汉易学家荀爽将"以劳释坎"的思想运用于自己的象数易学体系中,其解谦卦九三爻辞"劳谦,君子有终,吉"云:"体坎为劳,终下二阴,'君子有终',故吉也。"②认为谦卦卦象䷎中,六二、九三、六四爻三爻互体为坎,坎为劳之卦,又处六五、上六二阴爻之下,所以爻辞称"劳谦"而得吉。可见,在易学的发展过程中,"坎—劳"问题并没有作为一个文献问题而被讨论,而是集中在它的思想性的方面,正是因为历代易学家对它的自觉诠释、发挥、创造,不断赋予它新的时代内涵,它的思想价值才不断得到加强,意义更加丰满。

易学发展中的这种文献实证与思想诠释之间的张力对我们当下的易学研究具有重要的参考意义。一方面,我们在研究易学的过程中,需要有历史的视角、实证的方法,深入了解其作为历史文献的本来意义,考镜源流,探赜索隐,考察其"本来面目",探究其思想意义的来源和发展过程。这一工作和对易学

---

① 李光地:《周易折中》,巴蜀书社 2006 年版,第 656 页。
② 李鼎祚:《周易集解》,上海古籍出版社 1989 年版,第 67 页。

思想价值的挖掘并不冲突,从历史文献的角度进行实证研究并不会消解易学自身的思想价值,而是对其思想的发生、来源以及发展、演变加以全面、透彻认识的必要环节。另一方面,对原有的易学思想加以进一步的开掘和诠释,促进易学思想义理方面的发展、创新,赋予古老的易学以新时代的意义,更需要一种"自觉"地思想创新;而对以往易学思想诠释的检讨,以及对古奥繁赜的易学文献的清晰、透彻地理解和把握,则是对其加以"自觉地诠释",开显出新的易学思想的前提。

三、卦名来源不同造成的差异

再来看第二类情况。

我们以今本《周易》震卦为例,辑本《归藏》作"釐"卦,《清华简(四)》或作"来","来"即"来"的或体。"釐"和"来"的关系容易解决,二字皆为来纽之部字,同音通假。"釐""来"通假,古文习见,如《汉书·刘向传》:"《周颂》曰:'降福穰穰',又曰:'贻我釐麰'。"王先谦《补注》引王先慎曰:"《毛诗》作'贻我来牟'……'釐'、'来',文异而声义同。"又《史记·杞世家·索隐》:"郁釐,谯周云:'名郁来'。"

但是,震、来(釐)二字音义相差较远,无法用通假解释。震卦为何又写作"来(釐)"卦?辑本《归藏》引李过的说法:"震为釐,釐者理也,以帝出乎震,万物所始条理也。"[1]李过的解释本于《说卦传》"帝出乎震"章,但这一解释迂曲牵强,不可信。

类似地,再来看两个例子。

今本《周易》姤卦,《清华简(四)》作"繇",整理者认为:"繇即'系',今本《周易》作'姤',系通假关系。'系'在锡部见母,'姤'在侯部见母,韵部旁对转。"[2]

今本《周易》豫卦,秦简《归藏》及《清华简(四)》皆作"介",整理者认为:

---

① 马国翰:《玉函山房辑佚书》(第一册),广陵书社 2005 年版,第 33 页。
② 李学勤主编:《清华大学藏战国竹简(四)》,中西书局 2013 年版,第 130 页。

"'介'属月部见母,'豫'属鱼部喻母,鱼、月通转,见、喻牙喉音,音近可通。"①

这两个卦名差异问题虽然《清华简(四)》的整理者认为仍然属于通假关系,但笔者认为,这里的"姤—系""豫—介"同上文"震—来"的卦名差异现象原因是一样的,不能用单纯的文字通假现象去解释。要厘清这个问题,需要回到《周易》文本本身,具体来说,需要从《周易》卦名的来源去探究这一现象产生的原因。

关于卦名的来源问题,高亨先生曾提出:

> 《周易》六十四卦,卦各有名,先有卦名乎? 先有筮辞乎? 吾不敢确言也。但古人著书,率不名篇,篇名大都为后人所追题,如《书》与《诗》皆是也。《周易》之卦名,犹《书》《诗》之篇名,疑筮辞在先,卦名在后,其初仅有六十四卦形以为别,而无六十四卦名以为称。依筮辞而题卦名,亦后人之所为也。②

按照这一理解,《周易》六十四卦卦名产生于卦爻辞之后,卦名多是取卦爻辞中常见的、主要的字词。高亨先生还制作《〈周易〉卦名来历表》说明六十四卦卦名与卦爻辞之间的联系。③ 就绝大多数卦而言,"依筮辞而题卦名"的原则是适用的,如乾卦卦名取自九三爻辞"君子终日乾乾"之"乾"字,屯卦卦名取自六二爻辞"屯如邅如"及九五爻辞"屯其膏"之"屯",蒙卦除六三之外的其他爻辞及卦辞皆有"蒙"字,故取"蒙"为卦名……

我们顺着"依筮辞而题卦名"的思路来考察上文提及的三个卦的卦名差异问题。

先来看"震—来"问题。

首先让我们来考察一下震卦卦爻辞。

☳☳ 震:亨。震来虩虩,笑言哑哑;震惊百里,不丧匕鬯。

初九,震来虩虩,后,笑言哑哑,吉。

六二,震来,厉,亿丧贝;跻于九陵,勿逐,七日得。

---

① 李学勤主编:《清华大学藏战国竹简(四)》,中西书局 2013 年版,第 132 页。

② 高亨:《周易古经今注》,载《高亨著作集林》第 1 卷,清华大学出版社 2004 年版,第 48 页。

③ 参见高亨:《周易古经今注》,载《高亨著作集林》第 1 卷,清华大学出版社 2004 年版,第 48—75 页。

六三,震苏苏,震行无眚。

九四,震遂泥。

六五,震往来,厉;亿无丧,有事。

上六,震索索,视矍矍,征凶。震不于其躬,于其邻,无咎。婚媾有言。

可以看到,震卦卦辞及初九爻辞有"震来虩虩",六二爻辞有"震来",六五爻辞又有"震往来"——都有一"来"字。由此我们推断,震卦最初正如高亨先生所言,只有卦象、卦爻辞,没有卦名,后人在为该卦命名的时候,或取卦爻辞中"常见"的"来"字作为卦名,也就是说,震卦在命名之初曾被命作"来"卦。"来"卦的名称后来在辑本《归藏》及《清华简(四)》中得以保留。但是,显然这一卦中"震"字出现的最多,卦爻辞均含有"震"字,全卦似乎围绕"震"字展开,取"震"字作卦名显然较取"来"字为优,故最终该卦以"震"命名并流传至今,而另一个名称"来"卦则逐渐不为人所熟知,以至于后世无法理解造成二者差异的原因了。

类似地,我们再来探讨"姤—系"的问题。

同样,先来考察《周易》姤卦卦爻辞。

☰☴姤:女壮,勿用取女。

初六:系于金柅,贞吉。有攸往,见凶。羸豕孚蹢躅。

九二:包有鱼,无咎。不利宾。

九三:臀无肤,其行次且。厉,无大咎。

九四:包无鱼,起凶。

九五:以杞包瓜,含章,有陨自天。

上九:姤其角,吝,无咎。

考察姤卦卦爻辞我们可以发现,姤卦卦名取自上九爻辞"姤其角"之"姤"字,而注意到姤卦初六爻辞中含有"系"字——"系于金柅",由此我们推断,姤卦卦名在《清华简(四)》作"繇(系)",即是取初六爻辞"系于金柅"之"系"字,①

---

① 程浩先生亦持这一观点,参见程浩:《清华简〈别卦〉卦名补释》,载《简帛研究》(二〇一四),广西师范大学出版社2014年版,第1—4页。

"姤""系"并非单纯的通假关系,而是在此卦命名之初,或取上九爻"姤"字为卦名,或取初六爻"系"字为卦名,从而导致了该卦同卦异名的现象。

再来看"豫—介"的问题。

同样先来考察一下豫卦卦爻辞。

　　䷏豫:利建侯,行师。

　　初六:鸣豫,凶。

　　六二:介于石,不终日,贞吉。

　　六三:盱豫,悔。迟有悔。

　　九四:由豫,大有得。勿疑。朋盍簪。

　　六五:贞疾,恒不死。

　　上六:冥豫,成有渝,无咎。

可以看到,豫卦六二爻辞"介于石"中有一"介"字,由此我们推断,秦简《归藏》、辑本《归藏》及《清华简(四)》中豫卦作"介"卦即是取自六二爻辞"介于石"之"介",并非是单纯由于"豫""介"通假造成的。当然,由于豫卦卦爻辞中"豫"字出现次数较多,更为"常见",故名"豫"卦为优,而"介"卦的名称则较少流传,所幸在《归藏》和《清华简(四)》中得以保留。

以上三例说明,易卦卦名中一部分"同卦异名"现象产生的原因是该卦最初在命名的时候选取了卦爻辞中不同的字词而造成的。运用这一结论,我们可以对相关问题有进一步的认识。

如今本《周易》观卦,秦简《归藏》作"灌",一般认为"灌""观"通假,但是如果我们考察观卦卦爻辞,会发现卦辞中有"盥而不荐"一语,结合这句话的语境,我们知道这里的"盥"是一种祭祀名称,故马融注云:"盥,进爵灌地,以降神也。"因此与"灌"通假,指祭祀时以酒浇地,如《论语·八佾》:"子曰:'禘自既灌而往者,吾不欲观之矣。'"《礼记·郊特牲》:"灌以圭璋。"郑玄注:"灌谓以圭瓒酌郁,始献神也。"所以秦简《归藏》卦名"灌"其实是源于观卦卦辞"盥(灌)而不荐"。可以推断,在今本《周易》观卦命名之初,或取卦辞中"盥而不荐"之"盥"作为卦名,而"盥"又与"灌"通假,因此今本《周易》的观卦曾经有另外一个"版本"的名称"灌"卦,而这一名称在秦简《归藏》中得以保留。

再来看一个例子。

今本《周易》大有卦卦名比较特殊，因为其卦爻辞中并未出现"大有"二字。高亨先生认为大有卦"卦名与筮辞无关，莫明其所以名命之故"，怀疑"大有"二字原本是卦辞开头二字，后转写脱去。①

考察其他《易》类文献中大有卦的异名，高亨先生的疑问就可以得到解答。

秦简《归藏》中大有卦作"右"，这是一个很有启发性的现象。今本《周易》大有卦卦爻辞，虽然没有出现"大有"二字，但是上九爻辞"自天祐之，吉无不利"却值得注意，《说文》："祐，助也。"徐灏云："右、祐，古今字。""右""祐"同源。因此我们推断，大有卦还是遵循了"依筮辞而题卦名"的一般原则，取上九爻辞中的"祐（右）"字作为卦名，而在转写过程中"祐（右）"通假为"有"，成为今本《周易》卦名用字，而"右"的名称在秦简《归藏》中得以保留。

当然这里还有一个问题就是，既然最初命名为"右"卦，那"大"字从何而来？这里涉及《周易》六十四卦中卦名冠有"大""小"二字的卦——如大畜、小畜，大过、小过等——这类卦的名称产生的缘由。

关于卦名中"大""小"含义，之前的解释都是联系卦义加以说明，如大畜、小畜，认为二卦都是和"蓄积""蓄养"有关，而"大""小"的区别在于，前者"所畜者大"，后者"所畜者小"。② 同样，大过、小过，被解释为"大有过越""小有过越"。③ 笔者认为这些解释不符合事实，冠有"大""小"的卦名其"核心词"是后一个字，这个字是取自该卦卦爻辞，而两卦中皆有该字，且都取了该字作卦名，为避免重复，冠以"大""小"二字以示区别——这里的"大""小"并无深意。

我们先以"大过""小过"为例，大过卦上六爻辞有"过涉灭顶"，故取"过"字为卦名；小过卦六二爻辞"过其祖，遇其妣"、九三爻辞"弗过防之"、九四爻辞"弗过遇之"、上六爻辞"弗遇过之"——都有"过"字，故亦取"过"为卦名；

① 高亨：《周易古经今注》，载《高亨著作集林》第 1 卷，清华大学出版社 2004 年版，第 74 页。

② 如孔颖达《周易正义》云："但小有所畜，唯畜九三而已。……若大畜……所畜者大，故称'大畜'。"参见《十三经注疏》（上册），上海古籍出版社 1997 年版，第 26 页。

③ 如孔颖达《周易正义》释"大过"云："'过'谓过越之'过'，非经过之'过'。此衰难之世，唯阳爻乃大能过越常理以拯患难也，故曰'大过'。"又释"小过"云："过之小事，谓之小过。"参见《十三经注疏》（上册），上海古籍出版社 1997 年版，第 41、71 页。

但前面已有一个"过"卦,故冠"大""小"以示区别。另外,小过卦爻辞中的"过"也非"过越"义,而是"拜访"义,古文习见,如《诗·召南·江有汜》:"子之归,不我过。"《史记·仲尼弟子列传》:"排藜藿入穷阎,过谢原宪。"小过卦爻辞"过"多与"遇"对举连用,根据语境,也是取"探望""拜访"义。

以"大""小"二字作区别字在古代较为普遍,如商王名号,王国维先生云:"其称大甲、小甲,大乙、小乙……殆后来加之以示别。"①再如《诗经》有"大雅""小雅"之别,虽然这里的"大""小"具体的所指说法很多,②但作为区别字的意义是很明确的。

接下来的问题是,为什么有"大有"卦而没有"小有"卦,有"大壮"卦而没有"小壮"卦?

笔者认为,今本《周易》的大有卦,起初应该有一个对应的"小有"卦,由于本来应该叫"小有"卦的这一卦没有取卦爻辞中的"右(有)"字作卦名,而取了其他字(比如丰卦,其爻辞有"折其右肱"),但大有卦的名称却得以保留。如此看来,秦简《归藏》作"右"卦更为合理。有意思的是,《清华简(四)》有"𡰥"卦,"𡰥"为"少又"之合文,"少"读为"小",即"小有"卦,而考其卦象却系《周易》大有卦。无独有偶,秦简《归藏》大过卦,考其简头所画卦象却是《周易》小过卦。这种混淆卦名"大""小"的现象不应简单视为抄写者疏忽所致,也反映出卦名中的"小""大"用字仅仅起到区别二卦的作用而已,并无深意。

大壮卦也是如此,既冠以"大"字,推断应该有一"小壮"卦。《周易》其他卦筮辞中也不乏有"壮"字者,如:

明夷卦六二:用拯马壮,吉。

涣卦初六:用拯马壮,吉。

夬卦初九:壮于前趾。

九三:壮于頄。

---

① 王国维:《观堂集林》(上册),中华书局1959年版,第432页。
② 其中有一种意见恰好和笔者主张易卦卦名中"大""小"的区别义一致,如余冠英先生说:"可能原来只有一种乐乐,无所谓大小,后来有新的雅乐产生,便叫旧的为大雅,新的为小雅。"见氏著:《诗经选》,人民文学出版社1956年版,第2页。

姤卦卦辞:女壮。

也许"小壮"卦就在以上几卦之中,由于编纂者已选用了筮辞中其他字词作为卦名了,所以"小壮"的命名未能施行,而"大壮"则得以保留下来。

再来考察一下大畜、小畜二卦。

根据高亨先生的研究,小畜卦的命名不符合"依筮辞而题卦名"的规律,认为该卦名与卦爻辞无关,"莫明其所以名命之故者"。而大畜卦是"取筮辞中内容之事物以为卦名","如大畜筮辞中有马、有牛、有豕,皆家畜大物是也"。① 笔者认为,小畜、大畜二卦其实也遵循了易卦命名的基本原则,只不过在《周易》古经的流传、演变中逐渐变得模糊不清了而已。

先来看小畜卦。

☴ 小畜:亨。密云不雨,自我西郊。

初九:复自道,何其咎? 吉。

九二:牵复,吉。

九三:舆说辐,夫妻反目。

六四:有孚,血去惕出,无咎。

九五:有孚挛如,富以其邻。

上九:既雨既处,尚德载。妇贞厉。月几望,君子征凶。

考察小畜卦卦爻辞,卦名"小畜"在卦爻辞中均未出现,这和《周易》绝大多数卦不同。小畜卦从何得名? 与"小畜"相关,还有"大畜",二者卦名核心词皆为"畜",这两卦的联系又在哪里?

前文已述,以往易学史上的观点,都是按照"小畜""大畜"的卦名解释卦义,认为二卦都和"蓄积""蓄养"有关,而"小""大"的区别在于,前者"所畜者小",后者"所畜者大"。这种解释虽然影响深远但是并不符合事实。笔者认为这两卦的卦名仍然遵循了《周易》"依筮辞而题卦名"的一般原则,"小畜""大畜"依然是取自卦爻辞中的字词。

根据前面"易卦卦名对照表",辑本《归藏》中的"小毒畜""大毒畜"需要说明一下。此处的"小毒畜""大毒畜"原本应作"小毒""大毒",后人注意到

---

① 高亨:《周易古经今注》,载《高亨著作集林》第 1 卷,清华大学出版社 2004 年版,第 74 页。

此二卦即《周易》"小畜""大畜"卦,故在"毒"字后注"畜"字,后在传抄过程中误入正文,便成了辑本《归藏》的"小毒畜""大毒畜"了。毒,定纽觉部;畜,透纽觉部,定透旁纽,音近而假。其他"蓄""慉""督""蓛""筁"与"畜""毒"皆为同音通假关系,学界已有定论。

回过头来考察小畜卦和大畜卦的卦爻辞,根据"依筮辞而题卦名"的一般原则,这两卦的卦爻辞中应当皆有"畜"字或与之通假之字。小畜卦卦爻辞上文已录,考察一下大畜卦卦爻辞:

䷙大畜:利贞。不家食,吉。利涉大川。

初九:有厉,利已。

九二:舆说輹。

九三:良马逐,利艰贞。曰闲舆卫,利有攸往。

六四:童牛之牿,元吉。

六五:豮豕之牙,吉。

上九:何天之衢,亨。

首先,对比二卦卦爻辞,其中小畜卦九三爻辞有"舆说辐",而大畜卦九二爻辞也有"舆说輹",且大畜九三爻辞又有"曰闲舆卫"。"舆"字作为二卦筮辞中共有之字,值得注意。依据"依筮辞而题卦名"的原则,"舆"字具备作为二卦卦名的条件。

其次,我们再来考察"舆"字的古音,"舆"为喻母鱼部字,与"畜""毒"为准旁纽,鱼部和觉部为旁对转,可以通假。相关例证,如"毒"与"礜",音义极为密切。《说文·石部》:"礜,毒石也,出汉中。从石,舆声。"朱骏声《说文通训定声》:"入药品。《西山经》:'皋涂之山,有白石焉,其名曰礜,可以毒鼠。'"桓谭《新论》:"巴豆毒鱼,礜石贼鼠。""礜"有"毒"义,又从"舆"得声,由此可证,"礜""毒"同源。《汉语同源词大典》"礜/毒"条云:"此二词俱有毒义,其音亦相近且相通。礜:余纽鱼部;毒:定纽觉部。余(喻四)准旁纽,鱼觉旁对转。则其语源当同。"

由此可知,小畜、大畜卦名最初为"小舆""大舆","舆"字取自爻辞,后在转写过程中由于通假原因逐步演变为"小毒""大毒""小督""大督""小畜""大畜"等,后世不明缘由,"望文生义",由"畜"字解释出"蓄积""蓄养"等义。卦名冠以"小""大"之字仅仅是为了区别二卦而加,并无深意。根据"依筮辞而题卦名"的一般原则,《周易》古经的编纂者"拈取"了爻辞中的"舆"作为卦名,但后来发现另外一个由于筮辞中有"舆"字而也可以被定名为"舆"的卦,为了区别这两个卦,于是加"小""大"二字。这里的"小""大"并无深意,也许是"大畜"卦命名在先,故称"大","小畜"卦命名在后,故称"小"。

再来考察一下泰卦。

《周易》泰卦由于卦爻辞中也无"泰"字出现,高亨先生认为不符合"依筮辞而题卦名"的规律,而被视为卦名与卦爻辞无关者。① 马王堆帛书《周易》和秦简《归藏》泰卦作"夳",显然是"泰"之借字。《清华简(四)》作"憇",研究者认为是"泰"的通假字。② 无论作"夳"或"憇",都不能解释泰卦卦名的由来。笔者认为,泰卦的名称其实也是源自泰卦筮辞。具体来说,泰卦卦名取自卦辞"小往大来,吉,亨"中的"大"字,"大""泰"通假,古文习见。也就是说,《周易》古经的编纂者仍然遵循了"依筮辞而题卦名"的原则,撷取了卦辞"小往大来"中的"大"字作为该卦卦名,后在转写过程中演变为通假字"泰",《易传》不明就里,解释为"通泰"义。

再来考察一下噬嗑卦。

今本《周易》噬嗑卦,秦简《归藏》作"筮",马王堆帛书《周易》作"噬闸"或"筮盍",阜阳简《周易》作"筮闸"。③ "噬""筮"通假;"闸""嗑""盍"上古音皆为见纽叶部字,同音通假。《清华简(四)》作"嚽",整理者认为,"'嚽'应分析为从齒(齿)从又欠声。'欠'为谈部溪母字,与月部禅母的'筮'、'噬'可以通假"④。

① 高亨:《周易古经今注》,载《高亨著作集林》第1卷,清华大学出版社2004年版,第74页。

② 如孟蓬生先生释为"嵓",与"泰"是音近而通假。参见氏著:《清华简(三)所谓"泰"字试释》,清华大学出土文献研究与保护中心2013/01/12.http://www.tsinghua.edu.cn/publish/ce-trp/6831/2013/20130114193349107322501/20130114193349107322501_.html 徐在国、李鹏辉先生认为是"徹"字异体,"徹""泰"音近相通。参见氏著:《谈清华简〈别卦〉中的"泰"字》,《周易研究》2015年第5期。

③ 参见韩自强:《阜阳汉简〈周易〉研究》,上海古籍出版社2004年版,第97页。

④ 李学勤主编:《清华大学藏战国竹简(四)》,中西书局2013年版,第134页。

再来看噬嗑卦卦爻辞。

䷔噬嗑:亨,利用狱。

初九:屦校灭趾,无咎。

六二:噬肤灭鼻,无咎。

六三:噬腊肉,遇毒,小吝,无咎。

九四:噬干胏,得金矢,利艰贞,吉。

六五:噬干肉,得黄金,贞厉,无咎。

上九:何校灭耳,凶。

可以看到,噬嗑卦卦爻辞中多见单字"噬",并未出现"嗑""闸""盇"字。一般来说,卦名应当作"噬"。秦简《归藏》"筮"卦及《清华简(四)》"㐀"卦是符合这一情况的。

那么"嗑"字从何而来?

笔者认为,"嗑"与六三爻辞"噬腊肉"之"腊"字通假,"噬嗑"卦名取自六三爻辞"噬腊肉"前二字"噬腊"。

"腊",心纽铎部字,干肉义;"臘",来纽叶部字,为祭名,《说文》:"冬至后三戌,臘祭百神。"马叙伦先生认为:

> 臘、腊为转注字。腊从昔得声,昔音心纽;臘从巤得声,巤从翼之初文作𦏲者得声,翼音喻纽四等,同为摩擦次清音。昔从炗得声,炗异声同之类,其明证也,故《礼记》借蜡为臘。疑古于夏暴肉为腊,而备冬食,故名食干肉之时为臘月,以此时及以此祭,因名曰臘祭。[1]

"腊"可读为"臘",与"嗑""闸""盇"韵部相同,来纽、见纽相转,因此"噬嗑"卦最初应为"噬腊"卦,取自六三爻辞"噬腊肉"——符合"依筮辞而题卦名"的一般规律。

再来考察一下中孚卦。

中孚卦的名称由来也是困扰易学界的一个疑难问题。高亨先生以为"中孚"当为卦辞首二字,似未安。[2] 秦简《归藏》同作"中孚",而《清华简(四)》

---

[1] 李圃:《古文字诂林》(第四册),上海教育出版社 2004 年版,第 461—462 页。

[2] 参见高亨:《周易古经今注》,载《高亨著作集林》第 1 卷,清华大学出版社 2004 年版,第 74、75 页。

中孚卦作"中",这对我们重新思考中孚卦名的来源提供了新的启示。笔者认为,如果从"依筮辞而题卦名"的思路出发,结合《清华简(四)》的"中"卦,可以对此作出新的解释。

先来看中孚卦卦爻辞。

䷼中孚:豚鱼,吉。利涉大川,利贞。

初九:虞吉,有它不燕。

九二:鸣鹤在阴,其子和之。我有好爵,吾与尔靡之。

六三:得敌,或鼓或罢,或泣或歌。

六四:月几望,马匹亡,无咎。

九五:有孚挛如,无咎。

上九:翰音登于天,贞凶。

可以看到,中孚卦卦爻辞中并未出现"中孚"一词,只有九五爻辞有"有孚"一词,但"有孚"作为《周易》筮辞常见用语,如果说"中孚"之"孚"取自九五爻辞之"有孚",则颇为牵强;即便勉强说通,"中"字的来源仍然无法解决。

笔者认为,正如《清华简(四)》所载,中孚卦最初作"中"卦,从"中"到"中孚"经历了一个演变的过程。论证如下。

首先,"中"卦卦名取自六三爻辞"得敌"之"得","中""得"古音、义皆近,可以通假。这一点古今学者已有论证,如钱大昕《十驾斋养新录》云:"古音'中'如'得'。"[1]王引之《经义述闻》:"'中''得'声相近,故二字可以通用。"[2]

晁福林先生也指出:

> 卜辞里的"中"字常有"得到"之义。这种情况在古代文献里亦然。《周礼·地官·师氏》:"掌国中失之事以教国子弟。"注:"故书'中'为'得'。杜子春云当为'得'。记君得失,若《春秋》是也。""杜音得。"得,古音在职部;中,在侵部。职侵两部古音相近,

---

① 钱大昕:《十驾斋养新录》,上海书店出版社 2011 年版,第 100 页。
② 王引之:《经义述闻》,凤凰出版社 2000 年版,第 202 页。

可以通转,如职部的"极"就与侵部的"穷"相通,犹"中"之通"得"然。"中"读若得,不仅从古音上看是可以的,而且从含义上看两者也相通。……总之,从古音和古义两方面看,"中"读若"得"应当是可以的。①

其次,"孚"字的来源和"中"有着密切的关系。一方面,"中""忠"古通,"中"可训"忠信"义,《周礼·春官·大司乐》"中和祇庸孝友",郑玄注:"中,犹忠也。"扬雄《太玄·穷》"民好中",范望注:"中,忠信也。"《管子·君臣下》:"官必中信以敬",丁士涵注:"中即忠字。"另一方面,《周易》卦爻辞"孚"字习见,古训为信。因此,作"信"义的"孚"字和作"忠信"义的"中"字义近,故古人又在"中"后加一"孚"字,以突显"中"在易学系统中的"信"义。

由此我们推断,中孚卦最初作"得"卦,取自六三爻辞"得敌"之"得",后在转写过程中卦名被写作通假字"中",《清华简(四)》保留了这一古义。古人以"中"有"忠信"义,故又补筮辞中常见作"信"义的"孚"字——"中""孚"同义,故《象传》释卦辞云:"信及豚鱼",《杂卦》也说:"中孚,信也。"显然,这里是将"中孚"作为一个整体释作"信"。

以上我们从卦名来源的基本立场出发探讨了卦名差异的原因。

四、文字讹误造成的卦名差异

还有个别卦名出现差异与文字传抄过程中的讹误有关。

辑本《归藏》有"散家人"一卦,马国翰引黄宗炎注:"家人为散家人,则义不可考。"②简本《归藏》有"散"卦,整理者释为:

　　▨散曰昔者□□□卜□散实而支占大=□③

---

① 晁福林:《甲骨文"中"字说》,《殷都学刊》1987 年第 3 期。

② (清)马国翰辑:《玉函山房辑佚书》(第一册),广陵书社 2005 年版,第 35 页。

③ 王明钦:《王家台秦墓竹简概述》,艾兰、邢文主编:《新出简帛研究》,文物出版社 2004 年版,第 31 页。

据此,有学者指出,辑本《归藏》中的"散家人"本应作"散",后人注意到《归藏》"散"卦卦象即《周易》"家人"卦卦象,故在"散"字后注"家人"二字,后在传抄过程中误入正文,便成了辑本《归藏》的"散家人"卦。① 这一观点非常正确,解决了辑本与简本卦名出现差异的问题,也是出土文献对传世文献加以校勘的典型案例。

至此,问题其实只解决了一半,接下来的问题是:为什么《周易》中的家人卦,在《归藏》中作散卦?

有学者试图从卦象的角度加以解释,认为散卦卦象☲☴上巽下离,巽为风,有"散"义,故卦名作"散"。② 还有一种意见认为,"散"很可能是由"家"音转为"果",又音转为"简",又形讹或音讹为"散"。③ 该意见的提出者王宁后又改变看法,认为"'家'就有可能被假借作'罦'(同见纽鱼部),王国维曾经指出'罦'、'散'因为古字形近,所以典籍中经常把'罦'讹为'散'"。④ 前两种观点或显牵强,或嫌曲折,尚不能令人信服。笔者认为最后一种意见比较接近真相,故在此以前人的研究为基础作一番探究。

首先,从整体上对照简本《归藏》与今本《周易》的卦名,会发现除个别卦

① 李学勤先生认为:"《家人》卦,简文作《散》,辑本作《散家人》,这应该是由于《散》即《家人》,后人于卦名下注记,于是混进正文。"参见李学勤:《王家台简〈归藏〉小记》,载《周易溯源》,巴蜀书社 2006 年版,第 292 页。王辉先生认为:"可能传本承简本之散,又注明此即《周易》之家人,'家人'2 字乃注文而误入正文者。"参见王辉:《王家台秦简〈归藏〉校释》,《江汉考古》2003 年第 1 期。王宁先生认为:"秦简本'家人'卦只作'散',则知'家人'二字乃薛贞之注文混为正文者。盖薛贞于'散'卦下注'家人'二字,谓此卦即《周易》之家人卦也,传抄误入卦名。"参见王宁:《传本〈归藏〉辑校》,复旦大学出土文献与古文字研究中心网,http://www.gwz.fudan.edu.cn/SrcShow.asp? Src_ID=1003。

② 王辉先生认为:"此卦下离上巽,离为火,巽为风,《家人》象曰:'风自火出,家人,君子以言有物而行有恒。'以内风外火喻家事由内影响到外;《说卦》云:'天地定位,山泽通气……雷以动之,风以散之……'原本可能有风之吹散及家事由内影响到外两种含义,因名散家人。"参见王辉:《王家台秦简〈归藏〉校释》,《江汉考古》2003 年第 1 期。连劭名先生认为:"'散'者,无礼之义,《荀子·修身》云:'庸众弩散。'杨注:'散,不拘检者也。'《礼记·乐记》云:'马散之华山之阳。'郑注:'散,犹放也。'卦上巽为风,下离为分,皆有放散之义。"参见连劭名:《江陵王家台秦简〈归藏〉筮书考》,《中国哲学史》2001 年第 3 期。

③ 王宁:《秦简〈归藏〉几个卦名补释》,复旦大学出土文献与古文字研究中心网,http://www.gwz.fudan.edu.cn/SrcShow.asp? Src_ID=1906。

④ 王宁:《读〈清华简(肆)〉札记二则》,简帛研究网,http://www.bamboosilk.org/article.asp? classid=4。

外,大部分卦名是一致的,其差别也多为文字通假关系。

如果从文字通假的角度考虑"散"与"家人",首先面临的问题就是字数的问题:"散"为单字,"家人"二字,如何通假?

考察简本《归藏》,我们发现《周易》中的二字卦名在《归藏》中有作一字的,如"大有"作"右","噬嗑"作"筮"等,这里的"有"和"右"、"噬"和"筮"显然是通假关系。也就是说,简本《归藏》卦名有这样的现象,即《周易》中的二字卦名,在简本《归藏》中被"省写"为其中的某一个字作为其卦名。我们不妨也考虑"散"与"家人"二字中的某一个字有通假关系,被"省写"为"散"。

其次,先来探讨一下另外一个字——"斝"。

罗振玉在其《增订殷虚书契考释》一书中有《曰斝》一文,兹引如下。

曰斝 ﹝甲骨文字形﹞

《说文解字》:"斝,从吅,从斗,冂象形,与爵同意。"案:斝从吅不见与爵同之状,从冂亦不能象斝形。今卜辞斝字从﹝字形﹞,上象柱,下象足,似爵而腹加硕,甚得斝状。知许书从﹝字形﹞作者,乃由﹝字形﹞而讹。卜辞从﹝字形﹞,象手持之,许书所从之斗殆又由此转讹者也。又古彝文(金文家称双矢彝)有﹝字形﹞字,与此正同,但省﹝字形﹞耳。其形亦象二柱三足一耳,而无流与尾,与传世古斝形状肳合,可为卜辞﹝字形﹞字之证。又古散字作﹝字形﹞,与﹝字形﹞字形颇相似,故后人误认斝为散。《韩诗》说诸饮器,有散无斝,今传世古饮器有斝无散。大于角者,惟斝而已,故诸经中散字疑皆斝字之讹。予尝以此说质之吾友王君国维,王君然之。并谓宝鸡所出铜禁备列诸饮器,有爵一、觚一、觯二、角一、斝一,与《少牢馈食礼》(笔者按:王文原作"特牲馈食礼")之实二爵、二觚、四觯、一角、一散,数虽不同,而器则相若。则散、斝信为一物。又《诗·邶风·硕人(笔者按:当为简兮)》:"赫如渥赭,公言锡爵。"《传》言:"祭有畀煇胞翟阍者,惠下之道。见惠不过一散。"《疏》言:"散,谓之爵。爵,总名也。"予谓此爵字本当作斝,斝与赭为韵也。《传》云:"见惠不过一散。"则经本当作"锡斝",转讹为"散"。后人因散字不得其韵,又改为爵。其实,散本斝字,斝、赭同部,不烦改爵也。其说至精确,著之以为吾说左证。①

罗文主要观点有二:第一,现通行之"斝"字是甲骨文字讹变后的字形;第二,"斝""散"二字甲骨文字形相近,以至于后世文献中"斝"多讹为"散"。

如罗振玉所言,这一观点得到了王国维的肯定和支持。王国维撰有《说斝》一文,对罗振玉的观点加以更进一步的论证,共列出五条证据支持罗说。除罗文所引的《馈食礼》饮器和《诗经·邶风》两条证据外,王还列举了其他三条:

> 《礼》言饮器之大者,皆散角或斝角连文,《礼器》"礼有以小为贵者,宗庙之祭,尊者献以爵,卑者献以散;尊者举觯,卑者举角。"《明堂位》加以璧散、璧角,而《郊特牲》则云"举斝角,诏妥尸",皆与角连文。言散则不言斝,言斝则不言散,明二者同物,其证二也。斝为爵之大者,故名曰斝。斝者,假也,大也。古人不独以为饮器,又以为灌尊,《周礼·司尊彝》"秋尝、冬烝,祼用斝彝、黄彝"。……《明堂位》:"灌尊,夏后氏以鸡夷,殷以斝,周以黄目。"《左氏》昭十七年传:"若我用瑾斝玉瓒"。案:"瑾"当作"灌",灌斝即灌尊,斝所以盛鬯,瓒所用以灌也。是古之灌尊亦以斝为之。而《周礼·鬯人职》则云"凡疈事用散"。散既为饮器,又为灌尊,明系斝字之讹。其证三也。……《礼》有散爵,乃杂爵之意。《燕礼》与《大射仪》公与诸臣异尊,公尊谓之膳尊,诸臣之尊谓之散;酌于公尊谓之酌膳,酌于诸臣之尊谓之酌散;公爵谓之膳爵,诸臣之爵谓之散爵。是散者对膳言之。《祭统》以散爵献士,亦对献卿之玉爵、献大夫之瑶爵言之。散爵犹言杂爵也。是散本非器名。其证五也。②

王文第五证"散爵犹言杂爵"的说法可能有问题,留待后文讨论。总的来说,罗振玉、王国维二人的论述足以证明传世文献中作礼器名的"散"当为"斝"之讹。

回到《归藏》,同理,简本《归藏》"散"卦也应作"斝"。斝,古音见母鱼部

---

① 罗振玉:《增订殷虚书契考释》,载《罗振玉学术论著集·第一集·殷商贞卜文字考(外五种)》,上海古籍出版社 2013 年版,第 216—217 页。原书为影印,标点为笔者所加。

② 王国维:《观堂集林》,中华书局 1959 年版,第 145—147 页。

字;家,古音也是见母鱼部字,二字声同韵同。由此我们得出结论,《归藏》
"散"卦本作"㸬"卦。㸬,古音见母鱼部字;家,古音也是见母鱼部字,二字声
同韵同,同音通假。《归藏》"家"卦先通假为"㸬",又与"散"形近而讹,最终
演变为"散卦",给后世造成诸多困惑。那么,"家人"卦为何作"家"卦? 是不
是一种"省写"或"简称"? 类似的例子还有"噬嗑"卦在秦简《归藏》作"筮"
等。这个问题还是需要从卦名的来源去探究。考察一下《周易》家人卦卦
爻辞:

　　䷤家人:利女贞。

　　初九:闲有家,悔亡。

　　六二:无攸遂,在中馈,贞吉。

　　九三:家人嗃嗃,悔,厉,吉。妇子嘻嘻,终吝。

　　六四:富家,大吉。

　　九五:王假有家,勿恤,吉。

　　上九:有孚,威如,终吉。

　　可以看到,"家人"二字仅在九三爻辞中出现一次,而单字"家"总共出现
三次,分别在初九、六四、九五爻辞中,因此家人卦也曾被命名为"家"卦,这一
名称被《归藏》继承。类似地,《周易》"噬嗑"卦,秦简《归藏》作"筮",《清华
简(四)》作"𡘙",也应作如是观("噬"字出现四次,"噬嗑"没有出现),而不应
简单看作"省写"或"简称"。由此看来,王宁《读〈清华简(肆)〉札记二则》一
文"家""㸬"通假、"㸬""散"相讹的说法是正确的。

　　至此,我们利用先贤的学术成果,解决了《归藏》"散"卦与《周易》"家人"
卦"卦同名异"的问题。但是,与此密切相关,还有一些问题值得进一步探究。

　　据《归藏》简的整理者王明钦先生称,秦简《归藏》共有 70 组卦画,其中 16
组相同,不同卦画有 54 种;卦名有 76 个,其中重复者 23 个,实际卦名 53 个;
卦辞也有一部分重复;竹简形制有两种,一种宽而薄,另一种窄而厚。因此,整
理者推测这批《归藏》简有两种抄本。①

---

① 参见王明钦:《王家台秦墓竹简概述》,艾兰、邢文主编:《新出简帛研究》,文物出版社
2004 年版,第 29、30 页。

幸运的是,《归藏》简两种抄本中的"散"卦内容都得到了部分保存,可以互相补充。王明钦先生在其另一篇文章《试论〈归藏〉的几个问题》中提及一支编号 333 的《归藏》简,王文引作"☐曰:昔者禹卜食散实而支(占)大明,占之,曰:不吉。散其☐"①。

该简简头残缺,但保留大部分简文,根据其内容可以和上文所引的另一支"散"卦简"🔲散曰昔者☐☐□卜□散实而支占大=☐"相对照。两相补充,简文可释作:

☷散曰:昔者禹卜食散实而枚占大明,大明占之曰:不吉。散其☐

简文讲述了大禹就"食散实"这件事向大明占卜的事情。卦辞中作为卦名的"散"字也得到了体现,出现二次。这里的"食散实"值得讨论。

据文意,"散实"当为某种食物,王宁认为:

"散实"是什么东西呢?如果按照字面来看是很费解的,可知道了"散"是"斝"之形讹就好明白了,"斝实"和以"鼎实"指食物的情况相类,是指酒,它用的典故就是《战国策·魏策二》的那个记载:

"昔者帝女令仪狄作酒而美,进于禹,禹饮而甘之,曰:'后世必有以酒亡其国者。'遂疏仪狄而绝旨酒。"

说明《归藏》是把"家人"简称"家"而音转为"斝","斝"是酒器,所以就以禹饮酒的故事作卦辞,后来在传抄中形讹为"散"。②

这一说法笔者认为有待商榷,散卦卦辞作:"昔者禹卜食散实而枚占大明,大明占之曰:不吉。散其……"句末"散其……"之"散"显然作动词,后文虽因竹简残断缺失,但明显应接某物作动词"散"之宾语。如果按照王宁先生的意见将卦辞中的"散"字都读作"斝",那么这里的"斝其……"是解释不通的。

---

① 王明钦:《试论〈归藏〉的几个问题》,古方、徐良高等编:《一剑集》,中国妇女出版社1996 年版,第 108 页。

② 王宁:《读〈清华简(肆)〉札记二则》,简帛研究网,http://www.bamboosilk.org/article. asp? classid=4。

笔者认为,"散实"当为某种食物,"实"本身有"食物"义,如《周易》颐卦卦辞"自求口实",郑玄注:"求可食之物"。那么,"散实"为何种食物?《说文》:"散,杂肉也。从肉,楙声。"所以简文"食散实"即"吃杂肉"之义,文意明白晓畅,恰好对应了《说文》"散"字的训释。有学者认为许慎对"散"字训释有误,如林义光先生《文源》:"散为杂,无杂肉之义……从月,不从肉。月即夕字,象物形,从攴,林象分散形。本义当为分散之散……经传皆用散字。"①季旭昇先生也持相同意见②。由《归藏》散卦简文可证,这种观点是有待商榷的,许慎以"杂肉"释"散"不误。另外,王筠《说文句读》认为:"散字从肉,故说曰杂肉。实是散碎通用之字,故元应取杂而删肉也。"③上文引王国维《说斝》第五证"散爵犹言杂爵",当是取王筠所主义。由《归藏》简散卦可知,其实"散爵"之"散"就是"斝"字之讹,与"散杂"义无关。

既然卦名正字为"斝",卦辞为何却作"杂肉"义的"散"?这是一个值得探讨的问题。

笔者认为这与《归藏》卦名的来源以及卦辞的创作、编纂有关。散卦的这一情况说明《归藏》应该是先有卦名,后有卦辞,卦名和卦辞是不同时代的不同作者创作的。

前文已述,卦名"散"为"斝"之讹,是袭自《周易》"家"卦,这是卦名的来源。但是,散卦卦辞的作者看到的卦名已经由"斝"讹为"散",于是根据"散"字的"杂肉"义创作了大禹卜食"散实"而向大明占卜的卦辞内容。这一现象能够反映秦简《归藏》成书的一般情况,即首先继承了《周易》的卦名,然后根据卦名创作了卦辞。李学勤先生认为秦简《归藏》"文气不古",是流行于战国末的一种筮书,这是很有道理的。④

---

① 林义光:《文源》,中西书局 2012 年版,第 144 页。
② 季旭昇先生认为《说文》误释"散"字"从肉,字义也误释为'杂肉',不可从"。参见氏著:《说文新证》,福建人民出版社 2010 年版,第 353 页。
③ 王筠:《说文句读》,上海古籍书店 1983 年版,第 521 页。
④ 参见李学勤:《王家台秦简〈归藏〉小记》,载氏著:《周易溯源》,巴蜀书社 2006 年版,第 296 页。

五、文字演变造成的卦名差异

卦名差异中还有一类较为特殊的情况,笔者认为文字的发展演变是其基本原因,而且这一问题也涉及易学中的其他重要问题,如卦义的来源等,非常值得挖掘。我们在此以坤卦为例作一探讨。

(一)"坤"与"寅"

坤卦卦名的来源,用"依筮辞而题卦名"观点是解释不了的,因为坤卦卦爻辞中根本就没有出现"坤"字,甚至也没有出现《易传》所谓的"地""顺"等含义的字句。高亨先生只能无奈地说,坤卦"卦名与筮辞无关,莫明其所以名命之故"①。李镜池先生也认为坤卦卦名与卦爻辞无关联:"坤为地为顺,但卦、爻辞不说地亦不言顺。"②可见,坤卦卦名的来源以及与卦爻辞之间的联系,仍然是一个悬而未决的问题。

近几十年来随着与《周易》相关的出土文献的发现、整理、研究,为这一问题的解决带来了契机。

辑本《归藏》坤卦作"寅",对此古籍多有记载,如《字汇补·八部》:"寅,《归藏易》坤字。"《玉篇》:"寅,古文坤。"毛奇龄《易小帖》:"《归藏易》卦名有异字,以坤为寅。"由于历来将《归藏》视为伪书,坤卦卦名的异文问题并未得到研究者们的足够重视。

1993 年,湖北江陵王家台秦简《归藏》出土,证明《归藏》不伪,确为先秦时期流传的古书。据整理者释文,其坤卦内容作:

    ⬚⬚曰不仁昔者夏后启是以登天啻弗良而投之渊⬚共工以□江□⬚(501)③

---

① 高亨:《周易古经今注》,载《高亨著作集林》第 1 卷,清华大学出版社 2004 年版,第 74 页。
② 李镜池:《周易探源》,中华书局 1978 年版,第 278 页。
③ 王明钦:《王家台秦墓竹简概述》,载艾兰、邢文主编:《新出简帛研究》,文物出版社 2004 年版,第 30 页。

卦名"象",整理者未加隶定,学者将其或释为"寡"①,或释为"顺"②,大多数学者认为即辑本《归藏》的"奥"字,如李学勤先生将其隶定为"奥",并认为:

> 《周易》的《坤》卦,《归藏》作《奥》,字见郭忠恕《汗简》。按"坤"字实为从"土""申"声,"奥"疑从"大""申"声……上述"坤"字的分析如果不错,也不妨视为通假。③

近年来公布的《清华简(四)》中坤卦卦名作"𡘏",整理者隶定为"奥",并指出"即'坤'字,见《碧落碑》《汗简》等,也是辑本《归藏》的特征"④。李学勤先生撰文指出,"坤卦简文作'奥',是《归藏》特有写法"⑤。

清华简(四)中"𡘏"字的形义学界也多有讨论,或认为该字从"大""昆"声,"大"有表意作用⑥;或认为此字的构字本义无法确知,只能看成是"昆"声的假借,与坤卦没有意义上的关联⑦。

暂不论以上几个"坤"字的形义问题,有一点可以肯定,辑本《归藏》的"奥"、简本《归藏》的"象"及《清华简(四)》的"𡘏"实为一字,皆是坤卦的卦名,这一卦名用字对于我们考察坤卦卦名的来源具有极重要的价值。

早在 20 世纪 30 年代,于省吾先生就坤卦卦名提出过一条重要观点:

> 李过《西溪易说》引《归藏》卦名,首坤次乾,坤作奥,《碧落碑》坤作奥,即寅字也……寅乃坤之假字,古韵寅真部,坤谆部,二部通协……《西溪易说》所引六十卦名多存古义古字,证之于古籀文,亦多吻合,虽非殷代之书,然亦非秦汉以后人所伪托。⑧

于省吾先生以奥为寅字,认为坤、寅通假,也就是说古坤卦也作寅卦。这

---

① 参见蔡运章:《秦简〈寡〉、〈天〉、〈叝〉诸卦解诂》,《中原文物》2005 年第 1 期;连劭名:《江陵王家台秦简〈归藏〉筮书考》,《中国哲学史》2001 年第 3 期。
② 参见刘彬:《帛书〈周易〉"川"卦卦名当释"顺"字考》,《周易研究》2013 年第 4 期。
③ 李学勤:《周易溯源》,巴蜀书社 2006 年版,第 291 页。
④ 李学勤主编:《清华大学藏战国竹简(四)》,中西书局 2013 年版,第 109 页。
⑤ 李学勤:《〈归藏〉与清华简〈筮法〉、〈别卦〉》,《吉林大学社会科学学报》2014 年第 1 期。
⑥ 参见程燕:《谈清华简〈筮法〉中的"坤"字》,《周易研究》2014 年第 2 期。
⑦ 参见季旭昇:《从清华肆谈〈周易〉"坤"卦卦名》,《李学勤先生学术成就与学术思想国际研讨会论文集》,2019 年。
⑧ 于省吾:《双剑誃易经新证》,中华书局 2009 年版,第 627—628 页。

一观点后来因秦简《归藏》出土得到了印证。

前引秦简《归藏》坤卦简文作：

　　　▧▧曰不仁昔者夏后启是以登天寊弗良而投之渊寊共工以□江□▧□（501）

有学者注意到除了卦名"▧"字整理者未加隶定，在卦辞中还有一个"寊"字整理者同样未加隶定。这两个疑难字之间是否存在着某种联系呢？

廖名春先生指出：

　　　▧上从大，中从目，下从分，但不知是何字。疑摹写有误。寊字当为寅字。因此我颇怀疑"寊"为寊字，也就是寅字之讹体。①

王辉先生也认为：

　　　▧、寊为此卦之名，二者实际上是一字……▧字不见字书，应为寊之讹字，寊即寅字。寅字甲骨文作🐾（《粹》1475），金文作🐾（戊寅鼎）、🐾（豆闭簋）、🐾（录伯簋），简本字形接近。辑本《归藏》有寊卦，寊显然是之寊隶定。②

以上三位先生的观点对我们探讨坤卦卦名的来源提供了十分关键的信息。

就秦简《归藏》来说，我们认为，秦简《归藏》其实也遵循了"依筮辞而题卦名"的一般原则。试举几例：

　　　▧师曰：昔者穆天子卜出师而枚占于禺强……

　　　▧比曰：比之茉茉，比之苍苍；生子二人，或司阴司阳……

　　　▧复曰：昔者陼王卜复白雉……

　　　▧散曰：昔者禹卜食散实而枚占大明……

　　　▧兑曰：兑兑黄衣以生金，日月并出……

　　　▧晋曰：昔者夏后启卜钃帝晋之墟……

以上我们可以看到，秦简《归藏》的卦名在各自的卦辞中也都出现，体现了卦名与卦辞之间的联系，这一情况和《周易》是一致的。结合上面廖名春、

①　廖名春：《王家台秦简〈归藏〉管窥》，《周易研究》2001年第2期。
②　王辉：《王家台秦简〈归藏〉索隐》，《古文字研究》第二十四辑，中华书局2002年版。

王辉二位先生的意见,由此我们可以推断,秦简《归藏》的卦名"𡧃"也就是卦辞中出现的"𡧃"字,二者实为同一字。

其次,笔者认为,正如廖名春、王辉二位先生所言,这里的"𡧃""𡧃"其实就是"寅"字。就字形而言,上述二位先生之说备矣,毋庸赘言。另外,作"寅"字解,才能使卦辞文意更显通畅。有一种意见认为,"寅"通"濱",并以《说文》为据,即水潜行,也像万物螾然动生之貌,并且认为此卦六爻皆阴,为纯阴卦,其象如水潜行地下。① 还有一种意见认为,"寅"同"演",取演生、蔓延义。② 我们认为这两种意见都不可从,尤其是受《易传》对坤卦解读的影响所作的解释,更不可取,置于卦辞中文意迂曲难解。我们认为此处的"寅"当训作"敬"。"寅"训"敬"见《尔雅·释诂》:"寅,敬也。"又《尚书·尧典》:"寅宾出日。"伪孔传:"寅,敬。"又《尚书·舜典》:"夙夜惟寅。"《尚书·无逸》:"严恭寅畏。"皆为"敬"义。卦辞讲述夏后启登天,"帝"认为他"弗良"而"投之渊",后文说"寅共工……"这里的"寅共工"就是"敬共工",夏后启被投至深渊,而共工恰好是上古神话中的水神,坠入深渊的夏后启自然要对水神共工表示"敬",以求自保。

至此,我们可以得出结论,秦简《归藏》"𡧃"卦原本作"寅"卦,载籍所见作坤卦卦名的"奥"其实就是"寅"字。

(二)"寅"与"黄"

回到开始的问题,既然我们已经知道坤卦又作寅卦,这一卦名的来源以及与卦爻辞的联系在哪里呢?

《周易》古经的成书一般认为是在商末周初,这就需要我们从那个时代的文字中去探求这个问题。

考察甲骨文"寅",我们会发现一个重要的线索,那就是在甲骨文中"寅"和"黄"是同形字。姚孝遂先生指出:"'𡧃'或'𡧃',这一形体是'寅'和'黄'的通用形体。"③赵诚先生《甲骨文简明词典》:"𡧃,寅。此字本应释黄。……从

① 王辉:《王家台秦简〈归藏〉索隐》,《古文字研究》第二十四辑,中华书局 2002 年版。
② 蔡运章:《秦简〈寡〉、〈天〉、〈蚕〉诸卦解诂》,《中原文物》2005 年第 1 期。
③ 姚孝遂:《姚孝遂古文字论集》,中华书局 2010 年版,第 99 页。

甲骨文字的发展来看,矢、寅、黄三字同源,皆由矢(🔺)衍化而来,所以在甲骨文早期容易混同。"①

再来考察坤卦卦爻辞。

☷坤:元亨,利牝马之贞。君子有攸往,先迷后得主,利。西南得朋,东北丧朋,安贞吉。

初六:履霜,坚冰至。

六二:直方大,不习,无不利。

六三:含章可贞,或从王事,无成有终。

六四:括囊,无咎无誉。

六五:黄裳,元吉。

上六:龙战于野,其血玄黄。

可以看到,坤卦卦爻辞中虽然没有出现"坤"字,但是在六五爻和上六爻中都有"黄"字出现,由此可以推断,坤卦仍然遵循了"依筮辞而题卦名"的一般规律,命名者注意到六五爻辞"黄裳,元吉"及上六爻辞"龙战于野,其血玄黄"中皆有一"黄"字,于是选取了黄字作卦名。在这一时期,"黄"与"寅"二字同形。

其后,在《周易》古经的流传过程中,"寅(黄)"字逐渐发生分化,爻辞中的"黄"字由于受语境"黄裳""玄黄"的限制,保持为"黄"义;而作为卦名的"寅(黄)"由于单独作为卦名存在,受具体语境限制较少,相对灵活、独立,逐渐与"黄"义越来越远,而保持了"寅"的形体。所幸,《归藏》还保留了"寅"卦的原初面貌,为我们探究《周易》坤卦卦名提供了宝贵的线索。

这里有必要讨论一下"坤"与"寅"的关系。上文所述,虽然可以用通假来解释"坤"与"寅",但我们不妨也作一些推测。

"坤"字在先秦见于战国时期玺印文字,《战国古文字典》载坤字字形作"🔲""🔲""🔲""🔲""🔲"等②,为人名用字,并非易卦名称,且部首从"立",而非"土"。作为易卦名称用字,先秦时期写成的简本《归藏》及《清华简(四)》,卦

---

① 赵诚:《甲骨文简明词典》,中华书局 2009 年版,第 75 页。

② 何琳仪:《战国古文字典》(下册),中华书局 1998 年版,第 1120 页。

名均未作"坤",甚至到东汉由官方确定的熹平石经《周易》坤卦卦名也没有采用"坤"而是作"𥛛"("坤""𥛛"二字关系留待后文讨论),故有学者称:"'坤'字见中古文《易》,恐晚出之字。"①对照《战国古文字典》载"坤"古文字形与《汗简》引《碧落文》坤字"𣏗",及《清华简(四)》"𥤵",笔者颇怀疑"坤"与"臾"原本是同一字。《说文》所收"寅"字古文"𡩟"提供了一个重要的信息,"𡩟"所从之"𡿪",单双无别;所从之"土",古今学者已经指出乃"大"之讹②,这一点非常关键,坤所从之"土"是由"臾"所从之"大"讹变而来,且上下结构变为左右结构,二者原本是同一字。

(三)坤卦卦义、卦德的来源

厘清了"坤"卦原作"黄"卦这个问题,我们就可以对后世尤其是《易传》对坤卦所作的解释作一检讨。

《易传》解释坤卦,以坤为地,地道柔顺,故坤卦卦德为顺。然而坤卦卦爻辞既不言地,也不言顺,显然以坤为地、为顺的解释是后世"附加"给坤卦的一种创造性的说法。那么"地""顺"的解释是如何产生的?它与坤卦之间的联系是什么?

先来看坤与地。

《易传》产生之前,《左传》和《国语》中的筮例,并没有直接以"地"释坤,而是说"坤,土也"③。笔者认为这里由"坤"得出"土"的涵义实际上是由"声训"而来,具体来说,是将"坤"读为"块","块"为土义,《国语·晋语四》:"野人举块以与之。"即土块,《仪礼·丧服》:"寝苫枕块。"《释文》:"块,土也。"又有"大块"之说,《庄子·齐物论》:"夫大块噫气,其名为风。"郭庆藩《庄子集释》引俞樾说:"大块者,地也。"《文选》录张华诗:"大块秉群生。"李善注:"大

---

① 王宁:《传本〈归藏〉辑校》,复旦大学出土文献与古文字研究中心网,http://www.gwz.fudan.edu.cn/SrcShow.asp?Src_ID=1003。

② 徐灏《说文解字注笺》云:"𡩟,从土乃大之讹,《集古录》大夫始鼎有𡩟,下从大,是其证。"参见丁福保编纂:《说文解字诂林》(第十五册),中华书局2014年版,第14225页。马叙伦:《说文解字六书疏证》卷二八:"(𡩟)从土则金甲文中未见。盖大之讹。"参见《古文字诂林》(第十册),上海教育出版社2004年版,第1116页。

③ 参见《左传·庄公二十二年》和《国语·晋语四》。

块,谓地也。"由此可知,坤卦作为"地"的象征义,实际上是源自对"坤"字所作的"声训"。这一点在《系辞传》中还能看到一点痕迹。"块"又作"壊",《集韵》:"块,或作壊。"《玉篇》:"壊,与隤同。"《系辞传》云:"夫坤,隤然示人简矣。"虽然古注以"柔顺貌"释"隤然",但我们也要看到"隤"和"壊"之间存在密切的音义关系,《系辞传》这句话其实也是以"声训"的方式解释坤卦。

非独坤卦如此,其他卦卦义的来源大多也和训诂尤其是声训关系密切。如兑卦,象征泽,卦德为悦。"兑"与"悦"为古今字关系,因此兑卦卦德为悦其实也是从对卦名兑字所作的训释而来。那么,其象征物"泽"又是从何而来?《说卦传》云:"悦万物者莫悦乎泽。"孔颖达《周易正义》道:"泽以润生万物,所以万物皆悦。"①这种说法认为兑卦所象征的自然物水泽义在先,而后由水泽解释出了"欣悦"的卦德,然而从"润泽万物"引出"欣悦"总有牵强、迂曲之感。笔者认为,卦德"悦"还是源自对卦名"兑"所作的训诂。兑,《说文》《释名·释天》训释相同:"兑,悦也。"再来看另一个字——"怿",《说文》:"说也。"《尔雅·释诂》:"乐也。"兑,喻母月部;怿,喻母铎部,二字音近义同。而"怿"又和"泽"通假,《文选》汉司马相如《封禅文》:"昆虫闿泽,回首面内。"《汉书·司马相如传》作"怿"。可见,以"水泽"为兑卦之象征物也是由对卦名"兑"字的训释发挥而来。实际上,如果从八卦所象征的自然物整体着眼,坎既然象征水,兑再象征水泽就有重复之嫌,这也说明八卦卦义、卦德是在卦名产生之后敷衍而来,并非在此之前就有一个逻辑严密的体系。

实际上,以声训的方式解释卦义是《易传》解经或者说易学诠释学的重要方式之一,《易传》不乏类似例子,如《彖传》以"丽"释离卦、《序卦传》以"礼"释履卦、《系辞传》以"罔罟(罗)"释离卦等。

再来看坤卦卦德——"顺"——这一意义是如何产生的。

上文提到,坤卦卦名除"舆"之外,熹平石经作"巛"。马王堆汉墓帛书《周易》经、传坤卦卦名皆作"川"。据廖名春先生的研究统计,汉魏碑碣中乾

---

① 孔颖达:《周易正义》,北京大学出版社2000年版,第275页。

坤之"坤"字多作"𡶴""川""巛",部分传世文献如《大戴礼记》《贾子新书》《经典释文》《后汉书》作"巛"。① 古人或以"巛"字源自坤卦卦象之说,已被王引之所驳斥。② 了解了"坤"与"𡶴""川""巛"之间的关系,所谓坤卦卦德"顺"的来源就清楚了。

王引之《经义述闻》云:

> 乾坤字正当作坤。其作巛者,乃是借用川字。……《玉篇》坤下亦无巛字,而于《川部》"巛"字下注曰"注渎曰川也,古为坤字",然则本是川字,古人借以为坤耳。……坤得借用川字者,古坤川之声,并与顺相近。……《说文》顺、训、驯、纥、轨、巡等字,皆从川声,是川与顺声亦相近也。坤、顺、川声并相近,故借川为坤。川字篆文作巛,故隶亦作巛。③

可见,"𡶴""川""巛"其实是同一字,即"川"。熹平石经《周易》坤卦卦名作"𡶴",而卦爻辞中"利涉大川"之"川"仍写作"川",说明"𡶴"在熹平石经的时代已经被作为卦名专用字,在写法上和"川"有所区别,但不影响三者为同一字。坤卦卦名又作"川",只是通假关系而已。"坤""顺"音近,"顺"所从声符即为"川",因此,所谓的卦德"顺"也是从对"坤"所作的"声训"而来。王说备矣。

以上,我们结合坤卦卦名异文对坤卦卦名的来源以及与卦爻辞之间的联系问题做了一番新的探索,认为坤卦卦名仍然遵循了《周易》古经"依筮辞而题卦名"的一般规律,而且坤卦卦义"地"及卦德"顺"也都是据卦名"声训"而来;这一方式是《易传》解经的重要方式之一,体现了易学诠释学的一个重要特征。这一问题的探讨对于《周易》古经相关问题的研究以及对《易传》解经思想的反思都具有重要意义。

---

① 参见廖名春:《〈周易〉经传与易学史新论》,齐鲁书社 2001 年版,第 27—29 页。

② 王引之《经义述闻》云:"毛居正《六经正误》曰:'巛字三画作六段,象小成坤卦。巛,古坤字。陆氏以为今字,误矣。'郑樵《六书略》曰:'坤卦之☷,必纵写而后成巛字。'"参见氏著:《经义述闻》,凤凰出版社 2000 年版,第 5 页。

③ 王引之:《经义述闻》,凤凰出版社 2000 年版,第 4—5 页。

六、卦名与《周易》古经的编纂

通过上文我们对易卦卦名差异的考察,进一步证实了高亨先生提出的"依筮辞而题卦名"的观点的合理性,但笔者认为这一观点还需要作一些深入讨论,以便对《周易》古经文本的创作、编纂有更加清楚的认识。

通过考察"同卦异名"现象,我们认为"依筮辞而题卦名"的观点是毋庸置疑的,但是《周易》六十四卦中有不少卦,给人直观的印象却是卦爻辞似乎是围绕该卦卦名而创作的。试举较为典型的二卦:

(1)需:有孚,光亨,贞吉;利涉大川。

初九,需于郊,利用恒,无咎。

九二,需于沙,小有言,终吉。

九三,需于泥,致寇至。

六四,需于血,出自穴。

九五,需于酒食,贞吉。

上六,入于穴,有不速之客三人来,敬之,终吉。

(2)艮:艮其背,不获其身;行其庭,不见其人,无咎。

初六,艮其趾,无咎;利永贞。

六二,艮其腓,不拯其随;其心不快。

九三,艮其限,列其夤;厉,薰心。

六四,艮其身,无咎。

六五,艮其辅,言有序,悔亡。

上九,敦艮,吉。

类似还有咸、渐、鼎等卦,兹不赘引。

这类卦的共同特点就是爻辞句式排列整齐,显然是围绕卦名展开,似乎是先有了卦名,然后根据卦名创作了诸爻辞,所以句式排列才会如此齐整。乃至有学者提出,六十四卦具有"一种相对稳定的爻辞辞例,就是常将卦名系于各爻爻辞之前中后","爻辞是作者配合每一卦的主旨、爻位、卦名而作","六十四卦之中,扣紧卦名,在爻辞中演绎其意义"。① 这显然与"依筮辞而题卦名"的观点相矛盾。

对此,笔者认为,前文已证,"依筮辞而题卦名"是符合历史事实的,但是对此还需要有更加深入、细致的分析,尤其对《周易》古经的编纂、成书要有充分的认识,才能理解"以卦名为中心"的爻辞文本形式。

首先,《周易》古经的编纂者在为六十四卦、三百八十四爻"系"以卦辞、爻辞的时候,六十四卦只有卦象,没有卦名。这一点首先需要确定。

其次,编纂者在为每一卦"系辞"的时候一定是有匠心和逻辑的,"以卦名为中心的爻辞文本形式"即是这一匠心和逻辑的内容之一(此外还有按照爻位从低到高次序等)。具体来说,编纂者在考虑将哪些筮辞系于某卦某爻之时,一定是要考虑这一卦整体上,亦即六条爻之间的联系所在,而六爻爻辞中皆有一个相同的字词则是最为直观、"便捷"的一种联系。以上文所举需卦为例,设想编纂者在诸多筮辞中挑选出具备"需于某"句式的筮辞,将其安排在同一卦的各条爻之中,从而形成了围绕"需"字而形成的爻辞系统。当然,这些包含某个相同字词的筮辞有可能是既成的、此前经过长期积累而已有的筮辞,也有可能是编纂者在既成的筮辞中找不到合适的内容而根据某一条或某几条爻辞临时创作的,因为从编纂的角度而言,很难说作为卦爻辞素材来源的旧有筮辞中就已经有如此句式规整、整齐划一的内容。由此我们可以推断,在原有筮辞中虽然不大可能恰好有六、七句句式整齐划一的筮辞,但不排除原有一二句、二三句类似文辞,而编纂者在编纂过程中即以原有的一二句、二三句筮辞为"母本",创作出其他句式一致的爻辞。以艮卦为例,设想旧有筮辞中或只有"艮其背"一句,编纂者便依据"艮其~"这一句式结构以及"背"这一人体部位,展开"推理""联想",创作出了其他爻辞。

也就是说,卦爻辞在编纂过程中是有"母本"的,以"母本"为模板的创作、编纂实质上是编纂者以"母本"中的某"关键字"为核心,依循"母本"的句式结构展开的。这一阶段只是卦爻辞的成型时期,尚未有卦名,如高亨所言,卦

---

① 郑吉雄:《论〈易经〉非占筮记录》,周凤五主编:《先秦文本及思想之形成、发展与转化》(上),国立台湾大学出版中心2013年版,第46—48页。

名为后人追题,"依筮辞而题卦名",是后人为便于区别、称谓各卦,一般取卦
爻辞中出现较多的某一字词作卦名;但我们也应该认识到——卦爻辞的编纂
过程中编纂者头脑中已经"确立"了某一字词作为该卦的"核心字",编纂工作
围绕这一"核心字"展开,因此,此"核心字"在未有卦名之前的阶段已经具备
了卦名的主要"形态",我们不妨将这一"核心字"称为卦名的"先天形式"。
后人在追题卦名时,考量卦爻辞整体,取这一"核心字"作正式卦名,也就顺理
成章了。

由此也可以考察易卦的"同卦异名"的问题。如前文所言震卦,辑本《归
藏》作"釐"卦,《清华简(四)》作"釐"或"坐(来)"卦,釐、来通假,但与"震"音
义悬隔。考察震卦卦爻辞就会发现,"来"字也是在卦爻辞中多次出现,故有
人便以"来"字名卦。但从卦爻辞的编纂角度而言,该卦卦爻辞编纂时围绕的
核心字不是"来",而是"震",也就是说"震"才是卦名的"先天形式",这也说
明震卦为何最终以卦名"震"通行,而"来"则流传甚少,几至湮灭,且给后人带
来诸多困惑。这里的"卦名先天形式"说,不妨可以看作是对高亨先生"筮辞
在先,卦名在后"说法的一点补充。

需要注意的一点是,编纂者在围绕某一"中心词"编纂卦爻辞时,是非常
灵活的,最突出的表现就是同一卦的卦爻辞存在的一字多义现象。

20 世纪 60 年代,李镜池先生就撰文指出:"卦、爻辞中同词的未必同
义……前人的错误,在异中求同……往往穿凿附会,不于卦、爻辞中求其文义,
却于卦位卦象上支离其说。"[1]并以明夷卦为例,考证出"明夷卦的'明夷',共
有三个意义:(一)是初爻'明夷于飞'之明夷,借为鸣鹈……(二)六二、九三
爻辞的'明夷',是张弓以射的明夷,夷,大弓也。(三)六四、六五爻的'明
夷',是名词,一、弓名,二、国、族名"。[2] 此外,较为典型的还有井卦,李镜
池云:

井有三义:1. 井田之井;2. 水井之井;3. 陷阱之阱。卦辞"改邑
不改井"之井,指井田。井田划分整齐,引申为井井有条,故曰"往来

---

① 李镜池:《周易探源》,中华书局 1978 年版,第 276 页。
② 李镜池:《周易探源》,中华书局 1978 年版,第 275—276 页。

井井"。初六爻辞"井泥不食",九三"井渫不食",六四"井甃",九五"井洌寒泉食",都指水井之井。初六"旧井无禽",井即阱,挖陷阱以捕兽之阱。"井收勿幕",是改"井"为"阱"。①

这一观点得到了一些学者的肯定和支持,如徐中舒先生称:"《易经》的井卦是有关周代井的重要文献,但是井卦除讲水井之外,还涉及井田之井和陷阱之井。过去注疏家把这三种不同的井都说成是水井之井,所以就有许多牵强附会之谈,越讲越糊涂了。"②

李镜池先生所述具体观点或可商榷,但"卦爻辞中同词未必同义"的观点可谓的论。同一时期的闻一多先生、高亨先生等学者也意识到了这一问题,"一字多义"是其考释卦爻辞工作的"默认"前提。当下易学界对卦爻辞的"一字多义"现象已普遍认可,如吴辛丑先生云:"《周易》的字词具有多义性,即使在同一个卦中,同一个字或词也往往有不同的意义和用法。"③对《周易》卦爻辞"一字多义"现象的揭示是现当代易学研究的一大贡献。

这一现象显然是编纂者围绕"中心词"创作、编纂筮辞时,由于占卜的灵活性需要等原因,突破"中心词"固有的词义,充分利用同音假借现象,编纂或创作出了包含有字音相同、含义不同的"中心词"的诸多筮辞。这是《周易》古经文本形成过程中的一大特点,体现了《周易》以及易类文献的特殊性与复杂性。

最后,就是卦名的最终确定。这也经历了一个历史过程。六十四卦先被系以卦爻辞,之后的发展就需要被冠以名称,如高亨先生所说,古书多无题目,后人追题题目,也是取篇首字词,多无深意,如《诗》《书》《论语》篇名即是如此。卦名亦是,起初卦名选字也是比较"随意",如上文所述震卦也作来卦,观卦作灌卦等,但随着编纂者进一步的"用心",发现既然在编纂过程中有一个"中心词"——在诸爻辞中出现次数较多,那么这一"中心词"做卦名显然是最具先天优势,最为合适的,这才有了今本《周易》震卦、观卦的流行于世,而来卦、灌卦则变得陌生起来。

---

① 李镜池:《周易探源》,中华书局1978年版,第215页。
② 徐中舒:《古井杂谈》,《四川大学学报》(哲学社会科学版)1977年第3期。
③ 吴辛丑:《周易讲读》,华东师范大学出版社2007年版,第25页。

当然,考察今本《周易》,某些卦其卦爻辞虽然有一个多次出现、据于优势的"中心词",但卦名并未以这一"中心词"命名,最典型的如乾卦,按照上述"惯例",乾卦似乎应该被命名为"龙"卦更为合适。从这个意义上讲,整部《周易》古经可能还处在"未济"的文本状态。

七、八卦卦名与卦义

从卦名差异我们追究到卦名的来源,并由此追溯至卦爻辞的创作和编纂问题,以及随之带来的对传统卦义的反思。这一思考对六十四卦皆可适用,但六十四卦中有较为特殊的八纯卦,涉及问题较为复杂,在此需要作专门讨论。

(一) 八经卦卦名来源与"重卦说"的矛盾

以上,我们联系卦名的来源就卦名的差异问题做了大胆的探索,这里其实还涉及一个重要问题。如前所述,由于"依筮辞而题卦名",即卦爻辞在先,卦名在后,而六十四卦中有八个特殊的卦——乾、坤、震、巽、坎、离、艮、兑,即所谓的"八纯卦",他们的卦名也是取自各自的卦爻辞,试列一表如下:

卦象	卦名	所取卦爻辞	备注
䷀	乾	九三:君子终日乾乾	
䷁	坤	六五:黄裳 上六:其血玄黄	坤卦卦名原为"黄"
䷲	震	卦辞:震来虩虩……震惊百里 初九:震来虩虩 六二:震来厉 六三:震苏苏,震行 九四:震遂泥 六五:震往来 上六:震索索……震不于其躬	
䷸	巽	九二:巽在床下 九三:频巽 上九:巽在床下	

续表

卦象	卦名	所取卦爻辞	备注
䷜	（习）坎	初六:习坎,入于坎窞 九二:坎有险 六三:来之坎坎……入于坎窞 九五:坎不盈	卦名或作"习坎",取自初六爻辞。
䷝	离	六二:黄离 九三:日昃之离	
䷳	艮	卦辞:艮其背 初六:艮其趾 六二:艮其腓 九三:艮其限 六四:艮其身 六五:艮其辅 上九:敦艮	
䷹	兑	初九:和兑 九二:孚兑 六三:来兑 九四:商兑 上六:引兑	

如此一来,问题就出现了。

按照传统的说法,六十四卦(别卦)是由三画的八卦(经卦)两两相重而来,即三画的八经卦在先,六画的六十四别卦在后。但是我们通过考察卦名的来源,似乎是先有了六画的八纯卦及其卦爻辞——因为这样才能"确定"它们的卦名——然后,已经确定了卦名的六画的八纯卦,由于上下两半部分卦象相同,被"约减"为三画的八经卦,但仍然保持原六画别卦的卦名,这才有了所谓的八经卦及其名称。

从卦名来源的角度来说,这个推论似乎是可以成立的,但这与传统的"八卦两两相重而形成六十四卦"的说法,即"重卦说",完全相反。

如何解决这一矛盾? 难道是"重卦说"错了?

（二）关于"重卦说"的讨论

《系辞下传》云:"古者包牺氏之王天下也,仰则观象于天,俯则观法于地,观鸟兽之文与地之宜,近取诸身,远取诸物,于是始作八卦。"又云:"八卦成

列,象在其中矣;因而重之,爻在其中矣。"孔颖达《周易正义》总结道:"伏羲初
画八卦……虽有万物之象,其万物变通之理,犹自未备,故因其八卦而更重之。
卦有六爻,遂重为六十四卦也。"①此即传统的"重卦说",这一说法在易学史
上被普遍接受,影响深远。

"重卦说"虽然得到绝大多数学者的认可,甚至一度被认为是无须辩白的
说法,但在当代随着出土《易》类文献的不断发现和研究,这一传统说法也遭
到个别学者的质疑。

当代学者韩仲民先生在研究马王堆帛书《周易》的过程中明确提出"六十
四卦先于八卦"的观点,并列举了六条证据,兹总结其要点如下:

(1)从考古资料来看,六十四卦本身起源很早。

(2)先秦文献资料中所提到的卦名都是六十四卦的卦名。

(3)重卦说不能解释通行本卦序。

(4)重卦说不能解释一卦卦爻辞之间具有的逻辑联系。

(5)重卦说与揲蓍成卦说相抵牾。

(6)由简单的八卦到复杂的六十四卦是人们的思维习惯导致。②

韩仲民先生的意见从提出到现在几乎没有学者支持,李学勤先生评价说:
"这是一种非常新颖的意见。"③也有学者从不同角度加以反对。如黄沛荣先
生从卦名、卦爻辞、《彖传》、《大象传》、《系辞传》、《左传》和《国语》筮例、马王
堆帛书六十四卦七个方面论证了"重卦说"的正确性。④ 吕绍刚先生认为:
"韩仲民先生最近提出先有六十四卦后有八卦的新观点。就目前已知的材料
来看,还不能说这一新说成立……我觉得先有八卦而后产生六十四卦,符合事
物发生发展的逻辑顺序。"⑤

① 王弼注,孔颖达疏:《周易正义》,北京大学出版社 2000 年版,第 7—8 页。
② 参见韩仲民:《帛易说略》,北京师范大学出版社 1992 年版,第 93—97 页。
③ 李学勤:《周易溯源》,巴蜀书社 2006 年版,第 332 页。
④ 参见黄沛荣:《〈周易〉"重卦说"证辨》,载《毛子水先生九五寿庆论文集》,幼狮文化事
业公司 1987 年版,第 477—506 页。
⑤ 吕绍刚:《周易阐微》,上海古籍出版社 2005 年版,第 291 页。

（三） 对韩仲民先生观点的讨论

笔者认为,韩仲民先生提出的六条证据都有值得商榷的地方,下面我们逐一来讨论。

先来看证据(1),作者从商周时代的考古发掘材料出发,如甲骨上所刻的六个数字为一组的所谓"筮卦",提出"六十四卦本身起源很早"①。

证据(1)涉及近年来易学界讨论的热点问题"数字卦","数字卦"问题较为复杂,我们暂且不讨论"数字卦"与《周易》六十四卦的关系。商周时期的"数字卦"材料,其中六位的"数字卦"至多只能说明六画卦早在商代就已经存在了,这只能推翻传统所谓的"文王重卦说",把六画卦的时代由一般认为的周初提前至商代,但不能说明六画卦早于三画卦。最直接的证据,与六位数字卦同时,也有不在少数的三位数字卦材料存在。

而韩仲民先生则回避了三位数字卦的问题,认为"单独三个数字的八卦符号是无法进行占筮活动的,在铜器主要是兵器、货币、玺印上面也发现过三个数字为一组的符号,与筮卦有无关系则不能肯定"②。

近年来王化平先生对数字卦材料进行了整理和辨析,并对其中旧有的误释等问题做了纠正,现将王化平先生所统计的数字卦中"三位"的数字卦摘录如下③:

年代	编号	释文	著录
商代	1	十六五	卜骨,《小屯南地甲骨》4352。
	2	六六六	卜骨,《殷墟文字外编》448。
	3	九七七	安阳刘家庄殷代遗址出土卜骨,安阳市文物工作队《1995—1996年安阳刘家庄殷代遗址发掘报告》,《华夏考古》1997年第2期,第34页,图八。

---

① 韩仲民:《帛易说略》,北京师范大学出版社1992年版,第93页。
② 韩仲民:《帛易说略》,北京师范大学出版社1992年版,第94页。
③ 参见王化平、周燕:《万物皆有数:数字卦与先秦易筮研究》,人民出版社2015年版,第63—70页。

年代	编号	释文	著录
商代	4	六一七	殷墟陶簋,中国社会科学院考古研究所《殷墟发掘报告:1958—1961》,文物出版社1987年版,第131页,图九八,GT406④:6。
	5	五五五	殷墟出土铜爵,中国社科院考古研究所安阳工作队《1969—1977年殷墟西区墓葬发掘报告》,《考古学报》1979年第1期,第83页,图六〇:14。
	6	五八七	陶范,中国社会科学院考古研究所安阳工作队《2000—2001安阳孝民屯东南地殷代铸铜遗址发掘报告》,《考古学报》2006年第3期,图版拾肆:1。
周代	7	五一□	张家坡西周遗址出土的骨镞,中国科学院考古研究所《沣西发掘报告》,第92页,图六〇之13。
	8	一六一	张家坡西周遗址出土的骨镞,中国科学院考古研究所《沣西发掘报告》,第92页,图六〇之15。
	9	五八六	效父簋,《集成》03822、03823。
	10	八五一	董伯器,《集成》10571。
	11	七五八	中游父鼎,《集成》,02373。
	12	六六六	父戊卣,《集成》05161。
	13	八一六	八一六盘,《集成》10016。
	14	一六一	西周铜戈,蔡运章:《洛阳北窑西周墓青铜器铭文简论》,《文物》1996年第7期。
	15	五五五癸妇戠作彝	爻癸妇鼎,《集成》02139。
	16	五五五	卣,《集成》4802。
	17	六一六	陶盂、陈全方:《周原与周文化》,上海人民出版社1988年版,第162页,图3。
	18	田六十一	陶盂、陈全方《周原与周文化》,第170页,图1。
	19	六六六	陶鬲、洛阳市文物工作队《洛阳东周王城战国陶窑遗址发掘报告》,《考古学报》2003年第4期,第563页,图一七:2。

在总结数字卦材料的基础上,王化平先生认为,"从殷商到战国,三爻卦一直有用于实占的例子"[1]。

---

[1] 王化平、周燕:《万物皆有数:数字卦与先秦易筮研究》,人民出版社2015年版,第116页。

可见，韩仲民先生对于三位数字卦的观点是不能成立的。

再来看（2），韩文以《左传》《国语》中记载的占筮事件为例，认为"先秦文献资料中所提到的卦名，都是六十四卦的名称"，"只有在解释卦爻辞的时候才区分上下卦，提到八卦的卦象"。① 作者这里的逻辑是，在《左传》《国语》的筮例中，八经卦不是独立的体系，占筮者在解卦时将六画卦分解为八经卦来分析解说，所以三画卦的来源是六画卦。

笔者认为这一条也不能作为证明六十四卦先于八卦的证据。

一方面，《左传》《国语》中的筮例记载的是对《周易》六十四卦的应用，不是《周易》六十四卦的产生、创作，实际应用是以《周易》六十四卦的已然存在（已经被创造出来）为前提的，二者是性质完全不同的两件事，以此来论证易卦的来源，逻辑上是断裂的。

另一方面，更重要的是，作者既然看到占筮者在解卦时已经运用三画的八经卦来分析解说，这恰恰说明三画卦的观念先于六画卦才更符合一般规律，而不是相反。因此，作者本身的论证有自相矛盾的嫌疑。黄沛荣先生的批评文章恰好就是以《左传》《国语》所载筮例为证，认为春秋时人解卦"乃自其上下卦分析"，"时人心目中，六爻卦乃由三爻卦相重而生者"。② 可以说切中肯綮。

关于证据（3），作者认为通行本的卦序，"二二相耦，非覆即变"，即相邻两卦的卦象或阴阳爻性质相反，或旋转 180°，这一情形"与上下卦重卦毫不相干"。③

我们认为这一说法也不能证明六十四卦先于八卦。

通行本卦序只是六十四卦产生后编纂者刻意加工、编纂的结果，目的是使其成为一个具有规律、逻辑的体系，它不能作为重卦的反证。另外，退一步讲，如果一定要用卦序来说明该问题，那么六十四卦的卦序除通行本外，如马王堆帛书《周易》的卦序以及《清华简（四）·别卦》的卦序，恰好体现的就是以八

---

① 韩仲民：《帛易说略》，北京师范大学出版社 1992 年版，第 94 页。

② 黄沛荣：《〈周易〉"重卦说"证辨》，载《毛子水先生九五寿庆论文集》，幼狮文化事业公司 1987 年版，第 477—506 页。

③ 韩仲民：《帛易说略》，北京师范大学出版社 1992 年版，第 95 页。

经卦为单位,逐次两两组合为六十四卦的另一种体系,这又成为与韩说针锋相对的反证。①

来看证据(4),作者注意到卦爻辞是"经过选择、整理和加工","反映规律性的东西,如乾、咸、艮、渐四卦从初爻到上爻是内容互相联系的整体,叙述一个具体筮例发展变化的全过程。""但是没有一条卦爻辞本身直接讲到上下卦的关系。"②

作者的逻辑前提是,如果六十四卦是由八卦两两相重而来,那么在卦爻辞上一定会有所反映。我们认为,重卦与卦爻辞的创作、编纂不具有必然的统一性,甚至是两个时代的产物,但是作者这里触及到了《周易》的符号系统(六十四卦)和文字系统(卦爻辞及卦名)——两大系统的关系问题,我们认为二者的形成、发展,经历了一个各自相对独立的时期,到《周易》编纂成书的阶段才互相结合为一个有机整体,成为一个成熟的系统,其间经历了一个长期的较为复杂的历史过程,所以,卦象的形成和卦爻辞的创作、编纂应该看作相对独立的两个"事件",用卦爻辞来反驳重卦说需要谨慎对待。这一点我们在后面还会深入讨论。

关于证据(5),韩仲民先生以《系辞传》所载"大衍筮法"为证,认为"四营十八变"产生六爻卦的方法与重卦毫不相干,说明作易之时已成六爻之卦。这个问题其实古人早已有过讨论,孔颖达《周易正义》云:

> 先儒皆以《系辞》论用著之法,云:"四营而成易,十有八变而成卦"者,谓用著三扐而布一爻,则十有八变为六爻也。然则用著在六爻之后,非三画之时。盖伏牺之初,直仰观俯察,用阴阳两爻而画八卦,后因而重之为六十四卦,然后天地变化,人事吉凶,莫不周备,缊在爻卦之中矣。文王又於爻卦之下,系之以辞,明其爻卦之中吉凶之义。著是数也,《传》称物生而后有象,象而后有滋,滋而后有数,然则数从象生,故可用数求象,於是幽赞於神明而生著,用著之法求取

---

① 黄沛荣先生《〈周易〉"重卦说"证辨》一文亦以马王堆帛书六十四卦为证,认为"帛书《易经》之编者乃以'重卦'之观念改编六十四卦成为此一机械形式也"。参见《毛子水先生九五寿庆论文集》,幼狮文化事业公司 1987 年版,第 499 页。

② 韩仲民:《帛易说略》,北京师范大学出版社 1992 年版,第 96 页。

卦爻以定吉凶，《系辞》曰"天生神物，圣人则之，无有远近幽深，遂知来物"是也。《系辞》言伏羲作《易》之初，不假用著成卦，故直言仰观俯察，此则论其既重之后，端策布爻，故先言生著，后言立卦。非是圣人幽赞元在观变之前。①

这是说，八卦由伏羲初画，六十四卦也是由伏羲将八卦两两相重而来，这是卦的起源；而揲蓍法只能看作是六十四卦发明出来之后的一种"求卦法"，即求得一卦以定吉凶，与卦自身最初的发明是两件事情。

孔颖达的说法是对"先儒"的总结，说明古代易学家也发现了《易传》中揲蓍成卦与重卦说之间貌似有不一致的地方，且用这种方式加以解决。这一观点具有一定的合理性和说服力，尤其是将具体的"实占"（揲蓍求卦）与六十四卦的发明创造作了严格区分，很有启发性。黄沛荣先生也注意到了这个问题，认为"此章所述果为东周筮法，亦未必合于《周易》画卦作辞时之情况也。换言之，若八卦重为六十四卦在前，此种筮法产生或使用在后，则单靠《系辞传》此章所述，实难推翻'重卦'之说也"②。

如果我们联系近年来关于数字卦的研究，可以看出这种区分六十卦本身的创作和实际占筮求卦的操作的说法是客观可信的。

揲蓍法所得出的直接结果是一组六个数字，这组数字按照奇偶属性加以转换才能成为阴阳爻的卦；前者是实占记录，后者是已有筮书。

学界关于数字卦的研究也注意到了这一区分。

金景芳先生曾经指出，数字卦中的数字只是记爻的一种形式，而不是卦画。③ 李学勤先生也认为以数字记爻的易卦不能证明当时就没有卦画。④ 在此基础上梁韦弦先生提出要严格区分实占和筮书两种不同的卦爻写法，"西周青铜器上所见数字卦是占筮所得卦爻的写法，战国秦汉古本《周易》上的易卦是筮书上的写法"⑤。

---

① 王弼注，孔颖达疏：《周易正义》，北京大学出版社 2000 年版，第 382 页。
② 黄沛荣：《〈周易〉"重卦说"证辨》，载《毛子水先生九五寿庆论文集》，幼狮文化事业公司 1987 年版，第 502 页。
③ 参见金景芳：《学易四种》，吉林文史出版社 1987 年版，第 196 页。
④ 参见李学勤：《周易溯源》，巴蜀书社 2006 年版，第 273 页。
⑤ 梁韦弦：《出图易学文献与先秦秦汉易学史研究》，黑龙江人民出版社 2016 年版，第 59 页。

这一观念有助于我们理解重卦说与揲蓍成卦之间的关系。

正如孔颖达所言,揲蓍成卦只是一种求卦法,既是求卦,前提是已有成熟的六十四卦系统在先,通过蓍草的演算,得出一卦,不管所得之卦以数字形式表示也好,抑或将数字转写为阴阳爻也好,这只是既定的筮书系统之后的一种实际操作应用,它不涉及六十四卦是如何被发明创造的,或者说实际占筮操作并不是要发明创造出一个个卦,而仅仅是六十四卦及其游戏规则制定成熟之后的实际操作应用而已。

可见,揲蓍成卦并没有和重卦说构成直接冲突。

关于证据(6)的矛盾更为明显,作者本意似乎是说,从简单到复杂是人的认识规律,从而认为较为"复杂"的六十四卦是由"简单"的八卦重合而来。但作者却引《系辞传》"八卦而小成,引而伸之,触类而长之,天下之能事毕矣"一句,认为"正是单凭六十四卦,卦爻辞不足以应付占筮需要,而只有在卦象说基础上,用更加抽象概括的八卦卦象来象征万事万物,才能够'天下之能事毕矣'"[1]。这对《系辞》这段话的理解和我们一般的理解完全相反,"八卦而小成,引而伸之,触类而长之,天下之能事毕矣"恰恰是《系辞传》对八卦发展为六十四卦相当明确的表述,而不是相反。

综上来看,韩仲民先生的论证确实还不足以推翻传统的重卦说,但是对于我们探讨八经卦卦名来源还是具有一定的启发。如何看待数字卦中六位数卦与三位数字卦之间的关系;还有,作者也触及到了卦名与卦爻辞的关系,如文中所举的咸卦、艮卦、渐卦,考察这三卦的卦爻辞,很明显地体现了卦名的来源,实际上作者也是同意"卦名取自卦爻辞"[2]这一观点的。

黄沛荣先生力主重卦说,但他的论证也有可商榷之处。

首先,黄沛荣先生以卦名为证,认为"由六十四别卦之命名,可证明'重卦'之说"。并以八纯卦为例,"凡以八经卦自重者,其卦名亦正与经卦相同也……乾上乾下者,亦名'乾'卦,坤下坤上者,亦名'坤'卦……"笔者认为黄

---

① 韩仲民:《帛易说略》,北京师范大学出版社 1992 年版,第 97 页。

② 韩仲民在其著作《帛易说略》中有《卦名来历》一篇,作者明确肯定"卦名取自卦爻辞",并制一表《六十四卦卦名所取卦爻辞及序卦杂卦所释卦名》。参见氏著:《帛易说略》,北京师范大学出版社 1992 年版,第 56—78 页。

沛荣先生的这一说法是有问题的,前文已述,卦名取自卦爻辞,且最初取名之时尚不统一,所以才有了"震—来(釐)""坎—劳"等这样的差异。八纯卦之外的卦名的不同"版本"差异也是源于最初命名时在卦爻辞中所取的字词不同而造成的。重卦说解释不了卦名的差异现象。

黄沛荣先生还提到,"六十四卦中之若干卦,其卦名显有重卦之义"。并举晋与明夷为例,"离为火、为日,坤为地。晋者进也,以日出地上取义;夷者灭也,明夷以日入地下取义。"这一说法显然是接受了《易传》的解释,有可能不符合最初卦象、卦名的来源以及卦爻辞创作、编纂的实际情况。如明夷卦,《易传》解释为"日入地中",象征光明受损,但卦爻辞中"明夷于飞""获明夷之心"等"明夷"显然不能理解为"光明受损"之义。

黄沛荣先生还举"习坎"为例,认为"习,重叠也。既名'习坎',则其由八卦之'坎'自重而成"。笔者认为,"习坎"一词在卦辞和初六爻辞各出现一次,当是其命名之来源。"坎"是其"异名",由于"坎"在卦爻辞中出现次数较多,具优势,故又以"坎"命名,"习坎"之命名并非是由于两坎相重而来。

其次,黄沛荣先生的论证中或接受后世象数家之言(爻位说),或直接以《彖传》《象传》为证来论证重卦说,有混淆源与流的嫌疑。

最后,令人钦佩的是,黄沛荣先生在文末又自举"不利于'重卦说'者三事","三事"中第一事即揲蓍成卦与重卦的关系,前文已述;第二事为"消息说"与重卦说的矛盾,笔者按,"消息说"系汉代象数家据《易传》敷衍而来,不能用于论证六十四卦起源问题,暂可不论;唯有第三事,即数字卦的问题,于本文意义重大。

黄沛荣先生也注意到数字卦中除六爻卦之外尚有三爻卦存在,但由于资料有限,黄沛荣先生对此持审慎态度。①

(四) 数字卦对重卦说的启示

综上来看,重卦说还不足以被否定,而肯定重卦说又与八经卦的卦名来源

① 以上参见黄沛荣:《〈周易〉"重卦说"证辨》,载《毛子水先生九五寿庆论文集》,幼狮文化事业公司1987年版,第477—506页。

问题相冲突。如何解决这一问题？上文讨论中涉及的数字卦问题对我们有很重要的启示。

部分研究数字卦的学者是赞同传统的重卦说的,如梁韦弦先生认为:

> 易卦可能确曾经历了由八卦到六十四卦的过程。商周器物上出现的与八经卦相符的数字卦,可以说明当时人们具有八经卦可以单独成体系的知识,所以才能单独画出这种三个数即相当于三画的易卦。就出土器物上的易卦绝大多数为六个数字来看,可以肯定商周时筮占用的是六个数的数字卦。那么,若不是当时人们有八卦曾经独立存在的知识,则很难解释人们为何要把独立完整的六个数的易卦分成两部分而写出它的一半的原因。也就是说,将出土器物和传世文献的记载结合起来看,比这些器物更早的时候就存在八卦了。①

梁韦弦先生进一步认为:

> 我认为重合成六十四卦的八卦并不是三个数的数字卦……阴阳爻的八卦早就存在了,六十四卦就是由这种阴阳爻八卦重合而成的。而且,我认为用阴阳爻八卦重合成六十四卦的传统说法,不仅是关于六十四卦形成最古老的说法,也是到目前为止可以依据它对六十四卦的形成和六十四卦的卦名卦义形成,以及对《周易》六十四卦非覆即反之结构的形成,作出最为简明合理的解释的说法。②

梁韦弦先生的说法在肯定了三爻数字卦的作用和意义的基础上重申了重卦说,但是如果我们将六爻数字卦的来源简单地理解为由三爻数字卦重合而来也会面临一些问题,比如,数字卦材料中还有四爻的数字卦存在,这该做何解释?

张政烺先生运用"互体"的方式来解释四爻数字卦,这应该是一种迫不得已的办法,用互体解释四爻卦,即将四爻卦拆分为两个三爻卦,实质还是用三爻卦来解释。③ 当然,最大的问题是在四爻数字卦时期,存在不存在所谓"互

---

① 梁韦弦:《出图易学文献与先秦秦汉易学史研究》,黑龙江人民出版社 2016 年版,第 53 页。
② 梁韦弦:《出图易学文献与先秦秦汉易学史研究》,黑龙江人民出版社 2016 年版,第 55 页。
③ 张政烺先生在其文章《易辨》及《殷墟甲骨文中所见的一种筮卦》中均讨论过四爻数字卦的问题,两篇文章载李零等整理:《张政烺论易丛稿》,中华书局 2010 年版,第 44—76 页。

体"解卦？梁韦弦先生不同意互体说，认为四爻卦只是六爻卦的一种简写形式，①又是带有明显的倾向性，认为似乎凡卦都应该向六位发展。在笔者看来，四爻数字卦就和三爻、六爻的形式一样，也是筮占的结果而已，只不过是采用不同的筮法而已。如西汉扬雄所作《太玄》，采用的就是四爻卦，王化平先生认为："从《太玄》的情况看，四爻卦用于占筮未必不可能。总之，四爻卦只是一种今人了解很少的筮法，没必要硬将它与《周易》来做比较。"②笔者同意这一观点。

其实，除四爻卦外，有学者指出历史上还曾有过五爻卦，正如季旭昇先生所言，"我们不必把一切的数字卦都朝六爻去想，或许比较符合易卜的发展历史"③。

因此，六爻的数字卦究竟是由三爻卦两两相重而来，还是由三爻、四爻、五爻……逐爻发展而来，就目前条件而言，还很难确定。但是，从三爻数字卦存在的数量、所处的时代等情况来看，三爻卦的占卜经过了长期的发展历史，是一种较为稳定的占筮方式。从事物发展的逻辑顺序以及人类认识的一般规律来看，三爻卦应该是更为繁复的六爻卦产生的基础。

王化平先生根据《清华简(四)·筮法》提供的材料，认为"数字卦或许仅将三爻卦转化为两个符号记录的卦象"，"八单卦的历史或许可以追溯到殷商时期"，"殷商时期的人们已经注意到数字的奇偶性"，"可以推断，早在殷商时期，人们在数字卦中已经开始利用奇偶性简化现象"。④

由此，王化平先生推断：

> 《周易》的六十四别卦，则可能是循简化三爻数字卦的思路，对
> 六爻数字卦(或两个重叠的三爻卦)进一步简化的结果。既然三爻
> 卦的简化在前，则《周易》八经卦卦象、卦名都应与数字卦存在继承

---

① 参见梁韦弦：《出图易学文献与先秦秦汉易学史研究》，黑龙江人民出版社2016年版，第59页。

② 王化平、周燕：《万物皆有数：数字卦与先秦易筮研究》，人民出版社2015年版，第119页。

③ 季旭昇先生指出："据《七国考》十四《燕琐征》引应劭云：'燕昭王作五位之卦，是曰燕易。'"参见氏著：《古文字中的易卦材料》，载刘大钧主编：《象数易学研究》(第三辑)，巴蜀书社2003年版，第22页。

④ 王化平、周燕：《万物皆有数：数字卦与先秦易筮研究》，人民出版社2015年版，第121页。

关系。有了六十四别卦之后,又出现卦名、卦爻辞、卦序,它们也会与数字卦时期存在继承关系。①

这是在数字卦的基础上前进了一步,由数字卦来推断阴阳爻的八卦和六十四卦的关系。只能说这是一种合理的推测。

我们这里讨论的八经卦与六十四卦的关系问题,毕竟和三位数字卦与六位数字卦的关系问题是有区别的,数字卦毕竟不同于《周易》以阴阳爻为基本单位的卦。而这里讨论数字卦,也是看到了二者有关联的地方,借助数字卦的研究来帮助我们理解传统的重卦说。

这里需要特别说明的是,在数字卦研究的早期,学界对于"数字卦"与《周易》的关系几乎都认为前者是后者的前身,即《周易》的阴阳爻是由数字演变而来。韩仲民先生也认为:"数字卦以后逐渐地发展到符号卦。"②故以六位数字卦为《周易》六十四卦的"原始形态",并以此批评重卦说。但是经过二三十年的探索,随着一些新的"数字卦"材料的发现,学界关于这一问题的研究出现了新的转变,最突出的一点就是研究者们开始注意数字卦与《周易》阴阳爻卦之间的根本区别,开始将数字卦和《周易》分属为不同的系统,认识到了先秦易筮的多元性,认为二者不再是简单的直线发展关系。如王化平先生指出:

> 数字卦与《周易》之间存在着长期而复杂的联系……所以,将数字卦视作《周易》的前身,或将数字卦转译为阴阳爻画组成的"易卦",都是过于简单、有欠妥当的做法……由数字卦到《周易》是一个漫长而复杂的过程,在这个过程中,起卦方法、记录卦象的符号、解卦方法均发生了变革,最终发展出了六十四卦名、卦象和卦爻辞,整个过程堪称脱胎换骨。既然存在这一系列的变革,且数字卦本身的发展也是变动的,当然不宜简单地将数字卦视作《周易》的前身。③

因此,在数字卦与《周易》的关系还没有完全清楚之前,以数字卦考察重

---

① 王化平、周燕:《万物皆有数:数字卦与先秦易筮研究》,人民出版社2015年版,第121页。

② 韩仲民:《帛易说略》,北京师范大学出版社1992年版,第94页。

③ 王化平、周燕:《万物皆有数:数字卦与先秦易筮研究》,人民出版社2015年版,第121—122页。

卦说,至多只是一种推测,这是需要特别说明的一点。

以上观点都是从数字卦材料出发,进一步推论八卦与六十四卦的关系。可见,从数字卦的研究情况来看,虽然重卦说的一些细节还需要完善,但三爻卦作为六爻卦产生的基础应该是可以肯定的。当然,上引两位学者的观点中,认为六十四卦卦名、卦义的形成也和重卦关系密切,还需进一步讨论。

(五) 从"经前易学"的视角考察八卦名称的由来

从前面的讨论来看,先有八卦后有六十四卦的说法尚不能否定,但我们业已证明,卦名又是产生于卦爻辞之后,那么八经卦的卦名究竟从何而来?

笔者认为,前面几位学者的讨论忽视了一个重要问题,即《周易》文本的形成是一个长期的历史过程,其中符号系统(卦象)和文字系统(卦爻辞)的产生和发展、完善经历了一个长期而又相对独立的过程,最终在《周易》古经文本形成、固定时才有机结合为一个整体系统,二者的相互关联是由《周易》古经的编纂者赋予、完成的。正如高亨先生所言:"八卦和六十四卦的创作时代……不能和《周易》的创作时代混为一谈。……八卦和六十四卦当是两个时代的产物,由八卦到六十四卦是筮法的发展,是由简单阶段进入比较复杂阶段的具体过程。……到了西周初年,《周易》作者在前代筮法和筮书的基础上,写了一部筮书。"[1]

所以,在《周易》古经成书之前,符号系统(卦象)的发展经历了一个"经前易学"的阶段,这一阶段和数字卦的发展演变有不可分割的关系,符号系统(卦象)的产生和发展应该整体上早于文字系统(卦爻辞)。

在"经前易学"时期,符号系统(卦象)的产生和筮法是紧密联系的,随着筮法自身的演变,卦象也在不断发生变化,如三爻卦、四爻卦,乃至六爻卦。可以想见,这一时期的筮法及其解卦的方法相对比较古朴,解卦者根据所占得之卦的卦象作出相应的解释。这种解释在最初应该具有很大的随机性和创造性,更多依赖于解卦者积累的经验以及一时的灵感。特别需要说明的是,这一

---

① 高亨:《〈周易〉卦象所反映的辩证观点》,载《高亨著作集林》第 1 卷,清华大学出版社 2004 年版,第 438—440 页。

时期卦象还没有被命名,卦象的发明以及早期的占筮应用与卦象的命名是两个不同时期的事件。

早期解卦者解卦时的说辞成为后来《周易》文字系统(卦爻辞)的最初来源,从今本《周易》来看,这些筮辞或为占筮记录,或为带有巫术性质的歌谣,或为上古流传的历史故事等。

经过时间的积累,至商末周初时,这些文字素材加上已经发展成熟、但尚未有名称的六十四卦符号系统,被《周易》古经的编纂者匠心独运,系统地加以整合,为每一卦配上卦辞、爻辞,其中也不乏编纂者自己的临时创作,如此一来,《周易》古经的文本基本成型。

紧接着下一步,也就是本文要讨论的核心问题,编纂者从每一卦的卦爻辞中取某个字词作为该卦的名称,这样一来,六十四卦的名称正式诞生。六画的八纯卦的命名方式也遵循这一原则。当然,这一过程有可能不是一个时期、一位编纂者完成的,卦名的差异说明了这一情形。如震卦,今本《周易》的编纂者取了卦爻辞中多见的"震"字作为卦名,而另有人取卦爻辞中的"来(釐)"字作卦名(《清华简(四)》《归藏》);再如姤卦,今本取上九爻辞中"姤其角"之"姤"字作为卦名,而另有人取初六爻辞中"系于金妮"之"系"字作卦名(《清华简(四)》);又如豫卦,今本取爻辞中多见的"豫"字作卦名,而另有人取六二爻辞"介于石"之"介"字作卦名(秦简《归藏》及《清华简(四)》),等等。

然后再来看八经卦的卦名问题。

六十四卦被命名后,由于在此之前,三爻卦在占筮中被长期应用,独具地位和作用,即使在六爻卦占筮时期,将六爻卦分为上下两个三爻卦甚至互体为两个三爻卦来解卦也是一种基本手段,所以对八个三爻经卦的命名势在必行,恰好由于八经卦与已经被命名的六爻的八纯卦在卦象上的特殊关系,所以八经卦也以相应的六爻八纯卦的名称命名。

至此,我们将八卦名称的来历梳理基本完成,作一小结如下:

首先,《周易》古经成书前,尚未有名称的三爻卦独立运用于占筮,并逐渐发展演变为六爻卦(是相重而来还是逐爻发展而来目前只能存疑),六爻卦仍未有名称。

其次,《周易》古经的编纂者们将以往的筮辞加以整理,并与六十四卦加以系统配合,然后从每一卦的卦爻辞中摘取某个字词作为该卦卦名,六十四卦卦名由此形成。

最后,八经卦"继承"六爻八纯卦的名称,八卦名称由此确定。

(六) 八卦卦名与卦义、卦德的关系

如此说来,从卦象的角度来说,先有了八经卦,然后才有六十四卦;从卦名的角度而言,则是先有六十四卦的卦名,然后才有了八卦的卦名。

知道了八卦卦名"后起"之后,又将面临一个问题。在传统的说法中,八卦的意义至关重要,是对宇宙天地自然的模拟和象征,而且八卦自身又具备各自的特性,即卦德。那么,这些卦义和卦德是怎样产生的? 是否与其卦名有关?

这个问题其实比较复杂。

根据《左传》《国语》中的筮例,《易传》所说的八卦所象征八种自然物已经具备了,但是考察更早的时期,在"经前易学"阶段,八卦是否已经被赋予这八种含义目前还无据可查。当然,考虑到当时人们对天地自然的崇拜,在占卜中赋予八卦以八种基本自然物的意义也是大有可能的。这里我们联系卦名逐一来分析考察一下八卦卦义、卦德的来源问题。

乾卦,卦名"乾"取自九三爻辞"终日乾乾",单作卦名本无深意,《易传》以声训的方式,以"健"训"乾",或爻辞中"终日乾乾"之"乾"本作"健"(帛书《周易》卦名作"键",爻辞亦作"终日键键",通"健"),便以"健"释乾卦,赋予乾卦"刚健"的意义。此即乾卦卦德"刚健"的来源,其实是对卦名用字所作的训诂,别无深意。实际上,古人在早期论及天,应该首先联想到的是天的"主宰"义及"至高无上"义,与"刚健"义还是有距离的。

就卦义而言,乾卦象征天,但是我们发现"乾"之字义以及整个卦爻辞内容与"天"也没有多少关系,虽然九五爻辞有"飞龙在天",勉强与"天"有点联系,但还不至于说整个乾卦都在论"天"如何如何。

以天为乾之象征物,来源有以下两种可能。

第一种,在"经前易学"时期,卦象尚未与卦爻辞相关联,独立应用于占筮,巫者注意到乾卦符号的特殊性,出于对至高无上的"天"的崇拜,赋予乾卦

卦象以天的意义。这样的话,乾卦卦象象征天的发生时期较早。

第二种,笔者更倾向于这种可能,在乾卦未被正式命名前,乾卦卦象并不具备天的象征意义,这一意义的赋予有可能源自乾卦的另一个卦名。我们知道,最初对卦名用字的选取较为随意,以至于造成后世卦名不统一的现象。就乾卦而言,秦简《归藏》卦名正作"天",学界一般认为这是由于乾卦本来就象征天,所以以"天"为卦名也是理所当然。但是如果从卦名的来源考察,乾卦九五爻辞有"飞龙在天"一语,不排除有人摘取其中的"天"字作为卦名的可能,从而赋予了乾卦卦象以"天"的意义。"天"卦作为乾卦的异名,在秦简《归藏》中得以保留。这一意见可能会有些突兀,我们不妨回顾一下卦名"乾"的来历,实际上,乾卦名称取九三爻"终日乾乾"之"乾"也是比较随机的。考察六十四卦其他卦名取字的"规律",在卦爻辞中多见的字词多被作为卦名,从这一点讲,乾卦应该被命名为"龙"卦显得更为适宜。

坤卦,如上文所言,其卦名本作"黄",取自六五爻辞之"黄裳"及上六爻辞之"其血玄黄"之"黄",作为卦名本无特别意义,而赋予其"土"(《左传》《国语》筮例)及"地"(《易传》)的意义,一种可能就和乾卦一样,在未有卦名之前,巫者出于对天地的崇拜,赋予两种卦象特殊且相反的二卦以天地的意义;笔者更倾向于另一种可能,就是坤卦卦名被声训为"块","块"为"土",所以"土""地"解坤卦了。

从卦德的角度来说,《易传》"顺"释"坤"其实还是一种声训,"顺""坤"音近,正是这种基于训诂的诠释,坤卦又生发出了"柔顺"的意义。其实,"土地"与"柔顺"的意义还是很有些隔阂的,以至王弼在注坤卦《大象传》"地势坤"时以"地形不顺,其势顺"之语加以弥合。

震卦相对来说是较为"规范"的一卦,其卦辞和六条爻辞中都有"震"字出现,且含义保持一致,都是"震雷"的意思。相对于后世人们习惯以卦名代表整个卦义,震卦是较为"理想"的一卦。当然,我们通过考察其他《周易》类的文献,如辑本《归藏》和《清华简(四)》,发现震卦也曾以卦爻辞中的"来"字(或通假为"釐")为卦名,按照"卦名即卦义"的思路,以及卦爻辞中的"核心词",显然作"震"卦为优。而"震"本来有"动"义,又有自然界之"雷"义,所以整体来看,震卦的卦名、卦义及卦德具有统一性。如果说卦义和卦德是产生于卦名之后,那么震卦则是比较典型地反映了这一点。

巽卦卦名在爻辞中出现三次,其中两次句式相同——"巽在床下",这里的"巽"显然作动词"伏"义,而另一处"频巽"之"巽",高亨先生仍主"伏"义①,笔者认为此处当训为"逊"为长。当然,不管"巽"主何义,卦辞爻辞都没有出现与"风"或"木"有关的意义,由此可见,以"巽"为风或木的象征是出于额外的"附加",其相应的卦德"入"也是由风的自然属性而来。这一逻辑链条的建构显得较为牵强和生硬,这样做的目的无非是出于占筮需要,试图让八卦和八种自然物相配套而形成一种理论框架。

坎卦卦名严格来说当为"习坎",源自初六爻辞。爻辞中的"坎"多为"坎坑"义,唯"来之坎坎"之"坎坎"又作形容词,修饰"来"之情形、状态,但总的来看,无一"坎"字具备"水"的含义,以坎为水是后起的一种"赋值",甚至我们还看到在《清华简(四)》中是将坎与火相关联的。就卦德而言,"坎"勉强和"险"有一定的意义联系,二字音近,又爻辞中有"坎有险""坎险"之语,故以"险"为坎卦卦德。

离卦爻辞中离字出现两次,"黄离""日昃之离",这两个离字显然不能取"火"义,因为"离"字有"明"义,如《孟子》有"离娄之明",②故古人联系自然现象,赋予了离卦"火"的意义。离卦所象征的自然物及卦德也是由卦名字义而来。

值得一提的是,考察离卦的解释史,会发现历史上对离卦卦义理解是比较复杂的。《大象传》以"明"释"离":"明两作";《彖传》又增加了"附丽"的含义:"日月丽乎天,百谷草木丽乎土";秦简《归藏》卦名直接作"丽";《系辞传》又以"罔罟"义释离卦;帛书《周易》及《清华简(四)》卦名直接作"罗",而且《清华简(四)》解释道:"司藏,是故谓之罗。"并将其与水相关联。笔者认为,这些不同的解释以及卦名的差异,根源在于"离""丽""罗"三字在音义方面的联系,简单来说即同音通假造成的,由此诠释出了不同的卦义。这恰好也反

---

① 参见高亨:《周易古经今注》,《高亨著作集林》第1卷,清华大学出版社2004年版,第400页。

② 参见杨琳:《说"娄"》,《中国文字研究》第二十五辑,上海书店出版社2017年版,第151页。

映出离卦卦名是其卦义的来源。

艮卦卦辞及六条爻辞皆有"艮"字,按照高亨先生的观点,这些"艮"字含义一致,皆为"顾"义。《易传》所释卦德"止"义当由"顾视"引申而来,即"目有所止"。① 廖名春先生认为:

> 《周易》里的"艮"字,实质就是"限"的本字。"艮"是古字,"限"是后起孳生字,是今字。上古字少,今天的所谓"限"字,古人就写作"艮"。所以,《周易》里的"艮",也就是今天的"限"字。

> "艮"即"限",而"限"为界限。所以,有止,也就是有限止之义。这就是《周易》各传以"艮"义为"止"之所从出。而山作为天险,是天然的界限。《战国策·秦策一》:"南有巫山,黔中之限。"故《大象传》《说卦传》以山为象。《说文·𨸏部》"限"字"从𨸏,艮声",而"𨸏,大陆,山无石者"。可见"限"从阜(即𨸏),本来就与山有关。由此可知,"艮"即限,之所以"艮为山",取象为山,是因为"限"字从阜,也就是从山。可见《周易》各传关于"艮"之基本义与取象说,都是有来源的。②

根据廖名春先生的观点,恰好说明艮卦卦义、卦德都是由卦名字义而来。

兑卦的卦义、卦德源自卦更为典型。爻辞有五条都出现"兑",高亨先生认为"本卦兑字皆谓谈说"③。但《易传》多以"悦"释"兑","兑"与"说""悦"皆为古今字关系,因此兑卦卦德为悦其实也是从对卦名兑所作的训释而来。那么,其象征物"泽"又是从何而来?《说卦传》云:"悦万物者莫悦乎泽",孔颖达《周易正义》道:"泽以润生万物,所以万物皆悦。"④这种说法存在两个问题,其一,认为兑卦所象征的自然物水泽在先,而后由水泽解释出了"欣悦"的卦德;其二,从"润泽万物"引出"欣悦"总有牵强、迂曲之感。笔者认为,卦德"悦"还是源自对卦名"兑"所作的训诂。兑,《说文》《释名·释天》:"兑,悦

---

① 参见高亨:《周易古经今注》,《高亨著作集林》第1卷,清华大学出版社2004年版,第376页。
② 廖名春:《周易释"艰"》,《周易研究》2011年第4期。
③ 高亨:《周易古经今注》,《高亨著作集林》第1卷,清华大学出版社2004年版,第401页。
④ 孔颖达:《周易正义》,北京大学出版社2000年版,第275页。

也。"怿,《说文》:"说也。"《尔雅·释诂》:"乐也。"兑,喻母月部;怿,喻母铎部,二字同源。而怿又和"泽"通假,《文选》汉司马相如《封禅文》:"昆虫阘泽,回首面内。"《汉书·司马相如传》作"怿"。可见,以"水泽"为兑卦之象征物也是由对卦名"兑"字的训释诠释而来。实际上,如果从八卦所象征的自然物整体着眼,坎既然象征水,兑再象征水泽就有重复之嫌,这也说明八卦卦义、卦德是在卦名产生之后敷衍而来,并非在此之前就有一个逻辑严密的体系。

以上我们就八卦的卦名来源问题以及与卦义、卦德的联系进行了探讨,笔者认为这一思路和方法对于六十四卦大体皆可适用,这一探究对于了解早期易学史、《周易》古经的编纂思想以及《易传》解经意趣等,不无帮助。

第五章 殷商先祖王亥与《周易·剥卦》

今本《周易》剥卦卦名,帛书《周易》作"剶",阜阳简《周易》、《清华简(四)》及辑本《归藏》作"仆"。尚秉和先生《周易尚氏学》云:"《归藏》作'仆','仆'与'扑'通……扑,击也。而《豳风》'八月剥枣',《传》:剥,击也。是'仆'与'剥'义同也。"①

而考察《周易·剥卦》卦爻辞,"剥"字出现四次,而三次出现"剥床以～"句式,且三句断辞皆为凶。此三句爻辞读来颇令人费解,古今诸多注家也多理解不同,聚讼不已。个别学者注意到了《周易·剥卦》与《楚辞·天问》之间的联系,但缺乏具体、系统的论述。笔者联系《楚辞·天问》中的相关内容,结合《周易》卦爻辞创作、编纂的一般规律,就《周易·剥卦》中含"剥床"的三条爻辞做了具体、系统地探究,发现其与殷商先祖王亥的事迹有着直接的联系。

一、关于"剥床"的不同意见

为方便讨论,现将《周易·剥卦》卦爻辞抄录如下。(断句取高亨先生《周易大传今注》)

䷖剥:不利有攸往。

初六:剥床以足,蔑贞凶。

---

① 尚秉和:《周易尚氏学》,中华书局1980年版,第119页。

六二：剥床以辨，蔑贞凶。

六三：剥之，无咎。

六四：剥床以肤，凶。

六五：贯鱼以宫人宠，无不利。

上九：硕果不食，君子得舆，小人剥庐。

这里初六、六二和六四爻辞都出现了"剥床以～"句式，且断辞都是凶。这里的"剥床"以及后面的"足""辨""肤"及"蔑"，古今注家的解释多不一致，争议较大。大体梳理如下。

（一）"剥"

对"剥"的解释，代表性的说法有以下二类。

（1）"剥落"义

陆德明《经典释文》："马云：落也。《说文》云：裂也。"孔颖达《周易正义》："'剥'者，剥落也。今阴长变刚，刚阳剥落，故称'剥'也。"程颐《程氏易传》、朱熹《周易本义》、来知德《周易集注》等均主此义。

关于"剥"训"剥落"，高亨先生在其《周易大传今注》中有较为详细的说明：

《说文》："剥，裂也，从刀，录声。"以刀割物为剥，乃剥之本义。今语称切菜刀为剥刀，犹是用其古义。引申之，割取或取掉物之一部分亦为剥，初六、六二、六三、六四之剥皆是此义。又引申为毁坏，上九之剥是此义。又引申为剥落衰落，《彖传》《象传》释卦名用此义。①

（2）"击"义

高亨先生《周易古经今注》："《诗·七月》：'八月剥枣。'毛《传》：'剥，击也。'本卦剥字皆此义。"②李镜池先生《周易通义》："剥：有击、治、离等义。《诗·七月》：'八月剥枣。'传：'剥枣，击枣也。'"③尚秉和先生《周易尚氏

① 高亨：《周易大传今注》，齐鲁书社2009年版，第199页。
② 高亨：《周易古经今注》，《高亨著作集林》第1卷，清华大学出版社2004年版，第271页。
③ 李镜池：《周易通义》，中华书局1981年版，第47页。

学》：“《归藏》作'仆'，'仆'与'扑'通……扑，击也。而《豳风》'八月剥枣'，《传》：剥，击也。是'仆'与'剥'义同也。"①

（二）"足""辨""肤"

由于"足""辨""肤"三字所处句式相同，诸家解释都认为三者所指有内在关联，属于同一事物的不同部分。总的来看，可分为以下二类。

（1）人体部位

关于"辨"，李鼎祚《周易集解》："郑玄曰：足上称辨，谓近膝之下。"陆德明《经典释文》："辨，徐音办具之办，足上也。……薛、虞：膝下也。"

关于"肤"，李鼎祚《周易集解》引王肃："床剥尽，以及人身"，以"人身"释"肤"。孔颖达《周易正义》："剥床已尽，乃至人之肤体"。

高亨先生《周易古经今注》认为，此足为人之足；"辨借字，髌本字，蹁俗字也。剥床以髌，亦病痛之象。……肤、簠古音相近通用。疑并借为髆。簠、髆同声系，古亦通用。《说文》：'髆，肩甲也。'击床以肩甲，亦病痛之象，故曰'剥床以肤，凶'。"②

按，高亨先生的解释，不以"肤"字为"肤体"，而破读为"髆"，解释为"肩甲"。另外，对"剥床以～"的语法意义理解也与古人不同，他以"剥"为"击"义，"剥床以～"即"以～击床"，在三条爻辞中指用身体的不同部位（脚、膝、肩）去敲击床，是病痛之象。

（2）床的不同部位

古注或以"足"为床之"足"，如孔颖达《周易正义》引王弼注："'剥床以足'，犹云剥床之足也。"

"辨"，陆德明《经典释文》："黄云：床簀也。"李鼎祚《周易集解》："崔憬曰：今以床言之，则辨当在第足之间，是床桄也。"孔颖达《周易正义》："辨，谓床身之下，床足之上，足与床身分辨之处也。"

"肤"，陆德明《经典释文》："京作簠，谓祭器。"释为祭器，此为特例。李

① 尚秉和：《周易尚氏学》，中华书局1980年版，第119页。
② 高亨：《周易古经今注》，《高亨著作集林》第1卷，清华大学出版社2004年版，第271—272页。

鼎祚《周易集解》:"崔憬曰:床之肤谓荐席,若兽之有皮毛也。"

高亨先生《周易大传今注》改变了此前在《周易古经今注》中的看法,以床的不同部位解释"足""辨""肤"。认为,"剥床以足"即"取掉床之足";"辨当读为牑……《说文》:'牑,床版也。'……'剥床以辨'即剥床之牑,谓取落床之版也。……肤,席也。……床之席为肤"。①

(三)"蔑"

"蔑"字的解释可分以下二类。

(1)通"梦"

李镜池先生《周易通义》:"蔑贞:梦占。梦、蔑一声之转。"②高亨先生《周易古经今注》:"蔑疑当读为梦,古字通用。……古人梦则占。"③《周易大传今注》:"蔑读为梦。贞,占问。蔑贞,梦之占问。古人有异梦,多占之。"④

(2)"削""灭""无"义

陆德明《经典释文》:"蔑,莫结反,犹削也。楚俗有削蔑之言。马云:无也。郑云:轻慢。荀作灭。"李鼎祚《周易集解》:"虞翻:蔑,无。卢氏:蔑,灭也。"孔颖达《周易正义》:"蔑,削也。"

以上我们大体总结了古今学者关于"剥床"爻辞关键性词语的几种代表性观点。这些观点中,无论将其理解为"剥落床体",还是"以身体不同部位击床",都显得文义模糊,让人费解。要想清楚、透彻地理解这几条爻辞的本来意义,还需要对其加以深入探究。

二、《天问》"击床"考

不同文献间的互证是准确、深入理解文献意义的重要途径。同样作为先

---

① 高亨:《周易大传今注》,齐鲁书社2009年版,第196、199—200页。
② 李镜池:《周易通义》,中华书局1981年版,第47页。
③ 高亨:《周易古经今注》,《高亨著作集林》第1卷,清华大学出版社2004年版,第271页。
④ 高亨:《周易大传今注》,齐鲁书社2009年版,第196页。

秦文献的《楚辞·天问》，其中的一则材料对我们理解《周易》剥卦的这几条爻辞含义提供了重要的信息。

《天问》中有这样一段文字：

> 该秉季德，厥父是臧。胡终弊于有扈，牧夫牛羊？干协时舞，何以怀之？平胁曼肤，何以肥之？有扈牧竖，云何而逢？击床先出，其命何从？

其中的"击床先出"一句，蒋天枢先生在其《楚辞校注》中认为：

> 击床，盖以故事中有击床事，因用《周易·剥卦》义印证今事。剥，亦训击，《诗·七月》"八月剥枣"传："剥，击也。"剥床，即击床。《剥卦》六爻："剥床以足，蔑贞，凶。六二，剥床以辨，蔑贞，凶。六四，剥床以肤，凶。"筮者举事以示徵之意甚显。①

蒋天枢先生慧眼独具，由《天问》"击床"联系《周易》"剥床"，笔者认为这一解释是正确的，剥卦"剥床"当为"击床"。《归藏》剥卦作"仆"，尚秉和先生认为通"扑"。"扑"为"攴"之异体，《说文》："攴，小击也。"剥作击义，也是通"攴"。遗憾的是，由于蒋天枢先生此处主要是针对《天问》所作的探究，就《周易·剥卦》未能深入挖掘。但《天问》中的这段话恰好揭示出了《周易》剥卦中隐藏的历史故事，指明了剥卦爻辞的来源。我们结合整段文字逐句分析。

> 该秉季德，厥父是臧。胡终弊于有扈，牧夫牛羊？

据王国维先生考证，这里的"该"即商人先祖"王亥"，"季"为王亥父"冥"，有扈即有易。王国维还指出其他文献中关于王亥的记载：

> 《大荒东经》曰："有困民国，句姓而食，有人曰王亥，两手操鸟，方食其头，王亥托于有易河伯仆牛，有易杀王亥，取仆牛。"郭璞注引《竹书》曰："殷王子亥，宾于有易而淫焉，有易之君绵臣杀而放之。是故殷主甲微假师于河伯以伐有易，克之，遂杀其君绵臣也。"（此《竹书纪年》真本，郭氏隐括之如此）今本《竹书纪年》："帝泄十二年，殷侯子亥宾于有易，有易杀而放之。十六年，殷侯微以河伯之师

---

① 蒋天枢：《楚辞校注》，上海古籍出版社1989年版，第226—227页。

伐有易,杀其君绵臣。"①

按照王国维先生的研究,这几句话是讲商人先祖王亥继承了他的父亲"季"的德行,但后来在有易这个地方放牧牛羊的时候被杀。这一结论被研究《天问》的学者普遍接受。

干协时舞,何以怀之? 平胁曼肤,何以肥之?

学者一般认为这几句对应了郭璞注中所提到的"殷王子亥,宾于有易而淫焉"。今取姜亮夫先生的解释:

此二句倒装句法,当作"何以怀之? 干协时舞",言王亥何以使有易之女怀思,则以干舞挑之也。"平胁曼肤,何以肥之"者,此仍指王亥与有易婚娶事言。惟释此为形体曼泽之状,则甚确。肥者,娿之借字,亦即妃字,匹也。言何以与王亥相为妃匹也。则以其形体曼泽也,句法与上同。②

从这一句开始追述王亥被杀的经过。

有扈牧竖,云何而逢? 击床先出,其命何从?

姜亮夫先生的解释:

按此四句仍当为王亥与有易事,直承上文而言也,此有扈指王亥所淫之女;牧竖,指王亥言。有易氏之女与王亥,男女如何而得相逢会也。击床二句,当为有易之君绵臣杀王亥事。③

至此,《天问》中"击床"的故事梗概基本清楚了。"其命何从"一本作"其何所从"。至于"先出",有三说:其一,"先"为"不"或"未"之讹,即王亥未能逃出而被杀,姜亮夫先生主此说;其二,认为王亥此次得以逃脱,后被杀,谭戒甫先生主此说;其三,认为是与王亥同床的有易女子先行逃出,而王亥遇害,闻一多先生主此说。④ 姜说有改字之嫌,谭说与《周易·剥卦》爻辞不合,当以闻一多先生观点为准。

---

① 王国维:《殷卜辞中所见先公先王考》,载《观堂集林》,中华书局 1959 年版,第 416 页。

② 崔富章:《楚辞集校集释》,湖北教育出版社 2003 年版,第 1178 页。

③ 崔富章:《楚辞集校集释》,湖北教育出版社 2003 年版,第 1180 页。

④ 以上三说参见崔富章总主编:《楚辞集校集释》,湖北教育出版社 2003 年版,第 1180—1181 页。

《天问》中后文还记载了王亥的弟弟"恒"继续放牧牛羊,王亥之子上甲微(昏微)为父报仇,攻打有易(有狄)的故事:

> 恒秉季德,焉得夫朴牛? 何往营班禄,不但还来? 昏微遵迹,有狄不宁。

因与本文主题关系不大,兹不赘述。

三、"剥床"与王亥

结合《天问》的讨论,我们对《周易·剥卦》爻辞"击床"就有了一个相对清晰的认识。《周易》注疏史上聚讼不已的"剥床"问题也有了相对明确的结论。剥卦爻辞讲述的是商人先祖王亥遇害时的场景,爻辞中的"足""辨""肤"并非是指床而是指被杀的王亥的身体部位,"剥床以足""剥床以辨""剥床以肤",义即王亥在床上被有易之人杀害,分别被杀伤至足、膝、肤体。

其中的"蔑贞凶"的"蔑"字,也非通"梦",并非梦占之事,而是与王亥被杀的具体细节有关。关于这一点,唐兰先生从古文字的角度已经作了很好的说明。唐兰先生对比了"伐"和"蔑"的古文字形,认为"伐"是以戈斫首,即斩首;而"蔑"是"刖足之刑","伤断其足胫",并以《周易·剥卦》为证:

> 蔑是斫足之象。《周易·剥》:"初六,剥床以足,蔑贞凶。"注:"蔑犹削也。"象传说"剥床以足,以灭下也"。显然是用灭来解释蔑的。蔑灭声相近,《剥卦》的六二,是"剥床以辨,蔑,贞凶。"郑玄注"足上称辨,谓近膝之下"。可见,蔑的本义是削灭足和足胫。[1]

我们对比与"剥床"相关的三句爻辞,发现只有"剥床以足"和"剥床以辨"后都有"蔑贞凶"之语,而"剥床以肤"后只有"凶",无"蔑"字,恰好证明了唐兰先生以"蔑"为"伤断其足胫"这一解释的正确性。爻辞的正确断句应当为:"剥床以足(辨),蔑,贞凶。"前半句讲述杀戮场景,后半句为断语。

前引《竹书纪年》载王亥被有易之君绵臣"杀而放之",而《周易·剥卦》

---

① 唐兰:《"蔑历"新诂》,《文物》1979 年第 5 期。

爻辞通过几个关键性的词语"足""辨""肤"及"蔑",描绘了王亥在有易被"杀而放之"时的具体细节。实际上,这一细节还可以和其他文献相互印证。

《山海经·海内北经》云:"王子夜之尸,两手、两股、胸、首、齿,皆断异处。"袁珂先生案:

> 日本小川琢治《穆天子传地名考》谓"夜"为"亥"之形讹……王亥惨遭杀戮以后之景象也。……如此,则王亥惨遭杀戮,系尸分为八,合于"亥有二首六身"(首二、胸二、两手、两股)(《左传·襄公三十年》)之古代民间传说。郭璞《图赞》云:"子夜之尸,体分为七。"①

这些内容恰好又和《周易·剥卦》记述形成对应,可以相互解释。

至此,我们通过对不同文献记载的考察将剥卦"剥床"爻辞的含义梳理清楚了。总的来说,《周易·剥卦》爻辞之"剥床"与《天问》之"击床"为同一事件,指商人先祖王亥淫于有易而在床第遭到杀戮之事。爻辞中的"足""辨""肤"及"蔑"等辞细致而又生动地记录了这一事件的细节。

四、卦爻辞的来源与编纂

回到《周易》本身,我们以上讨论其实涉及《周易》古经成书过程中的一个重要问题,就是卦爻辞的来源以及编纂。剥卦中有"剥床"的三句爻辞句式排列相对整齐,语义关联,人为加工、润色的痕迹非常明显,显然是作者或编纂者的匠心独运。

剥卦爻辞描绘了一个血腥的杀戮场面,从足到膝再到肤体,爻辞编纂者或作者并非仅仅是在展示、记录当时的场景,而是在自觉地运用、遵循了《周易》卦爻辞编纂的一个基本原则,那就是力图让卦爻象和卦爻辞之间建立起逻辑联系。这也是后世象数易学思想的源头。

具体来说,剥卦初六爻"剥床以足",至六二"剥床以辨",六四"剥床以肤",随着爻位的上升,具体的身体部位也是从下到上发生变化。这种情况说

---

① 袁珂:《山海经校注》,北京联合出版公司2014年版,第277页。

明,爻辞的编纂者或作者在用易学特有的叙事方式记录下了王亥被杀的具体场景。

在《周易》其他卦中我们会看到类似的编纂体例,甚至比剥卦更为典型。如艮卦:

> 初六,艮其趾,无咎。利永贞。
>
> 六二,艮其腓,不拯其随,其心不快。
>
> 九三,艮其限,列其夤,厉,熏心。
>
> 六四,艮其身,无咎。
>
> 六五,艮其辅,言有序,悔亡。
>
> 上九,敦艮,吉。

从脚(趾)逐渐上升至小腿(腓)、腰(限)、身、面部(辅),恰好对应了爻位从低到高的变化。

再比如咸卦:

> 初六,咸其拇。
>
> 六二,咸其腓,凶。居吉。
>
> 九三,咸其股,执其随,往吝。
>
> 九四,贞吉。悔亡。憧憧往来,朋从尔思。
>
> 九五,咸其脢,无悔。
>
> 上六,咸其辅、颊、舌。

也是随着爻位的上升,从脚趾(拇)到小腿(腓),再到大腿(股)、背(脢)、面部(辅、颊、舌)。

类似还有乾卦、渐卦等,虽然不一定都是对应身体部位,但都是随着爻位的上升,爻辞中所涉及事物的位置、形势等也随之发展、变迁。

所以,剥卦爻辞体现的是易学特有的叙事方式,其中包含了易学独特的体例,为后世的诠释、发挥、创造提供了广阔的空间。

另外,剥卦爻辞也为我们了解《周易》卦爻辞的来源,进而准确、深入地探究、理解《周易》卦爻辞提供了一个案例和窗口。

我们首先知道王亥在《周易》中的事迹得益于顾颉刚先生的《〈周易〉卦爻辞中的故事》一文。文中从《周易》卦爻辞中钩沉出五个历史故事,其中第一个《王亥丧牛羊于有易的故事》，受王国维先生《殷卜辞中所见先公先王考》一文的启发，揭示出了《周易》大壮卦六五爻辞"丧羊于易，无悔"及旅卦上九爻辞"鸟焚其巢，旅人先笑后号咷，丧牛于易，凶"所"暗藏"的王亥的事迹，但遗憾的是顾颉刚先生没有将剥卦爻辞考虑其中。① 现在我们可以说，《周易》中剥卦三条"剥床"爻辞和大壮卦六五爻辞、旅卦上九爻辞共同记录了被人"遗忘"已久的王亥的故事。

这一问题的讨论也告诉我们《周易》卦爻辞的重要来源之一——上古史实。

《周易》卦爻辞年代久远，文辞古奥，本身又是卜筮语言，理解起来是一件极其困难的工作，有学者毕生的工作都在探究卦爻辞的本来含义，但目前关于卦爻辞的本义的研究还是远远不能令人满意，对很多内容的理解还存在很大的差异和争议。

探究卦爻辞含义的方式有很多，学界也多有尝试，并取得了一定的成绩。在此，笔者认为，通过探究卦爻辞的来源，了解某些卦爻辞背后"隐藏"的历史故事，是准确、深入理解卦爻辞含义的一个有效途径。本文讨论的与王亥有关的卦爻辞就是一个很好的证明。当然，《周易》卦爻辞不见得都是源于上古史实，但是这一视角和方法不无裨益。继顾颉刚先生之后，高亨先生在探究《周易》卦爻辞含义时，也自觉地运用"历史故事"的视角来挖掘卦爻辞中所隐藏的史实。如解需卦六四爻辞"需于血，出自穴"：

此疑是古代故事。盖有人在杀人流血之变乱中，初停驻于血泊中，后由穴窦逃出。爻辞借此故事，以示此爻是先遇险凶而后幸免之象。《左传》哀公元年记夏代寒浞之子浇杀夏帝相。帝相之后缗方在孕期，逃出自窦，归于有仍，生少康。少康后立为夏帝。与此故事相类。②

再如解需卦上六爻"入于穴，有不速之客三人来，敬之终吉"道："此疑古

---

① 参见顾颉刚：《〈周易〉卦爻辞中的故事》，原载《燕京学报》第六期（1929 年 11 月），后收入《古史辨》第三册（1931 年 11 月）。

② 高亨：《周易大传今注》，齐鲁书社 2009 年版，第 82 页。

代故事";①解讼卦九二爻辞"不克讼,归而逋,其邑人三百户无眚"亦云"此是古代故事",②解睽卦九四"睽孤遇元夫,交孚,厉,无咎"云:"似即夏帝少康之故事";③等等。

当然,古代故事只是《周易》卦爻辞的来源之一,另外,由于卦爻辞本身的简练和受卜筮性质的影响,再加上上古史实的渺茫难求,从古代故事的角度去挖掘《周易》卦爻辞含义的方式受到客观条件的限制,但借助于科学、严谨的学术研究方法,合理恰当地运用,不失为一种可行、有效的研究方式。

顾颉刚先生受王国维先生《殷卜辞中所见先公先王考》一文的启发,著《〈周易〉卦爻辞中的故事》,挖掘出《周易》二条爻辞中关于王亥的事迹。顾颉刚先生称:"这是足以贡献于静安先生的。"④笔者不揣浅陋,也希望关于《周易·剥卦》的探索能够得到学界指正,贡献于顾颉刚先生。

---

① 高亨:《周易大传今注》,齐鲁书社 2009 年版,第 83 页。
② 高亨:《周易大传今注》,齐鲁书社 2009 年版,第 88 页。
③ 高亨:《周易大传今注》,齐鲁书社 2009 年版,第 292 页。
④ 顾颉刚:《〈周易〉卦爻辞中的故事》,原载《燕京学报》第六期(1929 年 11 月),后收入《古史辨》第三册(1931 年 11 月)。

第六章　《连山》《归藏》与《说卦传》

　　古人曾论及《说卦传》与《连山》《归藏》的联系。马国翰《玉函山房辑佚书·连山》引东晋干宝的说法:"'帝出乎震,齐乎巽,相见乎离,致役乎坤,说言乎兑,战乎乾,劳乎坎,成言乎艮。' 此《连山》之易也。"其中"帝出乎震"一句即《说卦传》内容。又引薛贞的说法:"(《连山》)艮、震、巽、离、坤、兑、乾、坎为序。"这一序列同样来自《说卦传》"帝出乎震"章。另外,马辑《归藏》还引南宋朱元升的说法:"《归藏易》以纯坤为首,坤为地,万物莫不归而藏于中。《说卦》曰:'坤以藏之'。"此是将"归藏"名称的由来与《说卦传》中的内容相联系。

　　受古人诸多说法的影响,当代著名易学家金景芳先生也认为:"《说卦传》是孔子为《周易》作传时,有意识地保存下来的《连山》《归藏》二易遗说。"①近年来,随着易类出土文献的增多,《归藏》与《说卦传》的关系再次受到关注。李学勤先生《〈归藏〉与清华简〈筮法〉、〈别卦〉》一文从卦名、次序、写法等内容论述了《筮法》《别卦》与《归藏》密切相关。②

　　在此,有必要就《连山》《归藏》与《说卦传》之间的联系加以讨论。

---

　　① 金景芳、吕绍纲:《周易全解》,上海古籍出版社 2005 年版,第 611 页。
　　② 参见李学勤:《〈归藏〉与清华简〈筮法〉、〈别卦〉》,《吉林大学社会科学学报》2014 年第 1 期。

一、"《归藏》"与《说卦传》"坤以藏之"

以"万物莫不藏于中"释"归藏"并不始自朱元升,据孔颖达《周易正义·序》所引,郑玄已有此说。但联系郑玄对于"三易"名称含义的解释,其实是有很大疑问的。其释"连山"为"象山之出云,连绵不绝",如此则应称"连云"而非"连山",且"山之出云,连绵不绝"与占筮之间有何联系?对"周易"的解释也是有问题的,"言易道周普,无所不备","易"为占卜之法,"周"为朝代之名,郑说有误。以此来看,"万物归藏其中"的说法也是顺"易道周普,无所不备"的思路而来,且这里并未和坤卦相关联。总体来看,郑玄的说法颇多疑点,有迂曲之嫌。

古人还有一种关于"三易"名称的说法值得注意。东汉王充《论衡·正说》云:"古者烈山氏之王得河图,夏后因之曰《连山》;烈山氏之王得河图,殷人因之曰《归藏》;伏羲氏之王得河图,周人曰《周易》。"据黄晖先生考证,这里的第二个"烈山氏"当为"归藏氏"①。孔颖达《周易正义·卷首》亦云:"案《世谱》等群书,神农一曰连山氏,亦曰列山氏,黄帝一曰归藏氏","连山、归藏并是代号"。② 这一说法较为平实。

再来看《说卦传》"坤以藏之",原文作:"雷以动之,风以散之,雨以润之,日以烜之,艮以止之,兑以说之,乾以君之,坤以藏之。"这里其实是对八卦所象征的八种自然物的功用予以解说,与古人所谓"卦德"大体相同。坤为地,能包藏万物,故坤之功用为"藏"。从语法意义上来讲,"坤以藏之"与其他七句皆为并列关系,并不处在特殊地位。古人以此与《归藏》之名义联系起来,一方面受《礼记·礼运》"坤乾"说影响,将坤的地位突出;另一方面将"《归藏》"之"藏"与《说卦传》"坤以藏之"之"藏"联系起来,得出一种对《归藏》"名义的理解。综上来看,这一理解显然是不可靠的,《说卦传》"坤以藏

---

① 参见黄晖:《论衡校释》(第四册),中华书局 1990 年版,第 1133—1134 页。
② 孔颖达:《周易正义》,北京大学出版社 2000 年版,第 10 页。

之"并未与"《归藏》"名义有直接联系。

二、《归藏·初经》与《说卦传》"乾坤六子"说

辑本《归藏》有《初经》一篇,列举了八纯卦卦名及零星筮辞,卦名与《周易》略同,各冠以"初"字,其序列引起了学者的注意。李学勤先生称:

> 《初经》八经卦的次序不是像一般猜想的坤在乾前,而是依次为(用通行《周易》卦名):乾、坤、艮、兑、坎、离、震、巽。这种次第是所谓"乾坤六子"说的体现。按《易传》里的《说卦》第十章:"乾,天也,故称乎父;坤,地也,故称乎母。震一索而得男,故谓之长男;巽一索而得女,故谓之长女。坎再索而得男,故谓之中男;离再索而得女,故谓之中女。艮三索而得男,故谓之少男;兑三索而得女,故谓之少女。"这是"乾坤六子"说的依据,《归藏·初经》的卦名次序即依据此说,只是六子按少、中、长排列而已。[①]

《归藏·初经》的八卦序列又是一则对"《归藏》首坤"说的不利材料。李学勤先生这里注意到的是这一序列和《说卦传》"乾坤六子"说的联系。"乾坤六子"说实际上是根据八经卦的卦象对八卦所作的逻辑分类。乾坤二卦自带阴阳属性,其余六卦按照"阴卦多阳、阳卦多阴"(《系辞传》)的标准分"男女",再根据唯一阳爻或阴爻所处的位置,自下而上分长、中、少。此即"乾坤六子"说的内在依据,按此序列,八卦列为乾、坤(父母)、震、巽(长男长女)、坎、离(中男众女)、艮、兑(少男少女)。但是我们看到《归藏·初经》的顺序是乾、坤(父母)、艮、兑(少男少女)、坎、离(中男众女)、震、巽(长男长女)——将少男少女置于子女之首。李学勤先生认为该次序是由《说卦传》而来,只是略加调整的观点不免让人生疑。

《初经》的这一序列多见于汉易,如西汉京房的"纳甲"学说即是用此序列,其八卦与十天干相配的次序为:乾(甲壬)、坤(乙癸)、艮(丙)、兑(丁)、坎

---

① 李学勤:《〈归藏〉与清华简〈筮法〉、〈别卦〉》,《吉林大学社会科学学报》2014年第1期。

（戊）、离（己）、震（庚）、离（辛）。林忠军先生也认为"六卦与干支的配法，是按照《说卦》乾坤交索生'六子'的顺序"①。但是这里将艮、兑前置的问题令人费解，或有学者认为是"京房作了以卦象模拟月相的考虑"②，但"月体纳甲"始见于东汉末，将其归至京房恐未安。另外，我们在《清华简（四）·筮法》中也看到了与京房纳甲说完全一致的内容，这说明这一八卦序列渊源有自，并不始于京房。至于这一序列的内在逻辑，笔者认为，从清华简到京房，这一序列都是和干支相关联，而清华简《筮法》和京房纳甲说都是直接服务于占卜，属于"应用"易学，而非单纯的"理论"易学，因此，这一序列当是古代某种占筮之法建构的八卦序列，与《说卦传》"乾坤六子"说并无直接关系。

我们还可以看到，辑本《归藏》中保留了相当内容的汉代卦气学的内容，如"十二辟卦"等，因此，《初经》中的八卦序列也应该与汉代或者更早（清华简时期）的占卜体系有关。

另外，这里再附带讨论一下《初经》序列与《说卦传》"天地定位"章的关系。上文虽然认为《初经》序列与"乾坤六子"说没有关系，但也有学者提出与"天地定位"章有密切联系。③ "天地定位"章原文作："天地定位，山泽通气，雷风相薄，水火不相射"。而在马王堆帛书《衷》则作："天地定位，山泽通气，火水相射，雷风相薄。"我们认为，首先，《说卦传》"天地定位"章与《初经》序列是不合的。其次，《说卦传》"天地定位"章是否有一个内在的逻辑序列其实不好判断。一方面，整篇《说卦传》论述八卦大多都是按照乾、坤、震、巽、坎、离、艮、兑这一次序进行，如"乾健坤顺"章论八卦卦德、"六子卦"章次序以及论八卦诸多象征物等（"雷以动之"章其实也是遵循这一次序，只不过将乾坤置于最后）；而较少几章不按照这个序列论述的，都很难找到其中的内在逻辑，如"水火相逮，雷风不相悖，山泽通气"一句，很难说有内在逻辑序列（"帝出乎震"章下文详述），如此，说"天地定位"章遵循了某种内在的逻辑次序就显得突兀。另一方面，如果一定要挖掘一下"天地定位"章的叙述逻辑，笔者

---

① 林忠军：《周易象数学史》（第一册），上海古籍出版社 2022 年版，第 269 页。

② 于成宝：《先秦两汉易学研究》，中国社会科学出版社 2019 年版，第 199 页。

③ 参见贾连翔：《从清华简〈筮法〉看〈说卦〉中〈连山〉、〈归藏〉的遗说》，《出土文献》第五辑，中西书局 2014 年版。

认为从押韵的角度考虑也是一种回答。"位（立）"，缉部，"气"，物部，缉物通转；"射""薄"以及后文的"错"皆为铎部。因此，从押韵的角度看，"天地定位"之后，只能接"山泽通气"，如此才不会乱了韵脚。最后，帛书《衷》语序有所不同，恰好和《初经》次序一致（唯"火水"颠倒），如果联系帛书中较之传本《易传》较为突出的"五行"、卦气等内容，如《衷》篇提及的"五行"，《要》篇更云："四时之变焉，不可以万物尽称也，故为之以八卦。"刘彬先生认为："此句所言，应是古代八卦卦气说。"①如果说帛书《衷》的序列和《初经》的内在逻辑一致，那也是和汉代或更早一些的某种象数体系有关，很难说与《归藏》有何直接关联。

三、《连山》与《说卦传》"帝出乎震"章

古人由"《连山》"联想到八卦之艮卦，而《说卦传》"帝出乎震"章中艮卦位置较为特殊，故由此而得出其为《连山》遗说的结论。随着易类出土文献的不断丰富，这一说法再度被关注，如贾连翔先生注意到清华简《筮法》中艮、兑两卦的特殊性，提出："三易之中若确以《连山》为最古，上古之时以'数'称'筮'是很有可能的，艮、兑倘若又是《连山》的标志，称其为'数'也许是保留了很古老的称法。"②这就需要我们对《说卦传》"帝出乎震"章做深入考察。

为讨论方便，现将该章内容引用如下：

> 帝出乎震，齐乎巽，相见乎离，致役乎坤，说言乎兑，战乎乾，劳乎坎，成言乎艮。万物出乎震，震，东方也。齐乎巽，巽，东南也；齐也者，言万物之絜齐也。离也者，明也，万物皆相见，南方之卦；圣人南面而听天下，向明而治，盖取诸此也。坤也者，地也，万物皆致养焉，故曰致役乎坤。兑，正秋也，万物之所说也，故曰说言乎兑。战乎乾，

---

① 刘彬、孙航、宋立林：《帛书〈易传〉新释暨孔子易学思想研究》，中国社会科学出版社2016年版，第262页。

② 贾连翔：《从清华简〈筮法〉看〈说卦〉中〈连山〉、〈归藏〉的遗说》，《出土文献》第五辑，中西书局2014年版。

乾,西北之卦也,言阴阳相薄也。坎者,水也,正北方之卦也,劳卦也,万物之所归也,故曰劳乎坎。艮,东北之卦也,万物之所成终而所成始也,故曰成言乎艮。

这一章文字根据其行文逻辑,可以分为两部分——"帝出乎震,齐乎巽,相见乎离,致役乎坤,说言乎兑,战乎乾,劳乎坎,成言乎艮"为第一部分,后文简称(1);从"万物出乎震"至"故曰成言乎艮"为第二部分,后文简称(2)。古今学者对这段文字的见解有同有异,但基本认为(2)是对(1)的解说。如王夫之在《周易内传》中讲得最为明确:"前举其目,而后释之。或古有此言,而夫子释其义。乃'万物出乎震'以下,文类《公》《谷》及《汉律历志》,则或前为夫子所录之本文,而后儒加训诂也。"①金景芳先生也指出:"'帝出乎震'至'劳乎坎','成言乎艮',似乎是《连山》易的正文,'万物出乎震,震,东方也'至'艮东北之卦也,万物之所成终而所成始也,故曰成言乎艮'似乎是解释正文的。"②

反观历代学者关于这一章的探究,重点都集中在了(2),而对(1)本身的思想内容、理论旨趣及理论价值多有所忽略。一方面,是由于(1)本身文辞简略,相关文献阙如,深入探究有一定的困难;另一方面,是由于(2)本身意蕴丰富,影响深远,吸引历代易学家对其加以诠释、阐发,而忽略了对这一解释本身的反思。

在此,我们不妨效法朱熹对《大学》的分析,以(1)为"经",以(2)为"传",采取"经传分观"的方法,逐一探究二者各自的思想内容,在这一工作的基础上,寻找二者之间的区别和联系,以便对这章内容有一个较为客观、全面的认识。

(一) 对"帝出乎震"至"劳乎坎,成言乎艮"的疏解

帝出乎震,齐乎巽,相见乎离,致役乎坤,说言乎兑,战乎乾,劳乎坎,成言乎艮。

---

① 王夫之:《周易内传》,载《船山全书》(第一册),岳麓书社1996年版,第627页。
② 金景芳:《〈周易·系辞传〉新编详解》,辽海出版社1998年版,第187页。

孔颖达《周易正义》云："此帝为天帝也,帝若出万物则在乎震。"①朱熹《周易本义》云:"帝者,天之主宰。"②此外,古今学者还有将"帝"训作"旺气、元气","花蒂","日"及"北斗星的斗柄"等义。③ 按,此处的"帝",其含义应为主宰之天帝,有宗教义,其实质是自然力的人格化,其他训释多是从此义引申、发挥而来。

对"帝出乎震"一句的整体理解,孔颖达认为是"帝出万物在于震",高亨先生沿袭此说,认为"'帝出'下省万物二字","帝出乎震,谓天帝出万物于震,非天帝自出于震"。④ 这一解释显然是受(2)"万物出乎震"的影响,而"增字"为训。我们在此排除(2)的影响,仅依据字面意思理解为"天帝出在于震",理由如下:

首先,此处的"震",包括后面诸卦,并没有时空含义,而是仅仅用八卦的形式表达"帝"的某种行为、某种功能,"～乎 X"应理解为"～在于 X",孔颖达在这一点上是正确的。

其次,"～乎×"句式中"～"所指称的八种行为、功能都直接与所对应的这一卦的"卦德"直接相关。"出",有发生、发动义,而震卦卦德为动,与"出"义相关联。

在此理解的基础上,我们将其他七句分疏如下。

"齐乎巽",齐,齐整义,巽有顺义,与齐整相应。

"相见乎离",离为明,与"相见"相应。

"致役乎坤",旧注训役为养,取大地生养万物之义。按,役即劳役,坤为地,承载、背负万物,有劳役之象,故曰"致役乎坤"。

"说言乎兑","言乎"出现两次,此处孔颖达释为"说万物而可言者则在乎兑",释"成言乎艮"云:"能成万物而可定则在乎艮也"——将前一"言"释为

---

① 孔颖达:《周易正义》,北京大学出版社 2000 年版,第 385 页。
② 朱熹:《周易本义》,中华书局 2009 年版,第 263 页。
③ 参见龙异腾、罗松乔:《〈周易〉"帝出乎震"之"帝"考释——兼论与北辰、北斗的关系》,载《贵州师范大学学报》(社会科学版)2003 年第 1 期。
④ 高亨:《周易大传今注》,齐鲁书社 1979 年版,第 611—612 页。

"可言",后一"言"未释。高亨先生云:"两言字皆当读为焉。二字古通用。"①
按,言,疑读如字,言乎连用古文习见,如《系辞》:"彖者,言乎象者也;爻者,言
乎变者也;吉凶者,言乎其失得也;悔吝者,言乎其小疵也"。"说言乎兑",意
即"欣悦是说兑卦的功能";同样,"成言乎艮",意思是"完成、成就是说艮卦的
功能"。

"战乎乾",郑玄受(2)影响,云"言阴阳相薄",孔颖达亦云"阴阳相战则
在乎乾"。还有一种观点,根据坤卦上六爻辞"龙战于野",认为"战"有"交
接"之义,将"战乎乾"释为"阴阳相接于乾"。按,就"战乎乾"这句话本身而
言,很难看出有"阴阳相战"或"阴阳相接"的意思,以上解释都是受到了(2)
"乾……言阴阳相薄也"的观点的影响。我们认为,此处的"战",读如字,即战
斗义,战斗、争战意味着须刚健有力,故与乾卦相关联。

"劳乎坎",前文已述,"坎""劳"音近,以"劳"释"坎"属声训,"坎"和
"劳"本身没有关系。

"成言乎艮","言乎"前文已释;艮,止也;"成"有完成义,以"成"言"止",
此"止"非中途而"止",而是指事物变化、发展之某一阶段完成之"止"。

(二)"帝出乎震"至"劳乎坎,成言乎艮"一段的理论意义

在以上疏解的基础上,我们再来分析一下这一段文字的理论意义。

首先,这段文字表达了一种宗教观念支配下的易学生成论框架。

这段文字首言"帝",以八卦所对应的八种行为、功能皆为"帝"所安排、支
配,带有浓厚的宗教观念。这也是学者推测这段文字可能有较早的来源的原
因之一。

"帝"之八种行为或功能与八卦相配,构建了一个初具规模的易学生成论
框架。宇宙万物借"帝"力而产生,这最初的发生便是最初之"动",正是八卦
中震卦卦德之体现,故首言震;宇宙万物既生,各顺其性而生长,是巽卦卦德之
体现;万物发展壮大,形象毕现,正是离卦卦德之体现。自此,以上三卦生成论
思维较为明显,逻辑较为顺畅。后"致役乎坤,说言乎兑,战乎乾,劳乎坎"四

① 高亨:《周易大传今注》,齐鲁书社 1979 年版,第 612 页。

卦之间逻辑联系并不紧密,仅是为了将宇宙间某种行为状态与这四卦所能代表的蕴意构成关联。最后,文末云"成言乎艮"非常重要,与首句"出乎震"形成呼应,构建了一个从发生、发展,最后到完成的一个易学生成论框架。

就思维特征而言,这一生成论框架一方面还没有脱离宗教思维的观念,将八卦所对应的八种行为、功能、现象归结为最高主宰——"帝"的作用;另一方面,体现出了逻辑思维的特征。后来(2)对其的解释明确用"万物"替代了"帝",并继承、发扬了其中的逻辑思维,将八卦进一步与时空相配合,形成了易学史上影响巨大的"后天卦位"学说。

其次,这段文字试图将八卦构建成一个有内在逻辑的序列。

由于这一生成论的框架的建立,八卦也因此大致被内在地串联起来,形成一个有逻辑、前后彼此关联的序列。如震主发生,巽主生长,离主显现,三卦显然是根据事物产生、发展、壮大的不同阶段而安排,最后一卦安排艮,主完成,也符合这一逻辑。但这个序列总体而言还是有不够严密的地方,如坤、兑、乾、坎的安排就很让人费解,(2)虽然对此加以解说,后世易学家们就(2)又有种种解释,但还是很难圆融。

笔者认为,就八卦本身而言,很难看出他们之间有一种单线式或循环式的生成意义的联系,从生成论的角度,依据八卦所象征的自然物的性质将它们一一加以"安排",自然会有生硬、牵强的地方;因此,严格来说,这一逻辑序列是不成立的。但另外,也说明了八卦作为具有与一定抽象性的符号一样所具备的开放性,为(2)的进一步诠释、发挥提供了一个基础,后来(2)沿着这一思路赋予了八卦时空性,直接成为汉代易学卦气说的理论基础,在易学史上产生了较大影响。

(三) 对"万物出乎震"一段诠释理路的分析

(2)是对(1)的解说,在解说中诠释出了一些富有创造性的内容,其中最有价值的就是将四时、八方纳入八卦系统之中,与八卦进行配套。

方位的配套较为明显,文中明确说:"震,东方也","巽,东南也","离也者,……南方之卦","乾,西北之卦也","坎者,……正北方之卦也","艮,东北之卦也"。虽未明言坤、兑二卦所对应的方位,但根据其行文逻辑,显然是将(1)中所言卦序以东方为起点,顺时针排列,每一方配一卦;按此逻辑推导下来,坤为西南,兑为正西。

将八卦与四时配套的内容仅出现一句——"兑,正秋也"。就方位而言,坎、离、震、兑四卦分别对应北、南、东、西,这里兑又对应四时的"正秋",按照四季轮回的次序,沿着八卦对应的方位顺时针旋转,坎对应正冬,震对应正春,离对应正夏;乾、坤、艮、巽按照方位分别处在不同的两个季节交替、过度的阶段。

图示如下:

八卦	震	巽	离	坤	兑	乾	坎	艮
空间方位	正东	东南	正南	西南	正西	西北	正北	东北
时间季节	正春	春末夏初	正夏	夏末秋初	正秋	秋末冬初	正冬	冬末春初

以四时配四方,见于《管子·四时》《礼记·月令》,又见于《吕氏春秋·十二纪》,但这一理论与易学相结合,与八卦明确配套,在先秦传世文献中即是《说卦传》。朱伯崑先生认为,八卦方位说,"是受了战国后期阴阳五行学说的影响"[1]。

(1)以生成论的形式将八卦串联成一个具有一定逻辑性的序列——始于震,成于艮,但这一串联还很不成熟,很不完善,其生硬、牵强显而易见。(2)的任务就是对(1)构建的八卦序列进行诠释、论证,使其在逻辑上趋于严密,于是便引入了时空观念。

以四方配四季由来已久,商代甲骨文中已透露出一些信息。[2] 我们在此需要反思的是(2)如何将八卦与四时、八方相配套,其诠释的根据是什么?

我们认为,这一理论当是将(1)中八卦所对应的功能与太阳运行、日夜交替以及四季轮回、万物生长这些自然现象相联系,实质上是古人的自然观在易

---

① 朱伯崑:《易学哲学史》第 1 卷,华夏出版社 1995 年版,第 53 页。

② 参见胡厚宣:《释殷代求年于四方和四方风的祭祀》,《复旦学报》(人文社会科学版)1956 年第 1 期。

学领域的投射。

(1)以震为发生、开始,在古人观念中,如果以日为时间单位,太阳的升起便是一天的开始,那么以震卦配东方显得自然而然。随着太阳的运行轨迹,将八卦一一配套,最为典型的是离卦配南方,太阳处在南方位置时恰处中午,最为明亮,对应了离卦属性。当然这一配套存在不可避免的缺陷,不是太阳所处的每一个位置都能和八卦的性质一一对应,尤其是太阳是东升西落,只能对应四个卦的位置。

四季与八卦的配套遵循了同样的思路,春季为一年的开始,万物萌动,与震卦性质相配;顺延下去,夏季最为炎热,与明亮的太阳相联系,配离卦;秋季配兑,兑为欣悦,秋季万物成熟,莫不欣悦——勉强有关联;冬季配坎,很难找到联系,显得牵强。其他四卦相应配两个季节的交替、过渡阶段,也是不够圆融。

总之,通过(2)的这一略显生硬的诠释,实现了八卦和时空的相互关联。

(四)"万物出乎震"一段的理论价值

(2)通过引入四时、方位的观念,创造性地诠释了(1)的原初理论,具有重要的理论价值。

首先,(2)扬弃了(1)的宗教观念,以"万物"替代了宗教义的"帝",摆脱了宗教神学的内容。

朱熹《周易本义》云:"上言帝,此言万物之随帝以出入也。"[1](1)将八卦相对应的八种自然力归结为具有主宰意义的"帝"的功能,以自然力为"帝"力,还带有浓厚的宗教观念;(2)的诠释过程则是站在理性主义的立场上,以八卦所对应的八种自然力为"万物"产生、发展、变化的八种不同阶段、不同状态,表达了一种理性主义的宇宙观、自然观,相比较(1)而言,是一种超越和进步。

其次,以易学的方式表达了一种宇宙自然观,隐含了万物一体、天人合一的思想内容。

---

① 朱熹:《周易本义》,中华书局2009年版,第263页。

"三才统一"是《易传》中的核心观念之一,八卦与四时、八方相配的思想从哲学上讲是一种认为宇宙间存在普遍联系的自然哲学,承认了联系的普遍性,隐含着"万物一体"的观念;尤其是"圣人南面而听天下,向明而治,盖取诸此"一句,表达了人应效法宇宙精神的天人观念、政治观念。

再次,八卦与四时、八方构成的系统,体现了易学思维方式中的整体思维,对于提高中国古代的思维水平做出了贡献。

八卦实际上象征了八种自然现象及其性质,将它们与四时、八方相关联,体现了《说卦传》作者用普遍联系、相互制约的观点看待世界及一切事物的思维方式;视整个宇宙为一个有机整体,这是易学辩证思维方式中的整体思维方式。后来汉代易学以此为基础,建立了卦气理论,以阴阳五行观念解释天时、气候的变化,进而解释世界,即是这一整体思维方式的延续和发展。

最后,首次将时空观念纳入易学领域,构建了四时、八方与八卦相配套的系统理论,凸显了易学在中国古代宇宙观、天人观中的重要作用和价值。汉代易学卦气理论即以此为知识基础,构建起天人感应的易学体系;北宋易学家邵雍将其定为"文王后天卦位",影响深远。《说卦传》所构建的这一八卦时空体系对易学史、中国古代哲学史的发展都起到了重要影响。

(2)的不足之处也是比较明显的。

首先,将八卦与四时、八方相配套存在不可避免的逻辑缺陷。八卦本来和四季、八方没有必然的联系,(2)只是出于人为的主观"安排",建立起了他们之间的联系,这种刻意的设计,自然会导致逻辑上的不严密。这一点古代学者就已经提出过质疑。《周易折中》引程子曰:"《易》八卦之位,元不曾有人说"[1];朱熹《周易本义》云:"此章所推卦位之说,多未详者。"[2]王夫之《周易内传》也说:"邵子以为文王之卦位,亦不知其何据。"[3]这些质疑也都反映了这种将八卦与时空的配套不具有必然性。清华简《筮法》中也有将八卦与方位相配的内容,与(2)的卦位相比,只有一点不同——坎(清华简作劳)、离(清华简作罗)两卦位置刚好相反。这种不同也说明了八卦与方位之间并不具有

---

① 李光地:《周易折中》,巴蜀书社 2006 年版,第 656 页。
② 朱熹:《周易本义》,中华书局 2009 年版,第 264 页。
③ 王夫之:《周易内传》,《船山全书》(第一册),岳麓书社 2011 年版,第 627 页。

必然联系。

戴琏璋先生认为,"八卦的这种序列,尤其是《巽》《坤》《乾》《艮》四卦的位置,我们还不能看出有什么坚强的理由必须如此安排。……也许还有占筮或其他传统是作者安排卦位的依据,可惜文献不足征,就难以推测了。"①

其次,这一配套系统也服务于古代的占筮需要。

《说卦传》所记卦象是对春秋战国时期说法的总结,并在此基础上加以引申。卦象的丰富和拓展本身是出于占筮的需要,(2)所表述的卦位说虽然体现了极其浓厚的宇宙论色彩,但还是没有脱离"比附事物,称说吉凶"的占筮需要。后世汉代易学家以此为理论基础,构建了卦气占筮体系,专言阴阳灾异、天人感应,也是延续了这一占筮功能。

最后,这一理论模式没有跳出循环论的窠臼,八卦与四季轮回的对应反而在某种意义上强化了循环论的色彩,相比《系辞》提出的"日新之谓盛德"及《大学》所引的汤之盘铭"苟日新,又日新,日日新"的发展观念,是一种理论上的退步。

(五)古人"《连山》"说与"帝出乎震"章无关

在对"帝出乎震"章作一完整、深入探究后,我们回过头来检讨一下古人关于"《连山》"的说法。

首先,"《连山》首艮"说来源十分可疑,多属猜测。前文已述,古人有以连山、归藏为上古圣人名号的说法,孔颖达引《世谱》说,神农又称连山氏,黄帝又称归藏氏,由此联想到艮卦,并以《连山》首艮,显然是有问题的。

其次,通过上文详细考察,"帝出乎震"章以震为始,以艮为终,实际上是取八卦卦德构建的一条略显粗糙的生成论链条,艮卦在此链条中取其完成、终止的卦德义,而非"山"义,且其地位在这一链条中并非高于其他七卦,八卦只是各自承担自身在生成中的功能而已。

最后,清华简《筮法》中艮、兑二卦的特殊性应该是基于《筮法》自身的占卜体系,与《说卦传》"帝出乎震"章中艮卦的地位并无关联。

---

① 戴琏璋:《易传之形成及其思想》,文津出版社 1988 年版,第 173 页。

第七章　秦简《归藏》集释

　　自 1993 年秦简《归藏》出土以来,相关研究的重点即是简文内容,尤其是竹简整理者王明钦先生在 2000 年北京大学新出简帛国际学术研讨会上发表的《王家台秦墓竹简概述》(后文简称《概述》)一文中公布的秦简《归藏》释文,成为众多学者讨论简文内容的基本依据,取得的相关成果在《归藏》研究中占有极大比重。本章内容是对迄今为止学界关于秦简《归藏》文本内容讨论所取得的成果的汇总、整理,本书以王明钦先生《概述》中公布的释文为底本,以卦为单位逐一汇总相关研究成果,最后以按语的形式给出笔者自己的意见,以期能为学界的进一步研究提供便利。简文残缺或残本无法辨认的字,可据行文格式推定字数者,释文以"□"号表示,一"□"代表一字;竹简残断者以"⊠"标出。

　　卦一:❖❖曰不仁昔者夏后启是以登天啻弗良而投之渊❖共工以□江□⊠ 501

　　○**廖名春《管窥》:**干宝《周礼》注有"初奭",朱震以"奭"为坤。《字汇补·八部》:"奭,《归藏易》坤字。"毛奇龄《易小帖》:"《归藏易》卦名有异字,以坤为奭。"马国翰据《初经》补"奭"为《归藏》首卦坤。王明钦《〈归藏〉与〈周易〉卦名、卦画比较表》因袭之。而秦简《归藏》501 号简有云:"❖❖曰不仁昔者夏后启是以登天啻弗良而投之渊❖共工以□江……"从文例上看,王明钦以❖为坤字是正确的。❖上从大,中从目,下从分,但不知是何字。疑摹写有误。❖字当为寅字。因此我颇怀疑"奭"为❖字,也就是寅字之讹体。而

"㚼"与"奭"形近,也当是寅字之讹。如此说能成立的话,"奭"或"㚼"就不应是卦名坤,而应是卦辞中的一个词。因为从王明钦《概述》一文所披露的秦简《归藏》54 个卦名看,除乾卦外,其他 53 个卦名都是在卦画之后,"曰"字之前。这一条自然不能例外。所以,卦名应该是㚼,而不应该是㚼。以"奭"或"㚼"为坤卦的卦名,应该是错把卦辞当作了卦名。这种错误并非个别。如《路史·后纪五》说:"《归藏·初经》卦皆六位,'初坤'、'初乾'、'初离'、'初坎'、'初兑'、'初艮'、'初震'、'初巽'也。其卦又有'明夷'、'营惑'、'耆老'、'大明'之类。"李家浩指出:"据《归藏》卦辞文例,'大明'、'营(荧)惑'、'耆老'与(6)的'巫咸'、(9)的'皋陶'相当,当是筮占的人名,而不是卦名。"这与把卦辞中的㚼字当成坤卦的卦名有类似之处。

○**李学勤《小记》**:《周易》的《坤》卦,《归藏》作《奭》,字见郭忠恕《汗简》。按"坤"字实为从"土""申"声,"奭"疑从"大""申"声。西周金文有此字,或释作"奄",恐未必是。……上述"坤"字的分析如果不错,也不妨视为通假。

○**王辉《索隐》**:501 简:"▨㚼曰不仁。昔者夏后启是以登天,啻(帝)弗良而投之渊。㚼,共工以□江▨。"

㚼、㚼为此卦之名,二者实际上是一字。简本同一卦名有出现两次者,如 343 简之"亦""夜"即《周易》之蛊卦。

㚼字不见字书,应为㚼之讹字,㚼即寅字。寅字甲骨文作🔸(《粹》1475),金文作🔸(戊寅鼎)、🔸(豆闭簋)、🔸(录伯簋),简本字形接近。传本《归藏》有奭卦,奭显然是㚼之隶定。

寅或说本像矢形,但从西周金文起字形已有讹变,古人对其结构、本义已有误解。《说文》:"寅,髌也。正月易(阳)气动,去黄泉欲上出,会(阴)尚强,象宀不达,髌寅于下也。"段玉裁注:"髌,字之误也,当作演。《史记》、《淮南王书》作螾,《律书》曰寅言万物始生螾然也。……髌寅,字之讹也,当作演演,或曰当作螾螾。"诸书皆以音训释义。简文寅也可能应读演。《说文》:"演,水脉行地中演演也。"即水潜行,也像万物螾然动生之貌。

此卦六爻皆阴,为纯阴卦,其象如水潜行地下。《周易》称坤卦,《彖》(按当为象,著者误)曰:"地势坤,君子以厚德载物。"

"不仁"之不当读为丕。《诅楚文》:"不显大神久湫。"不显即丕显。《说文》:"丕,大也。"寅为阴,为地,地为万物之母,至仁至爱。《易·系辞》:"一阴一阳之谓道,继之者善也,成之者性也,仁者见之谓之仁,……显诸仁,藏诸用,鼓万物而不与圣人同忧。"《老子》强调自然无为,《道经》六:"天地不仁,以万物为刍狗。"与此简文旨趣不同。

夏后启登天之事,又见《归藏》简明夷:"昔者夏后启卜乘飞龙以登于天而枚占……"《山海经·大荒西经》:"西南海之外,赤水之南,流沙之西,有人珥两青蛇,乘两龙,名曰夏后开(启)。开上二嫔(宾)于天,得《九辩》与《九歌》以下。"屈原《天问》:"启棘(亟)宾商〈帝〉,《九辩》、《九歌》。"《太平御览》82引《史记》曰:"昔夏后启筮乘飞龙以登于天,占于皋陶。皋陶曰:'吉而必同,与神交通;以身为帝,以王四乡。'"

"帝"乃天帝,又写作"皇帝"。《尚书·吕刑》:"皇帝请问下民……"师訇簋:"肆皇帝亡吴(斁)。"指皇天上帝而言。战国时始称"黄帝"(详后)。

传世文献未见上帝投启于渊之事,而鲧则多见。《山海经·海内经》:"洪水滔天,鲧窃帝之息壤以堙洪水,不待帝命。帝命祝融杀鲧于羽郊。"《国语·周语》:"昔者鲧违帝命,殛之于羽山,化为黄熊,以入于羽渊。"不知是简本误鲧为启,还是启本有此传说而文献失载?衡诸情理,似当以鲧为是。

共工乃水神,与鲧之治水有关。《淮南子·本经训》:"舜之时,共工振滔洪水,以薄空桑。"

○连劢名《筮书考》:寡曰不仁。昔者夏后启是以登天,啻弗良而投之渊。寅共工队□江□☒五○一

今本《周易》作"坤"。《释名·释亲属》云:"无夫曰寡。寡,踝也。踝踝,单独之言也。"《管子·揆度》云:"匹妇为寡。"《管子·入国》云:"妇人无夫曰寡。"《礼记·王制》云:"老而无夫者谓之寡。"纯阴无阳故曰"寡",《周易·坤·文言》云:"为其嫌于无阳也。"《周易·谦·象》云:"地中有山,谦,君子以捊多益寡,称物平施。"虞翻注云:"坤为寡。"寡为弱,《广雅·释诂》四:"坤,柔也。"柔、弱同义。

《白虎通·情性》云:"仁者,不忍也,施生爱人也。"《释名·释言语》云:"仁,忍也。好生恶杀也,善含忍也。"古微书引《春秋元命苞》云:"仁者情志好

生爱人。"天地之大德曰生,孤阴无阳则不生,故曰"不仁"。

坤为水,故曰"寅"。《释名·释天》云:"寅,演也,演生物也。"古微书引《春秋元命苞》云:"水之为言演也。阴化淳濡流施潜行也。"共工是传说中的水神,《左传·昭公十七年》云:"共工氏以水纪,故为水师而水名。"

○**蔡运章《解诂》**:王家台秦简第 501 号文曰:

"䷁,㒼曰:不仁。昔者夏後(后)启是以登天,啇(帝)弗良而投之渊,寅(演)共工队[于]江……"

这则简文的后半段残失,前面的"䷁"当是筮数"六六六六六六",按照"奇数是阳爻,偶数是阴爻"的原则,可译为《归藏易》的《坤》卦䷁。

"㒼"为卦名,王明钦释为"坤"字。廖名春说:"从文例上看,王明钦以为坤字是正确的。上从大、中从目、下从分,但不知是何字。疑摹写有误。"我们认为,因其与坤字构形判然有别,故肯定不是坤字。王辉说:"㒼不见于字书,应为㝮字之讹字,㝮即寅字。……传本《归藏》有㝮卦,㝮显然是字㝮隶定。"必须指出的是,《字汇补·八部》:"㝮,《归藏易》坤字。"毛奇龄《易小帖》卷四说:"《归藏易》卦名有异字,以坤为㝮。"马国翰《玉函山房辑佚书·归藏》据《初经》以"㝮"为《归藏易》首卦坤。而干宝《周礼》㝮注有"初㝮",朱彝尊《经义考》卷三则以"㝮"为坤。廖名春指出:"以'㝮'或'㝮'为坤卦的卦名,应该是错把卦辞当作了卦名。"这种"错误"在传本《归藏》中"并非个别"现象。因此,把"㒼""㝮"混为一字,显然是受传本《归藏》误把卦辞"寅"当作"坤卦的卦名"影响的结果。

我们细审"㒼"字的构形,以为当是寡字。《说文·宀部》:"寡,少也,从宀、颁。颁,少也。"段玉裁注:"按颁之本训为大头㝮也。此云颁,分也,为假借。"周初金文寡子卣铭文"寡"字作"㝮"形,像房屋下站着个"大头"人的样子。简文此字上部所从的"⼌",当是宀符。战国文字宀符多作"∧",如公朱左师鼎容字作"㿫",《侯马盟书》九二·一一宫字作"㿜",是其例证。因在古文字中构形的单双本无差别,如甲骨文臬字或作㣊(《拾》五·一二),逐字或作㣊(《佚》九七七),金文楚字或作㣊(《酓肯鼎铭》),《说文·宀部》宜字或作宧,皆是其证。其下所从的"㝮",当是㝮旁。《三代吉金文存》卷一二·二七·二载战国初年的杕氏壶铭"多寡不訏"之寡字作"㝮"形,其下所从之

"异"正与简文此字下部所从的"鼎"旁构形相同，只是杕氏壶铭"寡"字下部从两个"鼎"旁罢了。这说明简文"寡"字"宀"符作"佥"，犹如杕氏壶"寡"字旁作"鼎"一样，都反映出先秦文字的书写特征。因此，此字当为"寡"字，是可以肯定的。

坤、寡的含义相通。《左传·成公十二年》说："寡我襄公。"杜预注："寡，弱也。"《周易·晋》："裕无咎。"虞翻注："坤弱为裕。"《周易·象传下》："君子以居贤德善俗。"虞翻注："坤阴小人柔弱。"《周易·象传上》说："君子以捊多益寡。"虞翻注："坤为寡"，皆是其证。"寡"本是《周易》中《坤》卦之象，这种用《周易》某卦之象（或卦名）的通假字来作卦名的现象，在秦简《归藏》、传本《归藏》和帛书《周易》里，都屡见不鲜。例如，秦简《归藏》的《乾》卦名"天"、《屯》卦名"肫"、《坎》卦名"劳"，帛书《周易》的《坤》卦名"川"、《需》卦名"襦"、《履》卦名"礼"、《艮》卦名"根"等，皆是其例证。

"寡曰不仁"：

"寡"是我国古代帝王诸侯的谦称。《左传·隐公三年》："请子奉之以主社稷，寡人虽死亦无悔焉。"《左传·僖公四年》："贡之不入，寡君之罪也。"《老子》第三十九章说："故贵以贱为本，高以下为基，是以侯王自称孤、寡、不谷。"高诱《吕氏春秋·君守》注："孤、寡，人君之谦辞也。"《礼记·坊记》："自称其君曰寡君。"郑玄注："寡，鲜也，犹言少德，谦也。"这说明"寡"有少德之义。

"曰"，语词，可译为现代汉语中的"叫做"。

"不仁"，《老子》第五章说："天地不仁，以万物为刍狗。圣人不仁，以百姓为刍狗。"《左传·襄公九年》记载穆姜的话说："今我妇人，而与人乱，因在下位，而有不仁，不可为元。"这说明"乱"就是"不仁"。《周易·既济》："终乱。"虞翻注："泰坤称乱。"《周易·象传上》："必乱邦也。"虞翻注："坤反君道，故乱邦也。"可见，"乱"为《坤》卦之象，有"不仁"之义。"仁"是春秋晚期儒家倡导的最高道德准则。《庄子·缮性》说："德无不容，仁也。"这是说美德包容一切事物，就是仁爱。《韩非子·解老》谓"仁者，德之光。"这是说仁爱是道德的体现。贾谊《新书·大政上》也说："仁者，德之出也。"这是说仁爱是美德的本原。"不仁"就是没有仁爱，就是缺少道德。这也说明"寡"有少德之义，故叫做"不仁"。

"昔者夏后启是以登天"：

"夏后启"是夏朝的开国之君。《史记·夏本纪》载："帝禹东巡狩，至于会稽而崩……于是启遂即天子之位，是为夏后帝启。"战国文献中常把夏后启描绘成一位能乘龙登天的神话人物。《山海经·大荒西经》载：

"有人珥两青蛇，乘两龙，名曰夏后开。开上三嫔于天，得《九辩》与《九歌》以下。"

夏后开即夏后启，汉景帝名启，汉人避讳改为夏后开。"三嫔于天"是说夏后启三次到天帝那里作客。"《九辩》与《九歌》"皆天宫乐名，所谓"得《九辩》与《九歌》"的事，依郭璞《山海经·大荒西经》注引《归藏·开筮》曰："不得窃《辩》与《九歌》以国于下。"实在就是他"把天乐《九辩》、《九章》偷窃下来"到人间享乐的意思。

"啻弗良而投之渊"：

"啻"，同帝，指天帝。"弗"，通作无。《礼记·燕义》："司马弗正。"郑玄注："弗，不也。"同书《三年间》："无易之道也。"郑玄注："无易，犹不易也。"《周礼·医师》郑玄注："孟子曰：'厥疾无瘳'，贾疏作'厥疾不瘳'。"是其佐证。《诗·日月》："德音无良。"毛传："良，善也。"《说文·良部》："良，善也。"故"弗良"同无良，即不善之义。《楚辞·离骚》说："启《九辩》与《九歌》兮，夏康娱以自纵。不顾难以图后兮，五子用夫家巷。"《墨子·非乐上》也说："启乃淫逸康乐，野于饮食，将将铿铿，管馨以方，湛浊以酒，渝食于野，万舞翼翼，章闻于天，天用弗式。"故这里的"帝弗良"当与"天用弗式"的含义相同。可见，夏后启窃来《九辩》与《九歌》后，整日饮酒作乐，荒淫无度，显闻于天，引起五子内讧，天帝因而摒弃弗用。《国语·晋语八》说："昔者鲧违帝命，殛之于羽山，化为黄熊，以入于羽渊。"天帝将夏后启"投之渊"的故事不见古籍记载，当是由其祖鲧治水失败，被杀后"化为黄熊，以入于羽渊"的故事演绎而来的。

"寅共工队□江"：

"𡨄"廖名春释为寅，当是。寅，同演。《释名·释天》："寅，演也，演生物也。"《庄子·外物》："演门有亲者死。"成玄英注："演，亦有作寅者，随字读之。"可以为证。《释名·释言语》："演，延也，言蔓延而广也。"《玉篇·水部》："演,延也。""共工"是传说中治理洪水的神话人物。《国语·周语下》载:"共工弃此道也,虞以湛乐,淫失其身,欲壅防百川,坠高埋下,以害天下。皇天弗福,庶民弗助,祸乱并兴,共工用灭。其在有虞,有崇伯鲧,播其淫心,称遂共工之过,尧用殛之于羽山。"这是说共工采用"壅防百川,坠高埋下"的方法治理洪水,遭到失败。崇伯鲧效法"共工之过",而被杀于羽山。"队",通作"坠"。《左传·僖公二十八年》："俾队其师。"杜预注:"队,陨也。"是"队"有陨落、失败之义。"队□江"似为"队于江"。《山海经·海内经》："祝融降处于江水,生共工。"这里的"江水"指长江。故"坠"后应补"于"字。这句大概是说夏后启演绎共工治水失败而被杀的故事。

由此可见,这则卦辞的大意是说:筮遇《寡》卦,缺少德行叫做没有仁爱。昔日夏后启因此登上天庭窃取仙乐,遭到天帝的惩罚,被投到深渊里,演绎了共工治水失败而坠江的故事。

值得注意的是,这篇卦辞属残简,后半段的内容不详。唐儒贾公彦《周礼·春官·太卜》疏:按今《归藏·坤开筮》:"帝尧降二女为舜妃。"

郭璞《山海经·大荒西经》注、《太平御览》卷三七三引《归藏·启筮》均曰:"共工人面蛇身,朱发也。"

这两段《归藏》佚文是否属于本篇后半段的内容,尚未可知。但这则易卦名"寡",卦辞的中心内容是"不仁"。夏后启投渊、共工坠江都是"不仁"造成的后果。这说明全篇卦辞是在儒家"仁爱"思想影响下,吸取春秋战国文献里有关崇伯鲧、夏后启和共工的神话故事编撰而成的。

○王宁《辑校》:堥字或作㙱,然《康熙字典》、《中华大字典》等并引作"堥",云"见《归藏易》"。《康熙字典·土部·坤》下注云:"别作堥、垔、魋、窭。"《六书通》引奇字"贵"和第二文形同,而第四个文字与"贵"之篆文"💵"形同;《汗简》引《碧落文》坤字作"🌿",则知堥、垔、垩三字均此古文之隶定,当即"堥"字,亦即古文"黄"字,《归藏》殆以"黄"为"坤",黄、坤同溪母双声、微文对转叠韵,为音近假借,后更讹为"贵"。"魋"字据《汗简》引《华岳碑》文作"🌿",云:"神,亦坤字。出《华岳碑》。"乃以"神"为"坤"。古文作"巛",帛书《周易》作"川",《归藏》作"堥",皆不作"坤"。"坤"字见中古文《易》,恐晚出之字,疑其字本当从土堥声,即"塓"字,后形讹为"坤"。

○**《清华简（四）》**：臾，即"坤"字，见《碧落碑》、《汗简》等，也是辑本《归藏》的特征。

○**李学勤《〈归藏〉与清华简》**：在前述我介绍《筮法》的小文中，已经说过其坤卦简文作"臾"，是《归藏》特有写法，也见于《汗简》等，推测也是来自《归藏》，朱震引作"臾"，乃是讹字。

○**程燕《说坤》**：我们认为清华简中的"坤"字，应该分析为从"大"，"昆"声。"昆"从"臼"，"云"声。上古音"坤"，见纽文部；"昆"，溪纽文部。二字声纽均属见系，韵部相同，所以，"坤"字可以"昆"为声符。至于"坤"字形体为何从"大"，可以从以下说法中得到启发。《老子》："故道大、天大、地大、王亦大。"《说文》："天大、地大、人亦大，故大象人形。"《周易·说卦传》："立天之道曰阴与阳，立地之道曰柔与刚，立人之道曰仁与义，兼三才而两之，故《易》六画而成卦，分阴分阳，迭用柔刚，故《易》六位而成章。"《史记·太史公自序》："通天地人之变，成一家之言。"《易·说卦》："坤也者，地也。"《说文》："坤，地也。《易》之卦也。从土从申，土位在申。"《左传·庄公二十二年》："坤，土也。"所以，简文"坤"字形体从"大"是具有表意作用的。因"坤"是地，地大，所以从"大"。

至于整理者所涉传抄古文中的"坤"字，形体如下：

碧落碑　汗6·81 碧落碑

四1·37 碧落碑　海1·19

与简文"坤"字形体相比较，下部是"大"，上部所从，明显是源于形。这也再次印证了传抄古文来源于战国文字。

○**朱兴国《全解》**：王家台秦墓竹简《归藏》有坤、乾两卦的卦符，其文辞格式与其他卦有别。其他卦格式为"卦符+卦名+曰：昔者……"笔者认为，这两卦卦名均未书，卦符下面一字不是卦名。

[臾]　寡曰不仁。昔者夏后启是以登天，啻弗良而投之渊，寅共工以□江□/（501）

坤上坤下。

卦名未书。传本《归藏》该卦卦名为臾，笔者认为当是"臾（舆）"字省文而不是古文坤。坤为舆（《说卦》《周易·师·六三》《周易·剥·上九》），故卦可名舆。剥卦上九剥之坤,变卦为坤,《象传》曰:"君子得舆,民所载也。"坤为众(《说卦》),坤为人民(秦简《归藏·介》),民犹君之舆,故曰"君子得舆,民所载也"。

"寡"字从蔡运章先生释。按:"寡"字不可能是该卦卦名。坤为众,坤为人民,坤卦无"寡"义。"寡曰不仁"是一句告诫帝王之语。《论语·颜渊》:"仁者,爱人。"《礼记·哀公问》:"古之为政,爱人为大。"为君不仁则失众而成孤家寡人,故于坤卦诫曰"寡曰不仁",以劝人君爱人。《周易·否》亦以乾王坤废、君失民众为不仁。

"夏后启是(筮)以登天",为帝王者想脱离民众,天理不容,故"啻(帝)弗良而投之渊"。是,读作"筮"。啻,读作"帝"。坤主立秋(《易纬·通卦验》),夏季之后,秋季之始,故曰"夏后启"。坤为河(《周易·泰·九二》),故曰"渊",故下文曰"江"。

"寅"字从廖名春先生释文。《五行大义·论支干名》:"寅者,移也。"

《山海经·海内经》:"祝融降处于江水,生共工。共工生术器,术器首方颠,是复土壤以处江水。共工生后土,后土生噎鸣,噎鸣生岁十有二。"《国语·鲁语》:"共工氏之伯九有也,其子曰后土,能平九土,故祀以为社。"

共工之子治土有功,造福于人民,故帝黜夏后启而代之以共工。阙文似乎可据《山海经·海内经》补作"以[处]江[水]"。坤为众,"共工"一名有"众"义,故言及共工。坤为土,故以土功之荣劝人君造福于人民。

占辞中的"夏后启""共工"皆因卦象而言及,其事、其关系不可据以为史实论。

○刘彬《详考》:1993年湖北省江陵县王家台15号秦墓出土的《归藏》,其文字接近楚简文字,应为战国末年的抄本。在其保留的五十四个卦名中,相当于今本《周易》的"坤"卦作𡈹,廖名春先生认为:此"字上从大,中从目,下从分,但不知是何字。疑摹写有误"。连劭名、蔡运章先生皆释为"寡"。按此字构型可分为两部分,其一从𠔼,不过上面两折在整个字的字头,下一折穿插在另一部分字形的中间。其二似为"頁"字的省写,这一点,我们对比秦系古文字之"頁"字形就可判断,如:

𩑢临潼秦墓陶文、頁秦陶文、顯诅楚文、順泰山刻石、𩠐说文 上面诸"頁"字旁省去字头,即与秦简《归藏》之𡴯除去"🔶"旁的另一字形很相近,故此字旁可以释为"頁"。这样,秦简《归藏》之𡴯可视为由上"🔶"下"頁"组成,而"🔶"可视为"巛"的横写,因此此字可以看作上从"巛"、下从"頁",即"𩒖"字,此乃顺(顺)字异构。按中山王鼎"顺"字🔶,即上下结构,与此同,只不过下从"心",不从"頁"。因此,秦简《归藏》之𡴯,可以释为"顺",今本《周易》之"坤"卦,《归藏》称为"顺"卦。

○**王化平、周燕《初探》**:坤卦《筮法》写作"🔶",其字亦见《碧落碑》《汗简》,也与传本《归藏》用字相同。程燕先生考证认为,其字从大,昆声。因坤卦卦象为地,地道广大,故以大为义符,其说可信。因为坤卦卦象为地在《筮法》中也可见其端倪,如第二十二节"乾坤运转"一节就阐明了乾、坤在巽、艮两卦之间往复运动的情况,这表明乾、坤两卦与其他六卦相比,自有其独特性。而且在父母六子卦中,乾、坤为父母,是六子的生育者。就此特性,不难引申出两卦可分别象征天、地,因为古人视天、地为万物之生育者,正与父母乃子女之生育者相拟。

坤卦卦名最早被写作"巛",由三个"∧"(早期阴爻符号)组成的卦形变化而来,其读音也许与"川"相同或相近。马王堆帛书中坤卦写作"川"字,其实是"巛"的形讹;在汉代石刻材料中又被写作"𡿦",比如熹平石经。据刘彬先生的考证,在汉代石刻中用作卦名的"巛""𡿦"与"山川"之"川"不同。这证明前两字是专用来记录卦名的,不能释为"川"字。熹平石经《周易》据梁丘氏传本刻成,即是今文本,此正与陆德明《释文》说"巛,今字也"相合。许慎《说文解字》以"坤"为卦名,当承自孟喜的易学。孟喜的易学较杂,与梁丘氏等相比,继承了许多战国、秦汉时期卜筮家的做法。"坤"的造字理据如许慎所说:"从土、申,土位在申也。"这正与孟喜易学的特点切合。至于清华简《筮法》所用字形,可能也是用易者据坤卦之地象造出来的文字。王家台秦墓出土"易占"简坤卦卦名所用字形,则还有待进一步考证。

在汉代石刻中,"川"也会用作卦名,有时与"巛""𡿦"基本是混用的,这表明"巛"的读音确实与"川"相同或相近。因此,"巛"卦被《说卦传》《彖传》《大象传》等释作"顺"就很好理解了,其实就是结合读音和卦象而作出的一种阐释,并非因为坤卦卦名本为"顺"。

○王化平、周燕《秦墓》：

一、夏后启

A.昔者夏后启是以登天帝弗良而投之渊（坤卦）

B.昔者夏后启卜其邦，尚毋有咎，而支占……（困卦）

C.昔者夏后启贞卜……（井卦）

D.昔者夏后启卜醢帝晋之虚作为□……（晋卦）

E.昔者夏后启卜乘飞龙以登于天，而支占□□……（明夷卦）

按：夏后启即禹的儿子启，《史记·夏本纪》云："及禹崩，虽授益，益之佐禹日浅，天下未卡，故诸侯皆去益而朝启，曰：'吾君帝禹之子也。'于是启遂即天子之位，是为夏后帝启。""夏后帝启，禹之子。其母涂山氏之女也。"《尚书》有《甘誓》，记夏后启征有扈氏前的誓命。上文所录共有 5 条材料，其中两条涉及登天思想。在 A 中说，"帝弗良而投之渊"，意思是夏后启登天后，受到帝的轻视，被投入深渊。这个传说显然意在讽刺夏后启。据王辉先生考证，此处启可能当为鲧，因为《山海经·海内经》就有帝杀鲧的记载。E 说"乘飞龙以登于天"，较之 A 加入了乘龙的元素。《太平御览》卷八十二引《史记》载此传说："昔夏后启筮乘龙以登于天，占于皋陶曰：'吉。而必同与神交通，以身为帝，以王四乡。'"《山海经·海外西经》亦载此传说，虽不云卜筮，但细节更加丰富："大乐之野，夏后启于此儛九代，乘两龙，云盖三层。左手操翳，右手操环，佩玉璜。在大运山北。一曰大遗之野。"《太平御览》鳞介部录《归藏》佚文云："明夷曰：昔夏后启梦乘飞龙以登于天，皋陶占之曰：吉。"案，乘龙之说或起源甚早，最知名者莫过濮阳新石器时代墓中，在尸骸旁用贝壳堆砌成的龙形图案。而在《左传·昭公二十九年》云："古者畜龙，故国有豢龙氏，有御龙氏"，"故帝舜氏世有畜龙，及有夏孔甲，扰于有帝，帝赐之乘龙，河、汉各二，各有雌雄，孔甲不能食，而未获豢龙氏。有陶唐氏既衰，其后有刘累，学扰龙于豢龙氏，以事孔甲，能饮食之。夏后嘉之，赐氏曰御龙，以更豕韦之后。龙一雌死，潜醢以食夏后。夏后飨之，既而使求之。惧而迁于鲁县。"有豢龙氏、御龙氏，自当有乘龙登天之说。

在清人马国翰辑佚的《归藏》中，同样有多条夏后启占筮的传说，这说明简文与传本《归藏》确实关系密切，很多学者认为简文就是殷易《归藏》，虽然可能混淆了概念，但仍有一定的道理。

○**侯乃峰《汇校》**：「坤」，傳本《歸藏》作「夷」，秦簡《歸藏》作「𡞟」。秦簡《歸藏》中字形，諸家或以為傳本、今本同字而釋其為「寅」，或據其形釋為「寡」，或以為傳本和秦簡本都是「貴」字之形誤。李學勤先生指出，傳本之字形就是「坤」字，漢碑中有此寫法，從大，申聲。此說可從。從字形上說，秦簡《歸藏》之字釋為「寡」比較理想，但音義上卻顯得牽強。若摹寫無誤的話，此字與竹本《頤》卦對應今本「顛」之字所從「真」幾乎同形（可參看附錄《楚帛書「女媧」問題補議——兼論楚文字中的「真」字》文中所引字形）。《說卦》：「坤，順也。」以「順」釋「坤」。「順」從「川」聲，古籍中「坤」字常寫作「川」。「坤」卦名或作「川」，當如《述聞》所說，即借「川」字為之。而從「真」聲的「慎」與「順」古籍通假之例常見。所以筆者頗為懷疑此字是另一種寫法的「真」字，讀為「坤」，這也許在音形上都較為合適。而且，《說卦》：「乾，天也。」秦簡《歸藏》對應《乾》卦的字作「天」，帛本《周易》對應《坤》卦的字作「川」，說明《歸藏》中的卦名用字與《周易》中的卦名用字多為音近相通的關係。再者，《歸藏》是以《坤》為首，而「真」含有「顛頂」之義，則以「真」當「坤」或許可以說明其作為首卦的用意。又，《歸藏》有《齊母經》、《鄭母經》之名，馬國翰云：「齊母不知何義。按《歸藏》以夷為首。夷者，物之母也。郭璞《山海經》注又引有鄭母。疑十二辟卦以十二分野配之，未審是否。」馬國翰以「鄭」為國名，恐非是。「鄭」從「奠」聲，而《頤》卦六二爻辭「顛頤」之「顛」，阜陽漢簡本正作「奠」，「顛」從「真」聲，與「奠」可通假。又如朱駿聲《說文通訓定聲》「填」字可假借為「奠」。秦簡《歸藏》若果為「真」字，也許正可解釋《鄭母經》名稱之來源。當然，在字形上我們是以楚系文字來比對秦系文字，此說是否能成立，還有待驗證。

○**季旭昇《坤卦》**：1993年出土的王家台秦簡《归藏》有「坤」卦，作「𡞟」，刘彬以为上部应为横置的「川」，下部则为「页」，因此这个字也是「顺」。不过，在没有看到较清楚的字形之前，我们对此说法暂时保留，「川」形在没有特殊条件下横写，这个理由较为牵强。

上博三问世，其中也有《周易》，但可惜的是上博《周易》只残存了34个卦，「坤」卦并不在其中，所以我们也无法得知上博三《周易》的「坤」卦是怎么写的。

幸运的是清华肆《筮法》中出现了 7 个「坤」字,都写作「」。原考释李学勤先生隶为「臾」,并谓「臾,即「坤」字,见《碧落碑》、《汗简》等,也是辑本《归藏》的特征。」武汉网账号「暮四郎」谓其字上部中间从「▼」,当即「云」之省体,由「圆」作「◉」(望山 2 号墓 48 号简,内从「云」)又作「◎」(上博二《容成氏》简 7)可证。另外可联系楚简的「云」(乙)、「昆」(😀)。「坤」、「圆」、「云」、「昆」均文部字。故清华简之「坤」当从「云」声或「云」省声。「苦行僧」则以为将此用为「坤」之字理解为从「𦥑」,「天」声,似更直接一些。「奈我何」以为上部可以看作是借用「昆」字作声符,「昆」、「坤」二字古音皆属见组文部,古音极近。又谓:仿照李学勤先生的字形分析思路,此字可分析为从大、昆声之字。

程燕〈说清华简「坤」〉从「昆」字字形详细分析了此字字形,以为此字应该分析为从「大」,「昆」声。「昆」从「𦥑」,「云」声。至于「坤」字形体为何从「大」,可以从以下说法中得到启发。《老子》:「故道大、天大、地大、王亦大。」《说文》:「天大、地大、人亦大,故大象人形。」《易·说卦》:「坤也者,地也。」《说文》:「坤,地也。《易》之卦也。从土从申。土位在申。」《左传·庄公二十二年》:「坤,土也。」所以,简文「坤」字形体从「大」是具有表意作用的。因「坤」是地,地大,所以从「大」。

综合以上几位学者的看法,「」字可分析为从大、昆省声,为了精确表现出此字的结构,我们把这个字隶定为「臾」。这个字为什么可以代表坤卦,程燕提出了「道大、天大、地大、王亦大」,坤是地,所以从「大」。这个理由当然可以再讨论。

「臾」在《筮法》中指由三爻组成的经卦,而不是指由六爻组成的别卦。那么以由三爻组成的经卦「臾」来讨论由六爻组成的别卦「坤」是否恰当呢? 从清华肆《别卦》所出现的 49 个卦名绝大多数都和今本《周易》相同或音近,《筮法》中的「軷」也和传本《周易》音近,因此我们可以推测经卦「臾」和别卦「坤」应该同音或音近,代表的同一个卦名。但此字本义为何? 代表「坤」卦是何所取义? 恐怕都要再研究。

四、「坤」卦卦名用字及其含义

《易经》卦名是怎么来的? 高亨以为卦名是后人所追题,疑「筮辞在先,卦名在后」。据先秦文本多无篇名,篇名往往是后加的来看,其说有理。从现有的出土及石刻材料来看,「坤」卦的写法,先秦清华肆《筮法》中写作「巺」,不作「坤」;汉代主要写作「巛(川、𣲖)」,也不作「坤」。东汉开始有作「坤」的写法,唐以后这个写法成为主流。由此我们可以推测,最早的卦名可能是有音无字,不同时代的卦名用字不同,取义也未必完全相同。那么,《周易》的卦名应该如何取义呢?

李镜池《周易探源·周易卦名考》分析易传对卦名的解释,大致从三个方向,一是卦象,二是卦德,三是卦位。三者之中,卦象、卦德都比较容易掌握,卦位说则较不是那么具体。我们分析《周易·坤卦》经传,认为其中说的主要是卦象与卦德。

《周易·坤卦》的经传原文如下:

经:坤:元亨,利牝马之贞。君子有攸往,先迷后得主,利西南得朋,东北丧朋。安贞,吉。

彖传:至哉坤元,万物滋生,乃顺承天。坤厚载物,德合无疆。含弘光大,品物咸亨。牝马地类,行地无疆,柔顺利贞。君子攸行,先迷失道,后顺得常。西南得朋,乃与类行;东北丧朋,乃终有庆。安贞之吉,应地无疆。

象传:地势坤,君子以厚德载物。

初六:履霜,坚冰至。

象传:履霜坚冰,阴始凝也。驯致其道,至坚冰也。

六二:直,方,大,不习无不利。

象传:六二之动,直以方也。不习无不利,地道光也。

六三:含章可贞。或从王事,无成有终。

象传:含章可贞;以时发也。或从王事,知光大也。

六四:括囊;无咎,无誉。

象传:括囊无咎,慎不害也。

六五:黄裳,元吉。

象传:黄裳元吉,文在中也。

上六:龙战于野,其血玄黄。

象传:战龙于野,其道穷也。

用六:利永贞。

象传:用六永贞,以大终也。

文言曰:《坤》至柔而动也刚,至静而德方,后得主而有常,含万物而化光。坤道其顺乎,承天而时行。积善之家,必有余庆;积不善之家,必有余殃。臣弑其君,子弑其父,非一朝一夕之故,其所由来者渐矣,由辩之不早辩也。《易》曰「履霜、坚冰至」,盖言顺也。「直」其正也,「方」其义也。君子敬以直内,义以方外,敬义立而德不孤。「直、方、大,不习无不利」,则不疑其所行也。阴虽有美「含」之以从王事,弗敢成也。地道也,妻道也,臣道也。地道「无成」而代「有终」也。天地变化,草木蕃。天地闭,贤人隐。《易》曰「括囊、无咎无誉」,盖言谨也。君子「黄」中通理,正位居体,美在其中而畅于四支,发于事业,美之至也。阴疑于阳必「战」,为其嫌于无阳也,故称「龙」焉。犹未离其类也,故称「血」焉。夫「玄黄」者,天地之杂也。天玄而地黄。

从上引《周易》经传,可以括取出的卦象是「地、牝马、霜、坚冰、括囊、黄裳、龙、血」,卦德是「厚、柔顺、驯、直、方、大、慎」。最不可解的是《象传》「地势坤」这一句。《说文》:「坤,地也。」依此解,「地势坤」就是「地势地」,相对于乾卦的「天行健」、坎卦的「水洊至」,「地势坤」说了等于没说。李镜池很敏锐地看出了这一点:

《象传》的卦象说与卦德说多半是分开的,但也有兼言卦象与卦德的。例如《乾》、《坤》两卦,是卦象与卦德连言,而《乾》、《坤》六子(即《坎》、《离》等六卦)则只言卦象。「天行健」,天是卦象,而健则是卦德。「自强不息」,是从「健」德引申出来的。「地势坤」,地(土)是卦象,坤是卦德。这坤字不是《坤卦》之名,坤借为顺。王弼注:「地形不顺其势顺。」说得不错。陆德明《释文》:「坤本又作巛。」毛居正《六经正误》说:「巛,古坤字。」俞樾《群经平议》:「巛即川字,非坤字也。疑巛当读为顺。《说卦》:『坤,顺也。』此作巛者,乃顺之假借字。」

《玉篇·川部》下注:「读为川,古为坤字。」《象传》「地势坤」,古本当作「地势巛」。汉人改用今字,故作坤。本来是说「地势顺」。顺是《坤卦》卦德。

以上这些卦象与卦德,彼此之间都是息息相关的,推本而言,应该都是从「地」引申出来的。这些卦象与卦德之中,与「巺」、「巛」读音相近的应该是

「顺」，因大部分学者解释「巺」、「巛」卦卦名的意义，都会朝着「顺」义去理解，这应该是合理的。其他卦象或卦德的读音和「巺」、「巛」相去较远，因此不太可能取义于此。「巺」字的构字本义目前无法确知，但此字从大，应与大有关，战国时期的「大」或表名词「人」、或表形容词「大」，都与「坤」卦的卦象卦德相去较远，大概没有一位易学家会同意「坤」的主要卦德是「大」。因此清华肆坤卦卦名用「巺」字，只能看成是「昆」声的假借。昆，古混切，上古音在见纽文部；坤，苦昆切，上古音在溪纽文部，二字声近韵同，清华肆的「巺」从「昆」声，用来记录「坤」卦，完全没有问题。此字只应看成假借，与「坤」卦没有意义上的关联。

　　汉代简帛及碑刻中作「𠀐、川、巛」，应该是有意识地呈显「坤」卦象地的「顺」德，「川」是「顺」的义兼声符，前面已有讨论，相较于「巺」字只是假借记音，汉代改用「𠀐、川、巛」应该是一种进步。

　　东汉安帝延光二年（公元 123 年）的《开母庙石阙铭》开始出现「坤」这种写法，其后日益流行，最后终于成为「坤」卦的通用写法。《开母庙石阙铭》的时代与许慎（约 58—约 147 年）同时，许慎在《说文》中说：「坤，地也。《易》之卦也。从土，从申。土位在申。」很明显，「坤」字的本义应该是「地」，但是当时「坤」字也是《易经·坤卦》用字。从这些证据，我们可以推论，「乾坤」字用「坤」，至少在东汉安帝时已经开始了。甚至于可以说，一种文化现象被记录下来，其产生时代应该更早。「土位在申」是象数易学「卦气说」的内容，一般以为「卦气说」是从西汉孟喜（约公元前 90—前 40 年）发展起来的，据《汉书·儒林传》，孟喜说他的学说是老师独传的，「喜好自称誉，得易家候阴阳灾变书，诈言师田生且死时枕喜𣬘，独传喜」，同门梁丘贺揭穿他的谎言，说老师田生死时，孟喜在东海，田生怎么可能「枕喜𣬘，独传喜」？ 不过，卦气说应该不会是孟喜一人独创的，清华肆《筮法》很多卦明显是以卦位来断吉凶的；另外，清华肆虽然还没有明确的「土位在申」，但有《天干与卦》、《地支与卦》、《地支与爻》，由此发展出「卦气说」应该是不意外的。前引李镜池《周易探源》以为卦位说是汉儒讲「卦变」、「互体」、「爻辰」、「卦气」，宋儒讲《先天图》《后天图》等「图书学」的根源，应属可信。

　　因此，「坤」卦字在西汉时由「川、巛、𠀐」改写成「坤」，一方面是「坤」与

「川、巛、屾」声音有关，另一方面应该也与「卦气说」的发展脱离不了关系。许慎《说文解字叙》说「易偁孟氏」，《说文》「坤」字释义下收了「坤」的第二个义项「《易》之卦也。从土从申。土位在申」，说明「土位在申」为「坤」的义项之一，已是当时普遍接受的一种看法，「坤」卦卦名所以由「巛」改为「坤」，这是以卦气命名，「坤」的音读和「屾、川、巛」、「臾」相近，但取义已完全不同，这和汉代的《易》学风气肯定有关系。

以上本文从清华肆探讨了《易经》「坤」卦命名取义的历史，阐明「坤」卦卦名的书写用字有其时代的不同，与时代背景密切相关。这是新出土材料清华简给我们的帮助，对《易》学史的研究有一定的意义。

按：辑本《归藏》该卦卦名作"奭"，《字汇补·八部》："奭，《归藏易》坤字。"亦即《清华简（四）》之"奭"字。王明钦《概述》所摹写之"奭"字，当为辑本《归藏》之"奭"字。"奭""寅""坤"三字关系参见前文第五章。

"不仁"，《归藏》简文句式较为规整，各卦开端为卦画、卦名，其后有一"曰"字，后多接筮例，一般都以"昔者"开始，下接某人以某事卜问。此句"曰"字后接"不仁"两字，后又接"昔者"，不合文例，"不仁"二字在此处显突兀，疑为衍文。

"夏后启登天"简文两见，另一处见下文"明夷"卦。其事见于《山海经·大荒西经》："有人珥两青蛇，乘两龙，名曰夏后开。开上三嫔于天，得《九辩》与《九歌》以下。"夏后开即夏后启。关于共工，《山海经·海内经》载："祝融将处于江水，生共工。"《左传·昭公十七年》："共工氏以水纪，故为水师而水名。"《国语·周语下》："共工弃此道也，虞于湛乐，淫失其身，欲壅防百川，堕高堙庳，以害天下。皇天弗福，庶民弗助，祸乱并兴，共工用灭。"

"啻"同"帝"，后皆仿此。

"奭"如廖名春、王辉所说，即寅字，但此处"寅"当训作"敬"。《尔雅·释诂》："寅，敬也。"又《尚书·尧典》："寅宾出日。"伪孔传："寅，敬。"又《尚书·舜典》："夙夜惟寅。"《尚书·无逸》："严恭寅畏。"俱为"敬"义。卦辞讲述夏后启登天，"帝"认为他"弗良"而"投之渊",后文说"寅共工……"这里的"寅共工"就是"敬共工",夏后启被投至深渊,而共工是上古神话中的水神,坠入深渊的夏后启自然要对水神共工表示"敬",以求自保。

简文释作:☰☰與(坤)曰:{不仁}。昔者夏后启是以登天,啻(帝)弗良而投之渊,寅共工以□江□□501

卦二:☰天目朝=不利为草木赘=偄下□□ 181

○**廖名春《管窥》**:王明钦《概述》一文将秦简《归藏》的乾卦称为"天目",其根据是181号简:"☰天目朝=不利为草木赘=偄下□……"从已披露的秦简《归藏》54个卦名看,有53个卦名都是在卦画之后,"曰"字之前。只有乾卦卦名后无"曰"字,而代之以"目"。因此,笔者颇疑简文书写有误,"曰"、"目"形近,书手错将"曰"字写成了"目"字。如果这一推测能成立的话,那么,《周易》的乾卦秦简《归藏》就是作"天"了。《周易·说卦传》:"乾为天。"将乾称为"天"是理所当然。

○**王辉《索隐》**:181简:"☰天目朝朝,不利为草木赘赘偄下□"

天目,天之眼目。《元和郡县图志》:"天目山……有两峰,峰顶各一池,左右相对,故曰天目。"此卦《周易》为乾,《说卦》:"乾为天,为圜,为君……"《象》:"天行健,……"乾象征天,日又为纯阳,天目犹言天日。日运行于天,为天之眼目。

朝读为昭,《春秋·昭公十五年》:"蔡朝吴奔郑。"《谷梁传》同,《公羊传》"朝吴"作"昭吴"。昭昭,明亮貌。《楚辞·九歌·云中君》:"灵连蜷兮既留,烂昭昭兮未央。"王逸注:"昭昭,明也。"清方苞《七思·君子道希》:"春阳兮载朝,白日兮昭昭。""天目"犹"白日"。

赘疑读为粲。《广雅·释诂》:"粲,明也。"阴阳相合乃生草木,阳盛则旱,草木枯萎,故曰"不利"。《淮南子·本经》:"尧之时,十日并出,焦禾稼,杀草木,而民无所食。"

○**连劭名《筮书考》**:天目朝朝,不利为草木,赘赘偄下□☒一八一

今本《周易》作"乾"。"天目"犹言"天视",《管子·宙合》云:"目司视。"《孟子·万章上》引《尚书·太誓》云:"天视自我民视,天听自我民听。"又《尚

书·洪范》云:"视曰明。"故"天视"如同"天明",《尚书·大诰》云:"用宁王遗我大宝龟,绍天明。"《礼记·大学》云:"(大甲)曰:顾諟天之明命。"

"朝朝"如言"旦旦"。《说文》云:"朝,旦也。"《庄子·大宗师》云:"而后能朝彻。"《释文》云:"朝,旦也。"《尔雅·释训》云:"晏晏、旦旦,悔爽忒也。"《诗经·氓》云:"信誓旦旦。"郑玄笺:"言其恳恻款诚。"天道诚信无欺,故曰"朝朝",《鹖冠子·王鈇》云:

天者诚其日德也。日,诚出诚入,南北有极,故莫弗以为法则。天者信其月刑也。月,信生信死,终则有始,故莫弗以为政。

《礼记·中庸》云:"天命之谓性"。又云:

自诚明,谓之性,自明诚,谓之教。诚则明矣,明则诚矣。

《周易·离·象》云:"百谷草木离乎地。"虞翻注:"巽为草木。"《周易·说卦》云:"巽,东南也。"

又云:"乾,西北之卦也。"西北、东南处于对冲的位置,利西北而不利东南,故曰"不利为草木"。

如坤位西南,艮位东北,《周易·坤》卦辞云:"利西南得朋,东北丧朋。"

"赞赞"如言"明明",《尚书·皋陶谟》云:"思曰赞赞襄哉。"疏引郑玄注云:"赞,明也。"《尔雅·释言》云:"偆,举也。"故"赞赞偆下"如同《尚书·尧典》所云:"明明扬侧陋。"此是《礼记·礼运》所云:"天下为公,选贤与能"之义,《论语·颜渊》云:

樊迟问仁,子曰:爱人。问知,子曰:知人。樊迟未达,子曰:举直错诸枉,能使枉者直。樊迟退,见子夏,曰:乡也吾见于夫子而问知,子曰:举直错诸枉,能使枉者直。何谓也?子夏曰:富哉言乎!舜有天下,选于众,举皋陶,不仁者远矣。汤有天下,选于众,举伊尹,不仁者远矣。

《周易·说卦》云:"乾为天,为圜,为君,为父。"《鹖冠子·博选》云:

君也者,端神明者也。神明者,以人为本者也。人也者,以贤圣为本者也。贤圣者,以博选为本者也。

陆佃注云:

舜发于畎亩,傅说举于版筑,胶鬲举于渔盐,管夷吾举于士,孙叔敖举于海,百里奚举于市,然则选士之路,岂可不博哉。

是皆"明明扬侧陋"与"赞赞俯下"之例。

○**蔡运章《解诂》**：王家台秦简第181号文曰：

"☰《天》曰：朝=不利为草木，赞=称下……"

这则简文的下半段残失，上面的"☰"当是筮数"ーーーーーー"，可译为《归藏易》中的《天》卦☰。

"天"为卦名，《周易·说卦传》："乾为天。"故"天"可以作为《乾》卦之名。《尔雅·释诂》："天，君也。"《孟子·离娄上》："天之方蹶。"赵岐注："天谓王者。"《礼记·曲礼下》说："君天下曰天子。"孔颖达《疏》："天子王者之通称。"故这里的"天"有天子之义。

"曰"，为语词，王明钦将其隶定为"目"，并称此卦为"天目"。王辉说："天目，天之眼目。……天目犹言天日。日运行于天，为天之眼目。"然而，从秦简《归藏》已披露的53个卦的内容看，有52个在卦名和卦辞间都有"曰"字相连。况且，金文"曰"字令鼎铭作"ㅂ"、虢季子白盘作"ㅂ"，都与"目"字的构形相近，容易混淆。正如廖名春所说，此字应是"书手错将'曰'字写成'目'字"，或系隶定有误的结果。

"朝=不利为草木"：

"朝"下的"="为重文符号，此句当读为"朝朝不利为草"，与《汉书·郊祀志上》"朝朝旦"的句例相类。《尔雅·释诂》："朝，早也。"故前一"朝"字可训为"早"。《春秋繁露·诸侯》："朝者，召而问之。"《公羊传·隐公十一年》说："诸侯来曰朝。"《周礼·大宗伯》："春见曰朝。"是后一"朝"字可训为"春见"之"朝"，即诸侯在春季里朝见天子之义。

"草木"，《吕氏春秋·任地》："大草不生。"高诱注："草，秽也。"秽，同岁。《礼记·乐记》郑玄注："薉，秽也。"《经典释文》："秽，本作岁"，可以为证。《左传·哀公十六年》："国人望君如望岁焉。"杜预注："岁，年谷也。"这说明"草"有岁义。《周易·同人》："三岁不得。"虞翻注："乾为岁。""木"，《春秋繁露·五行相胜》："木者，农也。"同书《五行顺逆》也说："木者，春生之性，农之本也。""不利为草木"即不利于进行农业生产之义。因为春季是从事农业耕种的季节，过早地让诸侯们来朝见天子，就会兴师动众、贻误农时，不利于农业收成。

"赟=称下":

"赟"下有重文符号,此句应读为"赟赟称下"。"赟",同赞。《汉书·郊祀志上》集注引孟康曰:"赞,说也。"《广雅·释诂》:"赞,道也。"《周易·小畜》:"复其(按:当为'自')道。"虞翻注:"乾为道。"故"赟"应属《乾》卦之象。"赟",通作讚。《周易·说卦传》:"幽赞于神明而生蓍。"《经典释文》:"赞,本又作讚",是其佐证。《后汉书·崔骃传》李贤注:"讚,犹称也。""下",《吕氏春秋·圜道》:"所以立上下。"高诱注:"下,臣。"《周礼·训方氏》郑玄注:"上下,君臣也。"是"下"有臣义。故"赟赟称下",当为说赞称臣下的意思。

由此可见,这则卦辞的大意是说:筮遇《天》卦,天子说:过早地让诸侯们来朝见,不利于农业收成,说赞称臣下……

○王宁《辑校》:秦简本此卦缺卦名,然其首句曰"天目朝朝","目"当"日"字之误,"朝朝"当作"臥臥",字形之误。《说文》:"臥,日始出光臥臥也","天目朝朝"即"天日臥臥"。此"臥臥"相当于《周易·乾卦》之"君子终日乾乾"之"乾乾",因此知道秦简本乾卦是作"臥"而误为"朝"。

○王宁《二则》:

一、《筮法》的乾卦與秦簡《歸藏》的乾卦

清華簡肆《筮法》中的"乾"寫作"坣",整理者隸定作"坣",這個字應該就是"臥"字,《說文》:"臥,日始出光臥臥也。從旦放聲。""放"字甲骨文裡寫作"卜"(前5.5.7),金文裡寫作"ㄅ"(休盤),《筮法》的"臥"除去"旦"的部分就是"放"之變形。大約古代"臥"也被隸定為"卓",所以《集韻》中載"乾"的俗體作"乹"。

《筮法》中的乾卦作"臥",可以解決秦簡《歸藏》的一個疑問,就是它的乾卦應該是什麼。秦簡《歸藏》乾卦的全辭是:"天目朝朝,不利為;草木贊贊,偁下(下殘)。"首先是它的辭例和其他卦不類,其他的卦開始都是在卦象之下接"某(卦名)曰",但是這個乾卦卻沒有。廖名春先生認為:

"從已披露的秦簡《歸藏》54個卦名看,有53個卦名都是在卦畫之後,'曰'字之前。只有乾卦卦名後無'曰'字,而代之以'目'。因此,筆者頗疑簡文書寫有誤,'曰'、'目'形近,書手錯將'曰'字寫成了'目'字。如果這一推測能成立的話,那麼,《周易》的乾卦秦簡《歸藏》就是作'天'了。《周易·說卦傳》：‘乾爲天。’將乾稱爲‘天’是理所當然。”

　　按：廖先生說此簡文書寫有誤是對的，但是其分析似可商榷。從句式來看，“天目朝朝”與“草木贊贊”爲對文，很顯然“天目”不能看爲“天曰”之誤。這是抄手抄脫了卦名和“曰”字。根據傳本《歸藏》，此卦名仍當作“乾”，“天目”以下均卦辭之文。筆者在《對秦簡歸藏幾個卦名的再認識》一文中認爲：

　　“其卦名當是‘朝’，原文當爲‘朝曰：天目朝＝……’，‘朝’是‘乾’字之誤，二字古文皆從‘倝’，形近而誤。爻辭中的‘目’是‘日’之誤，‘朝＝’讀‘朝朝’，即《周易·乾》中‘君子終日乾乾’的‘乾乾’，此讀爲‘倝倝’，《說文》：‘倝，日始出光倝倝也。’‘天日倝倝’即‘日始出光倝倝’。故秦簡《歸藏》原本也是作‘乾’，與傳本和《周易》相同，是抄手抄漏了卦名，又把爻辭中的‘日’誤寫爲‘目’，把‘乾＝’誤抄成了‘朝＝’。”

　　現在從《筮法》的“乾”作“倝”來看，爲鄙說提供了一個比較直接的證據，就是秦簡本《歸藏》的乾卦的確是寫脫了卦名和“曰”字，把“乾”訛作了“朝”。其卦辭中的“朝朝”即“乾乾”，讀爲“倝倝”，“乾”、“倝”音近通假。

　　○**朱兴国《全解》**：［乾］　天目朝朝。不利为草木，赞赞俉下□/（181）

　　卦符乾上乾下。

　　卦名未书。传本《归藏》该卦卦名为“乾”。

　　乾为天（《说卦》、《周易·乾·九五》），故言及“天”。天目朝朝，当读作“天目昭昭”。《尚书·商书·高宗肜日》：“惟天监下民，典厥义。降年有永有不永，非天夭民，民中绝命。民有不若德，不听罪，天既孚命正厥德。”天监下民！乾卦卦辞“天目昭昭”和坤卦卦辞“寡曰不仁”均为告诫帝王之语，告诫帝王敬天、爱民。

　　乾主立冬（《易纬·通卦验》），故曰“不利为草木”。赞赞俉下，当读作“攒攒俉下”，意思是草木黄落，纷扬而下，攒聚敛藏。乾为键（马王堆汉墓帛书《周易·键》）。按：键为乾卦卦名本字。键，锁牡也。键主闭藏，故曰攒攒。

　　按：传说《归藏》首卦为坤，由王家台秦墓竹简《归藏》坤、乾两卦的卦辞来看，以坤为首表示对民众的尊重。《周礼·春官·大卜》：“掌三《易》之法：一曰《连山》，二曰《归藏》，三曰《周易》。其经卦皆八，其别皆六十有四。”三《易》皆为卜筮之书，绝大多数占辞只是借卦象暗示吉凶而已，并无深意，但三

《易》皆为帝王所用,故作《易》之人绝不会放过进言的机会,偶尔也会借机写进一些劝诫之言,这些才是三《易》义理的核心所在。

○**朱学斌《补正》:** 卦名指易卦的名稱,是對卦辭內容的高度概括和對卦畫的具體詮釋,體現了當時特定的思想意識和思維方式。取用的卦名不同,直接影響了研究者對於卦辭義理的整體定調。……

(一)關於卦名"天目"說

整理者將此卦命名"天目",但除了在後文的"《歸藏》與《周易》卦名、卦畫比較表"附表羅列名目之外,對其由來的依據並無更進一步的解說。其他論者對此觀點多為直接引用而未加展開。

相對而言,對此說解釋較為詳盡的當屬王輝……但是,其論點"日运行于天,为天之眼目"的根據,就筆者目前查閱文獻所限,暫無找到相關內容可以佐證。所引《元和郡縣圖志》成書于唐代,距離先秦時代較遠,而且只有一例。此書對於"天目"的命名,是因為在天目山兩座山峰的峰頂,各有一個水池左右相對,就是說有兩個水池。

但是,在《歸藏》成書的年代,當時人們的觀點和今人相一致,認為天上的太陽只有一個,而不是天上有兩個左右相對的太陽。例如《孟子·萬章上》、《禮記·曾子問》:"孔子曰:'天無二日,民無二王。'"《禮記·坊記》:"子云:'天無二日,土無二王,家無二主,尊無二上。'"縱觀《歸藏》全文,也沒有能佐證此種觀點之處。

(二)關於卦名"朝卦""軝卦""乾卦"說

王寧認為此卦當為"朝卦"。他認為卦名"天目"的出現"是抄簡者粗心,抄漏了卦名和'曰'字,其卦名當是'朝'",原文當為"朝曰:天目朝=……"。由此他進一步認為"朝"本應作"乾",讀為"軝"……最後,他得出了此卦卦名在"秦簡《歸藏》原本也是作'乾',與今本和《周易》相同"的結論。

分析其論述過程可知,如果這個觀點要成立,那麼抄手在同一簡當中就接連抄錯了三次,抄錯的地方並無相連,而且每次的訛誤類型各不相同。

抄手抄錯的三次,第一次"抄漏了卦名"是整字脫漏,第二次"又把爻辭中的'日'誤寫為'目'"是誤增筆畫,第三次"把'乾'誤抄成了'朝'"是部件訛變。而即使如果"朝"字的確誤寫為"乾"字,也難以證明出現在卦辭中段的

“乾”字,可以用作本應緊接卦畫位於卦辭開頭的卦名。

再者,從詞義上分析,一來卦辭“天日靹靹”的“日”義為“太陽”,和“君子終日乾乾”的“日”義為“整天”,兩者詞義相距甚遠;二來如果“朝朝”應作“乾乾”意為自強不息貌,那麼“自強不息”何以形容太陽,而“自強不息”應帶有褒義,那麼“日始出光靹靹”又何至於會有卦辭“不利為”之惡果?

所以,在其他辭例未見類似情況,傳世文獻也無相關例證的情況下,此說恐有未安。

(三)關於“卦名未書”說

朱興國《三易通義》認為此卦卦名未書,卦畫之後直接跟著卦辭。而釋文“天目朝朝”當讀作“天目昭昭”,可與《尚書》“天監下民”相對照,見《尚書·高宗肜日》:“惟天監下民,典厥義。降年有永有不永,非天夭民,民中絕命。民有不若德,不聽罪,天既孚命正厥德。”由此他認為“天目昭昭”和《歸藏》對應今本《周易》坤卦的卦辭“寡曰不仁”一樣,均為告誡帝王敬天愛民之語。

但是,從文義上來說,如果認為“寡曰不仁”有告誡帝王的功能,還可以聯繫到有同一簡後段卦辭所涉夏后啟的事跡相對應;如果認為“天目昭昭”是用以告誡帝王,那麼之後還未等帝王有什麼反應,就直接施加“不利為草木”的懲罰,那麼如何激勵帝王“敬天愛民”?

從體例上來說,在秦簡《歸藏》已經公佈的五十三種卦辭當中,除了竹簡前端殘缺而卦畫對應《周易》未濟卦的卦辭之外,其餘五十二種卦辭都在卦名後帶有“曰”字,以此標誌構成固定格式用以隔開卦名和卦辭。這也可以證明,前文所提未帶“曰”字的“天目”釋文缺少了這一標誌,並不合秦簡《歸藏》體例。既然此卦卦畫既存,與之相連的卦辭前半段並無闕文,在沒有其他證據的情況下,斷言此卦漏寫卦名和“曰”,而與其他五十二種卦體例都不相同,這種觀點難以成立。

三、“曰”“目”訛混年代補證

在幾種卦名異釋之外,廖名春提出卦名為“天卦”後“頗疑簡文書寫有誤,“曰”、“目”形近,書手錯將“曰”字寫成了“目”字”,其後仍有對此展開作進一步詮釋的空間。

蔡運章由此結論出發試圖反推“曰”“目”二字訛寫的年代:

金文"曰"字令鼎銘作"ᶜ"、虢季子白盤作"ᶜ",都與"目"字的構形相近,容易混淆。

這種解說似有可待商榷之處。所舉兩例時代與秦代相距較遠,令鼎(《集成》2803)的年代屬於西周早期,字形作ᶜ;虢季子白盤(《集成》10173)的年代屬於西周晚期,字形作。兩器字形並不像原文所引那般完全相同,而其銘文中的"曰"字與當時的"目"字也區別顯著,可對照"目"字在西周金文作ᵈ形(《集成》7494:目爵)、ᵈ形(《集成》8965:屰目父癸爵)等。

所以,如果要證明這種現象的產生,就需要聯繫二字在什麼時候開始可以產生混淆,從而推斷在王家臺秦簡書寫的時代有無產生類似訛誤的可能。

實際上,從殷商到戰國時代,"曰"、"目"二字通用字形的區別都相當明顯。例如"曰"字甲骨文作ᵈ形(《合集》0719),而其金文在商代晚期作ᵈ形(《集成》5417:小子ᵈ卣),在西周中期作ᵈ形(《集成》2820:善鼎),在春秋早期作ᵈ形(《集成》4623:鼄大宰簠),在春秋中期作ᵈ形(《集成》10342:晉公盆),在春秋晚期作ᵈ形(《集成》245:邾公華鐘),在戰國早期作ᵈ形(《集成》10371:陳純釜),在戰國晚期作ᵈ形(《集成》9735:中山王壺)等。其他相近時期文字載體還可參考戰國陶文"曰"字作ᵈ形(《古陶文彙編》3.172)。

而在與王家臺秦簡同屬楚地出土的楚簡,"曰"字作ᵈ形(《郭店簡·魯穆公問子思》4)、ᵈ形(《上博簡一·孔子詩論》4)、ᵈ形(《清華簡一·金縢》11)等,而"目"字作ᵈ形《郭店簡·唐虞之道》26、ᵈ(《郭店·五行》45)、ᵈ形(《上博簡二·民之父母》6)、ᵈ形(《上博簡五·君子為禮》2)等,兩者構形也並不相近。

總結前例可知,"曰"、"目"二字的字形構造,具體而論有三種差異:一是"曰"字是半包圍結構,而"目"字是全包圍結構;二是"目"字外框帶尖角,保留了造字之初"眼角"的象形特征,而"曰"字下底寬平;三是"曰"字上端橫筆有時帶彎鉤,長度一般只有下端橫筆的一半,而且只與右端豎筆相連。這三種差異還延續到小篆,可對比"目"字作ᵈ形,"曰"字作ᵈ形。

在古文字階段,"曰"、"目"二字構形也有相互趨近的演變,關鍵是"目"字構形向"曰"字趨近,可以大體分為兩個方面:

一方面是"曰"字上端橫筆彎鉤消失,且與左端相連。例如"曰"字在西周早期金文作𠃌形(《集成》6514：中䤲),春秋早期金文作𠃌形(《集成》2826：晉姜鼎),這種趨勢也為秦文字所繼承,如作𠃌形(《詛楚文·巫咸》)、𠃌形(《睡虎地》法律答問 121)、𠃌形(《里耶簡》J1(8)134 正)等。

另一方面是"目"字外框尖角消失而趨於橢圓形,較"曰"字多出封口一筆。可參照"目"字作𠃌形(《放馬灘簡·日書乙》26)、𠃌形(《秦印文字彙編》64)、𠃌形(《睡虎地簡·語書》11)等。

所以正是秦文字在前代文字的基礎上,完成了"曰"、"目"趨近演變的關鍵步驟,使得二字有產生混淆的可能。所以,王家臺秦簡"曰"、"目"形近訛誤在當時具備可能性,"天曰"可能會被誤寫為"天目"。

四、卦辭句讀補證

秦簡《歸藏》的第 181 號簡釋讀爭議的另一方面在於句讀,大體有三種論點:

第一種來自前文所提及認為釋文是"天目"的論點,多從整理者在"朝="後句讀,其例如下:

天目朝=(朝朝),不利為草木,贊=(贊贊)偁下□☒

第二種來自認為釋文是"天曰"的論點,在"草木"後句讀,其例如下:

天目〈曰〉:朝=(昭昭)不利為草木,贊=(贊贊)偁下□☒□

第三種來自認為釋文是"天曰"的論點,在"朝朝"和"不利為"後句讀,其例如下:

天目〈曰〉朝朝(臸臸),不利爲;草木贊贊,偁下☒□

句讀問題,實際上關係到整個秦簡《歸藏》的體例,……縱觀各類卦辭可知,秦簡《歸藏》在卦畫、卦名和"曰"之後,其實可以直接接韻語。……秦簡《歸藏》的韻語還經常出現疊音詞。其位置如果出現在句首,則不出現在句末;如果出現在句末,則充當韻腳。傳世文獻《歸藏》輯本也是如此,例如《歸藏·鄭母經》的"翩翩歸妹,獨將西行,逢天晦芒,毋驚毋恐,後且大昌"和"龍降於天,而道里修遠;飛而中天,蒼蒼其羽",《歸藏·啟筮經》的"空桑之蒼蒼,八極之既張,乃有夫義和,是主日月,職出入,以為晦明"和"昭昭九州,日月代極;平均土地,和合四國"。

由疊音詞的分佈可知,第一種句讀的疊音詞既出現在句首,又出現在句末,而出現在句末的疊音詞與下句相比照無法充當韻腳,所以不可取;至於第三種句讀,句末的"朝"字屬於端紐宵部或定紐宵部字,"爲"字屬於匣紐歌部字、"贊"字屬於精紐元部字,其發音都相去甚遠而難以押韻。

後來王寧爲了補充第三種句讀的觀點,認爲"朝"通"倝"通"乾"在清華簡肆《筮法》能找到產生這種訛誤的原因,在於其中有 字被整理者隸定作 字,對讀可知爲今本《周易》的"乾"字。他認爲"《筮法》的'倝'除去'旦'的部分就是'㐱'之變形",而《說文》"倝"字從旦:"倝,日始出光倝倝也。從旦㐱聲。"所以,他認爲同理能證明"朝"字可省去"月"而訛變爲"倝"字。

但是,"㐱"字在甲骨文作 形(《合集》3016)、商代晚期到西周早期金文作 形(《集成》7626:戈爵),西周中期金文作 形(《集成》10170:走馬休盤);而"倝"字在春秋早期作 形(《集成》2757:曾子倝鼎)、在戰國早期作 形(《集成》161:㝨羌鐘),在楚簡作 形(《包山·文書》131)、 形(《上博二·容成氏》24)等,並沒有省去部件"旦"的情況發生;而且因爲後來的字形分化,即使"倝"字省去類似"旦"的部件,也與"㐱"字不同了。

如果認爲"乾"和"朝"兩字因爲其《說文》古文皆從倝就可以產生訛誤,那麼"倝"字形旁"旦"省略,反而保留聲旁"㐱",則於字理難以解釋成因。而先認定"倝"字省寫爲"㐱"字這種情況成立,未見例證也未解釋如何省寫,再意圖以此作爲證據來來推論"朝"字也能同理省寫爲"㐱"字,此說恐有未安。

所以,相對第一種和第三種句讀而言,第二種句讀更爲妥帖。本文認爲此卦以疊詞起首,前後兩處重文,對應不同的兩句。

五、結論

綜上所述,前引卦辭釋文的"天目"或"天日"各說,改釋爲"天曰"會相對合理。此卦卦名釋爲"天卦",其論證相對"天目卦""朝卦""倝(乾)卦"、卦名未書這些觀點更爲可靠。

從戰國時期到漢朝初年,卜筮所用的卦辭和卦名都處於發展的過程當中,並沒有達到成熟和穩定。秦簡《歸藏》的"天卦",對應今本《周易》的"乾卦",在馬王堆帛書《周易經傳》寫爲"健卦",都是分別從不同的角度對卦辭加以總結概括。

早期的易學類文獻採用具體事物來提喻抽象概念,這些概念在後世被反復加工與再創作,從而不斷衍生新的寓意。卦符包含相互映襯的兩種爻,即後世所稱的陰爻和陽爻。通過對兩種爻不同排列組合進行闡發,可以更形象地解讀出各種不同的象徵。

而天卦卦畫䷀的六爻完全相同,其陽爻屬性達到了最高值,自然會被用以表達更根本更基礎的含義。從義理上來說,後世的乾卦的下卦、上卦皆為乾,就用來象徵天,《說卦傳》記載"乾,天也","乾,健也",即言"乾"之象為"天"。所以乾卦正對應天,乾卦對應天卦並無不宜。

〇王传龙《用韵》:1. 天目朝朝不利為草木贊贊俏下×

分析:此句因缺字而導致句意不完整,故存在不同斷句的可能。一種標點為"天目朝朝,不利為草木,贊贊俏下……",第二種標為"天目朝朝,不利為草,木贊贊俏下……"。"朝朝"即"昭昭",音近通假(上古韻部相同,聲紐為准雙聲)。朝(昭)字上古韻部為"宵部",木字為"屋部",草字為"幽部",其中朝字與木字韻部為旁對轉關係,與草字為旁轉關係,韻部皆相近。下字上古韻部為"魚"部,章太炎先生曾特別強調"然魚者閉口之極,……魚部與陰侈聲、陰弇聲皆旁轉",並列舉了"魚部"與"幽部"、"宵部"旁轉的例子:"轉幽者,如甫聲字為痡,《大雅》以恢韻休、逑、憂,是也;……轉宵者,如'犧牲不略'作'犧牲不勞',古文以𣶒為澤,又《漢書》暴室亦作薄室,《詩》之暴虎,即為搏虎,是也。"可見下字上古與木字、草字皆韻部相近,可押韻。故無論是上述哪一種標點方式,這段繇詞都存在用韻痕跡。

　　按:此卦卦象对应《周易》乾卦,辑本《归藏》卦名亦作乾,简文作"天",一般认为乾卦象征天,故《归藏》乾卦作天卦。笔者认为乾卦在定名之初有可能也被定作"天"卦,卦名取自《周易》乾卦九五爻辞"飞龙在天"之"天",详见第五章。

　　"目",王明钦《概述》作"目",作"目"不合文例,当是如学者所言,简文书写有误,"曰""目"形近而讹。

　　"="为重文符,下同。

　　《归藏》简文按文例可分两类,开端卦画、卦名及"曰"字,后一为直接接繇辞类,一为接筮例类。该卦属于第一类,"朝朝不利为草木,赞赞称下……"为繇辞,由于残损严重,文义不明,存疑。学界观点供参考。

简文释作：☰天目〈曰〉：朝＝〔朝〕不利为草木，赞（赞）＝〔赞〕偁（称）下□▢ 181

卦三：▢肫曰昔者效龙卜为上天而攴□ 323

○王辉《索隐》：▢肫曰：昔者效龙卜为上天而枚□ 323

卦画已残，依简文可补为☵。卦名肫，与马王堆帛书《易赞》同。传本《归藏》与帛书《周易》、今本《周易》同作屯。肫读为屯。《说文》："屯，难也。象草木之初生，屯然而难。……《易》曰：'屯，刚柔始交而难生。'"

效应读为蛟，蛟龙即蛟。《说文》："蛟，龙之属也。池鱼满三千六百，蛟来为之长，能率鱼飞。置笱水中，即蛟去。"蛟龙生于水中，而欲上天，此甚难之事，或为屯难之象征。

○朱兴国《全解》：肫曰：昔者效龙卜为上天而攴／（323）

卦符阙。据《周易》，当为坎上震下。坎王则震胎（《五行大义·论四时休王》）。

肫，传本《归藏》作"屯"。肫，通"屯"。屯，难也。震为足（《说卦》《周易·剥·初六》），足陷坎内，其行难也，故曰屯。

效龙，当读作"蛟龙"。下卦为震，震为龙（秦简《归藏·师》），故曰蛟龙。

○李学勤《小记》：在这里还要谈一下简文卜例常见的一个词："攴占"。其文例总是作某人"攴占"某人，……辑本"攴占"均作"枚占"，……说明简文之"攴"是"枚"字省作。这种破字省作，在古文字中曾出现过，叔多父盘铭省"般"为"攴"即是一例。

"枚占"很难确解，我觉得当参照《左传》哀公十七年的"枚卜"。按传文说："王与叶公枚卜子良以为令尹"，杜预注："枚卜，不斥言所卜以令龟"，传文讲的是龟卜，这里《归藏》的"枚占"大约就是不明说所问事项的筮占方式。

○庞朴《枚卜》：先请大家看几条马国翰辑的《连山》和《归藏》的如下佚文：

有冯羿者，得不死之药于西王母。姮娥窃之以奔月；将往，枚筮于有黄。有黄占之曰：吉！翩翩归妹，独将西行，逢天晦芒，无恐无惊，后且大昌。姮娥

遂托身于月。(李淳风《乙巳占》引《连山》。按:《绎史》卷一三引张衡《灵宪》略同)

　　明夷曰:昔夏后启筮乘飞龙而登于天,而枚占于皋陶。陶曰:吉。(《博物志》卷九《杂说上》引《归藏郑母经》)

　　昔舜筮登天为神,枚占有黄。龙神曰:不吉。(同上)

　　武王伐纣,枚占耆老。耆老曰:吉。(同上)

　　昔鲧筮注兴水,而枚占大明。曰:不吉。有初无后。(同上)

　　昔者桀筮伐唐而枚占荧惑。曰:不吉。不利出征,惟利安处;彼为狸,我为鼠,勿用作事,恐伤其父。(《太平御览》卷八二、卷九~二引《归藏郑母经》)

　　昔夏后启筮享神于大陵而上钧台,枚占皋陶。曰:不吉。(《太平御览》卷八二引《归藏启筮篇》)

　　昔女娲筮张幕,枚占之。曰:吉。昭昭九州,日月代极,平均土地,和合四国。(《太平御览》卷七八引《归藏》)

　　昔者河伯筮与洛战,而枚占昆吾。占之不吉。(《初学记》卷二〇引《归藏》)

　　一共是九条。其中,一条谈"枚筮",八条谈"枚占",没有一条谈"枚卜";虽说如此,我们却可把它们都当成"枚卜"看。因为,"筮"、"占"、"卜"在这里都是一个意思,关键在"枚"字上。我们需要的不是细分枚"筮"、枚"占"和枚"卜"的特殊意思,而是弄清楚"枚"筮、"枚"占和"枚"卜的共同意思。

　　分析这九条材料,可以看出:第一,枚占皆有所指而占,说占之"爻辞",亦有所指而发;杜预的"不斥言所卜以令龟"一说,杜氏之撰也。第二,每占之事,每事涉及之人,固定而明确;《大禹谟》及其注疏者的"枚数"云云,乃望文所生之义。第三,所占之事,十分广泛,不限于任命令尹;明人的"枚卜大典"说,看来是数典忘祖了。第四,与龟卜、著筮不同,枚占不由一般卜人、占人操作,而是占之于皋陶、昆吾之类德高望重人物面前,吉与不吉,他们一言为定;就是说,枚占的神灵性,大大有赖于司占人的权威性。由此,第五,可以想见,枚占之法,当不如著筮烦琐,也不如龟卜严密;大概只是一种简单地以枚为卜的决疑法。

　　按,枚之为物,或指树干(《诗·大雅·旱麓》:"施于条枚"),或指马鞭

（《左襄十八年》："以枚数阖"），或指士卒所衔之物（《周礼·衔枚氏》："军旅田役，令衔枚"）。《说文》："枚，干也。可为杖。"则马鞭与衔枚之枚，均系"干"之引申义。至于枚卜所用之枚，虽不必是这三种东西，当也不致与"干"全无关系。一旦我们从经师对"枚卜"的错误解释中摆脱出来，就很有希望从考古中或文献中认出它来。

……

史书常见的龟卜、蓍筮，可以肯定，并非决疑法的全部，而只是两种正规的、大型的占卜方法。所谓"定天下之吉凶，成天下之亹亹者，莫大乎蓍龟"（《易·系辞上》），所谓"汝则有大疑，谋及卜筮"（《尚书·洪范》）。卜、筮而外，肯定还有某些别的占法，曾行之于卜筮之先，存之于少数民族和民间，因其简朴俚俗，官方不常使用，故记载不多，不甚为人知道。枚卜，应是其中很重要的一种；《归藏》，现已辑得枚占故事八条，或许就是枚卜之书，也未可知。解放前南方许多省份，犹有以竹块二枚，掷地视其向背，以定吉凶者，殆枚卜之孑遗欤？盖竹块取自竹干，故可名为"枚"也。若果然如此，亦"礼失求野"一例。

○薛理勇《枚筮》：根据《左传》所记诸筮可以知道，完整的易筮过程是：筮——取本卦、之卦、爻变；占——以本卦爻变核《周易》，根据《周易》卦爻辞所指告的兆作易筮凶吉的判定。今已知枚筮的后一过程——占，是与《周易》通常筮法一样，那么所不同的只能是前一过程——取卦。易筮到底是怎样取卦的，现在大概谁也无法说清楚了。李镜池先生说："《左》《国》所载不过是所占之结果，而不是揲蓍的方法。后人所根据的，多半本之《系辞传》。《系辞》后出，不敢说它所载就是春秋前后的方法，何况它又是一些杂乱笼统的话呢。"但《系辞》毕竟是最早记录易筮的著作，它为研究《周易》筮法提供了较可靠的线索，即本卦、之卦、变爻是通过揲蓍并以蓍的数字变化决定的，这一点和《左传·僖公十五年》中所说"筮，数也"相符。我们再引《史记·龟策传》中的一段话："天下和平，王道得，而蓍茎长丈，其丛生满百茎。方今世取蓍者，不能中古法度，不能得满百茎长丈者，取八十茎已上，蓍长八尺，即难得也；人民好用卦者，取满六十茎已上，长满六尺者，即可用矣。"这段话虽未必可信，但它告诉我们早期易筮工具有严格的规定，后来易筮的人多了，这种工具供不应求，严格的规定也就不严格了。我们猜测"枚筮"是以"枚"代"蓍"的筮法。

"枚"与筮法有关的词义有二:其一为小木棍,也就是用小木棍代替蓍草,其取卦方法与蓍草取卦一样;其二为木块,这样或许就是把六十四卦分刻在小木块上,用抽签的方法直接取得卦象,省去了烦琐的数字游戏(这种方法在汉代已有流行,即所谓布卦,以后庙宇中的抽签问卦或许是这种方法的演变)。因此,我不同意《新证》所说"'枚'本身是一种占法"和《探源》所说"枚占"是楚文化的"假设",而认为"枚筮"是以蓍草为筮的筮法的发展和演变,仍属周文化范畴。

○张君《微卜》:我们认为,"枚卜"似应理解为"微卜"才更为妥当。

按上古音,枚、微同属明纽、微部,是可以通假的。清段玉裁注《说文》"枚"字曰:"《毛传》曰:'榦曰枚。'引申为衔枚之枚,为枚数之枚。《豳风传》曰:'枚,微也。'《鲁颂传》曰:'枚枚砻密也。'皆谓枚为微之假借也。"又,"微"之义,《说文》曰:"微,隐行也。……《春秋传》曰:'白公其徒微之。'"段注曰:"《左传》哀十六年文。杜曰:'微,匿也。'与《释诂》'匿,微也'互训。皆言隐,不言行。"段氏对"枚"、"微"通假和"微"、"匿"(隐)互训关系的揭露,甚佳,诚与先儒所言相互发明。庞朴先生在《"枚卜"新证》文中征引的关于"枚筮"的三条注疏"杜注:'不指其事,汎卜吉凶',孔疏:'空下一筹而使之筮',毛奇龄《春秋占筮书》云:'不告以断筮之事,而但下一空筹以筮之,谓之枚筮。'"实际上都是以"枚"作"微"字来解释"枚筮"的。此后,俞樾《春秋左传平议》所谓:"枚当读为微,微,匿也。匿其事而使之筮,故为微筮。哀十七《传》'王与叶公枚卜子良以为令尹',义亦同此。"及今人杨伯峻先生注《左传》昭公十二年"南蒯枚筮"条:"盖古代卜筮必先述所卜筮之事,如《仪礼·特牲·馈食礼》有命筮之辞;若卜,则有命龟之辞。若不言所卜所筮之事,则曰'枚卜'或'枚筮'。"就将问题说得更明了了。

……

"枚筮"即"微筮",不告命辞但下空筹(或但告以卦象和卦义辞)之筮。

……

现在再来看看马辑《连山》、《归藏》中的九条佚文(兹不俱引)。薛文将这九条佚文均概括为"×人筮×事于×人,×人占之。曰:吉(或不吉)"这样一个公式。细揆佚文,我们发现这个公式概括得远欠准确,实际上只适用于第一条佚文,而对于其他八条皆不适用。谨以第二条为例:"明夷曰:昔夏后启筮乘飞龙而登于天,而枚占于皋陶。陶曰:吉。"显然,以第二条为代表的其他八条的正确公式当作:"×人筮×事,×人枚占之。曰:吉(或不吉)。"再深入一步分析,我们又发现,事实上薛文列出的公式,即或对于第一条佚文也是不适用的。适用于第一条的公式,本当作:"×人将有×事,枚筮于×人,人占之,曰:吉。"由是,我们又获得了一个新发现,这就是由第一条所概括出的公式与从其他八条所概括出的公式,基本上是一个等式,其内容或为:某人将有某事,遂自筮其事,然后隐匿其事而请人单据卦象分辨吉凶;或为:某人将有某事,因自己不谙于《易》筮,而使人在没有命辞的情况下直接下筹,获取卦象,但在不愿让旁人察悉自己的隐秘这一点上却是相同的。枚筮的主动者为什么要隐藏事情的真相,佚文实际上也都作了交代,如姮娥窃得不死之药,将食之奔月,武王将伐纣,桀将伐唐,河伯将与洛伯战,夏启将窃上帝之乐,或事关重大,或情势紧急,于是怀着重大隐秘的主人公借助于"枚筮"(或"枚卜")作为最后的决疑手段。佚文在"枚"即"微"的意义上使用"枚占",较之《左传》的作者更加小心。如九条佚文,除(一)、(四)两条(按薛文所排次序)外,其余七条皆将自筮与请他人"枚占"这两个过程区分得很分明,这反映出晚至魏晋南北朝时期研治《易》筮并伪造《连山》、《归藏》的学者,对于"枚占"的用法,仍是一清二楚的(他们用"枚",不用"微",应是出于对《左传》的仿袭)。

○**王宁《易占》**:其文例与《易占》之文例全同,是知《易占》中之"殳占"即《郑母经》中的"枚占",当作"枚占",殳是支字之形误,支即枚字之省文。枚即竹枚,今言竹签,乃古人筮卦之具,用与蓍同。《左传·昭公十二年》:"南蒯枚筮之",即其意。

按:卦画残缺,卦名"肫",帛书《周易·衷》有"肫"卦,当对应《周易》屯卦及辑本《归藏》屯卦,据屯卦卦象☷补。

"敫龙",据简文文例,此处"敫龙"当为人或神名。

"支",辑本《归藏》作"枚",王明钦《概述》亦训"支"为"枚"。

"支占"即"枚占",后皆仿此。"枚占"当为古代占筮之法,"枚"当为木棍或竹签,是蓍草的替代品或衍生物,"枚占"之法当与《周易》筮法关系密切,其具体方法不得而知。

简文释作:[☰]脑曰:昔者效龙卜为上天而攴(枚)[占]▢323

卦四:☷▢曰昔者▢▢卜▢▢

○**朱兴国《全解》**:[蒙]　曰:昔者▢▢卜▢/

艮上坎下。艮王则坎休。

卦名阙。据传本《归藏》补作"蒙"。坎为知(《周易·临·六五》)、艮为败(《复·上六》),知之败,故曰"蒙"。

按:卦名残缺,据卦画补,当对应《周易》蒙卦☶,辑本《归藏》卦名亦作蒙,据补。

简文释作:☷[蒙]曰:昔者▢▢卜▢▢

卦五:☵讼曰昔者▢▢卜讼启▢▢▢

○**朱兴国《全解》**:讼　曰:昔者▢▢卜讼启▢▢▢/

乾上坎下。乾王则坎相。

讼:打官司。乾为金(《周易·噬嗑·六五》《周易·鼎·六五》)、坎为窃(秦简《归藏·归妹》),窃金,必致讼,故曰"讼"。乾为牢(《大畜·六四》),坎为盗寇(《屯·六二》、《蒙·上九》、《需·九三》、《贲·六四》、《睽·上九》《解·六三》),牢中盗寇,必有讼,故曰"讼"。

○**朱渊清《归藏与穆天子传》**:王家台《归藏》有《讼》卦:"☵讼曰昔者▢▢卜讼启▢▢▢。"

《穆天子传》卷5:"丙辰,天子南游于黄▢室之丘,以观夏后启之所居。乃▢于启室。天子筮猎萍泽,其卦遇《讼》☴。逢公占之,曰:'《讼》之繇,薮泽苍苍,其中▢,宜其正公。戎事则从,祭祀则喜,畋猎则获。'"

王家台《归藏》中《讼》卦,出现了"启",应该是指夏启,这就与《穆天子传》论及穆天子占筮《讼》卦前后本事相符。穆天子入观夏后启之所居,并入于启室。("乃▢于启室","▢"当从郭璞补"入"),随后筮猎太室山下之萍泽,而得《讼》卦。

按:卦名作讼,辑本同。

《穆天子传》载:"天子南游于黄▢室之丘,以观夏后启之所居,乃□于启室。天子筮猎萍泽其卦遇讼。"疑与此卦有关。据此,"昔者"后残缺之字当为"穆天子",后文师卦亦有"穆天子",但据王明钦《概论》释文,"昔者"后残缺两字,若补"穆王"或"天子"又与后文师卦"穆天子"全称不合,疑不能明。

简文释作:☰讼曰昔者□□卜讼启□□□□

卦六:☶师曰昔者穆天子卜出师而攴占□□□□ 439 □龙降于天而□□□远飞而中天苍□

○李家浩《〈归藏〉考》:秦简"易占"卦辞中的历史人物"穆天子"……也见于《归藏》卦辞佚文:

(13)昔穆王天子筮出于西征,不吉。曰:龙降于天,而道里修远,飞而冲天,苍苍其羽。《太平御览》卷八五

(14)昔穆王子筮卦于禺强。《庄子·大宗师》陆德明《释文》

(13)、(14)可能是同一条卦辞,前者比较全整,但文字有脱误,后者是意引。根据前面所说《归藏》卦辞佚文格式,把两者结合起来看,原文似应当作"昔穆天子筮出于西征,而枚占于禺强。禺强占之曰:不吉。龙降于天……"疑"穆天子"先误作(14)的"穆王子",因文义欠妥,后人在"王"字后又妄增"天"字,遂成为我们现在看到的(13)的样子。

○王明钦《概述》:传本《归藏》中另有两套筮辞:"昔穆王子筮卦于禺强"、"昔穆王天子筮出于西征,不吉。曰:龙降于天,而道里修远,飞而冲天,苍苍其羽"。李家浩先生认为这是同一条卦辞,原文应为"昔穆天子筮出于西征,而枚占于禺强,禺强占之曰:不吉。龙降于天……"。秦简"师"卦说:"昔者穆天子卜出师而攴占",另有两枚残简:□龙降于天而□、□远飞而中天苍□,证实李家浩先生之说颇为精当。但传本"于"在此于文义不合。我们知道"于"字古字形作亐、亏等,"师"古多无左边偏旁,字形作兂、帀、帀等,两者极易因形近而混。秦简作"师",证实传本是在传抄过程中对"帀"字的误释。

○王辉《校释》:☶师曰:昔者穆天子卜出师而枚占□□[禺强]□□ 439 □龙降于天,而□□[道里修?]远,飞而中(冲)天,苍□[苍其羽]

《庄子·大宗师》陆德明《释文》引《归藏》:"昔穆王筮卦于禺强。"又《太

平御览》卷85引《归藏》："昔穆王天子筮西出于征不吉。曰：龙降于天，而道里修远，飞而冲天，苍苍其羽。"李家浩以为二者为同一条筮辞，"穆王子""穆王天子"皆"穆天子"之误。王明钦以为"出于"之"于"为币（师）之误释。皆是。

禺强是海神。《山海经·大荒东经》："黄帝生禺貌，禺貌生禺京。禺京处北海，禺貌处东海，是为海神。"郭璞注："（禺京）即禺强也。"又《海外北经》："禺强，黑身手足，乘两龙。"《淮南子·地形》："隅强，不周风之所生也。"袁珂以为禺强又兼风神。禺强能驾龙乘风，故穆王以出师之事卜问于他。

简文佚"西""征"2字。"西征"本指征伐戎蛮。《史记·周本纪》："穆王将征犬戎，祭公谋父谏曰：'不可。先王耀德不观兵……'王遂征之，得四白狼四白鹿以归，自是荒服者不至。"犬戎即猃狁。西周中晚期，猃狁屡屡侵周，周亦多次征伐，见于《诗经》及虢季子白盘、不其簋、多友鼎等。犬戎在周之西，故曰"西征"。

师，兵众。《诗·秦风·无衣》："王于兴师，修我戈矛，与子同仇。"《周易·师卦》卦辞："师，贞，丈人吉，无咎。"朱熹《周易本义》："师，兵众也。"《师》初六爻辞："师出以律，否臧凶。""师出"即简文"出师"。《易·师·大象》："地中有水，师，君子以容民畜众。"地中有水，象兵众，君子有鉴于此，乃广容百姓，聚养众人。穆王劳师动众，远征西方荒鄙之地，其地"道里修远"，故"不吉"。

《周本纪》只说穆王征犬戎，穆王是人不是神。《周易》师卦也只说兵众之事。《归藏》师卦说穆王占于海神，提到"龙降于天"，则穆王已是神，同《穆天子传》的说法是一致的。《穆天子传》："戊寅天子西征，鹨行至于阳纡之山，河伯无夷之所都居……吉日辛酉，天子升于昆仑之丘，以观黄帝之宫……"《传》和《列子》还说到造父为穆王驾车，八骏各有其名，王嘉《拾遗记》称"八龙之骏"。由这些内容看，《归藏》应晚于《周易》。

○**蔡运章《解诂》**：王家台秦简第439号文为：

"䷆师曰：昔者穆天子卜出师，而攴占……龙降于天，而……远，飞而中天，苍……"

这则卦辞的后半段严重残缺，文义不衔。然而，《庄子·大宗师》陆德明

《经典释文》、王应麟《汉艺文志考》卷一引《归藏》曰：

"昔穆王子筮卦于禺强。"

《太平御览》卷八十五引《归藏》曰：

"昔穆王子筮西出于征，不吉。曰：龙降于天，而道路修远。飞而冲天，苍苍其羽。"

李家浩先生认为，这三条应是同一条卜辞，原文应为：

"昔穆天子筮出于西征，而枚占于禺强。禺强占之曰：不吉。龙降于天，而道里修远，飞而衡（按：当作衝）天，苍苍其羽。"

王明钦还指出，"古'师'作'帀'，帀、于，两字"极易因形近而混。秦简作'师'，证实传本是在传抄中对'帀'字的误释"。这样，秦简《师》卦与传本《归藏》佚文相互参校，这则易卦的全文应校定为：

"☷师曰：昔者穆天子卜出师西征，而枚占于禺强。禺强占之曰：'不吉。龙降于天，而道里修远。飞而中天，苍苍其羽。'"

这则卦辞前面的"☷"，当是筮数"六六六六一六"，可译为《归藏易》的《师》卦☷。"师"，卦名。《左传·隐公十年》："取三师焉。"杜预注："师者，军旅之通称。"《国语·鲁语》："天子作师。"韦昭注："师谓六军之众也。"这里的"师"当指军旅而言。

"曰"：为语词。

"昔者穆天子卜出师西征"：

"穆天子"，指周穆王。《国语·周语上》载：穆王将征犬戎，祭公谋父谏曰："不可。先王耀德不观兵。……先王之制，邦内甸服，邦外侯服，侯卫宾服，蛮、夷要服，戎狄荒服。……今自大毕、伯士之终也，犬戎氏以其职来王。天子曰：'予必以不享征之，且观之兵。'其无乃废先王之训而王几顿乎！吾闻夫犬戎树惇，帅旧德而守终纯固，其有以御我矣。"王不听，遂征之，得四白狼、四白鹿以归。自是荒服者不至。

韦昭注："穆王，周康王之孙，昭王之子穆王满也。犬戎，西戎之别名也，在荒服之中。"这是说周穆王欲征伐西戎，遭到卿士祭公的反对。穆王不听，结果无功而返，使周边地区的少数民族开始疏远西周王朝。《列子·周穆王》记载有周穆王西游的故事。本卦穆天子贞问出师西征，讲的就是这件事。

"而枚占于禺强"：

"禺强"，古神名。《山海经·大荒东经》载："黄帝生禺虢，禺虢生禺京。禺京处北海，禺虢处东海，是为海神。"郭璞注："禺京，即禺强也。"禺强，亦即禺彊。《海外北经》载："北方禺彊，人面鸟身，饵两青蛇，践两青蛇。"郭璞注："禺彊，字玄冥，水神也。"《庄子·大宗师》说："禺强得之，立于北极。"《经典释文》引《简文》云："北海神也，一名禺京，是黄帝之孙也。"禺强，亦名伯强。《楚辞·天问》："伯强何处？"王夫之《楚辞通释》、闻一多《天问释天》、袁轲《中国神话词典》均以为"禺强之神职，实海神而兼风神"。这说明"禺强"是我国古神话传说中北海之神的名字。

"禺强占之曰：不吉"：

"不吉"是占断语。《周易·杂卦传》说："比乐，师忧。"是《师》卦有烦忧之义。古本《竹书纪年》载：穆王西征犬戎，"取其五王以东"。《后汉书·西羌传》隐括《纪年》语说："王乃西征犬戎，获其五王，遂迁戎于太原。"此卦筮占的结果"不吉"，正与这些记载相合。

"龙降于天"：

"龙"，当比喻周穆王。《周易·乾》卦九五爻辞曰："飞龙在天，利见大人。"《吕氏春秋·介立》载："晋文公反国，介子推不肯受赏，自为赋诗曰：'有龙于飞，周遍天下。'"高诱注："龙，君也，以喻文公。"《广雅·释诂》："龙，君也。"故此句比喻穆王离开宗周洛邑，出师远征，正是"不吉"之象。

"道里修远"：

依西晋太康二年（281年）河南汲县魏襄王墓出土的《穆天子传》卷四记载："庚辰，天子大朝于宗周之庙，乃里西土之数曰：自宗周瀍水以西，至于河宗之邦、阳于之山，三千有四百里。自阳纡西至于西夏氏，二千又五百里。自西夏至于珠余氏及河首，千又五百里。自河首襄山以西，南至于春山珠泽昆仑之丘，七百里。自春山以西，至于赤乌氏三百里。东北还至于群玉之山，截春山以北。自群玉之山以西，至于西王母之邦三千里。自西王母之邦，北至于旷原之野，飞鸟之所解其羽，千有九百里。宗周至于西北大旷原，万四千里，乃还。……各行兼数三万有五千里。吉日甲辰，天子祭于宗周之庙。乙酉，天子六师之人于洛水之上。"

这说明穆王西征自宗周洛邑出发,往返路程三万五千里。而郭璞《穆天子传》注引《纪年》曰:"穆王西征,还里天下,亿有九万里。"这些都是穆王西征"道里修远"的依据。

"飞而中天":

"中",传本《归藏》作"冲",通作冲。

《老子》第四章:"道冲而用之。"王弼注:"冲,中也。"《一切经音义》卷廿六引《字书》曰:"冲,中也。"是其佐证。《黄帝内经·素问·解精微论》:"怵则冲阴。"王冰注:"冲,犹升也。"《吕氏春秋·重言》:"飞将冲天。"高诱注:"冲,至也。"故此句与"飞将冲天"语义相同,是飞上天空之义。

"苍苍其羽":

"苍苍",《诗·蒹葭》:"蒹葭苍苍。"毛传:"苍苍,盛也。"《广雅·释训》:"苍苍,茂也。"《释名·释天》:"春曰苍天,阳气始发,色苍苍也。"《吕氏春秋·有始》:"东方曰苍天。"高诱注:"木色青,故曰苍天"。《礼记·月令》说,孟春之月,"其帝太皞","乘鸾辂,驾苍龙,载青旂,衣青衣"。"苍龙"是春天的巨龙。《楚辞·天问》:"苍鸟群飞。"王逸注:"苍鸟,鹰也。"此句比喻东方的巨龙腾空,翱翔晴空的样子。

由此可见,这则易卦的大意是说:筮遇《师》卦,说:往日周穆王筮占出师征伐犬戎,因此请求海神禺强筮占。禺强筮占后说:"不吉利。巨龙从天空降落下来,征途遥远而且艰难。只有腾飞升到天空,才能展翅翱翔。"

穆天子西游是我国古代著名的神话故事。《国语·周语上》和《史记·周本记》所载周穆王西征犬戎的故事,到了战国初年便演绎出《穆天子传》中周穆王西游的神话。茅盾先生说:"中国北部的神话,大概在商周之交已经历史化得很完备,神话的色彩大半退落,只剩了《生民》、《玄鸟》的感性故事。至于诱引'神话诗人'产生的大事件,便似乎没有。穆王西征,一定是当时激动全民族心灵的大事件,所以后来就有了'神话'的《穆天子传》。"故本卦当是在周穆王西征犬戎故事的基础上编成的。

○**王宁《辑校》**:昔穆王天子筮出于西正,不吉,曰:"龙降于天,而道里修远。飞而中天,苍苍其羽。"马、严曰:《太平御览》卷八十五。○宁按:严本同于《御览》原文,唯"中天"作"冲天";马本作"昔穆天子筮西出于正,不吉,曰:

'龙降于天,而道里修远。飞而冲天,苍苍其羽。'"此条见秦简本师卦,其爻辞曰:"昔者穆天子卜出师而攴□□□,□□[占之曰:不吉。]龙降于天,而[道里修]远,飞而中天,苍[苍其羽]。"为占卜之人适残缺。此爻所用故事当即《国语·周语上》穆王西征犬戎之事,祭公谋父谏止之,"王不听,遂征之,得四白狼、四白鹿以归,自是荒服者不至"。穆王西征犬戎而致使"荒服者不至",故占曰"不吉"。

※昔穆王子筮卦于禺强。马曰:《庄子释文》,《汉艺文志考》卷一。○严曰:《庄子·大宗师》释文,《路史·后纪》五。○宁按:此条与上一条当是一条之文,其原文当为"昔穆天子筮西出于正,而枚占于禺强,禺强占之曰:'不吉。龙降于天,而道里修远。飞而中天,苍苍其羽。'""禺强"之名亦见于秦简本,作"困京"。禺强在《山海经》中为北海神,亦作"禺京",为东海神禺号(猇)之子。"困京"当即"禺京",亦即禺强,困、禺旁纽双声。

○王化平、周燕《秦墓》:

一、穆王出师

师曰:昔者穆天子卜出师而攴占□□□……龙降于天而□……远飞而中天苍……(师卦)

按:穆天子即周穆王,是周昭王之子。汲冢书中有《穆天子传》,其书载周穆王西征、会西王母等奇闻,亦有穆王卜筮之事。卷五云:"丙辰,天子南游于黄□室之丘,以观夏后启之所居,乃□于启室。天子筮猎苹泽,其卦遇讼。逢公占之,曰:讼之繇'薮泽苍苍其中,□宜其正公,戎事则从,祭祀则憙,畋猎则获。'"所引"讼之繇"不见于《周易》等文献,可能出自与传本《归藏》同性质的古佚书。《太平御览》卷八十五引《归藏》佚文云:"昔穆王天子筮西征,卜吉日,龙降于天,而道里修远,飞而冲天,苍苍其羽。"此可与简文对读,"王"字显然当系衍文。朱渊清先生根据简文与《穆天子传》的相似之处,认为《归藏》当成于《穆天子传》之后,属战国作品。

秦简中穆天子求占得对象因竹简残缺而不明,王辉先生据《庄子·大宗师》陆德明《释文》引《归藏》文推测当是海神禺强,并结合"龙降于天"推测简文中的穆天子已是神,而非人。然后以此为证,说明《归藏》时代要晚于《周易》。

○朱兴国《全解》:师 曰:昔者穆天子卜出师而支占□□□/(439)/龙降于天而□//远飞而中天苍/

坤上坎下。坤王则坎没。

师,兵众也。坤为众(《说卦》)、坎为盗寇(《周易·蒙·上九》),众寇,故曰"师"。

师卦卦辞,李家浩先生据传本《归藏》补齐:昔者穆天子卜出师而枚占于禺强,禺强占之曰:不吉。龙降于天而道里修远,飞而冲天,苍苍其羽。

穆天子,周康王之孙、昭王之子穆王满也。《国语·周语》:"穆王将征犬戎,祭公谋父谏曰:'不可。'""王不听,遂征之,得四白狼、四白鹿以归。自是荒服者不至。"坤王则坎没,其运逢没,不宜出师,故言及出师不宜之王——穆天子。

支占,王明钦先生读作"枚占",是也。以下同。枚占:数筹策算卦。

《山海经·海外北经》:"北方禺强,人面鸟身,珥两青蛇,践两青蛇。"郭璞注:"禺强,字玄冥,水神也。一曰禺京。"《山海经·大荒北经》:"北海之渚中,有神,人面鸟身,珥两青蛇,践两赤蛇,名曰禺强。"坎为北(秦简《归藏·夜》、秦简《归藏·媵》),故言及禺强。

坤王则坎没,其运逢没,故禺强占之曰"不吉"。

师卦二至四爻为震,震为帝王(《周易·既济·九三》),故言及天子。穆,和也。坎为和(《周易·兑·初九》),故言及穆天子。

震为龙(秦简《归藏·肶》),故言及龙;坤为地,震居坤下,故曰"龙降于天"。以"龙降于天"言其运逢没之不吉。

震为途(《周易·睽·上九》)、震为道(《周易·随·九四》)、震为远(《周易·复·初九》),故曰"道里修远"。以"道里修远"言此占不宜出师。

苍:青色。古人常常青黑不辨,黑亦曰青。坎为水(秦简《归藏·陵》),水色黑(《五行大义·论配五色》),故坎为苍(秦简《归藏·比》)。

苍苍其羽:翅膀受伤而发青之貌。其运逢没,用静吉,若妄动,必受伤害,故曰"飞而中(冲)天,苍苍其羽"。

○朱渊清《归藏与穆天子传》:王家台《归藏》有《师》卦:"☷师曰昔者穆天子卜出师而殳占□□□□□ 439 □龙降于天而□□□远飞而中天苍□。"

　　"殳占",当作"支占","支"即"枚"字省写,文献中有"枚占"、"枚筮"。李家浩、连劭名已经作了很好的解释。"穆王天子",李家浩怀疑是"穆天子"先误作的"穆王子",因文义欠妥,后人在"王"字后又妄增"天"字。

　　此条内容亦见于《太平御览》卷85引:"昔穆王天子筮西出于征,不吉。曰:'龙降于天,而道里修远;飞而冲天,苍苍其羽。'"这点许多先生也已经指出。李家浩还将《庄子·大宗师》陆德明《释文》所引的"昔穆王子筮卦于禺强"一句与此条相连缀,以为"原文似应当作'昔穆天子筮出于西征,而枚占于禺强。禺强占之曰:不吉。龙降于天……'"。

　　穆天子西征故事见于《穆天子传》。《穆天子传》5篇,是关于周穆王游行四海,见帝台、西王母的故事。周穆王好巡守,得盗骊、绿耳这样的好马,命造父为御手,以观四荒。北绝流沙,西登昆仑,见西王母。《穆天子传》系西晋初汲冢所出书,时人郭璞为这部书作注。对于《穆天子传》的性质后来颇多争论,或以为是实录起居注类,或以为是小说类。笔者数年前曾作是书集释(尚未刊行),以为《穆天子传》虽非信史,却有本事(尤其是卷1、卷2,多可征信),实是战国初魏方士敷衍周穆王故事而成。

　　穆天子西征卜而曰"龙降于天,而道里修远;飞而冲天,苍苍其羽"云云,与《穆天子传》所记诗歌颇类。如卷3西王母为穆天子谣曰:"白云在天,山陵自出。道里修远,山川间之。将子无死,尚复能来。""道里修远"与"道里悠远",用字都几无区别。因此怀疑《归藏》成书与《穆天子传》有关。

　　○祝永新、张显成《新证》:《归藏》该段卦辞可补充为:

　　昔者穆天子卜出师而枚占禺强,不吉,曰:"龙降于天,而道里修远,飞而冲天,苍苍其羽。"

　　目前,对该卦辞中"苍苍其羽"一句及其中"苍苍"二字的解释,学界存在误解。"苍苍其羽"一句因字词简单,学者或多不释,如王明钦、李家浩、连劭名、王辉等诸先生。或简单释"苍苍"为"青色"或"青黑色",认为该句是指翅膀羽毛或翅膀受伤后的颜色。如:

　　辛亚民《略论王家台秦简〈归藏〉的风格特征》:"'苍苍',青色貌……(龙)腾飞上天,羽色青黑。"苏雪林《天问正简》:"'……飞而冲天,苍苍其羽。'(《御览》九二九)点明龙羽色苍,殊可贵。"朱兴国《三易通义·归藏》:

"苍,青色。古人常常青黑不辨,黑亦曰青……苍苍其羽,翅膀受伤而发青之貌。"

不释此"苍苍"或释之为颜色(青或青黑色)皆不妥。《归藏》散佚已久,任何词句都是吉光片羽般的珍贵材料,尤其一些看似简单,实则易被误解的词句,更有被关注的必要,不释有欠妥当。而释之为青色或青黑色等颜色,则近于望文生义,不仅使卦辞文意难解,也不符合有关字词在上古文献中的语用习惯,以下详细论述。

第一,与同类卦辞相比,若"苍苍"解作颜色,则文意晦涩难解。

《归藏》属于"易占","易占"作为占筮工具,其卦辞用语一般须对该卦主题或占筮内容起到说明、解释或补充作用,以助于理解卦义。

如《周易·中孚》:"翰音登于天,贞凶。""翰音"即飞鸟鸣音,此句形容飞鸟鸣叫声响彻天空,虚声高远而信实不继,故判词曰凶。"翰音"是飞鸟鸣叫声,属动物类元素,以"翰音"的嘘声、信实不继象征占筮结果的负面性,该词对判词"凶"的成因显有解释作用。

《周易·明夷》:"明夷于飞,垂其翼。"王弼注:"怀惧而行,行不敢显,故曰垂其翼也。""明夷"指光明损伤,此卦言君子韬光养晦之义。卦辞描述鸟在光明损伤的昏暗中垂翼低飞,比喻君子养晦时的仓皇情状,其"垂翼"动作,则是对卦辞主题的喻义性说明。

《周易·渐》:"鸿渐于陆,其羽可用为仪,吉。"卦辞言大雁渐渐飞近高山,羽毛可作洁美的仪饰。其以羽毛之洁美映照高洁的志向,对判词"吉"的成因具有解释作用。

马国翰《玉函山房辑佚书》(一)《归藏》:"初巽,有鸟将至而垂翼。"鸟将飞停,故垂翼收敛,该"垂翼"动作是对飞鸟状态的补充,有补全句意的作用。

以上例句均与"苍苍其羽"一句同类而属于含动物类元素的卦辞,其中"翰音""羽""翼"等动物类元素无不对卦辞主题具有明显的说明、解释或补充作用,使文意便于理解。

但反观"龙降于天……苍苍其羽"一句,则与以上诸例大相径庭。该卦判词为"不吉",内容描述了飞龙从天而降,但因道路远阻,复又冲天而去的场面,体现出知难而退,复归本途之意,着重描绘了飞龙冲天而起的恢宏气势。

若将"苍苍"解作"青色(青黑色)",则文意将变得晦涩难解。众所周知,"易占"卦辞惜字如金,其何以要大费笔墨去强调飞龙羽翼是青色呢?毕竟从文意看,飞龙羽翼的颜色并不能对该卦辞的主题,或飞龙冲天而起的气势起到明显的说明、解释或补充作用,反而令人感到莫名其妙。所以,将"苍苍"训为"颜色"既会使卦义变得晦涩,也明显有别于同类卦辞中动物类元素能够凸显卦辞主题或内容的通例。

第二,词频显示,先秦两汉文献中,"苍苍"主要用于形容苍茫广阔与繁盛,表颜色的情况相对很少,因此该"苍苍"指颜色的概率极低。

利用传世文献与简帛材料统计"苍苍"在先秦两汉文献中的词频,发现该时期内,"苍苍"主要被用于表示"苍茫广阔"与"繁盛"义,表颜色(青或青黑色)者很少。词频情况是:去除重出材料,去除王家台秦简"苍苍其羽"1 例,"苍苍"总频次 31 例。其中,表"苍茫广阔"义 18 例,占比 58%;表"繁盛"6 例,占比 19%;二者合占比为 77%。表颜色 4 例,占比 13%;因语境缺失或语境模糊而义项不明者 3 例,占比 10%。数据表明,"苍苍"在先秦两汉时期主要用于表示"苍茫广阔"与"繁盛"义,而并非颜色,这一结果与词汇学中"苍苍"义项在上古汉语的分布情况相符,所以,就语用实际看,"苍苍其羽"之"苍苍"指颜色的概率相对极低。

在词频统计中,"苍苍上天""苍苍之天""天苍苍"一类以"苍苍"形容天的语句,均属"苍苍+天"句式的变体。旧说该句式之"苍苍"指天为青色,但实际上除少数特殊情况外,这种解释多为误解。其一,此类句中的"苍苍"多与空间类词语相顺承,甚至直接存在对文,显与空间类概念相关。如《张家山汉简·盖卢》简 6:"苍苍上天,其央安在?洋洋下之,孰知其始?"是说天苍茫广阔,何处是天的中央?该"苍苍"既与"央"意义顺承,又与下句形容天之广阔的"洋洋"对文,此二句前句问天的中央,后句问天的起点,都与空间有关。《银雀山汉墓竹简(壹)·六韬》简 748:"大(太)公望曰:'苍苍上天,莫知极。'"即言天苍茫广阔,不知何处是边际,句中"苍苍"表"苍茫广阔",与表"边际"的"极"明显对应。再如北宋郭茂倩编《乐府诗集》卷八六《敕勒歌》:"敕勒川,阴山下,天似穹庐,笼盖四野。天苍苍,野茫茫,风吹草低见牛羊。"该"苍苍"与"茫茫"对应,实为"苍茫"拆为两个叠音词后的对文,上句亦以

"天似穹庐,笼盖四野"强调天的辽阔无际,可见该"苍苍"应指天的苍茫广阔,而非指天为青色。其二,古人对于上天的首要认知,是由上天的苍茫广阔与神秘莫测而产生的"敬畏",而非天的颜色,这一点已是上古文化研究中的常识,兹不赘述。其三,随地域与时段不同,天的颜色有青、蓝、乌黑、青灰等,天色也有明有晦,就古代地理分域及文献用语的差异来看,各地文献居然不约而同用"苍苍"来将这些颜色一言以蔽之,这种可能性是值得怀疑的。综上,"苍苍+天"句式中的"苍苍",应当多指天的苍茫广阔,而非颜色。

第三,《归藏》中,也不常以"苍苍"表示颜色。今见《归藏》中,用"苍苍"者尚有两例,内容如下:

其一,《江陵王家台秦简·归藏》:"比曰:'芘之苔苔,芘之苍苍,生子二人,或司阴司阳。不□□姓□□'"216

该句"苍苍"指繁盛。"芘",又称芘芣,即今之锦葵花。"苔苔"指华盛、繁盛。"芘之苔苔,芘之苍苍"一句,"苍苍"与"苔苔"对文,也指华盛、繁盛,用于形容芘芣之盛美。

其二,《穆天子传》卷五《古文》:《讼》之繇:"数泽苍苍,其中□□,宜其正公。"

"其中"指中央,表示位置。"苍苍"和"中央"连用,感叹所指对象的广阔,这是上古汉语中的常见搭配,如《张家山汉简·盖卢》简6:"苍苍上天,其央安在?"故该"苍苍"显是指数泽苍茫广大,而并不指颜色,不能解作"数泽一片绿色"。

以上是除"苍苍其羽"外,今见《归藏》中使用"苍苍"的例子。二处"苍苍"在句中均表示苍茫广阔,而不表示颜色,这种义项使用情况也与上述词频结果相符合。由此可见,《归藏》中的"苍苍",也主要用以表示苍茫广阔或繁盛,很少被用于表示颜色。因此,考虑到先秦两汉文献与《归藏》中"苍苍"一词在义项使用方面的整体面貌,径将"苍苍其羽"之"苍苍"解作颜色,并不符合该词的语用常态,因而这种解释非常值得商榷。

第四,先秦两汉文献中,"苍苍"表颜色时通常会搭配具有提示作用的搭配词,其常用者为"色",而"苍苍其羽"一句却未见相关搭配词,与语用习惯不合。

我们通检了先秦两汉文献中以"苍苍"表颜色的语句,发现由于"苍苍"具有苍茫广阔、繁盛与颜色三种所指,而颜色又与均属形态范畴的前二者毫无关联,故为了区分词义,避免误解,当"苍苍"在先秦两汉文献中表颜色时,人们常会加一个具有提示作用的词作为区分,其常态搭配者是"色",如下例:

《庄子·逍遥游》:"天之苍苍,其正色邪?"

《史记·天官书》:"牵牛晨出东方……色苍苍有光。"

《释名·释天》:"春曰苍天,阳气始发,色苍苍也。"

管辂《管氏指蒙》卷上《山岳配天》:"天色苍苍,而星辰之列象,澄彻昭映也。"

可见,"苍苍"表颜色时,多以"色"字作提示而与之搭配,这可视为时人以"苍苍"表颜色义时的一种习惯,但"龙降于天……苍苍其羽"一句中并未出现具有类似提示作用的搭配词,这与上述搭配特点并不吻合。因此,将"苍苍"解作颜色,并不能获得先秦两汉文献中"苍苍"用词搭配习惯的支持,不符合当时的语用通例。

第五,通检先秦两汉文献中关于动物羽翼的描述,发现其主要是描述羽翼的外形或状态,并以之辅助主题,很少对颜色作专门描述,例如:

《诗·邶风·燕燕》:"燕燕于飞,差池其羽。"郑玄笺:"谓张舒其尾翼。"孔颖达疏:"舒张其尾翼,实翼也,而兼言尾者,以飞时尾亦舒张故也。"(侧重状态)

《诗·大雅·卷阿》:"凤凰于飞,翙翙其羽。"(侧重状态。)

《庄子·逍遥游》:"(鹏)怒而飞,其翼若垂天之云。"(侧重外形)

《庄子·逍遥游》:"风之积也不厚,则其负(鹏)大翼也无力。"(侧重外形)

《荀子·解蔽》:"凤凰秋秋,其翼若干。"杨倞注:"干,楯也。"(侧重外形)

汉东方朔《神异经》:"北海有大鸟……左翼文曰鸳,右翼文曰勒……或时举翼而飞,其羽相切,如风雷也。"(侧重状态)

嵇康《嵇中散集》卷三:"宁舒翼扬声,若云间之鸿乎。"(侧重状态)

可见,先秦两汉时期人们对动物羽翼的关注,主要在于其外形或状态。可以想见,羽翼作为人类所不具备的特殊部位,又承载了人们希望翱翔天际的向往,故而才使人们将羽翼的外形或状态视为最原始的直观感受。汉代画像石中频繁出现的长有双翼的羽人,其翅膀造型夸张,形态不一,正表达了古人对于动物羽翼外形与状态的这种直观感受。所以,上古时期人们对动物羽翼的关注、描写,主要在于其外形或状态,《归藏》作为重要且使用广泛的"易占"文献,如果突然脱离这种普遍意识而以"苍苍"去强调羽翼颜色,非但令文意迂曲难解,也显得非常突兀而有悖通例和常理,故这种解释是颇为值得怀疑的。

以上证明,将"苍苍其羽"无论解作翅膀羽毛青(青黑)色还是解作翅膀受伤发青,都令人难以信从。

二、"苍苍其羽"的合理解释

我们认为,"苍苍其羽"一句,最可能有两种解释。一是"羽"指翅膀,"苍苍"指宽广、宏阔(苍茫广阔义的相近义),全句描述飞龙羽翼的宽广、宏阔及其气势,凸显飞龙一飞冲天的恢弘气象。二是"羽"指飞龙翅膀上的羽毛,"苍苍"形容羽毛的繁盛,全句指飞龙翅膀羽毛的繁荣茂盛,凸显飞龙冲天的恢弘气势。这两种解释的理由如下。

第一,"羽"可指翅膀,或翅膀上的羽毛,但前者的可能性更大一些。

上古汉语中,翅膀和羽毛都是"羽"的常用义项。指翅膀者如《吴越春秋·吴太伯传》:"众鸟以羽覆之,后稷遂得不死。"《广韵·遇韵》:"羽,鸟翅也。"指羽毛者如《说文·羽部·羽》:"羽,鸟长毛也。"《周易·渐》:"鸿渐于陆,其羽可用为仪,吉。"

但对比同类句式结构,《归藏》该"羽"字指翅膀的可能性更大一些。先秦文献中多有与"(龙)飞而冲天,苍苍其羽"一句结构相同者,如《诗·大雅·卷阿》:"凤凰于飞,翙翙其羽。"《诗·小雅·鸿雁》:"鸿雁于飞,肃肃其羽。"《诗·邶风·雄雉》:"雄雉于飞,泄泄其羽。"《诗经·邶风·燕燕》:"燕燕于飞,差池其羽。"等等。这些句子结构相同,都属四言句,前句指出主体的飞翔状态,后句以叠音(音近)词+其+羽的形式对主体状态进行补充,这种高度一致的句式说明,该句式应当是先秦时期描述动物飞翔状态的惯用句式,故其用词也当有一定共性。因这些句子中的"羽"字都指翅膀,"苍苍其羽"既与之属同类句式,故该"羽"字指翅膀的可能性更大一些。

第二,先秦两汉文献中描写神物(动物)飞天之貌,均强调其羽翼的盛大恢弘,目的是凸显主体气势。

《诗·大雅·卷阿》:"凤凰于飞,刿刿其羽。"("刿刿",指翅膀扇动时的飒飒响声,全句义为凤凰展翅飞翔,其羽翼飒飒作响,该描写凸出了凤凰振翼的声势。)

《庄子·逍遥游》:"(鹏)怒而飞,其翼若垂天之云。"

《庄子·逍遥游》:"有鸟焉,其名为鹏,背若泰山,翼若垂天之云,抟扶摇羊角而上者九万里,绝云气,负青天。"(此二例以垂天之云形容鹏翼之盛大气势,凸显其怒而飞天,扶摇直上之恢弘气势。)

《荀子·解蔽》:"凤凰秋秋,其翼若干,其声若萧。"杨倞注:"干,楯也。"(此谓凤凰翩翩起舞飞翔,其羽翼阔大如盾,颇为威风。)

东方朔《神异经》:"北海有大鸟……左翼文曰鹭,右翼文曰勒……或时举翼而飞,其羽相切,如风雷也。"(此以风雷威势形容羽翼相切之状,以增强大鸟飞天之宏大气势。)

先秦两汉文献中这种对羽翼气势的强调,还延绵至中古。如南朝梁元帝《金楼子·志怪》篇:"其花似杏,而绿蕊碧须,九春之时,万顷竞发,如鸾凤翼。"其以"鸾凤翼"比喻"万顷竞发"之盛大气势,本身就是对羽翼气势的强调。

所以,从先秦两汉文献描述神物(动物)飞天时,主要强调其羽翼盛大气势这一习惯来看,龙作为上古主要神物,该"苍苍其羽"之"苍苍"所体现的,应当也与其羽翼的盛大气势有关。而这一点,又能从以下古文献中有关飞龙羽翼的描述得到印证。

第三,通检古文献中有关飞龙羽翼的描述,发现其也同样强调以羽翼声势来凸显主体气势。

首先,"龙降于天……苍苍其羽"之"龙",是属于有翅膀的"飞龙"。上古将龙分为潜龙、飞龙。如《周易·乾·象传》:"乘六龙以御天。"王弼注:"处则乘潜龙,出则乘飞龙,故曰时乘六龙也。"

飞龙即谓飞天之龙,该龙有翼。《楚辞·离骚》王逸注:"《易》曰:'飞龙在天。'许慎云:'飞龙有翼。'"马王堆汉墓帛书《周易·乾》九五:"翟龙在天,利见大人。"该"翟"字以"羽"为义符,证明时人认为飞翔于天空的龙是有

"羽"的。而龙为鳞类,通体无羽毛,故此义符"羽"自当指翅膀。"苍苍其羽"一句之"龙",既可飞天,又有"羽",符合《周易》《说文》中飞龙的特征,故亦当为有翼之飞龙,事实上,汉画像石中也多见这类龙的形象。

其次,古文献有关飞龙羽翼的描述,主要强调以羽翼威势凸显飞龙的整体气势。今见文献中,先秦时期描述飞龙羽翼的材料较为稀见,有关材料主要集中在汉及三国时期,但基于先秦两汉三国之间思想文化的延续性,亦可以之说明古人描述飞龙羽翼时的侧重点,如下例:

孔融《孔北海集》:"龙跃天衢,振翼云汉,扬声紫微。"(以云汉振翼之气势表现飞龙神威。)

管辂《管氏指蒙》:"飞龙者来迢迢兮,展羽翼而鼓波澜。"(以羽翼鼓涌波澜之威势,凸显飞龙激荡水面的壮阔。)

诸葛亮《诸葛武侯文集》卷三《八阵本始》:"天地之后冲为飞龙,云为鸟翔,突击之义也。龙居其中,张翼以进。鸟掖两端,向敌而翔。"(以飞龙张翼前进来形容突击之势,显然将飞龙张翼的动作视为极有气势之行为。可见,对于龙翼,古人的关注重点在于其对气势之辅助。)

古代雕刻龙像,也以舒张其羽翼来体现气势,如汉赵晔《吴越春秋·勾践归国外传》:"西北立龙飞翼之楼,以象天门。"此楼为越国范蠡所造,后称飞翼楼。"天门"谓天之门,气势恢宏。《楚辞·九歌·大司命》:"广开兮天门,纷吾乘兮玄云。"范蠡以飞龙张翼之势映衬"天门",说明自上古起,吴越人就将飞龙张翼视为气势恢宏的行为。

先秦两汉关于飞龙羽翼威势的这种侧重与强调,还一直延绵到中古。如李白《天马歌》:"天马来出月支窟,背为虎文龙翼骨,嘶青云,振绿发。"明朱谏《李诗选注》卷二注此条曰:"其骨如龙翼之张,嘶则彻乎青云。"可见李白诗是以龙翼舒张的气势来凸显天马的雄健气魄。

上例证明,古人对于飞龙羽翼的描写,是侧重表现其威风气势,强调以羽翼烘托飞龙整体的恢宏气象。从这一角度看,无论是将"苍苍其羽"解作青(青黑)色羽毛,还是解作翅膀受伤发青,都不能对文中散发冲天气势的飞龙起烘托作用,这显与上述描写习惯不合,甚至有些背道而驰。

所以,根据先秦两汉文献描述神物(动物)羽翼、飞龙羽翼时的侧重点和主要描述目的，以及"苍苍"在先秦两汉时期主要用于表示"广阔"或"繁盛"，而并非"颜色"这一语言事实，我们认为，《归藏》师卦辞"苍苍其羽"最可能有两种解释，一种是描述飞龙羽翼的宽阔宏大及其气势，另一种是指飞龙羽翼上羽毛的繁盛，而无论哪一种，都是侧重于表现飞龙羽翼的盛大气势，目的是凸显飞龙冲天的恢宏气象。

以上述解释研读卦辞，其文意便显得文从字顺，易于明晓。再次来看该卦辞：

昔者穆天子卜出师而枚占禺强，不吉，曰："龙降于天，而道里修远，飞而冲天，苍苍其羽。"

其"龙降于天……苍苍其羽"四句显然分为两部分，"龙降于天，而道里修远"义为飞龙从天而降，前路却漫长险阻。暗指飞龙本属天空之物，今不在天空飞翔而欲走陆路，却发现道路漫长险阻。此喻不务本业者，本末倒置，自然困难重重，这也是判词"不吉"的原因。"（龙）飞而冲天，苍苍其羽"言飞龙放弃陆路而复归天空，一飞冲天，龙翼广阔（龙羽繁茂）而尽显恢宏气势，复又如鱼得水。此部分暗喻飞龙回归本务，扬长避短，故又能声势大振。整体看，全四句有劝喻卜问者回归本务之意。

《归藏》这段话记载周穆王卜西征之事，穆王征伐、游猎天下，后人多以为其荒废政事，不固国本。"龙降于天……苍苍其羽"四句筮辞喻指飞龙本末倒置而困难重重，唯有回归本业方可复振声势，正是以此喻穆王游猎为本末倒置之事，只有复以国本为重，治政安民方能国祚长久，这种思想与《国语·周语》中祭公劝诚穆王务本修德之语如出一辙。可见，该段卦辞是借周穆王占西征一事阐发天子应治政安民，以国务为本的思想。而唯有将"苍苍其羽"解作上述两种解释之一，展现出飞龙回归本务后的宏大气势，与其行陆路的暗弱不畅形成对比，方能使文意顺畅合理。

综上所述，王家台秦简《归藏》"苍苍其羽"一句不应指飞龙翅膀羽毛为青（青黑）色或翅膀受伤发青，而应当指飞龙羽翼的宽阔宏大及其惊人气势，或是指翅膀羽毛的繁盛，目的是通过描写飞龙羽翼的宏大气势来凸显其一飞冲天的恢宏气象，这既符合先秦两汉文献描述神物（动物）、飞龙羽翼时的重点，也符合"苍苍"在语用上的有关习惯。而从"列列其羽""肃肃其羽"等同类句式类推,该句"羽"字更可能指翅膀,故"(龙)飞而冲天,苍苍其羽"一句更可能是描述飞龙羽翼的宽阔宏大及其所散发的气势。

○ 王传龙《用韵》:2. 師:龍降於天而□××速飛而中天蒼×

分析:此簡之繇詞雖殘斷,但今傳本《歸藏》(主要指馬國翰《玉函山房輯帙書》和王謨的《漢魏遺書》抄本,下文同)中留有此條,文字頗相吻合,可補充完整:"龍降於天,而道裏修遠,飛而冲天,蒼蒼其羽。"天字上古音為"真部透紐",遠字為"元部匣紐",羽字為"魚部匣紐",故天字與遠字韻部為旁轉關係,遠字與羽字聲紐相同、韻部的主要原音一致,為雙聲通轉關係,可押韻。此外,《詩經・大雅・卷阿》中也存在類似的用韻例子,可相佐證:"鳳凰於飛,翽翽其羽,亦傅於天。"

按:卦名作师,辑本《归藏》同。

简文据李家浩《〈归藏〉考》补作:䷆师曰:昔者穆天子卜出师而攴(枚)占[于禺强],439[禺强占之曰:不吉]。龙降于天,而[道里修]远;飞而中(冲)天,苍[苍其羽]。《太平御览》卷八五:"昔穆王天子筮出于西征,不吉。曰:龙降于天,而道里修远,飞而冲天,苍苍其羽。"陆德明《经典释文》:"昔穆王子筮卦于禺强。"李家浩《〈归藏〉考》认为,"穆王子"当为"穆天子"之误,后又误作"穆王天子"。其说是。王明钦《概述》认为,传本"出于西征"之"于"当为"师","于"字古字形作于、亐等,"师"古多无左边偏旁,字形作𠂤、帀、𠂤等,形近而误。其说是。

简文较《御览》少"西征"二字,穆天子西征之事见《国语・周语上》:"穆王将征犬,祭公谋父谏曰:'不可。'……王不听,遂征之。得四白狼、四白鹿以归。自是荒服者不至。"禺强,《山海经》作"禺彊":"北方禺彊,人面鸟身,珥两青蛇,践两青蛇。"郭璞注:"水神也。"又作"禺京"。"龙降于天……苍苍其羽"为韵语,系繇辞。道里,道路、路途之义,《管子・七法》:"有风雨之行,故能不远道里矣。"蔡运章《解诂》:"郭璞《穆天子传》注引《纪年》曰:'穆王西征,还里天下,亿有九万里。'这些都是穆王西征'道里修远'的依据。"其说可从。苍苍,青色貌,不误,《广雅・释器》:"苍,青也。"《庄子・逍遥游》:"天之苍苍,其正色邪?"即是以颜色释"苍苍"之证。

整句卦辞意为:昔者穆天子以出师之事向禺强占问,禺强占卜后说:"不吉。龙从天而降,但路途远长;腾飞上天,羽色青黑。"

简文释作:☷师曰:昔者穆天子卜出师而攴(枚)占[于禺强,禺强占之曰:不吉]。龙降于天,而[道里修]远;飞而中(冲)天,苍[苍其羽]。

卦七:☷比曰比之茉=比之苍=生子二人或司阴司阳不□姓□□216

○王明钦《试论》:《归藏·本蓍篇》的体例安排,……在卦画与卦名之后有两种安排:

……

其二,不用第一类断事辞,而直接以第二类断事辞或喻断辞来承接卦名。其间,有的用"曰"字来作为提起下文的标志。这种安排的数量比前一种要少得多。如:

……

563 □比曰:比之策策,比之苍苍,生子二人,或司阴司阳□

○邢文《用商》:秦简563:

"□比曰:比之策策,比之苍苍,生子二人,或司阴司阳□"

这与辑本《归藏》:"空桑之苍苍,八极之既张,乃有夫羲和,是主日月,职出入,以为晦明"相近,应是相同的母题。

○王辉《校释》:☷比曰:比(芘?)之茉,(苫?)茉,比(芘?)之苍苍;生子二人,或司阴司阳。不□□姓□□□216

比疑读为芘。《说文》:"芘,艸也,一曰花茉木。"王念孙《读说文记》:"'一曰花茉木'五字,乃是'一曰芘茉'之讹。《诗·东门之枌》三章'视尔如荍',传:'荍,芘茉',是也。"按《东门之枌》郑玄笺:"美如芘茉之华。"孔颖达疏引陆机曰:"芘茉,一名荆葵。"二年生草木,有淡紫色花,又名锦葵。

茉疑苫之省。《玉篇》:"苫,华盛也。"《集韵》:"苫,华盛皃。或省。"《说文》:"苫,华盛。"

《周易·比卦》象曰:"比,辅也,下顺从也。"象曰:"地上有水,先王以建万国,亲诸侯。"《易》传以比为比从义。简文则以芘(芘芣)之茂盛多华喻亲比。

《诗·郑风·羔羊》:"彼其之子,邦之司直。"毛传:"司,主也"。即掌管、主持。西安北郊相家巷村出土秦封泥有"弄阳御印""弄阴御印"。弄,玩也,引申为做事、从事。"司阴司阳"与"弄阴""弄阳"义近,乃推求、选择阴阳日辰、历象、五行之官。睡虎地秦简《日书》多有生子好作某事之文,如《日书甲·稷辰》:"生子,男女为盗。"《生子》:"壬辰生子,武而好衣剑……戊午生子,嗜酒及田猎。"生子二人,或司阴,或司阳,亦有互为比辅之意。

○连劭名《筮书考》:比曰:比之芣芣,比之苍苍,生子二人,或司阴司阳,不□姓□ ▨ 二一六

今本《周易》作"比"。"芣",读为"丕",《尔雅·释训》云:"丕丕,大也。"《尚书·大诰》云:"弼我丕丕基。"卦上坎下坤,《周易·比》云:"原筮,元永贞。"原与元同,元者大也,卦有二"元",故曰"丕丕"。

《周易·说卦》云:"坤为地。"又云:"坎为丛棘,为蒺藜。其于木也,为坚多心。"是知卦有草莽之象,故曰"苍苍",《诗经·蒹葭》云:"蒹葭苍苍。"毛传云:"苍苍,盛也。"《广雅·释训》云:"苍苍,茂也。"苍、青同色,《诗经·淇奥》云:"绿竹青青。"《庄子·逍遥游》云:"适莽苍者,三餐而反,腹犹果然。"《释文》云:"苍,崔云草野之色。"

《周易·说卦》云:"坎为赤。"赤、丹同色。坤为生,生、丹为青,《说文》云:"青,东方色也。木生火,从生丹。丹青之信,言必然。"

坎、坤同舍于子位,故曰:"生子二人。"坎为赤,坤为水,有水火之象,故曰:"或司阴司阳。"

○蔡运章《模式》:

一、秦简《比》卦的释读

王家台秦简第 216 号文为:

☷比曰:比(鼻)之芣＝(污污),比之苍＝,生子二人,或司阴司阳,不□姓……

"☵":上部三数残失,因《比》的内卦为《坤》、外卦为《坎》,故残失之数当为"☵"。故这则筮数应隶定为"六一六六六六",可译为《归藏易》的《比》卦☷。从卦形来看,这一卦下《坤》为地,上《坎》为水,水行地上,亲密无间。而

上卦一阳爻居"九五"的尊位,阳爻阳位,至尊至正,上下又有五个阴爻追随,象征亲密依附、和协相处之义。

"比":卦名。《说文·比部》:"比,密也,二人为从,反从为比。"《周礼·形方氏》:"大国比小国。"郑玄注:"比,犹亲也。"《汉书·陈汤传》颜师古曰:"比谓相比附也。"《周易·象传上》:"比,辅也。"甲骨金文"比"字作:

竹《京都》1822

竹比簋

诸形,都像二人亲密依附的样子。"比"字构形与该卦之辞"生子二人"的内容相合。

"曰":语词,可译为现代汉语里的"说"、"讲"。

"比之茉＝":"比",通作鼻。《庄子·天地》:"谁其比忧。"《经典释文》:"比,司马本作鼻"。《汉书·昌邑哀王髆传》载:"舜封象于有鼻。"《白虎通·封公侯》说,"舜封弟象有比之墟也",可以为证。《释名·释形体》:"鼻,嘒也。出气嘒嘒。"这是说鼻孔出气时发出小而有节奏的声音。《白虎通·性情》:"鼻,出入气,高而有窍。"可见"鼻"是动物呼吸的器官。扬雄《方言》卷三说:"鼻,始也。兽之初生谓之鼻,梁益之间谓鼻为初,或谓之祖。"郭璞注:"鼻祖,皆始之别名也。"郑玄《礼记·祭义》注:"气谓嘘吸出入者也。"这说明"气"是由"鼻"呼吸"出入"的。故此卦将"鼻"喻为宇宙未开时的原始状态。

"茉"下有重文符号"＝",当读作"茉茉"。茉,《说文·木部》:"茉,两刃臿也。从木、草,象形。宋魏曰茉也。"段玉裁注:"按茉、铧古今字也。从丷者,谓两刃,如羊两角之状。"《方言》卷五说:"臿,宋魏之间谓之铧,江淮南楚之间谓之臿。"《淮南子·精神训》高诱注:"臿,锸也。"《一切经音义》卷十一说:"铧,古文茉、铧二形,……犁刀也。"是"茉"乃钟的本字。清钱绎《方言》卷五《笺疏》说:"铧之为言华也。郑注《曲礼》云:'华,中裂之也',中裂谓之华,故以臿入地,使土中裂,因即谓之铧矣。"是"茉"可通作华。华,通作污。《山海经·中山经》:"阳华之山。"《海内北经》作"阳污之山",可以为证。这说明"茉茉"当读如污污。《汉书·昌邑哀王髆传》集注:"污,浊也。"污,同洿。《左传·文公六年》:"治旧洿。"《经典释文》:"洿,本又作污。"《文选·西征赋》:"宗祧污而为泥。"李善注:"污与洿古字通。"《广雅·释诂三》:"洿,浊也"。是"污污"犹言浊浊。《大戴礼记·少间》:"先清而后浊者,天地也。"清浊即阴阳之气。《淮南子·天文训》说:"道始于虚霩,虚霩生宇宙,宇宙生气,气有涯垠。清阳者薄靡而为天,重浊者凝滞而为地。"故"污污"当是形容宇宙初生时,阴气重浊,凝滞为地的变化过程。

"比之苍＝":"苍＝",读如"苍苍"。《尔雅·释天》:"春为苍天。"郭璞注:"万物苍苍然生。"《释名·释天》:"春曰苍天,阳气始发,色苍苍也。"《太玄经·玄攡》:"譬若天苍苍然。"范望注:"苍苍,春天气也。"故"苍苍"当是形容宇宙初生时,阳气清轻,上升为天的变化过程。

"生子二人":因"比"字的构形"像二人亲密依附"之和人"鼻"用两个孔窍呼吸空气,故用来比喻由它"生"成的"二人",是颇具想象力的。

"或司阴司阳":"或",王引之《经传释词》卷三说:"或,语助也",在句子里没有实际意义。"司",《诗·羔裘》毛传:"司,主也。""司阴司阳"与《石鼓文·霝雨》:"或阴或阳"的句例相同,就是主管阴阳之气的神灵。《庄子·则阳》说:"阴阳者,气之大者也。"《管子·四时》谓"阴阳者,天地之大理也"。《黄帝内经·素问·阴阳应象大论》说:"阴阳者,天地之道也,万物之纲纪,变化之父母,生杀之本始,神明之府也。"这说明阴、阳之气是造化万物的本原,而"司阴司阳"二神则是主管造化世间万物的神灵。

"不□姓……":"不"疑为发语词,《诗·车攻》:"徒御不惊,大庖不盈也。"毛传:"不惊,惊也。不盈,盈也。"《桑扈》:"不戢不难。"毛传:"不戢,戢也。不难,难也。"故王引之《经传释词》卷十说:"则'不'为语词。""姓",当指所生"二人"的姓氏。此简下段残失,其义未详。

由上所释,这则简文的大意是说:筮遇《比》卦,比说:鼻孔呼出的气浑浑浊浊,鼻孔呼出的气苍苍茫茫,它生成二个神灵,来主管化生万物的阴、阳之气。这是用鼻孔呼气的形象比喻,来具体演绎宇宙生成的神话故事,颇具象征意义。

二、传本《归藏》的"日月"之神

值得注意的是,秦简《比》卦"司阴司阳"二神的姓氏,在传本《归藏》里可以找到线索。东晋郭璞《山海经·大荒南经》注引《启筮》曰:"空桑之苍苍,八极之既张,乃有羲和,是主日月,职出入,以为晦明。"又曰:"瞻彼上天,一明一晦,有夫羲和之子,出于旸谷。"这两段佚文,清儒朱彝尊《经义考》卷三、严可均《全上古三代秦汉三国六朝文》、马国翰《玉函山房辑佚书》均辑入《归藏·启筮经》里,所谈内容与秦简《比》卦"应是相同的母题"。这里羲和"主日月"的神话传说,最早见于《山海经》的记载。《山海经·大荒南经》载:"东南海之外,甘水之间,有羲和之国。有女子名曰羲和,方浴日于甘渊。羲和者帝俊之妻,生十日。"郭璞注:"羲和,盖天地始生,主日月者也。"《大荒西经》还说:"帝俊妻常羲,生月十有二。"郝懿行《疏》:"《帝王世纪》云:'帝喾次妃娵訾氏女曰常仪',《大荒西经》又有帝俊妻常羲,疑与常仪及此经羲和通为一人耳。"这说明生十日的"羲和"与生十二月的"常羲"当为一人。

《启筮经》的"羲和"当指古史传说中的羲氏、和氏。《尚书·尧典》载:

乃命羲、和,钦若昊天,历象日月星辰,敬授人时。

分命羲仲,宅嵎夷,曰旸谷。寅宾出日,平秩东作。日中,星鸟,以殷仲春。厥民析,鸟兽孳尾。

申命羲叔,宅南交。平秩南讹,敬致。日永,星火,以正仲夏。厥民因,鸟兽希革。

分命和仲,宅西,曰昧谷。寅饯纳日,平秩西成。宵中,星虚,以殷仲秋。厥民夷,鸟兽毛毨。

申命和叔,宅朔方,曰幽都。平在朔易。日短,星昴,以正仲冬。厥民隩,鸟兽氄毛。

伪孔传曰:"重黎之后,羲氏、和氏世掌天地之官。"孔颖达《正义》引马融云:"羲氏掌天官,和氏掌地官,四子掌四时。"这说明羲氏、和氏"世掌天地之官",而其"四子"则掌管春、夏、秋、冬"四时"。《礼记·礼器》说:"大明生于东,月生于西。此阴阳之别,夫妇之位也。"《淮南子·天文训》谓"日者阳之主也","月者阴之宗也"。这说明"主日月"的羲氏、和氏就是《比》卦所说"司阴司阳"的神灵,而由"阴阳"之气演化而来的"四时"让其"四子"来掌管,也是顺理成章的事。

羲和"主日月"的神话,实由伏羲、女娲创世的神话演化而来。《楚帛书·创世》章说:"曰故【黄】熊雹(伏)戏(羲),出自□霝(胥),居于瞿□,厥田宜□。梦梦墨墨,亡(无)章弼弼,□每(海)水□,风雨是於(越)。乃

取(娶)敝遅□□子之子,曰女皇。是生子四【人】,是襄天埻,是各(格)参
化。……未有日月,四神相弋(代),乃步以为岁,是惟四时。"这里的"电戏"即
伏羲,孔颖达《礼记·月令》疏引《帝王世纪》说:"伏羲曰黄熊氏。""女皇"即
女娲,唐欧阳询《艺文类聚》卷一引《帝王世纪》说:女娲氏"是为女皇"。这则
帛书的大意是说:远古时代,"包戏"(伏羲)娶敝遅氏的女儿"女娲",生下四
个儿子,是为"四神"。那时没有日月,是靠"四神"分守四方,互相换拉(编者
按:疑为位),用步行来推演"四时",于是四子便成为掌管"四时"的神灵。伏
羲、女娲在中国古史传说里,被当作开天辟地的人文始祖。西汉壁画墓和东汉
画像石刻里常见伏羲持规捧日、女娲持矩捧月的图画。因"和"、"娲"古音相
同,可以通假。故李零、冯时都认为《山海经》和《尧典》的"羲"就是伏羲、
"和"就是女娲,而帛书所述包戏四子应即《尧典》当中的羲和四子。这样,伏
羲、女娲是掌管阴阳的神灵,而四子则作为司掌"四时"的神祇。

由此可见,秦简《比》卦"司阴司阳"的二神,当是指中华民族的人文始祖
伏羲、女娲。

三、秦简《比》卦宇宙生成模式史征

宇宙是怎样产生的? 这是长期困惑人类的重大课题。自远古时代起,中
华先民遥望天空,俯观大地,逐渐感悟出宇宙生成的"元气"学说。因此秦简
《比》卦所反映的宇宙生成模式,在道家文献《淮南子》里就有类似的记录。该
书《精神训》载:"古未有天地之时,唯象无形,窈窈冥冥,芒漠芠闵,澒濛鸿洞,
莫知其门。有二神混生,经营天地。孔乎莫知其所终极,滔乎莫知其所止息。
于是乃引为阴阳,离为八极,刚柔相成,万物乃形。烦气与虫,精气为人。"高
诱注:"二神,阴阳之神也。"《左传·僖公十五年》说:"物生而有象,象而后有
滋。"孔颖达《疏》:"象者,物初生之形。"可见,《精神训》的"象"是指宇宙初生
时的混沌状态。这里讲的是我国古代神话里阴阳"混生"之神,分天地、别阴
阳、离八极,创造人类和宇宙万物的故事。

秦简《比》卦和《淮南子》的宇宙生成神话,故事梗概大体相同。然而,颇
为有趣的是,《比》卦"司阴司阳"的神灵是由"鼻"生成的,《精神训》的"阴阳
之神"是由"象"生成的,而修长硕大的"鼻"子正是动物"象"的显著特征。在
我国的古史传说恰有舜弟"象"封于"有鼻"的故事。《孟子·万章上》载:"象

至不仁,封之有库。"《史记·五帝本纪》载:帝舜"封弟象为诸侯"。《正义》引《帝王世纪》谓"舜弟象封于有鼻"。《括地志》引王隐《晋书》云:"泉陵县北部东五里有鼻墟,象所封也。"地在今湖南零陵县北。帝舜封弟"象"于"有鼻"的传说,古史众无异辞。正如袁珂先生所说:"有鼻,是地名,可是恰恰又描写出了那个作为动物的象的特征。"传说里"都把作为动物象特征的鼻来作了舜的弟弟象的称号,……神话演变成为历史,'有鼻'或'鼻墟'就成了象的封地"。同样,从秦简《比》卦卦辞到《淮南子》"唯象无形"、"有二神混生","鼻"与"象"相连绵的演变脉络清晰可辨。如果说《比》卦宇宙生成模式的比拟手法还显得质朴粗糙的话,那么到了《精神训》里宇宙生成模式的比拟手法,就显得颇富哲理和抽象化了。

秦简《比》卦的宇宙生成模式,还可以从《老子》和《周易·系辞传》等先秦文献里得到旁证。《老子》第四十二章说:"道生一,一生二,二生三,三生万物。"这里的"道"是指宇宙的本体,"一"是指宇宙未开时的混沌元气。"二"是指由元气分化而成的阴阳之气。"三"是由阴阳二气交合变化而生成的世间万物。这是《道德经》的宇宙生成观。《周易·系辞传下》也说:"《易》有太极,是生两仪,两仪生四象,四象生八卦。"这里的"太极"与"一"的含义相同,是指宇宙未分时的混沌元气。"两仪"指由混沌元气分化而成的阴阳二气,阳气清轻,上升为天;阴气混浊,凝结为地。天地生成,是地生成,是为"两仪"。"四象"指由阴阳之气演化而成的春、夏、秋、冬四时。"八卦"则是由四时分化而成的八节,这就是冬至、立春、春分、立夏、夏至、立秋、秋分、立冬八个节气。因为中华先民认为,一年里八个季节的气候变化,是由八个不同方向吹来的风产生的。《史记·太史公自序·集解》引张宴注:"八位,八卦之位也。"这里的"八位"实指八方。《淮南文训》高诱注:"八风,八卦之风也。"这说明古人的观念里,八节、八风、八方和八卦的含义都是相通的。这是《系辞传》的宇宙生成观念。

在战国时期的文献里,还屡见有反映宇宙生成观念的记录。例如,《庄子·田子方》说:"至阴肃肃,至阳赫赫。肃肃出乎天,赫赫出乎地,两者交通成和,而物生焉。"《吕氏春秋·大乐》载:"万物所出,造于太一,化于阴阳。"高诱注:"太一,道也。阴阳,化成万物者也。"《鹖冠子·泰录》也说:"精微者,天地之始也。……故天地成于元气，万物乘于天地。"这说明宇宙万物都是由"元气"分化而成的阴阳之气，相互激荡，交合变化而生成的。这种宇宙生成的"元气"学说，应是先秦两汉时期中华先民的普遍认识。由此可见，秦简《比》卦的宇宙生成模式，并不是孤立和偶然的事。它的产生是有着深刻思想基础的。

四、秦简《比》卦宇宙生成模式的重要价值

我国古代宇宙生成的"元气"学说，最早见于春秋战国之际成书的《老子》里。我们认为，秦简《归藏易》成书的年代应在战国早中期。那么，秦简《比》卦的宇宙生成模式，是不是从《老子》的宇宙生成论演化来的？我们的回答是否定的。这是因为《老子》第十四章说："无物之象，是谓惚恍。"第二十章说："道之为物，惟恍惟惚。惚兮恍兮，其中有象。恍兮惚兮，其中有物。"第三十五章说："大象无形。"可见，这里已把形容宇宙未开时混沌状态的"象"，上升到一个很高的哲学范畴，而秦简《比》卦和《精神训》的宇宙生成模式，文笔质朴粗犷，都带有浓厚的神话色彩。它说明在我国古代的神话传说里，早已孕育着中华先民宇宙生成"元气"学说的萌芽。秦简《比》卦正是依据我国远古神话传说来编成的，而《精神训》的宇宙生成神话，则是对远古神话传说的直接记录。这说明秦简《比》卦和先秦两汉文献里常见的宇宙生成模式，都根植于中华远古先民有关宇宙生成的神话传说。然而，《老子》和《系辞传》的宇宙生成模式，早已脱离了原始神话的色彩，上升到纯粹的哲学范畴。因此，秦简《比》卦的宇宙生成模式，对研究我国古代宇宙生成的"元气"学说，有着特别重要的意义。秦简《比》卦所反映的宇宙生成模式，是中国古代传统哲学的重要基础。正如张光直先生所说："中国古代文明的一个可以说是最令人注目的特征，从意识形态上来说它是在一个整体性的宇宙形成论的框架里面创造出来的。"由此可见，该卦所反映的宇宙生成论对中国古代文明的深远影响。

○朱兴国《全解》：比　曰：比之木木，比之苍苍。生子二人，或司阴司阳。不□姓□/（216）

卦符上卦残，据《周易》补上卦坎。下卦坤。坎王则坤因。

比：等待。坤为地，地上有坎，陷阱之象。圣人设险以待，故曰"比"。

木木，秦简原字皆从艸从木。由字形揣测字义，其义应为"茂茂"。《说文解字》:"茂,草丰盛。"坤为众(《说卦》),故曰茂茂。

苍苍:青青。坎为苍(秦简《归藏·师》),故曰"苍苍"。

《周易·比》:"吉。原筮:元永贞,无咎。"《尚书·周书·洪范》:"龟筮共违于人,用静吉,用作凶。"坎王则坤囚,其运逢囚,不吉;若静心等待,必有转盛之机,故曰比之茂茂,比之苍苍。

坎为子(《周易·蒙·九二》)、坤为众,故曰"生子二人"。坎为死(《周易·离·九四》),故曰"司阴";坎为苍苍,故曰"司阳"。《周易·比》:"不宁方来后夫,凶!"

坎王则坤囚,其运逢囚,静心等待则吉,妄动不宁则凶,故占曰"或司阴司阳"。

○**王传龙《用韵》**:3.比:比之茮茮比之蒼蒼生子二人或司陰司陽不□姓□×

分析:茮字當為"蔜"字之省略書寫。蔜字篆書作𧀕,《說文》釋義為"華盛",《詩經》裏有"彼蔜維何? 維常之華"的句子。蔜字的上半部分為茮,下半部分字形煩瑣,這也或是簡本《歸藏》省寫的原因所在。蒼字上古音為陽部清紐,陽字為陽部餘紐,二者韻部相同,為疊韻字。此句標點當為"比之茮茮,比之蒼蒼。生子二人,或司陰司陽。不……"

按:原简卦画残损,仅存下半部分"☷",今据卦名"比",当与《周易》比卦䷇相对应,辑本《归藏》同,据补。

"茮",王明钦《概论》作"茓",后又在《试论》中隶定为"築"。连劭名《筮书考》作"茮",训为丕,大也。王辉《校释》作"茮",为"苦"之省,苦,华盛也。存疑。

"司阴司阳",王辉《校释》:"秦封泥有'弄阳御印'、'弄阴御印'。弄,玩也,引申为做事、从事。'司阴司阳'与'弄阴'、'弄阳'义近,乃推求、选择阴阳日辰、历象、五行之官。"备一说。

该卦卦辞为繇辞类,文义模糊。辑本《归藏》有"空桑之苍苍,八极之既张,乃有夫羲和,是主日月,职出入,以为晦明"句,邢文《用商》认为与该简文相近,应是相同的母题。供参考。

简文释作:[☷]比曰:比之茮=[茮?],比之苍=[苍];生子二

人,或司阴司阳;不□姓□☑ 216

卦八:☰ 少督曰昔者□小子卜亓邦尚毋有咨而攴☑ 206

○王辉《校释》:☰少督曰:昔者□小子卜其邦尚毋有咨而枚☑ 206。

简本《归藏》曜(瞿)卦:"昔者殷王贞卜其邦尚毋有咎……"螽(既济)卦:"昔者殷王贞卜其邦尚毋有咎而枚占巫咸……"与此卦辞略同。疑"者"后所缺一字为"周","周小子"即周王。周时王多自称小子,周厉王默(胡)钟:"保余小子。"《周礼·大卜》疏引《归藏》节卦:"殷王其国常母谷目",与此辞亦近。邦即国,尚读为常。"谷"为"咨"之讹,"目"为"有"之讹,王明钦亦已指出。

卦名传本作"小毒畜",帛书作"少菽",今本《周易》作"小畜"。少读为小。毒通督。《周易·师卦》彖:"以此毒天下……"俞樾平议:"《尚书·微子篇》:'天毒降荒殷邦',《史记·宋世家》作'天笃下灾亡殷国'……是毒通作笃,笃通作督,皆声近而义同。此传毒字当读为督。《尔雅·释诂》:'督,正也。'以此督天下,言以此正天下也。《吕氏春秋·顺民》:'汤克夏而正天下。'……"

菽与毒通。《老子》第五十一章:"长之,育之,亭之,毒之……""毒",严遵本、易玄本、庆阳本、景龙本作"熟",河上公本作"孰"。

"小毒"、"少菽"皆应读小督,即小正,小安也。《周易》作小畜,义为小有畜聚。《序卦》:"此必有所畜。"《释文》:"畜本亦作蓄。"是卦取义于积蓄,与简本取义不同,传本承自简本,后人又受《周易》影响,故作"小毒畜",合二而一,反不可通。

"周小子"疑指周文王。《周易·小畜》卦辞:"小畜,亨。密云不雨,自我西郊。"朱熹《周易本义》:"西郊,阴方;我者,文王自我也。文王演《易》于羑里,视岐周为西方,正小畜之时也。"文王也曾自称小子。《尚书·泰誓》上:"肆予小子发,以尔友邦冢君观政于商。"下:"受克予,非联文考有罪,惟予小子无良。"此说不为定论,但可能性是存在的。

○李尚信《札记》:"小子"只是周王的自称或自谦之词,别人是不能称周王为周小子的,故拿来作为繇辞显然也是不能称为"周小子"的。所以,这里断不是指周王。……查三代至春秋战国史,恐怕只有一个晋小子曾享国祚短暂数年。《史记·晋世家》载:"哀侯八年,晋侵隆廷。隆廷与曲沃武公谋,九年,伐晋于汾旁,虏哀侯。晋人乃立哀侯子小子为君,是为小子侯。""晋小子之四年,曲沃武公诱召晋小子杀之。"所以,秦简"易占"少督卦"□小子"很可能是指此"晋小子"。

○王宁《辨证》:大毒畜、小毒畜,即大畜、小畜,……泰、大古同字,少、小音近义同。……余意《周易》之大畜、小畜本亦作大毒畜、小毒畜,但为后人所删。帛书《周易》将大毒畜删去毒字作泰(大)畜,将小毒畜删去畜字作少(小)毒,而今本《周易》一概删去毒字,作大畜、小畜。

○李学勤《小记》:《小畜》、《大畜》二卦,辑本作《小毒畜》、《大毒畜》,各多一字,按"畜"、"毒"古音均在觉部,一系透母,一系定母,又极相近,故后人于"毒"字下注一"畜"字,以示本系假借,结果也混入正文,古书类似例子是很多的。

○王宁《辑校》:秦简本作"少督",帛书本《周易》作"少蘍","蘍"当是《说文》"𧎮"字之讹变,即"毒"之古文,则知帛书本《周易》作"少毒",古少、小同字,是传本《归藏》此卦本作"小毒","畜"字乃薛贞注文混入正文者,其于"毒"下注"畜"字,殆谓"毒"同"畜"也。毒、畜古音同觉部,音近而假。朱震引此卦唯作"小畜"可证。

○朱兴国《全解》:少督　　曰:昔者□小子卜亓邦尚毋有咎而支□(206)
巽上乾下。巽王则乾死。

少督,依卦象并参照《周易》,当读作"少蓄"。乾为金(《周易·噬嗑·六五》《周易·鼎·六五》)、巽为散(秦简《归藏·散》),金散,积蓄少,故曰少蓄。

尚毋有咎:希望没有令人恨惜的事。

　　按:对应《周易》小畜卦,辑本《归藏》作小毒畜,帛书《周易》作少蘍。李学勤《小记》:"《小畜》、《大畜》二卦,辑本作《小毒畜》、《大毒畜》,各多一字,按'畜'、'毒'古音均在觉部,一系透母,一系定母,又极相近,故后人于'毒'字下注一'畜'字,以示本系假借,结果也混入正文,古书类似例子是很多的。"其说是。至于帛书《周易》

作少蘜,王辉《校释》:"少读为小。毒通督。……蘜与毒通。《老子》五十一章:长之,育之,亭之,毒之……'毒',严遵本、易玄本、庆阳本、景龙本作'熟',河上公本作'孰'。"

"□小子",王辉《校释》:"疑'者'后所缺一字为'周','周小子'即周王。"周王自称"小子",多为祭祀时谦称,此处补为"周小子"不妥。李尚信《札记》:"'小子'只是周王的自称或自谦之词,别人是不能称周王为周小子的,故拿来作为繇辞显然也是不能称为'周小子'的。所以,这里断不是指周王。……查三代至春秋战国史,恐怕只有一个晋小子……"备一说。

"亓"通"其",后皆做此。

"尚毋有咎","尚毋有咎"或"尚毋有咎"在《归藏》简文中出现数次,其中,"尚毋有咎"两见,分别在少督(小畜)卦和困(困)卦;"尚毋有咎"四见,分别在右(大有)卦、曘(睽)卦、渐卦和螝(既济)卦,前接"某人卜其邦"之语。"尚毋有咎"或"尚毋有咎"为古筮辞中常用语,《包山楚简》:"躬身尚毋有咎",《望山楚简》亦有"尚毋有咎"之语。李学勤《竹简卜辞与商周甲骨》:"尚,意思是庶几。文献所见古代卜筮辞,多有以'尚'冠首的语句。"(参见氏著《周易溯源》,第292页。)从之。"尚毋有咎"与"尚毋有咎"含义接近,"咎",《说文》:"恨惜也。"尚秉和《周易尚氏学》:"只言'咎'者,宜从'恨惜'义。"即憾惜、遗憾的意思。"咎",义为"灾害",高亨《周易古经今注》:"凶乃巨大之祸殃,咎则较轻之灾患也。"如此看来,"咎"比"咎"程度略微严重。

简文释作:☷少督曰:昔者□小子卜亓(其)邦尚毋有咎,而攴(枚)[占]□206

卦九:☱履曰昔者羿射堵比莊石上羿果射之曰履□□461

○王宁《易占》:羿射十日之事亦见于《郑母经》:

昔者羿善射,毕日,果毕之。

此文中毕通弹,《说文》:"弹,射也。"此乃节略隐括之文,并非原文,亦与

《郑母经》文例不合。疑文中善乃筮字之误，原文当作"昔者羿筮射彈十日,而枚占于某某,某某占之曰"云云,《文心雕龙·诸子篇》亦曰:"按《归藏》之经,大明迁怪,乃称羿彈十日,嫦娥奔月。"

　　○**王宁《辑校》**:昔者羿善射,彈十日,果毕之。马曰:郭璞《山海经注》引《归藏·郑母经》。《尚书·五子之歌》正义、《春秋左传·襄四年》义并引《归藏》"羿踒"。○严曰:洪兴祖《补注天问》引《归藏易》云:"羿毕十日",即此约文。○宁按:此种句式亦见秦简本,如其履卦曰:"昔者羿射踍比庄石上,羿果射之。曰:履……"。《天问》言"羿焉彈日?"即与此"彈十日"同。

　　○**朱兴国《全解》**:履　　曰:昔者羿射踍比莊石上,羿果射之,曰履□□(461)

　　乾上兑下。乾王则兑休。

　　《史记·殷本纪》:"汤曰'吾甚武',号曰武王。"兑为武(《周易·履·六三》、秦简《归藏·节》)、乾为帝王(《周易·履·六三》、秦简《归藏·同人》、秦简《归藏·肅》),履卦有"武王"之象,而武王商汤名履,故命卦曰"履"。履卦得名于武王商汤之名!

　　尧之时,十日并出,焦禾稼,杀草木,而民无所食。尧乃使羿上射十日。(《淮南子·本经训》)履卦乾上兑下,二至四爻为离。乾为天、兑为九(《周易·震·六二》)、离为日(《周易·离·九三》)、离为大明(秦简《归藏·豐》),卦有九日坠于天下之象,故言及羿射。

　　离为射(《周易·解·上六》)、乾为帝王,射者之王,故言及羿。

　　《说文解字》:"踍,如渚者。踍丘,水中高者也。"兑为泽(《说卦》)、乾为石(《周易·困·六三》),石出泽上,故曰"踍"。

　　比莊石,当读作"比桩石"。乾为藩牢(《周易·大壮·九四》《周易·大畜·六四》),藩牢由比邻的木桩构成,故曰比桩;又乾为石,故曰比桩石。

　　卦有九日坠于天下之象,故曰"羿果射之"。

　　○**王化平、周燕《秦墓》**:

二、后羿

昔者羿射踍比庄石上羿果射之曰履□(履卦)

按:后羿为有穷氏,传说精于射术。《尚书·五子之歌》云:"太康尸位以逸豫,灭厥德,黎民咸贰。乃盘游无度,畋于有洛之表,十旬弗返。有穷后羿,因民弗忍,距于河。"由是知后羿为夏朝时的部落首领。《左传·襄公四年》魏绛云:"昔有夏之方衰也,后羿自鉏迁于穷石,因夏民以代夏政。恃其射也,不修民事,而淫于原兽……"但羿在传说中几近神灵,如《楚辞·天问》:"羿焉彃日? 乌焉解羽?"郭璞《山海经注》引《归藏·郑母经》,同样有后羿射日的传说:"昔者羿善射,毕十日,果毕之。"射日之后,后羿又为民降害,先后杀死凿齿、封豨等怪物。封者,大也。豨,或作狶,即是猪。《左传·昭公二十八年》载后羿灭封豨。《天问》云:"帝降夷羿,革孽夏民。胡躲夫河伯,而妻彼雒嫔。冯珧利决,封豨是躲。"躲,射也。但《离骚》云:"羿淫游以佚畋兮,又好射乎封狐。"狐、猪两字上古韵同属鱼部,或可通假,抑或传闻有异。

但秦简文意费解,其中"阹"字,或与"猪"通假。又神话中有"诸比",如《淮南子·地形》:"诸比,凉风之所生也。"高诱注:"诸比,天神也;坤为凉风。"亦可参考。

无论简文中的后羿射的是什么东西,都可以肯定这是一个有关后羿历险的故事。而《周易》履卦的卦爻辞履说"履虎尾",同样是历险的事情。简文显然与《周易》存在联系。

> 按:卦画、卦名与今本《周易》、辑本《归藏》同。
>
> "阹比"当作"诸比",天神名,《山海经》作"奢比"、"据比"、"掾比(北)"等。
>
> 辑本《归藏》有"昔者羿善射,毕十日,果毕之"之语,《楚辞·天问》作"羿焉彃日",《淮南子·本经训》:"尧之时,十日并出,焦禾稼,杀草木,而民无所食,尧乃使羿上射十日。"该卦卦辞当与此有关。
>
> 简文释作:☲履曰:昔者羿射阹比庄石上,羿果射之,曰履□□461

卦十:☷奈曰昔者玫龙卜□□而攴占困=京=占之曰不吉奈之□□2

○朱兴国《全解》:奈 曰:昔者玫龙卜□□而攴占困京,困京占之曰:不吉。奈之□/(2)

坤上乾下。坤王则乾胎。

奈,当读作"泰"。乾为帝王(秦简《归藏·同人》、秦简《归藏·鼏》),坤为人民(秦简《归藏·介》),帝王甘居民下,以民为上,则天下安泰,故曰泰。

攻,秦简原字从弓从攴,当为攻字异文。攻,老也。奈卦二至四爻为兑,兑为老(秦简《归藏·节》、《周易·大过·九二》),故曰攻。又奈卦三至五爻为震,震为龙(秦简《归藏·师》),故曰"攻龙"。攴占:枚占。

乾为键(《周易·乾·九三》),键主闭藏,故曰"困"。困,仓也。《说文解字》:"京,人所为绝高丘也。"乾为墉(《周易·同人·九四》),故曰"京"。

坤王则乾胎,其运逢胎,其势弱,故占之曰"不吉"。

○**季旭昇《泰涣》**:此卦今本《周易》作「泰」、〈別卦〉作「齎」、〈王家臺〉作「奈」,何者才是此卦的本字呢? 必需從〈泰卦〉的內容去研判。

《易》的卦義,應該要建立在卦象上。卦象的解釋容或有不同的系統,《清華肆·筮法》的系統顯然跟《左傳》等傳世典籍中的《周易》不同系統。《清華肆·筮法》是以四個經卦的相對關係去分析卦象,這和〈別卦〉以六爻組成一個卦應該是不同的系統。《清華肆·別卦》只有卦畫與卦名,沒有卦爻辭,但是這些卦畫與卦名基本上與今本《周易》可以對應,所以我們只能假定它的卦義應該也和今本《周易》相去不遠,這樣,我們才可以從卦畫所呈顯的卦義、今本《周易》卦爻辭的文字,去推測這個卦的「卦名」的正確涵義。

今本《周易·泰卦》的內容如下:

䷊乾下坤上泰。小往大來,吉亨。〈象〉曰:「泰,小往大來,吉亨。則是天地交,而萬物通也;上下交,而其志同也。內陽而外陰,內健而外順,內君子而外小人,君子道長,小人道消也。」〈象〉曰:「天地交,泰。后以財成天地之道,輔相天地之宜,以左右民。」初九:拔茅茹,以其彙,征吉。〈象〉曰:「拔茅,征吉,志在外也。」九二:包荒,用馮河,不遐遺;朋亡,得尚于中行。〈象〉曰:「包荒,得尚于中行,以光大也。」九三:无平不陂,无往不復,艱貞无咎。勿恤其孚,于食有福。〈象〉曰:「无往不復,天地際也。」六四:翩翩,不富,以其鄰。不戒,以孚。〈象〉曰:「翩翩不富,皆失實也。不戒以孚,中心願也。」六五:帝乙歸妹,以祉,元吉。〈象〉曰:「以祉,元吉,中以行願也。」上六:城復于隍,勿用師,自邑告命,貞吝。〈象〉曰:「城復于隍,其命亂也。」〈序卦〉:「泰者,通也。」

〈泰卦〉，乾下坤上，乾天在下與坤地在上，代表「天地陰陽相交」，因此它的卦象主要是「天地交、萬物通」。〈序卦〉也說「泰者，通也」，幾乎所有《易》學家解釋〈泰〉的卦象，都說為「通」，「天地交，萬物通」。這應該是合理的。

從這一點來看，「泰」字顯然不是本卦的本字。「泰」字出現得較晚，目前最早見於秦印，因此很難由出土材料去推本義。最據《說文》，「泰」的本義是「滑」，大徐本《說文解字》卷十一上：「泰，滑也。从水、从廾，大聲。……太，古文泰。」典籍未見此義，但此字既然從「水」，應該跟「水」有關，或者本義是水大、水滑，其他通達、通暢、安舒、安寧、美好、寬裕、驕縱、奢侈等典籍常用義，應該都是「水大、水滑」的引申。

王家臺作「奈」，「奈」是「祟」的假借分化字，《說文》釋為「奈果」、後世用為「奈何」義應該都是假借。因此，「奈」也不會是〈泰卦〉的本字。

我們以為「泰」、「奈」都應該讀為「徹」。〈泰卦〉的卦象是「天地交、萬物通」。《說文》：「徹，通也。」泰（他蓋切。透紐月部）、奈（奴帶切。泥紐月部）、徹（直列切。澄紐月部），三字上古音聲母都屬舌頭，韻都在月部，可以通假。因此〈泰卦〉真正的卦名應該是「徹」，「泰」、「奈」都是「徹」的假借。

至於〈別卦〉的「𧼶」字，我們以為可隸定作「𧺾」，為從「毚、即」的兩聲字，毚（直例切。澄紐質部）、即（子力切。精紐質部），與「徹」上古音聲紐同在舌齒，發音部位接近；韻部月質旁轉，古籍多見。此字的本義是什麼，目前無可考，但所從偏旁「毚、即」與「徹」都沒有意義上的關聯，所以有可能只是為了記錄〈泰卦〉的「徹」所造的一個記音字。前引王寧先生以為「𧼶」從「毚」，「毚」是「徹」的本字；徐在國、李鵬輝先生釋「𧼶」為「邋」，即「徹」。他們都看到了「𧼶」與「徹」的密切關係，這說明了「𧼶」應代表〈泰卦〉卦象的「徹」，應該是較原始的卦名。

但是，由於「邋」這個記音字在其他地方沒有用到，所以漸漸地就被其他音近的常用字「泰」、「奈」取代了。

　　按：对应《周易》泰卦，辑本《归藏》作"泰"，帛书《昭力》篇作"奈"，"泰""奈"通假。泰卦卦名问题详见第五章。

　　"弨龙"载籍未见，据简文文例，当为一神话人物或具有神话色彩的历史人物。前文肫卦有"效龙"，"弨""效"形近，疑为同一人名。

"囷"、"京"二字下各有重文符"＝"，据文意，当读作"囷京囷京"，后皆做此。"囷京"《归藏》简文三见，分别在奈（泰）卦、卒（萃）卦和大壮卦，为筮人之名。王启淑《归藏四札》认为，《急就篇》将"囷""京"并举，颜师古注："囷，圜仓也。京，方仓也。""则'囷京'似乎为粮仓、仓库之神，掌管丰收或仓储之事。"

简文释作:☰奈曰:昔者弞龙卜□□而攴（枚）占囷＝京＝,[囷京]占之曰:不吉。不奈之□☑ 11

卦十一:☰否曰昔者□□□☑

○王宁《辑校》:秦简本写作上不下曰,即从日不声。

○朱兴国《全解》:否　曰:昔者□□□/

乾上坤下。乾王则坤废。

否,秦简原字从曰从不。《说文解字》:"否,不也,从口从不。方九切。"否:否定。《尚书·周书·无逸》:"民否则厥心违怨,否则其口诅祝。"《书经集传》:"否,俯久反。""为人上者而使民心口交怨,其国不危者,未之有也。"乾为帝王（《周易·履·六三》、秦简《归藏·同人》、秦简《归藏·肅》)、坤为人民（秦简《归藏·介》),人君骄居民上有失民心则民否之,故曰"否"。

按:王明钦《概述》隶定为"杁",正字当为"否",对应《周易》否卦,辑本《归藏》作"否"。

简文释作:☰杁（否）曰:昔者□□□☑

卦十二:☲同人曰昔者黄啻与炎啻战☑ 182 ☑＝咸＝占之曰果哉而有吝□☑ 189

○王辉《校释》:☲同人曰:昔者黄啻（帝）与炎啻（帝）战☑[涿鹿之野,而枚占]巫咸,182[巫]咸占之曰:果哉而有吝□☑ 189。

《太平御览》卷 79 引《归藏》佚文:"昔黄帝与炎神争斗涿鹿之野,将占,筮于巫咸。曰:果哉而有咎。"两相对照,知简本"战"后至少应有"涿鹿之野而枚占巫"8 字。"巫"后有重文号。"战"与"争斗"义近,互用无别。"咎""吝"下皆有口,《说文》吝之古文作"𠳲",郭店简咎字作"𠳲",字形接近,容易混用。简本或称"有吝",如卜"少督"简。208 简:"困曰昔者夏后启卜其邦尚毋有吝而枚占……"或称"有咎",如上文所举简本《瞿》、《耆》卦是。吝《说文》训"恨惜",咎《说文》训"灾",从意义上来看,吝应为咎之讹。

《淮南子·天文训》:"南方火也,其帝炎帝……中央土地,其帝黄帝……"《史记·五帝本纪》:"轩辕之时,神农氏世衰。诸侯相侵伐,暴虐百姓,而神农氏弗能征。于是轩辕乃习用干戈,以征不享,诸侯咸来宾从。而蚩尤最为暴,莫能伐。炎帝欲侵陵诸侯,诸侯咸归轩辕。轩辕乃修德振兵,治五气,艺五种,抚万民,度四方,教熊罴貔貅貙虎,以与炎帝战于阪泉之野。三战,然后得其志。蚩尤作乱,不用帝命,于是黄帝乃征师诸侯,与蚩尤战于涿鹿之野,遂禽杀蚩尤……"《正义》引《括地志》:"阪泉,今名黄帝泉,在妫州怀戎县东五十六里,出五里,至涿鹿东北,与涿水合。又有涿鹿故城,在妫州东南五十一里,本黄帝所都也。《晋太康地理志》云:'涿鹿城东一里有阪泉,上有黄帝祠。'"袁珂以为蚩尤是炎帝之后,后夺炎帝之位,而自称炎帝,《史记》所谓炎帝与黄帝之战,实为黄帝与蚩尤之战。但简本与传本《归藏》并记黄帝与炎帝战,《史记》应本于此。《绎史》卷五引《新书》:"炎帝者,黄帝同母异父兄弟也,各有天下之半。黄帝行道而炎帝不听,故战于涿鹿之野,血流漂杵。"上古传说,后人记载不同,《史记》采其一说,显然是有根据的。

巫咸为古神巫,或以为黄帝时人,或以为尧时人,或以为殷中宗时人。《书·君奭》:"巫咸乂王家。"《诅楚文》亦有告巫咸文。既然是神话人物,其时代就不必确指。335 简提到"殷王……枚占巫咸",也是这种情况。

《说文》:"同,合会也。"同有合聚之义。《周易·同人》卦辞:"同人于野,亨,利涉大川……"聚众于郊野,当为战事。《归藏·同人》以黄帝"与炎帝战于涿鹿之野"事枚占巫咸,与《周易》内容相合。《周易·同人》九三爻辞"伏戎于莽,升其高陵",九四爻辞"乘其墉,弗克,攻,吉",亦皆与战争有关。

○连劭名《江陵》:同人曰:昔考黄帝与炎帝战

"考",明显是"者"字之误。《太平御览》卷七十八引《归藏》云:"昔黄帝与炎帝争斗涿鹿之野,将战,筮于巫咸,曰果哉而有咎。"《说卦》云:"乾为金,离为火。"金色黄,故"同人"上卦乾指黄帝,下卦离指炎帝。

《说卦》又云："离为乾卦。"乾、离二卦的卦义有相通之处，故《象》曰："天与火，同人，君子以族类辨物。"《周礼·大司乐》云："午云门大卷。"郑注："黄帝曰云门大卷，黄帝能成名万物，以明民共财，言其德如云之所出，民得以有族类。"乾为光明的象征。离、分同义。凡古代圣王均能辨明族姓，故《尚书·尧典》云："克明俊德，以亲九族，九族既睦，平章百姓，百姓昭明，协和万邦，黎民于变时雍。"

○王宁《易占》：《易占》之"同人曰：昔考黄帝与炎帝战……"一条，《郑母经》云：

昔者黄帝与炎帝战于涿鹿之野，将战，而枚筮于巫咸，[巫咸占之]曰："果哉而有咎。"

二者文字几于全同，只是《易占》之考乃者字之误，而《郑母经》佚去了卦名，今知此条乃是同人卦。

○王宁《辑校》：昔黄神与炎神争斗涿鹿之野，将战，筮于巫咸，巫咸曰："果哉而有咎。"马曰：《太平御览》卷七十九，《汉艺文志考》引云："黄帝将战，筮于巫咸"，罗苹《路史注》引云："昔黄神与炎帝战于涿鹿。"○严曰：《御览》七十九，《路史·前纪三》、《后纪四》。○宁按：马本"黄神"作"黄帝"，没有第二个"巫咸"。此条见秦简本同人卦，云："同人曰：昔者黄啻与炎啻战[于涿鹿之野，而支占巫咸]，巫咸占之曰：'果哉而有吝。……'"

○王化平、周燕《秦墓》：

三、黄帝与炎帝战

同人曰：昔者黄帝与炎帝战……咸占之曰：果哉，而有吝□……（同人卦）

按：《周易·同人》有三条爻辞明显与战争有关，如九三"伏戎于莽，升其高陵，三岁不兴"，九四"乘其墉，弗克攻，吉"，九五"同人，先号咷，而后笑，大师克相遇"，另上九"同人于郊，无悔"也可能说战争之事。简文以黄帝与炎帝战系于同人卦下，当与《周易》存在联系。黄帝与炎帝之战争古籍中多见，《左传·僖公二十五年》："使卜偃卜之，曰：'吉，遇黄帝战于阪泉之兆。'"战争的另一方就是炎帝。由《左传》记载亦可知春秋时代有以神话入贞卜的做法。《太平御览》录《归藏》佚文："昔黄帝与炎神争斗涿鹿之野，将战，筮于巫咸。曰：果哉，而有咎。"其文与秦简大体相同，是以两晋以后流传之《归藏》当非伪书,自有渊源。

○朱兴国《全解》:同人 曰:昔者黄啻与炎啻战/(182)/巫咸,巫咸占之曰:果哉而有吝。□/(189)

乾上离下。乾王则离囚。

同人,会同众人。乾为帝王(《秦简《归藏·鬲》》)、离为伐(秦简《归藏·节》》),兵伐帝王,须会同众人,故曰"同人"。

乾为帝王,乾为金(《周易·噬嗑·六五》《周易·鼎·六五》),金色黄,故曰黄帝;离为火,故曰炎帝。

《周礼·春官》:"筮人掌三易,以辨九筮之名。一曰《连山》,二曰《归藏》,三曰《周易》。九筮之名:一曰巫更,二曰巫咸,三曰巫式,四曰巫目,五曰巫易,六曰巫比,七曰巫祠,八曰巫参,九曰巫环,以辨吉凶。凡国之大事,先筮而后卜。上春,相筮。凡国事,共筮。"

《山海经·海外西经》:"巫咸国在女丑北,右手操青蛇,左手操赤蛇。在登葆山,群巫所从上下也。"《山海经·大荒西经》:"有灵山,巫咸、巫即、巫盼、巫彭、巫姑、巫真、巫礼、巫抵、巫谢、巫罗十巫,从此升降,百药爰在。"

同人二至四爻为巽,巽为巫(秦简《归藏·鬲》、《周易·巽·九二》),离为咸,故曰"巫咸"。咸,皆也,悉也。离为三(《周易·需·初九》《周易·讼·上九》《周易·同人·九三》),三为多数,故曰"咸"。

《史记·五帝本纪》:"黄帝者,少典之子,姓公孙,名轩辕。""炎帝欲侵陵诸侯,诸侯咸归轩辕。轩辕乃修德振兵,治五气、五种,抚万民,度四方,教熊罴貔貅貙虎,以与炎帝战于阪泉之野。三战,然后得其志。"同人卦有兵伐帝王之象,故占曰"果哉"。乾王则离囚,其运逢囚,故占曰"有吝"。

按:卦名与今本《周易》、辑本《归藏》同。

"果"训为胜,《尔雅·释诂》:"果,胜也。"郭璞注:"果,得胜也。《左传》曰:'杀敌为果。'"《广韵·果韵》:"果,克也。""果哉,而有吝"义为"能胜利,但有恨惜"。

辑本《归藏》作:"昔黄帝与炎神争斗涿鹿之野,将战,筮于巫咸,曰:果哉而有咎。"据补。巫咸为古神巫名,《归藏》简文凡三见,渐卦、螱(既济)卦筮人名皆为"巫咸"。《周礼·春官》:"九筮之名:一曰巫更,二曰巫咸……"《山海经·海外西经》:"巫咸国在女丑北,右手操青蛇,左手操赤蛇。在登葆山,群巫所从上下也。"《山海经·大荒西经》:"有灵山,巫咸、巫即、巫盼、巫彭、巫姑、巫真、巫礼、巫抵、巫谢、巫罗十巫,从此升降,百药爱在。"《世本》云:"巫咸作筮。"关于黄帝与炎帝之战,《史记·五帝本纪》:"炎帝欲侵陵诸侯,诸侯咸归轩辕。轩辕乃修德振兵,治五气、五种,抚万民,度四方,教熊罴貔貅貙虎,以与炎帝战于阪泉之野。""轩辕"即黄帝,此处为"阪泉之野"与简文"涿鹿之野"有异。"涿鹿之野"为黄帝与蚩尤之战,《史记·五帝本纪》:"蚩尤作乱,不用帝命,于是黄帝乃征师诸侯,与蚩尤战于涿鹿之野。"

　　简文释作:☰同人曰:[昔者]黄啻(帝)与炎啻(帝)战[于涿鹿之野,将战,而枚占巫]182＝咸＝,[巫咸]占之曰:果哉而有各囗囗189

卦十三:☲右曰昔者平公卜亓邦尚毋[有]咎而攴占神＝老＝占曰吉有子亓囗间塝四旁敬囗风雷不囗302

　　○李学勤《小记》:这里面的"平公"(简300),考虑到其他人物都是著名常见的,应该不是宋平公就是晋平公。看简文还有"宋君",或许宋平公的可能性大。

　　○王葆玹《起源》:今试推敲秦简《归藏》的卦辞内容,虽因提到宋平公而有编定于春秋末期或春秋以后的可能,但在许多方面又显示出是《周易》卦辞的来源。

　　○王辉《校释》:☲右(有)曰:昔者平公卜其邦尚毋[有]咎而枚占神老。神老占曰:吉。有子,其囗间塝,四旁敬囗风雷不囗302。

　　此在《周易》为大有卦,依《周易》,卦画应为☲。东周诸侯之君,陈、宋、齐皆有平公。王葆玹说简本还提到"宋君",《归藏》为殷筮书。宋为殷后,"平公"当为宋平公,甚是。《周易·大有》卦辞:"大有,元亨。"有者,有所得也。据《史记·宋微子世家》,宋平公在位时间较长(前575年—前532年),又能使国家转危为安,其"三年,楚共王拔宋之彭城,以封宋左师鱼石。四年,诸侯共诛鱼石,而归彭城于宋",是较有作为之君,治国有得,无灾罪(《谥法》:"治而无眚曰平"),故引其事。

《说文》:"间,隟(隙)也。"墝字字书未见,以音求之,疑读为瘳,《说文》:"疾瘉也。"间、瘳意义接近,常连用。秦曾孙骊告华大山明神玉简文:余身遭病,为我感忧。怲怲反瘟,无间无瘳。玉简文说疾病反复发作,无有间歇;竹简文意义相反,说疾病有所好转,或暗喻平公之事。苟如此,则"间"前一字也有可能是"疾"字。

"旁"疑读为方。梁十九年鼎:"穆穆鲁辟,僟(徂)省朔旁……""朔旁"即朔方。四方,宇内。

○连劭名《筮书考》:右曰:昔者平公卜其邦尚毋(有)咎,而支占神老,神老占曰:吉。有子其□,间墝四旁,敬□风雷,不☐三〇二

今本《周易》作"大有",《彖》云:

大有,柔得尊位,大中而上下应之,曰大有,其德刚健而文明,应乎天而时行,是以元亨。

"间墝四旁"如言"中正四方",即"大中而上下应之。"《管子·内业》云:"充摄之间,此谓和成。"尹注:"间,犹中也。"《墨子·经上》云:"间,不及旁也。""墝",读为胶,《礼记·王制》云:"周人养国老于东胶。"郑玄注:"胶之言纠也。"《周礼·大司马》云:"以纠邦国。"郑玄注:"纠,正也。"《国语·楚语》云:

武丁于是作书曰:以余正四方,余恐德之不类,兹故不言。

○任俊华等《源流考》:有两枚秦简言及春秋时筮例,其求筮人:一为"宋君"、一为"平公",此二人名可互训,其实为一人——宋平公……

○李尚信《札记》:秦简"易占"与晋国的关系也是相当密切的,所以,不能排除右(大有)卦提到的"平公"为晋平公的可能。……右卦繇辞大致可补为:"有子亓疾间墝,四旁(方)敬贺(或服),风雷不惊……"大概是说平公疾病好转,四方都来敬贺或四方都很敬服平公,四方太平,不会起什么风雷(大的事端)等等,都是些颂扬平公的话。尽管可能有夸大的成分,但与晋平公的事迹还是有一定吻合度的。

○朱兴国《全解》:右　曰:昔者平公卜亓邦尚毋有咎而支占神老,神老占

曰:吉。有子亓□间□四旁敬□风雷不/（302）

卦符上卦阙,据《周易》补上卦离。下卦乾。离王则乾没。

右,传本《归藏》作"大有",当以"大有"为正文。乾为金（《周易·噬嗑·六五》《周易·鼎·六五》）、离为大车（《周易·大有·九二》）,大车载金,故曰"大有"。

平公,宋平公,公元前575年至公元前532年在位。离为宋（秦简《归藏·萧》）,离为公（《周易·解·上六》）,故言及宋公。三至五爻为兑,兑为泽（《说卦》）,泽水平,故曰"平",故曰"平公"。

尚毋有咎:希望没有灾。

大有卦三至五爻为兑,兑为老（秦简《归藏·节》、《周易·大过·九二》）,故曰"神老"。

《尚书·舜典》:"曰若稽古帝舜,曰重华协于帝。濬哲文明,温恭允塞,玄德升闻,乃命以位。慎徽五典,五典克从;纳于百揆,百揆时叙;宾于四门,四门穆穆;纳于大麓,烈风雷雨弗迷。帝曰:'格!汝舜。询事考言,乃言底可绩,三载。汝陟帝位。'""有子亓□间□四旁敬□风雷不/"其意大概与"宾于四门,四门穆穆;纳于大麓,烈风雷雨弗迷"之语类似,意思是说此子为帝王之才。

离为大明（秦简《归藏·豐》）、乾为帝王（秦简《归藏·同人》）,卦有明君之象,故占曰"吉"。

按:原简卦画残损,仅存下半部分"☰",卦名作"右",据残损卦画和卦名,当对应《周易》大有卦,辑本《归藏》作"大有"。据补。

"平公",李学勤《小记》认为,简文涉及人物多为著名、常见,故此处"平公"当为宋平公或晋平公,并指出简文还提到了"宋君"（萧卦）,故为宋平公的可能性较大。王葆玹《关系》认为,《归藏》为殷筮书,宋为殷后,故此处"平公"当为宋平公,王辉《校释》赞同此说。李尚信《札记》认为,《归藏》简文神话涉及地名山西地区味道较浓厚,又考证少督卦"□小子"为"晋小子",并根据文献记载晋平公多神秘色彩事迹,提出此卦中的"平公"当为"晋平公"。供参考。

"其□间埁",王辉《校释》:"《说文》:'间,隙（隙）也。'埁字字书未见,以音求之,疑读为瘳,《说文》:'疾瘉也。'间、瘳意义接近,常连用。……'间'前一字也有可能是'疾'字。"其说可从,据补。

"四旁敬□风雷不□","旁",王辉《校释》:"旁"疑读为方,其说是。据李尚信《札记》,"敬"后当补"贺"或作"服";"风雷不"后补"惊"。整句卦辞义为:平公疾病好转,四方都来敬贺或四方都很敬服平公,四方太平,不会起什么大的事端(风雷)。

简文释作:[☲]右曰:昔者平公卜元(其)邦尚毋[有]咎,而攴(枚)占神=老=,[神老]占[之]曰:吉。有子元(其)[疾]间瘳(瘳),四旁(方)敬[贺],风雷不[惊]□302

卦十四:☱大过曰昔者日月卜望□□

○王辉《校释》:☱大过曰:昔者日月卜望□□

望,月圆之时。《释名·释天》:"望,月满之名也。月大十六日,小十五日,日在东,月在西,遥相望也。"大过卦下巽上兑,象征"泽灭木",大为过甚。该卦中四爻为阳,喻阳刚过盛,阴柔不胜其势。望时月圆,其光将减,而日出东方,势盛,与大过之卦象相似。

○朱兴国《全解》:大过　曰:昔者日月卜望□/

兑上巽下。兑王则巽囚。

巽为信(《周易·中孚》)、兑为毁折(《说卦》),毁信,大错,故曰"大过"。过,错也。

兑为月(秦简《归藏·兑》),故言及"日月"。望为月盈之日。兑王则月望,故言及"卜望"。月望之时日月东西相望,故言及"日月"。

按:卦名与今本《周易》、辑本《归藏》同。卦辞仅存六字,"日月"依文例当为日月之神,文义不明。

简文释作:☱大过曰:昔者日月卜望□□

卦十五:☶亦曰昔□

○廖名春《管窥》:古音"颐"为之部喻母,"亦"为铎部喻母。《诗经·鄘风·蝃蝀》、《小雅·巷伯》之鱼合韵,可知两部音近。《隶释》十二《督邮斑碑》："喷意五业。"洪适释："喷当读为颐。"《周易·系辞》："圣人有以见天下之赜。"《释文》："赜，京作喷。"《集解》、《左传·定公四年》《正义》引颐作喷。而从"责"之字与从"亦"之字多通。如《说文》："迹，或作蹟。"《尔雅·释兽》："其蹟躔。"《释文》："跡又作蹟。"《左传·哀公元年》："复禹之绩。"《释文》："绩，一本作迹。"《国语·齐语》："远绩以成名。"《管子·小匡》绩作迹。《后汉书·邓晨传》："晨发积射士千人。"李善注："积与迹同，古字通用。"而颐卦的卦形为䷚，颐义为口腮，颐卦的卦形象口腮形状。故《噬嗑·彖》曰："颐中有物曰噬嗑。"因此，今本《周易》的"颐"当为本字，而秦简《归藏》"亦"当为音近相借。

○王宁《补释》：亦（颐），秦簡《歸藏》颐卦作"亦"，用字與蠱卦同。按："颐"古音餘紐之部，陰聲；"亦"古音餘紐鐸部，入聲，二字雙聲，韻部屬旁對轉疊韻，為音近假借。又據明·楊慎《丹鉛總錄》卷十三云：《釋名》：'東北隅為宦，宦，養也，東北陽氣始生，布生物也。'《易》：'頤者養也。'頤亦音陽。"若確如楊說，則"頤"當有餘紐陽部讀音，則"亦"、"頤"為雙聲、鐸陽對轉疊韻，讀音就更接近了。

○朱兴国《全解》：亦　曰：昔／

艮上震下。艮王則震相。

亦，传本《归藏》作"颐"，当以"颐"为正文。《尔雅·释诂》："颐，养也。"《释名·释形体》："颐，养也。动于下，止于上，上下嚼物以养人也。"郑玄说："颐，口车辅之名也。震动于下，艮止于上，口车动而上，因辅嚼物以养人，故谓之颐。颐，养也。"震动于下，艮止于上，有口车辅之象，故曰"颐"。

按：仅存简头，卦名作"亦"，据卦画当对应今本《周易》颐卦，辑本《归藏》作"颐"。廖名春《管窥》："古音'颐'为之部喻母，'亦'为铎部喻母。……今本《周易》的'颐'当为本字，而秦简《归藏》'亦'当为音近相借。"说是。

简文释作：䷚亦（颐）曰：昔▨

卦十六：䷜困曰昔者夏后启卜亓邦尚毋有咎而攴占▨208

○朱兴国《全解》：困　曰：昔者夏后启卜亓邦尚毋有咎而攴占／（208）

兑上坎下。兑王则坎胎。

困,传本《归藏》作"困",当以"困"为正文。兑为法(《周易·蒙·初六》《周易·丰·六二》)、兑为律(《周易·师·初六》)、坎为盗寇(《说卦》《周易·需·九三》《周易·屯·六二》),兑上坎下,盗寇伏法之象,故曰"困"。

离为夏(秦简《归藏·晋》、秦简《归藏·井》)、离为公侯(《周易·解·上六》《周易·晋》),困卦二至四爻为离,故言及"夏后启"。

按:简文卦名作"困",当以"困"为正字,对应《周易》困卦,辑本《归藏》作"困"。

简文释作:䷜困(困)曰:昔者夏后启卜亓(其)邦尚毋有咎,而攴(枚)占□ 208

卦十七:□井曰昔者夏后启贞卜□ 319

○朱兴国《全解》:井 曰:昔者夏后启贞卜/(319)

卦符阙,据《周易》,当为坎上巽下。坎王则巽没。

巽为木(《说卦》《周易·困·初六》《周易·大过》),坎中有木,故曰"井"。古代以木构架支护井壁,故"坎中有木"为井之象。

离为夏(秦简《归藏·晋》、秦简《归藏·困》)、离为公侯(《周易·解·上六》《周易·晋》),井卦三至五爻为离,故言及"夏后启"。

按:卦画残缺,据卦名"井"补,对应今本《周易》井卦,辑本《归藏》同。

简文释作:[䷯]井曰:昔者夏后启贞卜□ 319

卦十八:䷰鼒曰昔者宋君卜封□而攴占巫苍=占之曰吉鼒之芑=鼒之铁=初有咎后果述 ◤ 214

○王辉《校释》:䷰鼒曰:昔者宋君卜封□而枚占巫苍。苍占之曰:吉。鼒之芑芑,鼒之铁铁,初有咎,后果述(遂)。214

《说文》:"鼒,鼎之圜掩上者。从鼎,才声。《诗》曰:'鼐鼎及鼒'。"所引《诗》见《周颂·丝衣》,毛传:"大鼎谓之鼐,小鼎谓之鼒。"此在《周易》为鼎卦。

"宋君"犹它简提到的"殷王",是泛指。据《史记·宋微子世家》,自周初迄战国,宋君之有作为,为后世称道者,唯微子启、襄公、平公三君,"宋君"殆其中之一。

"苍"或为苍颉(又称仓颉)。《帝王世纪》、《说文叙》都说苍颉是"黄帝史官"。古巫、史职近。《礼记·礼运》:"祝嘏辞说,藏于宗祝巫史。"

"茫"疑读为佗。《尔雅·释训》:"委委佗佗,美也。""軨軨"义不明。

鼎、鼐为烹饪重器,庄重华美。《周易·鼎卦》象曰:"鼎,象也。以木巽火,亨(烹)饪也。圣人亨以享上帝,而大亨以养圣贤。巽而耳目聪明,柔进而上行,得中而应乎刚,是以元亨。"故"初有吝,后果遂"。

○**连劭名《筮书考》**:鼐曰:昔者宋君卜封□而攴占巫苍,巫苍占之曰:"吉。鼐之茫茫,鼐之茉茉。初有吝,后果述。" 二一四

今本《周易》作"鼎"。《说文》云:

鼐,鼎之圜掩上者。从鼎,才声。《诗》曰:'鼐鼎及鼒'。鎡,俗鼐从金从兹。

"茫茫",读为"佗佗"。《尔雅·释训》云:"佗佗,美也。"郭璞注:"皆佳丽美艳之貌。"孙炎注:"佗佗,长之美。"《诗经·君子偕老》云:"委委佗佗。"《释文》引《韩诗》云:"佗佗,德之美貌。"卦上离为美为丽,故曰"茫茫"。

"軨軨",读为"萃萃"。《广雅·释诂》一云:"粹,纯也。"《楚辞·离骚》云:"昔三后之纯粹兮。"王注:"至美曰纯。"卦下乾为粹,《周易·乾·文言》云:"六爻发挥,纯粹精也。"故曰"軨軨"。

卦初二三四又皆不利,《周易·鼎》初六:"鼎颠趾。"九二:"我仇有疾,不我能即。"九三:"鼎耳革,其行塞。"九四:"鼎折足,覆公餗,其刑渥,凶。"然则物极必反,之后卦运逆转,九五:"鼎黄耳金铉,利贞。"上九:"鼎玉铉,大吉,无不利。"故曰"初有吝,后果述。""述",读为"遂"。

○**王明钦《概述》**: ▬ 仅出现一次,用于句尾,表示章句结束。

○**董珊《鼎卦戈》**:江陵王家台秦简《歸藏》中與《周易·鼎》相當的卦名,整理者隸定爲"鼐",其簡文曰:

鼐,曰:昔者宋君卜封□,而攴(枚)卜巫蒼=(蒼。蒼)占之曰:吉。鼐之=茫(茫茫),鼐之=軨(軨軨),初有吝,後果述(遂)。 簡214

欧陽修《藝文類聚》卷九十九祥瑞部下：“《歸藏》占曰：鼎有黄耳,利得鱣鲤。”(清馬驌《繹史》卷十四引作“鼎有黄耳,利取鮔鯉”。見中華書局 2002 年排印本第一册 192 頁)“鼎有黄耳”句與《周易》鼎卦六五爻辭“鼎黄耳”略同。南宋李過《西溪易說》引《歸藏》卦名亦作“鼎”。這似可說明簡本《歸藏》卦名仍是“鼎”,不是“鼏”。今據戈銘,可以猜想,秦簡本《歸藏》卦名原可能寫作“鼎”或“貞”而應讀爲“鼎”,但被整理者將“鼎”誤認做形近的“鼏”字了。

○**朱兴国《全解》**：鼏 曰：昔者宋君卜封□而攴占巫苍,巫苍占之曰：吉。鼏之它它,鼏之碎碎。初有吝,后果述。(214)

离上巽下。离王则巽休。

《说文解字》：“鼏,鼎之圜掩上者。从鼎,才声。《诗》曰：‘鼐鼎及鼏。’子之切。”鼏,传本《归藏》作“鼎”,义同。《说文解字》：“鼎,三足两耳和五味之宝器也。”离为缶(《周易·坎·六四》)、离为三(《周易·晋》)、巽为股(《说卦》《周易·咸·九三》),器有三股,鼎之象也,故曰“鼎”。

离为宋。离为心(《周易·明夷·六四》),二十八宿中有心星。《淮南子·天文训》：“星部地名：角、亢,郑；氐、房、心,宋；尾、箕,燕。”《史记·天官书》：“角、亢、氐,兖州。房、心,豫州。尾、箕,幽州。斗,江、湖。牵牛、婺女,扬州。虚、危,青州。营室至东壁,并州。奎、娄、胃,徐州。昴、毕,冀州。觜觿、参,益州。”“宋、郑之疆,候在岁星,占於房、心。”心,宋分野,故离为宋。离为宋、乾为君,故言“宋君”。

巽为巫(《周易·巽·九二》),巽为木(《周易·困·初六》),木色苍,故曰“巫苍”。鼏卦初爻至五爻为大坎,坎为苍(秦简《归藏·比》),故曰“巫苍”。

离王则巽休,其运逢休,此占不吉。占之曰“吉”是承鼎之“定”义而言,守定则吉。《说文解字》：“它,虫也,从虫而长,象冤曲垂尾形。上古草居患它,故相问无它乎。”它即蛇。它它,秦简原字皆从艸从它,其意应指草中之蛇,故读作“它它”,泛指祸患。鼏卦初爻至五爻为大坎,坎为它(《周易·比·初六》),故曰它它。碎碎,秦简原字皆从卒从大,当读作“碎碎”。鼏卦三至五爻为兑,兑为毁折,故曰碎碎。

离王则巽休,其运逢休,故占曰“有吝”。吝,恨惜也。后果述,王明钦先生读作"后果遂",可从。遂:实现。

　　○**王传龙《用韵》**:6.鼎:鼎之芒芒鼎之馱馱初有咎後果述

　　分析:芒、馱由字形結構可判斷分別由偏旁它、卒得聲(頜、萃、啐、猝、粹等,例以卒字為聲旁)。它字上古音為歌部透紐,卒字為物部精紐,二者韻部為旁對轉關係,相近可押韻。述字上古為物部船紐,與卒字韻部相同,為疊韻字。另外,王明欽先生認為"後果述"即"後果遂",如此則語義更為流暢。遂字上古為物部邪紐,與述字、卒字韻部也相同。

　　　　按:王明欽《概述》釋文作"鼎",據卦象對應今本《周易》鼎卦,輯本《歸藏》作"鼎"。董珊《鼎卦戈》:"簡本《歸藏》卦名仍是'鼎',不是'鼎'。……原可能寫作'鼎'或'貞'而應讀為'鼎',但被整理者將'鼎'誤認做形近的'鼎'字了。"《清華簡(四)》鼎卦作"鼎",卦名正字當作"鼎",同"鼎"。

　　　　"巫"下依文例,當脫一重文符"=",據補。

　　　　"芒",王輝《校釋》:"芒"疑讀為佗。《爾雅·釋訓》:"委委佗佗,美也。"從之。

　　　　"馱",王明欽《概述》隸定為"馱",王輝《校釋》隸定為"馱"。"鼎之芒芒,鼎之馱馱"系韵語類繇辭,"馱馱"文義不明,存疑。

　　　　"述",王輝《校釋》認為,"述"通"遂"。王說是,"述""遂",同音通假,"遂"即順遂,合于文義。

　　　　"▞"為原簡標識,王明欽《概述》:"▞仅出現一次,用于句尾,表示章句結束。"

　　　　簡文釋作:☴鼎曰:昔者宋君卜封□而攴(枚)占巫[=]苍=,[巫苍]占之曰:吉。鼎之芒=[芒],鼎之馱=[馱],初有咎,后果述(遂)▞214

　　卦十九:☲丰曰昔者上帝卜处□□而攴占大=明=占之日不吉□臣膓=牝□雉=□ 304

　　○**王明钦《试论》**:"大明"、"荧惑"、"耆老"绝不是卦名,从它们所处的位置来看,应该是当时进行卜筮的人。

○李家浩《〈归藏〉考》:据《归藏》卦辞文例,"大明"、"营(荧)惑"、"耆老"……当是筮占的人名,而不是卦名。

○王宁《辑校》:马辑本此下尚有荧惑、耆老、大明三卦名,马注云:"罗苹《路史注》云:'《归藏·初经》卦皆六位,其卦有明夷、荧惑、耆老、大明之类,昔启筮明夷、鲧治水枚占大明、桀筮荧惑、武王伐商枚占耆老是也。'案:《西溪》引明夷即明夷,乾下应有爽卦,已据干宝、朱震所引《初经》补之,合荧惑、耆老、大明,恰符六十四卦之数,依黄、朱二家所释,惟阙噬嗑、贲、中孚,未知所属,补附于此。"但是根据《郑母经》,荧惑、耆老、大明皆占筮之人物,并非卦名,除此之外还有巫咸、皋陶、昆吾、有黄龙神、禺强等等,皆非卦名,罗苹之说固谬,故此三卦不可信。是传本《归藏》尚缺噬嗑、贲、中孚三卦。

○王辉《校释》:䷶丰曰:昔者上帝卜处□□而枚占大明。大明占之曰:不吉。□臣芒芒牝□雉雉☒304。

《博物志》卷九《杂说上》引《归藏》:"昔鲧筮注洪水而枚占大明。"曰:"不吉,有初无后。"也提到大明。大明本指日或月。《礼记·礼器》:"大明生于东,月生于西。"此大明指日。《文选·木玄虚(华)〈海赋〉》:"若乃大明摭辔于金枢之穴,翔阳逸骇于扶桑之津。"此大明指月。简文提到上帝,大明当指日神,为帝俊与妻羲和之子。上帝即天帝。《诗·大雅·荡》:"荡荡上帝,下民之辟。"殷墟卜辞《甲》1164:"……上帝若(诺)王……"又称皇帝,《尚书·吕刑》:"皇帝请问下民。"战国始称黄帝(陈侯因𩑹敦)。上帝居处甚多,如昆仑,悬圃、恒山、青要之山。

《周易·丰卦》卦辞:"丰,亨,王假之;勿忧,宜日中。"象:"丰,大也,明以动,故丰。'勿忧,宜日中,'宜照天下也。"丰为丰大,物丰可致亨通。但处丰一须道德盛美,如古之君王,二须光明常照,太阳正中可以无忧。

○朱兴国《全解》:䷶豐 曰:昔者上帝卜处□□而支占大明,大明占之曰:不吉。□臣體體,牝□雉雉,/(304)

震上离下。震王则离胎。

豐:大鼓。裘锡圭先生指出,殷墟卜辞反映出豐和庸关系密切,"可以断定'豐'本是一种鼓的名称"。即"庸是大钟,豐是大鼓,所以它们才会时常并提"。震为鼓(《周易·离·九三》《周易·中孚·上九》)、离为大腹(《说卦》

《周易·明夷·六四》),大腹之鼓,故曰"豐"。由此也可反证裴锡圭先生的考证正确。

离为日(《周易·晋》)、震为帝王(《周易·既济·九三》),日上之帝,故曰"上帝"。《礼记·礼器》:"大明生于东,月生于西。"大明,日也。离为日,故言及"大明"。

震王则离胎,其运逢胎,其势弱,故大明占之曰"不吉"。

据卦象卦义,阙文可补作"王臣體體,牝马雉雉"。震为帝王,故补"王"。臣,指臣妾。离为马(《周易·晋》)、离为牝牛(《周易·离》),故补"马"或"牛"。體體,秦简原字皆从肉从豐。雉雉,似应读作"稚稚"。离为大腹,"王臣體體,牝马稚稚"意指怀孕生产。

○**王传龙《用韵》**:7.豐:□臣臒臒牝□雉雉×

分析:雖然此簡文字殘缺,但從秦簡歸藏的文字格式判斷,句讀多斷在重疊字之後,故韻腳字仍完整。臒字從月、豐聲,豐字上古脂部來紐,雉字脂部定紐,二者韻部相同為疊韻字。從語義上考察,雉即野雞,身有文采,舊時被視為一種耿介之鳥。豐卦震上離下,據《周易》說卦:"離為雉。"《經典釋文》載鄭注:"雉膏,食之美者。"臒字若從月,當也屬一種肉類,疑臒字應為"體"字省略寫法,亦即"醴"字。據《周禮·天官·酒正》鄭玄注:"醴猶體也,成而汁滓相將,如今恬酒矣。"醴與雉一飲一食,亦與祭祀、宴請等禮儀相關聯,故相對为文。

按:原簡卦畫只剩五畫,今據卦名"丰",按《周易》丰卦☲補。輯本《歸藏》卦名同作"丰"。

"大明",见于辑本《归藏》:昔鯀筮注洪水而枚占大明曰:"不吉。有初无后。"但辑本《归藏》以"大明"为卦名,罗苹《路史注》云:"《归藏·初经》卦皆六位,其卦有明夷、荧惑、耆老、大明之类",王明钦《试论》:"'大明'、'荧惑'、'耆老'绝不是卦名,从它们所处的位置来看,应该是当时进行卜筮的人。"王说为是,后皆从之。王辉《校释》以"大明"为日神,其说是。

王明钦《概述》释文"臣"前一字阙,据王明钦《试论》,补作"磬","磬臣",疑为"击磬之臣"。"臒"字对应卦名"丰",古文字

"豊""丰"一字。从字形来看,"膻"字从肉,豊(丰)声,"膻膻"指人容貌丰满,仪态美好,即"丰丰"。"豊""雉"同属脂部,押韵。

"雉雉",刘勰《文心雕龙》:"《绿图》曰:'潬潬咴咴,焚焚雉雉,万物尽化。'言至德所被也。"詹锳《文心雕龙义证》:"《尔雅·释诂》:'雉,陈也。'焚焚雉雉者,言罗列之多,状万物之复杂也……雉雉,杂陈貌。"

简文释作:会(会)丰曰:昔者上啻(帝)卜处□□而攴(枚)占大=明=,[大明]占之曰:不吉。[磬]臣蚉=[蚉],牝□雉=[雉]□ 304

卦二〇:会大过曰昔者□小臣卜逃唐而攴占中=虺=占之曰不吉过亓门言者□□ 523

○王辉《校释》:会大〈小〉过曰:昔者□小臣卜逃唐而枚占中(仲)虺。中(仲)虺占之曰:不吉。过其门,言者□□ 523。

依卦画,此即《周易》之小过卦,"大"为小之讹。

"小臣"前缺字疑为殷、商或夏字。

小臣屡见殷墟甲骨文。《粹》1161:"叀小臣墙令乎从受又(祐)。"小臣为殷之臣正,地位甚高,殷晚期金文如小臣邑斝记王赐小臣而作器可见其地位不低。又春秋时宋器叔夷镈铭:"伊小臣唯桶(辅)"。伊即伊尹。《吕氏春秋·尊师》:"汤师小臣。"高诱注:"小臣谓伊尹。"简文"小臣"不知确指,但他既可逃(祧?)唐,则其地位甚高,或者竟为商王之宗族。

唐即殷商先祖汤。"逃"疑读为祧。《说文》:"祧,祭也。"朱骏声《通训定声》:"祧之言超也,此为迁庙而祭之名。字亦作桃。"《广雅·释天》:"桃,祭先祖也。"殷墟卜辞屡见祭唐之辞,《乙》754:"壬戌卜,争贞,翌乙丑出(有)伐于唐用。"

《尚书·仲虺之诰》孔氏传:"仲虺,臣名,以诸侯相天子。"《史记·殷本纪》集解引孔安国曰:"仲虺,汤左相,奚仲之后。"

《周易·小过》卦辞:"小过,亨,利贞;可小事,不可大事;飞鸟遗之音,不宜上,宜下,大吉。"小过,象征小有过越,只可处置小事。"国之大事,在祀与戎。"(《左传·成公十三年》)殷小臣卜祭祀先祖汤,乃处置国之"大事",故"不吉"。

又《太平御览》卷82引《归藏》曰:"昔者桀筮伐唐而枚占荧惑……"也有可能□为夏或桀,"逃"为伐之讹。不过桀伐汤而占于其相,似不合情理,故这种可能性极小。

○连劭名《筮书考》:大过曰:昔者□小臣卜逃唐而支占中虺,中虺占之曰:不吉,过其门,言者□☐五二三

此当为"小过",可能是抄写有误。卦上震下艮,《周易·杂卦》云:"小过,过也。"《周易·说卦》云:"艮为门关。"故云:"过其门。"《周易·需》九二:"小有言。"虞翻注:"震为言。"(渐)初六:"小子厉,有言。"虞翻注:"震为言。"故云:"言者。"

○朱兴国《全解》:大过　曰:昔者□小臣卜逃唐而支占中虺,中虺占之曰:不吉。过亓门言者□/(523)

震上艮下。震王则艮休。

大过,传本《归藏》作"小过",马王堆汉墓帛书《周易》作"少过",当以"少过"为正文。艮为止、震为足(《说卦》),止步不出,故曰"少过"。过:出访,探望。《史记·魏公子列传》:"臣有客在市屠中,愿枉车骑过之。"

小过二至五爻为大坎、二至四爻为巽,坎为小(《周易·坎·九二》)、巽为王臣(《周易·蹇·六二》),故曰"小臣"。艮为败(《周易·复·上六》)、震为足(《周易·剥·初六》),败走,故曰"逃"。唐,地名,在今山西省。《周易·旅·上九》旅之小过曰"丧牛于易",是因为之卦小过二至五爻为大坎,坎为北(秦简《归藏·夜》、秦简《归藏·介》),故言及北方之地易。此处遇坎言唐。虺,毒蛇。坎为它(《周易·比·初六》、秦简《归藏·肃》),它,即蛇。坎为常(《周易·坤·六五》),故曰"中"。坎为中为蛇,故曰"中虺"。

震王则艮休,其运逢休,故占之曰"不吉"。震为足、艮为门(《周易·同人·初九》),故曰过其门。

按:《归藏》简文已有大过卦䷛,据卦画当为小过卦,此处"大"为"小"之讹。辑本《归藏》作"小过"。

"□小臣",叔夷镈铭:"伊小臣唯辅。"伊小臣即伊尹,简文有

"唐",即商汤,故此处应为"伊小臣",即伊尹。

"逃唐",王辉《校释》:"唐即殷商先祖汤。'逃'疑读为朓。《说文》:'朓,祭也。'朱骏声《通训定声》:'朓之言超也,此为迁庙而祭之名。字亦作祧。'《广雅·释天》:'祧,祭先祖也。'殷墟卜辞屡见祭唐之辞,《乙》754:'壬午卜,争贞,翌乙丑业(有)伐于唐用。'……也有可能□为夏或桀,'逃'为伐之讹。不过桀伐汤而占于其相,似不合情理,故这种可能性极小。"其说可从,据补。

简文释作:☰大〈小〉过曰:昔者[伊]小臣卜逃(祧)唐而攴(枚)占中(仲)=虡=,[仲虡]占之曰:不吉。过亓(其)门言者□☒523

卦二一:☷临曰□☒

○**廖名春《管窥》**:临卦,帛书《易经》作林,显然是借字,因为传本《归藏》作林祸,"祸"如果不误的话,"林祸"应该读作"临祸",而秦简《归藏》作临,正印证了今本《周易》的正确。

○**王宁《辑校》**:马曰:《西溪》曰:"临为林祸。"宁按:临卦,秦简本作临,与通行本《周易》同。帛书本《周易》作林。此卦名当作"林","祸"当是经文或薛贞注文误入于此者。

○**朱兴国《全解》**:临　曰:/

坤上兑下。坤王则兑相。

《淮南子·道应训》:"成王问政于尹佚曰:'吾何德之行,而民亲其上?'对曰:'使之时,而敬顺之。'王曰:'其度安在?'曰:'如临深渊,如履薄冰。'王曰:'惧哉,王人乎!'尹佚曰:'天地之间,四海之内,善则吾畜也,不善则吾雠也。昔夏商之臣,反雠桀纣而臣汤武;宿沙之民,皆自攻其君而归神农,此世之所明知也,如何其无惧也?'故老子曰:'人之所畏,不可不畏也。'"

《淮南子·说林训》:"君子之居民上,若以腐索御奔马;若蹑薄冰,蛟在其下;若入林而遇乳虎。"

马王堆汉墓帛书《易之义》:"林(临)之卦,自唯不无瞿(惧)。"《易之义》以"惧"说"临"。兑为惕(《周易·乾·九三》《周易·夬·九二》)、兑为忧(《周易·临·六三》)、坤为众(《说卦》《周易·晋·六三》)、坤为人民(秦简

《归藏·介》),畏于民众,故曰"临"。临者,懔也,懔于民众也。此乃治民之道。

按:仅存简头。据卦画和卦名,当对应《周易》临卦。帛书《周易》作"林",辑本《归藏》作"林祸"。"林"当为"临"之借字,辑本《归藏》"林祸"即简本《归藏》临卦,亦即帛本《周易》林卦,廖说为是。"祸"字疑为衍文,或为注文误入其中。

简文试释作:☷临曰▨

卦二二:☴灌曰昔[者]夏后启卜醥▨

○王辉《校释》:☴灌曰:昔[者]夏后启卜醥▨

此在《周易》为观卦,卦辞曰:"观,盥而不荐,有孚颙若。"集解引马融曰:"盥者,进爵灌地,以降神也。"此卦称灌或观义均可通,二字且通用,《史记·平准书》:"河决观梁之地。"《汉书·食货志》引"观"作"灌"。但从《周易》来看,似以作观于义为长。

醥应即醵之异体,亦即觞字。《礼记·投壶》:"命酌曰请行觞,酌者曰诺。"释文:"觞,字或作醵,同。"觞本酒器,应读为醵。《太玄·窨·次五》:"鼎大可觞。"司马光集注:"觞当作醵,音商,煮也。"觞、享义近通用。《初学记》卷22引《归藏》:"昔夏后启筮享神于大陵而上钧臺……"语例相近。

○王化平、周燕《秦墓》:"灌"卦,虽然与"观"音近,但这个字显然又与《周易·观》卦辞中的"盥而不荐"一句有关。所以,这个卦名也可表明王家台秦墓"易占"简的成书应在《周易》之后。

○王宁《辑校》:昔夏后启筮享神于大陵而上钧台,枚占皋陶曰:"不吉。"马曰:《太平御览》卷八十二,《初学记》卷二十二引至"钧台"。○严曰:《北堂书钞》卷八十二,《初学记》卷二十四,《御览》卷八十二。○宁按:秦简本灌(观)卦曰:"昔者夏后启卜(享)……"爻辞残缺,疑当即此卦。

○朱兴国《全解》:灌　曰:昔者夏后启卜享/

巽上坤下。巽王则坤胎。

灌,传本《归藏》作"观",当以"观"为正文。《说文解字》:"观,谛视也。"《尚书·商书·咸有一德》:"七世之庙,可以观德;万夫之长,可以观政。"《书经集传》："天子七庙,三昭三穆,与太祖之庙七。七庙亲尽则迁,必有德之主,则不祧毁,故曰'七世之庙,可以观德'。天子居万民之上,必政教有以深服乎人,而后万民悦服,故曰'万夫之长,可以观政'。"坤为人民(秦简《归藏·介》)、巽为信(《周易·中孚》),万民皆信,其政教必大有可观,故曰"观"。

　　观卦谈政教,故言及帝王。坤主立秋(《易纬·通卦验》),夏季之后,秋季之始,故曰"夏后启"。享,秦简原字从酉从易,通"享"。

　　　　按:对应《周易》观卦,辑本《归藏》作"观","灌""观"通用。王辉《校释》:"此卦称灌或观义均可通,二字且通用,《史记·平准书》:'河决观梁之地。'《汉书·食货志》引'观'作'灌'。但从《周易》来看,似以作观于义为长。"

　　　　"酌",王辉《校释》:"酌应即醑之异体,亦即觞字。……觞、享义近通用。《初学记》卷22引《归藏》:'昔夏后启筮享神于大陵而上钧台……'语例相近。"可备一说。

　　　　简文试释作:☴灌(观)曰:昔[者]夏后启卜酌☐

卦二三:☱☐曰昔者☐卜出云而攴占☐
　　　　☐卒曰昔者仚卜出云而攴占困=京=占之曰不吉卒☐ 305

○朱兴国《全解》:[卒]　曰:昔者☐卜出云而攴占☐
卒　曰:昔者八山卜出云而攴占困京,困京占之曰:不吉。卒/(305)
兑上坤下。兑王则坤休。

一简卦名阙,一简卦符阙,两者可相互参照。

卒,传本《归藏》作"萃",当以"萃"为正文。萃,聚也。坤为众(《周易·晋·六三》),兑为归(《周易·归妹》),众归,故曰"萃"。

　　八山,秦简释文读为一字,宜作两字解。萃卦三至五爻为巽、二至四爻为艮。巽为木,木,壮数八(《五行大义·论纳音数》),而艮为山(《说卦》),故曰"八山"。兑为云(秦简《归藏·大壮》),故曰"卜出云"。

　　困:仓。二至四爻为艮,艮为室(秦简《归藏·毋亡》),故曰"困"。《说文解字》:"京,人所为绝高丘也。"坤为虚(秦简《归藏·介》)、艮为高(《周易·同人·九三》),故曰"京"。

按:原简有二,一支有卦画,卦名残缺;一支卦名存,卦画残缺,据残文当属同一卦,可互补。卦名作"卒",对应《周易》萃卦,帛书《周易》亦作"卒",辑本《归藏》作"萃"。"卒""萃"通假。卦辞中"仚"同"仙",《说文》:"仚,人在山上。从人,从山。"顾蔼吉《隶辨》:"后人移人于旁,以为神仙之仙。"此处"仙"当专指"出云"之神。

简文释作:䷗[卒]曰:昔者[仙]卜出云而攴(枚)占[困京,困京占之曰:不吉。卒]☐

[䷗]卒曰:昔者仚(仙)卜出云而攴(枚)占困=京=,[困京]占之曰:不吉。卒☐ 305

卦二四:䷗复曰昔者阤王卜复白雉☐☐

○王辉《校释》:䷗复曰:昔者阤王卜复白雉☐☐

"阤王"不知确指。从音来看,阤疑读为周。阤,上古音鱼部照纽,周,幽部照纽,二字双声。古都与州通,《庄子·在宥》:"流共工于幽都。"释文:"幽都,《尚书》作幽州。"州与周通。《左传·襄公二十三年》"华周",《汉书·古今人表》作"华州"。

白雉,白色野鸡,古人以为祥瑞之物。《春秋感精符》:"王者德流四表则白雉见。"《楚辞·天问》:"厥利维何,逢彼白雉?"《周易·复卦》卦辞:"复,亨,出入无疾,朋来无咎。反复其道,七日来复,利有攸往。"复卦六爻除最下一爻为阳外,余皆为阴,象征一阳回复,故有祥瑞。周初有祥瑞。《史记·周本纪》:"武王渡河,中流白鱼跃入王舟中。"

○王化平、周燕《秦墓》:

十一、楚王卜复白雉

复曰:昔者阤王卜复白雉☐……(复卦)

按:白雉,古代传说中的祥瑞动物,《楚辞》云:"昭后成游,南土爰底。厥利维何,逢彼白雉?"《韩诗外传》则记南方越裳氏献白雉的故事:"成王之时有三苗贯桑而生,同为一秀……比几三年,果有越裳氏重九译而至,献白雉于周公。"复,返。卜复白雉即希望白雉返回而施筮。楚国很早就称王,即楚武王。在《左传》中,楚国君主亦称王。惜简文残缺,难考其详。

○朱兴国《全解》:复　曰:昔者陼王卜复白雉□／

坤上震下。坤王则震囚。

复:返,归。震为木(秦简《归藏·陵》),坤为地(《说卦》)。木,生则冒地而出,死则返归于土。坤上震下,入土之象,故曰"复"。

据卦象并考诸史实,"陼王"当读作"楚王"。坤为西南(《坤》)、坤为国(《周易·观·六四》)、震为帝王(《周易·既济·九三》),西南国王,故曰楚王。

白雉,得土之瑞。《楚辞·天问》:"昭后成游,南土爰底。厥利维何,逢彼白雉?"周昭王逢白雉而后有南土之底。楚王卜复白雉,意指楚王求复国之瑞。

《史记·楚世家》:

"若敖二十年,周幽王为犬戎所弑,周东徙,而秦襄公始列为诸侯。"

"二十七年,若敖卒,子熊坎立,是为霄敖。霄敖六年,卒,子熊眴立,是为蚡冒。蚡冒十三年,晋始乱,以曲沃之故。蚡冒十七年,卒。蚡冒弟熊通弑蚡冒子而代立,是为楚武王。"

西周灭亡,楚始称王。复卦卦辞言及楚王,当作于西周以后。

　　按:对应《周易》复卦,辑本《归藏》同。简文残缺过多,以上诸说供参考。

　　简文释作:☷复曰:昔者陼王卜复白雉□☐

卦二五:☰毋亡出入汤＝室安处而圣安藏毋亡☐471

○王辉《校释》:☰毋(无)亡(妄)曰:出入汤汤(荡荡),室安处而圣(野)安藏。毋(无)亡(妄)☐471

李过《西溪易说·归藏》六十四卦有"毋亡",黄宗炎曰:"无妄为毋亡,毋即无,亡即妄,非有他也。"《说文》:"妄,乱也。"无妄,不为妄行,则出入皆无灾祸。"汤汤"读为荡荡,指道路平坦宽广。《尚书·洪范》:"王道荡荡。"圣为野之省文。睡虎地秦简《日书甲·稷辰》"圣战"即野战。出入平坦,在家可以安处,在野可以安藏,正是无妄之象。《周易·无妄》象传:"天下雷行,物与无妄;先王以茂对时育万物。"此卦上乾象天,下震象雷,天下雷声大作,众人敬畏,不敢妄行,与简文意义相合。

○**连劭名《筮书考》**:毌亡,出入汤汤,室安处,而玨安藏,毌亡▢四七一

今本《周易》作"无妄"。"汤汤",读为"荡荡"。《论语·述而》云:"君子坦荡荡,小人常戚戚。"《荀子·非十二子》云:"昭昭然,荡荡然,是父兄之容也。"《论语·子罕》云:"知者不惑,仁者不忧。"

卦上乾下震皆为"人",《周易·履》:"履虎尾,不咥人,亨。"虞翻注:"乾为人。"《周易·谦·彖》云:"人道恶盈而好谦。"虞翻注:"乾为人。"《周易·系辞下》云:"人谋鬼谋。"虞翻注:"乾为人。"又云:"小人不耻不仁。"虞翻注:"乾为仁。"《周易·比》九五云:"邑人不诫。"虞翻注:"震为人。"《周易·同人·彖》云:"同人于野。"虞翻注:"震为人。"

人与仁同,《春秋繁露·仁义法》云:"仁之为言人也。"《礼记·中庸》云:"仁者人也。"《孟子·离娄》上云:"仁,人之安宅也。"故曰:"室安处,玨安藏。"乾为天,震为爵,《周易·中孚》下互震,九二云:"我有好爵,吾与尔靡之。"《孟子·公孙丑上》又云:"夫仁,天之尊爵也,人之安宅也。""好爵"即"尊爵"。

卦下互艮,《周易·观》六二:"窥观。"虞翻注:"艮为宫室。""玨"即"予",与"我"同义,《周易·说卦》云:"震,其于稼也为反生。"生、性古同,"反生"即返于性命之情,又称"反己",故震为"我"。《淮南子·齐俗》云:

> 原人之性,芜秽而不得清明者,物或堁之也。……人之性无邪,久湛于俗则易,易而忘本,合于若性。故日月欲明,浮云盖之,河水欲清,沙石濊之,人性欲平,嗜欲害之,惟圣人能遗物而反己。

郭店楚简《成之闻之》云:

> 故君子所复之不多,所求之不远,窃反诸己而可以知人。

所谓"予安藏"即"反于性命之情",《庄子·达生》云:"圣人藏于天,故莫之能伤也。"成注:"不窥性分之外,故曰藏。"

○**王宁《辑校》**:马曰:黄宗炎曰:"无妄为毌亡,毌即无,亡即妄,非有他也。"○宁按:秦简本作"毌亡","母"当"毌"字之误。上博简本《周易》作"亡忘"。

○**朱兴国《全解》**:毌亡　出入汤汤。室安处而壄安藏。毌亡/(471)

乾上震下。乾王则震没。

毋亡,阜阳汉简《周易》作"无亡"。"无""毋"同义通用。《说文解字》:"亡,逃也。"震为足(《周易·剥·初六》),乾为牢(《周易·大畜·六四》),足陷牢中,甭想逃亡,故曰"毋亡"。

出入汤汤,当读作"出入伤伤"。乾王则震没,其运逢没,故曰出入伤伤。

毋亡卦二至四爻为艮,艮为屋(《周易·鼎·九四》),故曰"室"。壄,秦简原字从予从土,即"壄"之省文。壄即野。毋亡卦上卦为乾,乾为郊(《周易·小畜》《周易·同人·上九》),故曰野。乾王则震没,其运逢没,宜守定,故曰室安处而野安藏。《周易·无妄》:"元亨。利贞,其匪正有眚,不利有攸往。"

○**王传龙《用韵》**:10.毋亡:出入湯湯室安處而圣安藏毋亡×

分析:湯湯合用之湯字上古音陽部書紐,藏字作隱藏義時為陽部從紐,亡字陽部明紐,三字韻部相同,為疊韻字。此句標點當為:"出入湯湯,室安處而圣安藏,毋亡……"圣字有學者(如朱興國等)懷疑為"壄"字之省略寫法,壄即野之訛字,可從。

> 按:对应《周易》无妄卦,辑本《归藏》亦作"毋亡"。王辉《校释》:"李过《西溪易说·归藏》六十四卦有'毋亡',黄宗炎曰:'无妄为毋亡,毋即无,亡即妄,非有他也。'"其说是。
>
> "汤汤",王辉《校释》:"'汤汤'读为荡荡,指道路平坦宽广。《尚书·洪范》:'王道荡荡'。"据文义,王说可从。
>
> "圣",当为"壄"之省文,"野"同"壄"。
>
> 简文大意为:出入平坦,在家可以安处,在野可以安藏。
>
> 简文释作:☰☳毋亡曰:出入汤(荡)=[荡],室安处而圣(野)安藏,毋(无)亡(妄)☒471

卦二六:☰☳曋曰昔者殷王贞卜元□尚毋有咎☒

○**李学勤《小记》**:《暌》卦,简文作《曋》,辑本作《瞿》。按金文有"夒"字,学者即释为"暌",《归藏》由此致误。

○**王明钦《试论》**:《周易》中的"暌"卦,《归藏》作"瞿",王家台秦简作

"矔",帛书《周易》作"乖",尚秉和解释说:"《礼·玉藻》:'视容瞿瞿',注:'惊视不审貌',夫惊而惧,视而不审,则视象必至乖违明矣。至《周易》曰'睽',义与'瞿'略同,睽,乖也,《说文》'目不相听也。'卦三至五,两目相背,相背则视乖。听,从也,不相从,则一目视为彼,一目视为此。……《六书故》:'睽,反目也。'""瞿"与"矔"古音义相同互通,因此,"睽"、"瞿"、"矔"、"乖"虽字异音也异,但其意义相近,其内在联系显而易见。

　　○王明钦《概述》:马国翰辑本中有一条:"殷王其国,常毋若谷。"注:"节卦,罗苹《路史注》引作'常毋谷月'。"初读起来,不知所云。秦简《归藏》有"昔者殷王贞卜其邦尚毋有咎"之语,两相对照,我们不难发现,传本佚文讹误过甚。"国"原应作"邦",是汉代为避汉高祖刘邦之讳而改;"殷王"之后脱一"筮"字,"常"为"尚"之借字;而"谷"与"咎"、"月"与"有"字形皆有共同之处,"谷月"应是"咎有"之误。"殷王其国,常毋谷月"应为"殷王筮其邦,尚毋有咎"。秦简中表示不吉的卦辞除"咎"之外,也有"吝",且两者之意义似无区别。此外,传本将该筮辞归于"节"卦,而秦简则在"蠢"卦之中,秦简另有"节"卦,其卦画、卦名皆与《周易》相同,筮辞则为武王伐殷之事。我们推测,传本《归藏》在传抄过程中既将卦名抄错,又将"殷王筮其邦,尚毋有咎"误为"殷王其国,常毋谷月",以至于面目全非。

　　○李家浩《〈归藏〉考》:"常毋谷目"不词,疑是(1)的"尚毋有咎"之误。"常"从"尚"得声,故"尚"、"常"二字可以通用。"有"与"目"、"咎"与"谷"字形有相似之处。大概是"有咎"先误作"目谷",再倒误作"谷目"。

　　○王辉《校释》:ᣥ矔曰:昔者殷王贞卜其邦尚毋有咎□

　　此卦传本作瞿,乃本字,矔乃其繁化。《周易》作睽。《说文》:"瞿,鹰隼之视也。"徐锴《系传》:"惊视也。"《说文》:"睽,目不相听(桂馥说为视之讹)也。"即二目不能同视一物。不过,睽也训"二目集中视线同视一物"即语言学家说的"正反同辞"。陕西凤翔南指挥秦景公大墓磬884号铭云:"上帝是(寔)睽……"即"上帝专注地看着"。瞿与睽义近。

　　○连劭名《筮书考》:矔曰:昔者殷王贞卜其□尚毋有咎□

　　今本《周易》作"睽"。"矔",当读为"瞿"。《庄子·在宥》云:"崔瞿问老聃曰。"《释文》:"瞿,崔本作矔。"《诗经·蟋蟀》云:"良士瞿瞿。"毛传:"瞿瞿然顾礼义也。"《尔雅·释训》云:"瞿瞿,俭也。"《论语·八佾》云:"礼与其奢也宁俭。"《礼记·乐记》云:"恭俭而好礼。"《贾子·道术》云:"广较自敛谓之俭。"《庄子·徐无鬼》曰:"子綦瞿然喜曰。"《释文》引李注:"瞿然,惊视貌。"引《字林》云:"瞿,大视貌。"《素问·玉机真藏论》云:"帝瞿然而起。"王注:"瞿然,忙貌。"瞿通惧,《说文》云:"惧,恐也。"《礼记·中庸》云:

道也者,不可须臾离也,可离非道也。是故君子戒慎乎其所不睹,恐惧乎其所只闻。

君子知礼,故常怀戒慎之心,惟恐失礼,如《周易·乾》九三所云:"君子终日乾乾,夕惕若厉,无咎。"

卦上离为明,下兑为常,《周易·说卦》云:"兑为常。"《老子·道经》第十六章云:"复命曰常。"

〇蔡运章《解诂》:王家台秦简《曘》卦文为:

"☲《曘》曰:昔者殷王贞卜其□,尚毋有咎?……"

这是《归藏易》里《曘》卦的残辞。清马骕《绎史》卷十四、马国翰《玉函山房辑佚书·归藏》辑《瞿》卦佚文曰:

"瞿有瞿有,觚宵梁为酒。尊于两壶,两羭饮之,三日然后稣。土有泽,我取其鱼。"

郭璞《尔雅·释畜》"牡羭"注:"黑牸也。《归藏》曰:'两壶、两羭'。"邢昺疏:"此《归藏·齐母经》'瞿有'之文也。"马国翰案:"考《西溪易说》引《归藏》有《瞿》,此即《瞿》卦爻辞也。"因"曘"本"瞿"字别体,故知秦简《曘》卦残辞与《瞿》卦佚文当属同卦之辞。

秦简《归藏》卦辞里涉及"殷王贞卜"的《渐》、《龡》两卦之辞,均为"昔者殷王贞卜其邦,而枚占于巫咸。巫咸占之曰:'吉'"云云,其后是验辞。而《曘》卦残辞的求卜者和占问之事,都与《渐》、《曘》两卦相同。这样,我们依照《归藏》卦辞的体例,可以对《曘》卦之辞做出四点推测:

1.《曘》卦之辞"其"后当残失"邦"字。

2.《曘》卦的贞卜者可能也是巫咸。

3.《瞿》卦佚文"瞿有"云云,当属验辞。

4.因验辞"瞿有"云云含有吉祥之义,故知该卦的断辞为"吉"。

因此，我们将秦简《瞿》卦残辞与传本《归藏·瞿》卦佚文相缀合，并参照秦简《渐》、《螽》两卦之辞，推测这则易卦的全文应为：

"☲《瞿》曰：昔者殷王贞卜其［邦］，尚毋有咎？［而枚占于巫咸。巫咸占之曰：吉］。瞿有瞿有，觚（孤）宵梁（粱）为酒。尊于两壶，两瓙饮之，三日然后稣（苏）。土有泽，我取其鱼（渔）。"

兹将《瞿》卦全文释读如下：

"☲"是筮数，当隶定为"一六一六一一"，可译为《归藏易》里《兑》☱下、《离》☲上的《瞿》☲卦。

"瞿"，卦名。传本《归藏》作"瞿"，今本《周易》作"睽"，帛书《周易》作"乖"。"瞿"，同瞿。《礼记·檀弓下》："公瞿然失席。"《经典释文》："瞿，本又作惧。"《汉书·惠帝纪》："闻叔孙通之谏则惧然。"颜师古注："惧读瞿。"《老子》第七十四章："奈何以死惧之。"汉帛书《老子》乙本"惧"作"瞿"，可以为证。《说文·佳部》："瞿，鹰隼之视也。"《庄子·徐无鬼》陆德明《经典释文》引《字林》说："瞿，大视貌。"《说文·目部》："睽，目不相视也。"《一切经音义》卷一引《广苍》："睽，目少精也。"是"瞿"、"睽"皆有"视"义。《周易·蒙》："见金夫。"虞翻注："兑为见。"《周易·说卦传》："离为目。"《周易·睽》虞翻注："离为见。"《周易·序卦传》："睽，乖也。"《周易·睽》郑玄："睽，乖也。"这说明"瞿"、"瞿"、"睽"、"乖"的含义相通，当为同卦之异名。

"瞿有瞿有"：

"瞿"，《庄子·徐无鬼》："子綦瞿然喜曰。"《经典释文》："瞿然，惊视貌。""瞿"，通作惧。扬雄《方言》卷十三说："惧，惊也。"《说文·心部》："惧，恐也。"是"瞿"有惊恐之义。"有"，《国语·鲁语上》："共工氏之伯九有也。"韦昭注："有，域也。"《荀子·王霸》："内不修正其所以有。"杨倞注："有，土地财货也。"《列子·说符》："羡施氏之有。"张湛注："有，犹富也。"是"有"为富饶的疆土之义。此句与《诗·硕鼠》"乐土乐土"、《诗·采苓》"采苓采苓"的语法相同，为惊恐啊富饶的疆土之义。"有"，通作友。《论语·学而》陆德明《经典释文》："有，本作友。"《周易·损》六三："则得其友"。虞翻注："兑为友。"

"觚宵梁为酒"：

"觚"，通作孤。《尔雅·释地》："孤竹。"《经典释文》："觚，本作孤。"可以为证。《礼记·曲礼下》："自称曰孤。"《吕氏春秋·士容》："南面称寡。"高诱注："孤、寡,谦称也。"同书《君守》："君名孤寡而不可障壅。"高诱注："孤、寡人,君之谦称也。""宵",《方言》卷十三说:"宵,使也。"《汉书·刑法志》集注引孟康曰:"宵,化也。""梁",通作粱。《素问·通评虚实论》："守肥贵人则高梁之疾也。"王冰注:"梁,粱字也。"同书《生气通天论》:"高梁之变。"王冰注:"梁,粱也。"是其佐证。《说文·米部》:"粱,米也。"《汉书·霍去病传》集注:"粱,粟类也,米之善者。"《齐民要术》卷一引杨泉《物理论》:"粱者,黍稷之总名。"这句是说我把黍稷酿造成美酒。此卦六三、九四、六五爻可互为《坎》☵,《周易·坎》六四:"樽酒簋。"虞翻注:"坎为酒。"

"尊于两壶":

"尊",同樽。《仪礼·士冠礼》郑玄注:"置酒曰尊。"《左传·昭公十五年》:"樽以鲁壶。"《周礼·司尊彝》郑司农注作"尊以鲁壶"。孔颖达《尚书·分器序》疏:"盛酒者为尊。""壶",酒器名。《周易·睽》上九:"后说之壶。"虞翻注:"坎,酒在中壶之象也。"这句是说把美酒盛放在两个壶里。

"两羭饮之":

"羭",《说文·羊部》:"羭,夏羊牡者曰羭。"《尔雅·释兽》:"牡羭。"郭璞注:"羭,黑牝也。"《左传·僖公四年》:"初,晋献公欲以骊姬为夫人,卜之,不吉;筮之,吉。……且其繇曰:'专之渝,攘公之羭。'"杨伯峻注:"羭,公羊也。此喻专心宠幸之则将生变,而夺去公之牡羊。牡羊自是借辞,指代申生等。"《周易·说卦传》:"兑为羊。"《周易·蒙》初六:"利用刑人。"虞翻注:"离火,为恶人。"《周易·屯》:"匪寇婚媾。"虞翻注:"坎为寇盗。"《周易·说卦传》:"离为戈兵。"是此卦有刑人、恶人、寇盗、戈兵之象。故这里的"两羭"当是隐喻商王朝内谋图作乱的寇盗和恶人。

"三日然后稣":

"三日",《后汉书·黄琼传》:"无恨三泉。"李贤注:"三数之极。"《论语·先进》:"南容三复白圭。"刘宝楠《正义》:"古人言数之多,自三始。"故"三日"为时日长久之义。"稣",《广雅·释诂》:"稣,生也。""稣",通作苏。《尚书·仲虺之诰》陆德明《经典释文》:"苏,本作稣。"可以为证。《淮南子·时则训》:"蛰虫始动苏。"高诱注:"苏,生也。"《周易·震》:"震苏苏。"虞翻注:"死而复生称苏。"是"稣"有苏醒之义。此句比喻谋图作乱的寇盗恶人，遭受打击后长时间才得以复苏。

"士有泽"：

"士"，《诗·文王》："殷士肤敏。"毛传："殷士，殷诸侯也。"《礼记·射义》："所以择士也。"郑玄注："士谓诸侯朝者诸臣及所贡士也。"《左传·襄公三十六年》："晋士起。"杜预注："士，礼诸侯大夫入天子国称士。"故这里的"士"当指商王朝的诸侯国。"泽"，《说文·水部》："泽，光润也。"《孟子·离娄下》："君子之泽。"赵岐注："泽者，滋润之泽。"《楚辞·大招》："施苏泽只。"蒋骥注："泽，膏脂也。"故"士有泽"犹"君子之泽"，是指商王朝诸侯国的贡纳、膏脂之义。《周易·说卦传》："兑为泽。"

"我取其鱼"：

"我"，殷王。"取"，《说文·又部》谓"捕取也"。孔颖达《仪礼·乡饮酒礼》疏："尊者得卑者物言取。""鱼"，通作渔。《周易·系辞传下》："以佃以渔。"《经典释文》引马融注："取鱼曰渔，本亦作鱼。"《说文·水部》："渔，捕鱼也。"《周易·大壮》九三："君子用网罔。"虞翻注："离为罔。"《周易·系辞传下》："作结绳而为网罟，以佃以渔，盖取诸离。""离"为网罟，可以捕鱼。这里的"渔"当泛指诸侯国的贡品。

由上所述，这则易卦的大意是说：筮遇《瞿》卦，说：昔日商王占问他的国家，有没有祸忧？因而请巫咸来筮占。巫咸筮占后说："大吉。惊恐啊富饶的土，我把黍稷酿成酒。盛在两个大壶里，两只黑牝喝个够，多日过后才复苏。诸侯有沼泽，我把鱼网收。"值得注意的是，句中的验辞属韵语，有、酒为韵（之、幽合韵），壶、稣、鱼为韵（鱼部），读起来朗朗上口，具有散文诗的特征。

○**王宁《辑校》**：马曰：黄宗炎曰："瞿当属观。"案：《西溪》引已有观，朱太史彝尊《经义考》以反对为义，谓瞿在散家人之前，则睽也。○宁按：秦简本作"瞿"，即睽卦。有瞿有觚，宵粱为酒，尊于两壶。两羭饮之，三日然后苏。士有泽，我取其鱼。马曰：《尔雅·释兽·羊属》郭璞注引《归藏》"两壶两羭"，邢昺疏："此《归藏·齐母经》'瞿有'之文也。案彼文"云云，考《西溪易说》引《归藏》卦名有"瞿"，此即瞿卦爻辞也，邢昺谓"瞿有"之文恐非。○宁按：邢疏以"瞿有"为卦名固误，其云"两壶两羭"则断句亦不当。此爻以觚、壶、苏、鱼为韵(鱼部),皆为韵语,观此条爻辞,则《齐母经》之爻辞形式大略可知。"有瞿有觚"相当于《周易》之"睽孤"。"羭"当作"偷","两羭(偷)饮之,三日然后苏"谓其两壶酒两次窃取而饮之,醉三日然后方苏醒。

○王化平、周燕《秦墓》:

四、殷王贞卜

A.瞿曰:昔者殷王贞卜其□,尚毋有咎……(睽卦)

按:瞿,传本《归藏》作"瞿"。《周易》有睽卦。"睽"上古音是溪母脂部,"瞿"是群母鱼部,两字同属牙音,为旁纽双声,有通假的可能性。王辉先生认为"瞿"与"睽"是近义字,亦可从。其实《周易》睽卦中,除四、上两爻外,其余四爻之爻辞均含有惊视之义。简文用"瞿"表明它在编写时受到了《周易》卦爻辞的影响,它的成书时间应在《周易》之后。另外,A中"其"字之后的缺文当是"邦"字。

○朱兴国《全解》:瞿　曰:昔者殷王贞卜亓□尚毋有咎/

离上兑下。离王则兑胎。

瞿,秦简原字从目从瞿,即"瞿"。传本《归藏》作"瞿"。《说文解字》:"瞿,鹰隼之视也。"《礼记·玉藻》:"视容瞿瞿。"《礼记集说》:"瞿瞿,惊遽之貌。"离为目(《说卦》)、兑为惕(《周易·乾·九三》《周易·夬·九二》)、兑为戒(《周易·小过·九四》《周易·既济·六四》),戒惕之目,故曰"瞿"。

瞿卦三至五爻为坎,坎为殷,故言及殷王。

《竹书纪年》曰:"盘庚即位,自奄迁于北蒙,曰殷。"(《水经·洹水注》)《汲冢古文》云:"盘庚自奄迁于北蒙,曰殷虚。南去邺州三十里。"(《史记·项羽本纪》索隐)坎为北(秦简《归藏·夜》)、坎为蒙,北蒙,故坎为殷。坎为幽谷(《周易·困·初六》),故坎为蒙。

○王宁《补释》:"瞿"、"睽"虽然见溪旁纽双声,但是鱼部与脂部较悬隔。李学勤先生指出可能是金文中"睽"字的误释,因为金文中"睽"字的写法是上明下癸(见《大簋》),与"瞿"字形近,这个看法当是正确的,《睽土父鬲》的"睽"则写作"蜼",与"瞿"字形的确很近。

○陈丽红,倪天睿《瞿觚》:一、《瞿》卦与《瞿有》卦

虽则传本《归藏》所列六十四卦中有卦名曰"瞿",但因传本乃辑佚所得,

《归藏》其书又距今远矣,后人未知其详细,故因"瞿有瞿有"之重叠结构,多有歧义,而文献又多引"瞿有",将二字视为一体,因此造成卦名的多种解读。邢昺《尔雅疏》:"云'两壶两鍴'者,《齐母经》'瞿有'之文也。"如此,则此卦当名之为《瞿有》。又丁晏《左传杜解集正》卷三:"《尔雅疏》引《归藏·齐母经》曰:'瞿有觓宵粱为酒。'"其引邢昺疏中所言,但缺"瞿有"二字,可见丁晏也认为该卦名为《瞿有》。再则,洪颐煊《经典集林》卷一《归藏》:"案,疏云《齐母经》'瞿有'之文也,'瞿有',卦名。"严可均《全上古三代秦汉三国六朝文》上古三代文卷十五:"《尔雅·释畜》注、《释畜》疏云:'《归藏·齐母经》之文也','瞿有',卦名。"顾景星《黄公说字》亥集卷四十二曰:"按,《归藏·齐母经》'瞿有'辞曰",亦认为其为《瞿有》。罗愿《尔雅翼·释兽六》曰:"'两壶两鍴'者,《齐母经》'瞿有'之文也。"林昌《衣讔山房诗集》:"《瞿有》:瞿有瞿有觓。"以上是认为卦名为《瞿有》之记载。

传本《归藏》一书列六十四卦之名,其一名《瞿》;马国翰于《齐母经》后注曰:"考《西溪易说》引《归藏》卦名有《瞿》,此即《瞿》卦爻辞也,邢昺谓'《瞿有》之文'恐非。"黄畿《皇极经世书传》卷三言:"《归藏》用四十五策,卦名如:《坤》为《奭》,《坎》为《荦》,《震》为《釐》,《需》为《溽》,《无妄》为《母亡》,《随》为《瞿》,《剥》为《仆》,《咸》为《钦》之类。"将《周易》之卦与《归藏》进行对照,认为《周易》之《随》卦乃为《归藏》之《瞿》卦,其两卦对照得是否正确暂且不论,但很明显书中认为《归藏》中有卦名《瞿》。又孔广森《经学卮言》:"今按《归藏》卦名,以《睽》为《瞿》,其繇曰:'有瞿有觓。'"孔亦以《周易》与《归藏》相较,认为《周易》之《睽》卦乃《归藏》之《瞿》卦,其《睽》虽与《皇极经世书传》之《随》不一,但《归藏》中有卦名《瞿》的看法是与之相一致的。此为认定其卦名《瞿》之记载。

据《周礼·春官》:"太卜掌三易之法,一曰《连山》,二曰《归藏》,三曰《周易》,其经卦皆八,其别皆六十四。"尽管《归藏》没有如《周易》一般完全流传下来,但它当是与《周易》相类的先人筮书,其文本书写、卜筮之用应与《周易》相异不大。考《周易》卦辞之中包含有卦名的有《履》卦与《同人》卦,《履》:履虎尾,不咥人,亨。"履"字重。《同人》:同人于野,亨,利涉大川,利君子贞。"同人"二字重。因此传本《归藏·齐母经》"瞿有瞿有觓宵粱为酒"类上之二卦,存在以"瞿有"为卦名的可能。然而,若以"瞿有"为卦名,或可与《归藏》之《大有》相对,类《归藏》之《大毒畜》与《小毒畜》,《周易》之《大过》与《小过》《大畜》与《小畜》《既济》与《未济》,然"瞿"字未有"小""少"之意,故"瞿有"与《大有》不相对。

刘德银在王家台秦墓的发掘报告中对出土竹简如此介绍:"其体例都均以易卦开头,随后是卦名及解说之辞。卦画都是以'一'表示阳爻,以'六'或'八'表示阴爻。"王明钦在《王家台秦墓竹简概述》中所言更为详细:"秦简《归藏》的体例非常格式化,首先是卦画,接着是卦名,卦名之后以'曰'连接筮辞,筮辞皆'昔者某人(请求贞卜人名)贞卜某事而攴(枚)占某人(筮人名),某人(筮人名)占之,曰:吉(或不吉)',其后便是繇辞,繇辞多用韵语,最后是占卜的具体结果(利作某事,不利作某事,何时何方不吉等)。"简列秦简《归藏》五条如下,试看其体例与行文:

少督曰:昔者□小子卜其邦尚毋有咎而枚□

同人曰:昔者黄帝与炎帝战□□,巫咸,巫咸占之曰果哉而有咎□□

丰曰:昔者上帝卜处□□而枚占大明,大明占之曰:不吉□臣左月右豊左月右豊牝□雉雉□

瞿曰:昔者殷王贞卜其邦尚毋有咎□

节曰:昔者武王卜伐殷而攴占老=。耆=占曰:吉。□

依王所述,上述五则所列为《少督》《同人》《丰》《瞿》《节》五卦。其中的《少督》与《瞿》,王辉认为乃今本《周易》的《小畜》与《睽》,传本《归藏》的《小毒畜》与《瞿》,"瞿"为本字,"瞿"乃其繁化。因此秦简《归藏·瞿》卦即传本《归藏》六十四卦中之《瞿》卦,传本《归藏》中的《瞿》卦之名应当是没有异议的。

传本《归藏·郑母经》有文为:"《明夷》曰:'昔夏后启筮:乘飞龙而登于天,而枚占于皋陶,陶曰:"吉。"'"其中,《明夷》为今本《周易》一卦名,秦简《归藏》亦有此卦名,故"明夷"二字在传本《归藏·郑母经》中乃卦名无疑,没有他义。依此,既然传本《归藏》中存在卦名前置、爻辞随后的体例,那么在已有卦名曰《瞿》的前提下,《归藏·齐母经》条文的首字"瞿"当如"明夷"一般作为卦名用之,则《归藏·齐母经》之"瞿有瞿有觚,宵粱为酒,尊于两壶,两瀚饮之,三日然后苏。士有泽,我取其鱼"的前五字,不应解为"《瞿有》:瞿有觚",而该卦应解为:"《瞿》:有瞿有觚,宵粱为酒,尊于两壶,两瓻饮之,三日然后苏。士有泽,我取其鱼。"其中,觚、壶、苏、鱼为韵(鱼部),读起来如歌如谣,朗朗上口,正如林昌彝《衣讔山房诗集》所言:"绝似古谣。"

二、有瞿有觚

《诗经》之中,"有"字十分常见,如:"有鸣仓庚"(《豳风·七月》),"有栈之车"(《小雅·何草不黄》)等,还有"有瞿有觚"这样"有 A 有 B"结构的句式,"有洸有溃"(《邶风·谷风》),《毛传》:"洸洸,武也;溃溃,怒也。"指人发怒和动武的样子;"有伦有脊"(《小雅·正月》),《诗辑》引《传》曰:"伦,道;脊,理。"即道理;"有严有翼"(《小雅·六月》),《毛传》:"严,威严也,翼,敬也。"指军队威武谨严;"有冯有翼"(《大雅·卷阿》),《毛传》:"道可冯依以为辅翼",郑笺:"冯,冯几也;翼,助也",为辅助之义;"有壬有林"(《小雅·宾之初筵》),《毛传》:"壬,大;林,君",有学者详释:"'壬'之为言,任也,言其盛;'林'之为言,君也,言其大。"壬林即盛大之义。从以上所引诗句之中,可见在结构"有 A 有 B"中,A、B 二字语义相互联系,在使用时针对一个对象,大致表示同一个意思。《经传释词》:"有,状物之词也。若《诗·桃夭》'有蕡其实'是也。有,语助也,一字不成词,则加有字以配之。若虞、夏、殷、周,皆国名,而曰有虞、有夏、有殷、有周是也。"在《庄子·齐物论》中有语曰:"有左有右,有伦有义,有分有辩,有竞有争,此之谓八德。"其中,"左右"与"竞争"甚至成为了现代生活的常用词。因此"有 A 有 B"中的"有"字,没有实际意义,它附加在实词之前,作为节奏助词存在,起补充音节的作用。如此,若去掉没有语义作用的"有"字,"有瞿有觚"就可变形为"瞿觚"。

"瞿"字,上眀下佳,"眀"左顾右盼义,"佳"即鹰隼,表示一只鸟睁大眼睛左顾右盼,《说文》:"瞿,鹰隼之视也,从隹从眀。"《诗经·东方未明》:"狂夫瞿瞿。"《放斋诗说》:"瞿瞿,左右视也。"后引申出瞪眼惊视、慌张之下左右张望之义。《庄子·徐无鬼》:"子綦瞿然喜曰。"成疏:"瞿然,惊视貌",郭庆藩案:"此'瞿然'与《庚桑楚》篇'矍然'皆惊骇之貌。瞿,《说文》作眀,云举目眀然也。"《荀子·非十二子》:"吾语汝学者之嵬容:其冠絻,其缨禁缓,其容简连;填填然,狄狄然,莫莫然,瞡瞡然;瞿瞿然,尽尽然,盱盱然。"杨倞注:"瞿矍,瞠视之貌。"《说文假借义证》:"《释文》'瞿,本作瞿。'是瞿为瞿之假借。"瞿,《说文》:"隹欲逸走也,从又持之,瞿瞿也。"《周易·震》上六:"震索索,视瞿瞿。"孔颖达疏:"瞿瞿,目不专之容。"《程传》:"瞿瞿,不安定貌。"《集说》:"两目左右顾而不定貌。"

"觚"字,《说文》:"觚,乡饮酒之爵也。一曰:'觞受三升者谓之觚。'"此即酒器之义。《庄子·大宗师》:"其觚而不坚也。"《释文》引崔注曰:"觚,棱也。"即有棱角的器物。《淮南子·主术》曰:"操其觚,招其末,则庸人能以制胜。"许慎注曰:"觚,剑柎。"即剑柄义。但《系辞》曰:"圣人设卦观象,系辞焉而明吉凶","易者,象也"。学界目前多认为《归藏·瞿》卦就是今本《周易·睽》卦,观《睽》卦之象,下兑(☱)上离(☲),互卦则下离上坎(☵),其中,坎为酒,对应《齐母经》文"宵粱为酒";王肃《周易注》曰:"离大腹似壶。"《说卦传》曰其:"于人也为大腹",离卦中虚,可容物,于人为腹,作物或为容器,双离则为双壶,即是"尊于两壶"文;兑为羊为泽为口,对应"两羭饮之""士有泽"文。觚有酒器之义,此义于文中与卦象"离大腹似壶"是相通的,酒器与壶皆为容器,可装盛液体,"觚"所装盛的就是其后文的"宵粱为酒",所以"觚"字在《齐母经》中应当作酒具理解。

传本《归藏·齐母经》条文描述的大概是这样一件事:酿酒人看见空荡荡的酒具时惊讶极了,左右张望寻找,原来用黄粱酿的两壶酒,都被两头母羊喝了,它们醉了整整三日才醒过来。士有一片湖泽,我可从其中取鱼。"两羭"喝了我的酒,"我"从"士"的湖泽中取鱼,各有所得。物事与人事虽然相应,但描述的事情颇为稀奇怪异。

《睽》卦外卦为离,互卦下离,离可象目,双离即双目,"卦三至五两目相背,相背则视乖"。《说文》:"睽,目不相视",即两只眼睛不是集中视线看向同一处,与"瞿"字义相近,今本《周易》以"睽"字表象,传本《归藏》以"瞿"字表象,表"两目相背"之象。《序卦传》:"睽,乖也",乖即背离、反常,《睽》卦上离(☲)下兑(☱),《集解》引虞翻曰:"离火炎上,泽水润下。"《象传》:"火动而上,泽动而下。"火势向上,水润地下,二者朝向相反,上下乖违。而从觚的外观来看,觚作为商周时代的酒器,一般中部较细,口部、底部粗大,假若以觚的外形作喻,将窄细的中部视为事物发展的起始状态,那么粗大的口部与底部则可作事物发展的两端,由细到粗,两端相背而行,渐行渐远,与火上水下的趋势相近。因此,以瓠形为喻,也可象"乖"义,此种象征意义性质的文辞,在今本《周易》中有两处,《豫》卦九四"盍簪"与《剥》卦六五"贯鱼",其使用可谓异曲同工。

如此,"瞿""瓠"皆合卦象,又可象"乖"义,在条文中表达的意义相近,"瞿瓠"二字表反常之意,但被添"有"字写作"有瞿有瓠",再加之前有卦名"瞿"字,于是变作"瞿有瞿有瓠"。因"瞿有瞿有"的重叠结构,诸多典籍将此条文字载为"瞿有"文,又因此致使许多学者误认"瞿有"作卦名。据上,传本《归藏·齐母经》之文最初实应为:《瞿》:"瞿瓠,宵粱为酒,尊于两壶,两羭饮之,三日然后苏。士有泽,我取其鱼。"

三、《归藏·齐母经》与《睽》卦

"瞿"与"睽"相通,而今本《周易·睽》卦有爻辞"睽孤","孤"字在楚简《周易·睽》中作"佤",廖名春先生分析认为:今本"孤"为楚简佤的借字,佤为从人瓜声,今本"孤"为从子瓜声,其中人和子义近,作偏旁可以通用,他指出与"乖"义同,可训为"离绝",也就是分离、乖背,与"睽"属于复辞同义,所以"睽孤"即"睽乖"。并且《汉书·五行志》引《京房易传》:"'睽孤,见豕负涂',厥妖人生两头。"颜师古注:"'睽孤',乖刺之意也。"因而,"瞿瓠""睽孤"其实同义。故传本《归藏·齐母经》之"瞿瓠"其实相当于今本《周易·睽》卦的"睽孤"。

今本《周易·睽》卦上九爻辞:"睽孤,见豕负途,载鬼一车,先张之弧,后说之弧。匪寇,婚媾。往遇雨则吉。"《睽》卦下《兑》上《离》,互卦乃下《离》上《坎》,而《坎》又为豕,从传本《齐母经》以《兑》为羊"两羭饮之"到今本《周易·睽》卦以《坎》为豕"见豕负途",取象不同,文辞有异,但是辞皆由卦象而出。文辞相异的背后,应当是不同的人对卦象的不同理解,但其中仍然反映出二者之间的变化与联系。

传本《归藏》的六十四卦中,《瞿》卦无辞只一卦名,其字已经是"曜"字简化后的字形。秦简之《曜》、传本之《瞿》、今本之《睽》,这是三者卦名之间的不同。秦简《归藏·曜》卦条文记载的是殷王为国卜筮的情况(曜曰:昔者殷王贞卜其邦尚毋有咎□。)传本《归藏·齐母经》条文(瞿:有瞿有瓠,宵粱为酒,尊于两壶,两羜饮之,三日然后苏。士有泽,我取其鱼。)只是平白地叙述了两件事情,已经与秦简所载的古史人物卜筮的例子大不相同。在今本《周易》三百八十六条爻辞中,大约三百三十条爻辞中有"吉""凶""悔""吝""利""勿""厉""眚""亡""灾""有喜""亨""誉"等对事件结果作出了指向性评价的断占之辞,但也有数条仅描述事件、不作是非判定的爻辞,如《井》卦初六:"井泥不食,旧井无禽",《中孚》卦九二:"鸣鹤在阴,其子和之;我有好爵,吾与尔靡之"。由此观之,传本《归藏·齐母经》文辞所表达出的象征意义与今本《周易》部分文辞的行文风格一致,以人、物、事件为象征,具有一定的解释空间,意义可进可退。这是三者文辞风格之间的差异与相同。而传本《归藏》中既有《齐母经》这样具有象征性意义的条文,也多荒诞怪异的神话传说及古史人物事例,其中文辞产生时间的上限与下限相当长,文本形成不在一时,因此对于传本《归藏·齐母经》文辞的理解,依然有赖于更多的《归藏》资料出土及讨论。

○太然《瞿卦》:此卦全文可能為:

瞿,昔者殷王貞卜其邦,尚毋有咎,而枚占巫咸,巫咸占之曰:吉/不吉。有瞿有觚,宵梁為酒,尊於兩壺,兩羜飲之,三日然後蘇。士有澤,我取其魚。

卦名之"瞿"含義可能為"驚懼",此處"殷王"具體指何人比較難以斷定,因為此句占卜者"巫咸"很可能是巫咸神而非商太戊為政時大臣巫咸,所以年代跨度相當大,難以斷定是否為太戊,或者後世殷王。繇辭"有瞿有觚"中的"瞿"可能為"罍"字的誤寫,"罍"乃是一種盛酒器;"觚"也是酒器。"宵梁為酒"中的"宵梁"可能為地名,如"小梁";或"宵梁"實際上是"宵"通"小","梁"為"粱","宵梁酒"即是小高粱酒,或者"宵梁酒"就是一個專有名詞,如袁枚等人詩詞文中所引用;或"宵梁酒"為"桑落酒"之音轉。"尊於兩壺"即字面之意,將"宵梁酒"放置於兩個壺中,而自古至今我國許多禮俗中都會專用兩壺酒來操辦祭儀,"兩壺"之說並非空穴來風。"兩羜飲之"則是有兩隻黑羊飲酒,而用酒結合羊祭祀也是古來自有,且黑羊之用也可追溯到殷商時期,甚至到近現代為止依舊有用酒澆羊或喂羊再祭祀的禮儀。"三日后蘇"最可能指三日后方甦醒,也有可能指三日后戰慄抖動,正與"瞿"之驚懼意相對。"士有澤"中的"澤"可能是指古代取士之"澤宮",也可能指廣袤水澤,"我取其魚"可能與射禮或"薦魚"、"嘗魚"之禮相關。所以整段繇辭的含義大致可能為：以罍和觚兩種酒器，用宵梁做酒，放置於兩個壺中，后有兩隻黑羊飲下，三日之後方才甦醒（三日之後才有反應，戰慄顫抖）。諸侯所獻貢士在澤宮，我（天子）引弓射魚。（士有一水澤，我捕取水澤中魚。）這其中背景筆者認為涉及了大量的祭祀與禮俗習慣，并將其融入了繇辭當中。

　　按：据卦画当对应《周易》睽卦，辑本《归藏》作"瞿"，学界意见或认为"瞿""睽"通假，或认为形近而讹。笔者同意形讹说，"瞿""睽"二字古音相差较远，且缺乏通假例证，因此，如李学勤、王宁所言，当是"矍"字讹为"瞿"，又繁化为《归藏》简之"曜"。

　　辑本《归藏》有："节：殷王其国，常毋若谷。"罗苹《路史注》引作"常毋谷月"。王明钦《概述》："辑本佚文讹误过甚。'国'原应作'邦'，是汉代为避汉高祖刘邦之讳而改；'殷王'之后脱一'筮'字，'常'为'尚'之借字；而'谷'与'吝'、'月'与'有'字形皆有共同之处，'谷月'应是'吝有'之误。'殷王其国，常毋谷月'应为'殷王筮其邦，尚毋有吝'。秦简中表示不吉的卦辞除'咎'之外，也有'吝'，且两者之意义似无区别。此外，辑本将该筮辞归于'节'卦，而秦简则在'螽'卦之中，秦简另有'节'卦，其卦画、卦名皆与《周易》相同，筮辞则为武王伐殷之事。我们推测，辑本《归藏》在传抄过程中既将卦名抄错，又将'殷王筮其邦，尚毋有吝'误为'殷王其国，常毋谷月'，以至于面目全非。"李家浩《〈归藏〉考》指出，《四库备要》本《路史》作"常毋谷目"，当为"尚毋有咎"，"有"与"目"、"咎"与"谷"形近，"有咎"先误作"目谷"，再倒误作"谷目"。

　　王明钦、李家浩二说为是。"尚毋有咎"或"尚毋有咎"在《归藏》简文中出现次数、位置以及"咎"与"吝"意义之区别参见前文"少督"卦注。王辉《校释》："'咎''吝'下皆有口，《说文》吝之古文作'𠳵'，郭店简咎字作'𠳵'，字形接近，容易混用。"备一说。

　　辑本《归藏》有瞿卦佚文曰："瞿有瞿有，觚宵梁为酒。尊于两壶，两羭饮之，三日然后穌。士有泽，我取其鱼。"蔡运章《解诂》："我们将秦简《曜》卦残辞与传本《归藏·瞿》卦佚文相缀合，并参照秦简

《渐》《蛊》两卦之辞,推测这则易卦的全文应为:'《瞿》曰:昔者殷王贞卜其[邦],尚毋有咎?[而枚占于巫咸。巫咸占之曰:吉]。瞿有瞿有,觚(孤)宵梁(粱)为酒。尊于两壶,两瀚饮之,三日然后稣(苏)。士有泽,我取其鱼(渔)。'"王宁《辑校》:"秦简本作'瞿',即睽卦。有瞿有觚,宵梁为酒,尊于两壶。两瀚饮之,三日然后苏。士有泽,我取其鱼。……'两壶两瀚'则断句亦不当。此爻以觚、壶、苏、鱼为韵(鱼部),皆为韵语。"陈丽红等亦持此说。

辑本瞿卦佚文属韵语类繇辞,根据押韵情况,当断为:"有瞿有觚,宵梁为酒。尊于两壶,两瀚饮之,三日然后稣。士有泽,我取其鱼。"原文第一个"瞿"字当为卦名,不属于繇辞内容。

简文释作:☲ 瞿曰:昔者殷王贞卜亓(其)[邦]尚毋有咎□

卦二七:☲ 散曰昔者□□□卜□散实而攴占大＝□

○**李学勤《小记》:**《家人》卦,简文作《散》,辑本作《散家人》,这应该是由于《散》即《家人》,后人于卦名下注记,于是混进正文。

○**王辉《校释》:**☲ 散曰:昔者□□□卜□散实而枚占大大□

此卦传本作散家人,帛书及今本《周易》作家人。黄宗炎曰:"家人为散家人,则义不可考。"今按此卦下离上巽,离为火,巽为风,《家人》象曰:"风自火出,家人,君子以言有物而行有恒。"以内风外火喻家事由内影响至外;《说卦》云:"天地定位,山泽通气……雷以动之,风以散之……"原本可能有风之吹散及家事由内影响至外两种含义,因名散家人。也可能传本承简本之散,又注明此即《周易》之家人,"家人"2字乃注文而误入正文者。

○**连劭名《筮书考》:**散曰:昔者□□□卜□散实而攴占大夫□

今本《周易》作"家人"。"家人"如言"庶人",《左传·哀公四年》云:"公孙翩逐而射之,入于家人而卒。"《史记·栾布列传》云:"始梁王彭越为家人时,尝与布善。"《汉书·惠帝纪》云:"有两龙见兰陵家人井中。"颜注:"家人,言庶人之家。"古代礼不下庶人,刑不上大夫,"散"者,无礼之义,《荀子·修身》云:"庸众驽散。"杨注:"散,不拘检者也。"《礼记·乐记》云:"马散之华山之阳。"郑注:"散,犹放也。"卦上巽为风,下离为分,皆有放散之义。

庶人即民，又称氓或萌，《荀子·礼论》云："人有是，士君子也，外是，民也。""是"指礼，杨注："民，氓无所知者。"《春秋繁露·深察名号》云："民者，瞑也。"《贾子·大政》下云："夫民之为言萌也。萌之为言也，盲也。"氓，散义近，《后汉书·黄琼传》李注："散，谓不精明。"

　　○**王明钦《试论》**：王家台秦简中，"大明"、"荧惑"都出现过，"耆老"写作"老考"，其文例如下：

333　▢曰：昔者禹卜食散实而支（占）大明，占之，曰：不吉。散其▢

　　○**王宁《辑校》**：马曰：黄宗炎曰："家人为散家人，则义不可考。"○宁按：秦简本家人卦只作"散"，则知"家人"二字乃薛贞之注文混为正文者。盖薛贞于"散"卦下注"家人"二字，谓此卦即《周易》之家人卦也，传抄误入卦名。

　　○**朱兴国《全解》**：散　　曰：昔者∥□卜□散实而支占大明∕

卦符上爻阙。与秦简《归藏·螣》相对比可知此卦为巽上离下。巽王则离相。

　　散，传本《归藏》作"散家人"，散家人，当读作"散嫁人"。离为女、巽为散（《说卦》《周易·涣》），女散嫁人，故曰"散"，故曰"散家人"。《周易》作"家（嫁）人"。

　　离为大明（秦简《归藏·豐》），故曰枚占于大明。

　　○**王宁《补释》**：散，传本《歸藏》也作"散"，即《周易》之家人卦，传本《歸藏》原訛作"散家人"，"家人"二字乃注文誤拼入卦名者，非是三字卦名也。"散"與"家人"差距甚大，很難說是音同或音近假借。王輝先生根據卦象認為"原本可能有風之吹散及家事由内影響至外兩種含義，因名散家人"，同時他又認為"也可能傳本承簡本之散，又注明此即《周易》之家人，'家人'2字乃注文而誤入正文者。"

　　首先，筆者是不信以卦象或字義之解釋，因為其他卦名均為音同或音近假借，此散卦也不當例外。其次，王明欽先生在《概述》一文中引散卦卦辭云："昔者禹卜飤散實而支占大明"，"飤散實"殆謂以"散實"為糧，因此我們知道"散實"是一種可食的東西，《歸藏》這個卦名很可能是作"散實"而簡省為"散"的，就象它把"大有"簡省為"右"、將"筮蓋（噬嗑）"簡省為"筮"一樣。但是，我們遍檢先秦、秦漢典籍，並無"散實"這樣的詞彙，自然也沒有一種叫

"散實"的食物,所以它很可能是發生了誤字現象,也就是說"散實"之名應當是由"家人"這個名稱訛變而來的。其中的一個證據就是"實"、"人"音義并近,"實"古音船紐質部,"人"日紐真部,船日旁紐雙聲、質真對轉疊韻,讀音相近;古人把瓜果稱"實",莊稼的籽粒也稱"實",而後世也稱為"仁","人"、"仁"古字音同通用,故疑後來口語中的"仁"乃"實"之音轉也。那麼,"散"字很有可能就是由"家"訛誤而來。

我曾在《認識》一文中認為"散"古本作"㪔",它可能是"麻"字之誤,因為"麻"楚文字中也寫作"𪎮"(上博一《緇衣》14簡),而"㪔"古文也寫作"𢿒"(《古文四聲韻》卷四引《古老子》),二者字形很近,故"㪔實"即"麻實",麻乃古代的六穀之一,其籽可食。不過這個看法可能不准確。

蓋金文中的"散"寫作"𣂑"(五祀衛鼎),從竹從月從攴,它和中山王壺的"𥳑(簡)"字作"𥳑"者構形很像,這個"簡"字,《金文編》認為是"從竹從𨳍省,𨳍為古文閒"。從字形上說,它是從竹從外,是"簡"字的一種簡構。《說文》所收古文"閒"作"𨳩",其門中所從者當是"外"之形變,朱駿聲《說文通訓定聲》說它"古文從門從外",黃錫全先生指出:"(閒)古璽從外作'𨳍'(璽彙3215),《說文》古文謁作𨳩。曾姬無卹壺閒作𨳩,此其謁變形。"都是對的。"閒"本應是從月得聲(月元對轉),西周金文中"外"字寫作"𠔃"(靜簋),從月從卜;戰國時期寫作"𗴺"(外卒鐸),從夕從卜,當是後起的寫法。林義光先生指出"夕、月初本同字,……後分為二音,始於中加一畫為別,而加畫者乃用為本義之月,象月形者反用為引申義之夕。"按:"夕"字古音在鐸部,當是由"月"音轉而然,鐸月二部古通轉疊韻也。"外"字古音疑紐月部,自當是從月聲,"閒"從月聲,自然也可以從外聲。郭店簡《老子》甲本23簡"天地之間"的"間"寫作"𤕦"("閒"、"間"古字通用),應當是由"外"字形變而來,此與中山王壺的"簡"字將"閒"減省為"外"的情況相同,蓋"外"、"閒"古音疑匣旁紐雙聲、月元對轉疊韻,音近固可通假也。"外"和金文"散"的下部很相近,所以,《歸藏》中的"散"很可能就是由此"簡"字形訛而來,也就是說,《歸藏》原文是作"簡"而形訛為"散"的。當然,"簡"、"散"也可能存在音假的可能,因為見紐與心紐、心紐與見紐均可通轉,直接的證據就是《說文》中的"霰"字或作"𩃬",前者從散聲,"散"字心紐;後者從見聲,"見"字見紐。而"簡"本見紐字,故亦有音轉為"散"之可能。

　　由此筆者認為《歸藏》的"散"很可能是由"家"音轉為"果",又音轉為"簡",又形訛或音訛為"散"。爲什麼不說是"家"字直接音轉為"簡"(二字同見紐雙聲、魚元通轉疊韻)?因為先秦典籍中也無"簡實"之名,故"家"不會直接音轉為"簡"。《康熙字典・宀部》"家"下云:"('家')又叶古俄切,音歌。《古雉朝飛操》:'我獨何命兮未有家,時將暮兮可奈何。'又孔臧《蓼賦》:'苟非德義,不以爲家。安逸無心,如禽獸何。'"是以"家"與歌部字叶韻(魚歌通轉),故"家人"在古代口傳中很可能被讀為"果實"("家"、"果"同見紐雙聲、魚歌通轉疊韻音近),"果實"乃古籍中習見之詞語,也是可食之物。《周易・剝卦・上九》:"碩果不食,君子得輿,小人剝廬",此言食果實事,那麼秦簡《歸藏》散卦爻辭所言的"飤散實"很可能就是"飤果實",大約是說禹之時遭洪水,莊稼絕收,要靠采果實為糧以充飢,故而卜此事之吉凶。因為"果"、"簡"古音同見紐雙聲、歌元對轉音近,故又音轉為"簡";比如"裸"字,《周禮・大宗伯・玉人》作"果",而讀若"灌","灌"亦見紐元部。後在傳抄過程中又發生的字形訛誤或聲誤,遂成為"散"。

　　"簡"訛為"散"這個錯誤一定發生得較早,大約在《歸藏》成書不久就有此訛誤,并在傳抄中被繼承,於是就有了"散"為"家人"這個很奇怪的卦名,秦簡本《歸藏》中就有了"散實"這個莫名其妙的食物名。

　　○王宁《二则》:

二、《別卦》中的"連"卦

《別卦》中相當于《周易》家人卦的字如下:

原整理者隸定為"𨲿",認為:

"𨲿,左邊漫漶不清,右邊為'連',應是從連得聲的字。王家臺秦簡《歸藏》作'散'。'散'、'連'同為元部字,聲母一為心母,一為來母,可以通轉。"

但是,如果仔細看看原簡的彩圖就可以看出來,"連"的左邊那一片的顏色比其他部分要淡很多,很象是被刮削過的痕跡,這很可能是寫手本來在這裡寫了個某偏旁,寫完又覺得不妥,所以削去了,只剩下"連"字。但是削除不淨,還殘存下了一豎道,這應該是刮削時墨蹟還沒干,被削刀拖出來的,不是原寫筆畫的樣子。也就是說,抄手認為這裡本來就應該是個"連"字,那個偏旁是錯的或者是多餘不應該有的,所以這個卦名應當徑釋為"連"。

這一卦馬國翰《玉函山房輯佚書》輯本作"散家人",是本自宋代李過的《西溪易說》,"家人"當是原書的註文混入卦名的,其卦名本亦當作"散",與秦簡《歸藏》同。

《說文》:"連,負車也。"段注:

"'連'卽古文'輦'也。《周禮·鄉師》'輂輦'故書'輦'作'連',大鄭讀爲'輦'。巾車、連車,本亦作'輦車'。《管子·海王》:'服連軺輂',《立政》:'刑餘戮民,不敢服絻,不敢畜連。'負車者,人輓車而行,車在後如負也。字從辵車會意,猶輦从車會意也。人與車相屬不絕,故引申爲連屬字。《耳部》曰:'聯,連也。'《大宰》注曰:'古書連作聯。'然則'聯'、'連'爲古今字,'連'、'輦'爲古今字。假'連'爲'聯',乃專用'輦'爲'連'。"

根據段注可知,"連"就是古"輦"字。《說文》又云:"槤,瑚(段本改作胡)槤也。从木連聲。"徐注:"今俗作璉,非是。"段注:

"'璉'當依許從木。據《明堂位音義》本作'四連',《周禮》、《管子》以'連'爲'輦',《韓勅禮器碑》:'胡贊器用',卽'胡連'也。"

根據段注可知,胡璉也作"胡連"、"胡贊","贊"本當是個從貝輦省聲的字,故與"輦"通假。《墨子·明鬼下》云:"湯乘大贊,犯逐夏眾",孫詒讓《閒詁》認為"贊"是"輦"字之誤,顯然是對的,應當是本作"輦"而寫作"贊",形訛作"贊",後來《廣韻》、《集韻》等書都認為"贊"卽"輦",註音則旰切,恐怕非是。本文上面第一則裡提到的秦簡《歸藏》乾卦卦辭中的"草木贊贊"有可能就是讀為"草木連連",謂草木茂密綿連不斷也。

先秦的古易書使用的卦名應該是出自同一套原始的卦名,後來雖然各書用字不同,但大部分還都是音同或音近的通假字,有個別讀音不同的,如"震"

作“釐”或“來”，“坎”作“犖”或“勞”，可能是所取的卦象不同，但不能認爲是兩套卦名，因爲在同一書里它們往往混用，比如《筮法》中的震卦，或作“晨”，是音近通假；或作“迷”，則與傳本《歸藏》作“釐”者爲音近通假，而與“震”或“晨”讀音迥異，但是《筮法》中卻“晨”、“迷”混用；而帛書《周易》中坎卦作“習贛”，“坎”、“贛”是音近的通假字，而其易傳的《衷》篇里既説“用六贛也”，也説“勞之卦”，也是混用。可見雖然名稱不同，還是屬於一套卦名系統，爲什麼會有這種差異還需進一步探究。

還有另一種情況可能是出於字形的輾轉訛謬，因爲易筮之法在先秦已流傳甚久，或其術口耳相傳，或其書輾轉傳抄，不免就會有音轉或形訛的情況發生。就以家人卦爲例，《歸藏》作“散”，《别卦》作“連”，和《周易》不同，怎麼回事呢？這很可能是卦名“家人”或簡稱“家”，就象秦簡本《歸藏》中“噬嗑”也簡稱“筮（噬）”、“大有”也簡稱“右”，清華簡《别卦》中把“未濟”簡稱爲“悽”、“中孚”簡稱爲“中”、“噬嗑”簡稱爲“噬”一樣。“家”就有可能被假借作“斝”（同見紐魚部），王國維曾經指出“斝”、“散”因爲古字形近，所以典籍中經常把“斝”訛爲“散”，“散”、“贊”古音精心旁紐雙聲、同元部疊韻，音近可通；“贊”、“贄”古形近易訛，“贄”通“連（輦）”，《别卦》也就寫成了“連”。其輾轉訛謬的過程如下：

家人→家→斝→散→贊→贄→連（輦）

這裡主要的是“家人”有沒有可能變成“斝”的問題。但是看看秦簡本《歸藏》的散卦卦辭是“昔者禹卜飤散實……”，“散實”是什麼東西呢？如果按照字面來看是很費解的，可知道了“散”是“斝”之形訛就好明白了，“斝實”和以“鼎實”指食物的情況相類，是指酒，它用的典故就是《战国策·魏策二》的那個記載：

“昔者帝女令儀狄作酒而美，進于禹，禹飲而甘之，曰：‘後世必有以酒亡其國者。’遂疏儀狄而絕旨酒。”

説明《歸藏》是把“家人”簡稱“家”而音轉爲“斝”，“斝”是酒器，所以就以禹飲酒的故事作卦辭，後來在傳抄中形訛爲“散”。我認爲《歸藏》和《别卦》中那些與《周易》讀音不同的卦名很可能大部分是此類的情況，是輾轉流傳中發生的變異。有人希望用卦名的不同來區分占筮的派系，恐怕沒有什麼堅實的根據。

按：原简卦画仅存五画，上爻残缺，卦名作"散"，辑本《归藏》作"散家人"，当对应《周易》家人卦，据补。辑本《归藏》"散家人"如李学勤、王辉所说，"家人"为注文混入正文者。

据罗振玉《增订殷虚书契考释·曰雴》及王国维《观堂集林·说雴》二文，"雴""散"二字甲骨文字形相近，以至于后世文献中"雴"多讹为"散"。故秦简《归藏》"散"卦之"散"也应为"雴"字之讹。雴，古音见母鱼部字；家，古音也是见母鱼部字，二字声同韵同。由此，《归藏》"散"卦本作"雴"卦，同《周易》"家人"卦，"雴""家"同音通假，"家"卦并非"家人"卦的"省写"，而是在命名之初取字不同造成的，类似如《周易》"大有"，秦简《归藏》作"右"，《周易》"噬嗑"，秦简《归藏》作"筮"等。详见第五章。

王明钦《试论》提及一支编号333的《归藏》简，王文作"□曰：昔者禹卜食散实而攴（枚）占大明，占之，曰：不吉。散其□"。据补。据文意，"散实"当为某种食物，《说文》："散，杂肉也。从肉，㪔声。""食散实"即"吃杂肉"之义。卦辞大意为，大禹就吃杂肉这件事向大明占卜，大明占卜的结果为不吉。

"大明"又见上文"丰"卦。

简文释作：[䷤]散曰：昔者[禹]卜[食]散实而攴（枚）占大＝[明＝，大明占之曰：不吉。散其]□

卦二八：䷻节曰昔者武王卜伐殷而攴占老＝考＝占曰吉□ 194

○连劭名《江陵》：节曰：昔者武王卜伐殷而攴占老考，老考曰吉。

"老考"当是"耆老"，张华《博物志》卷九云："武王伐封纣枚占耆老，耆老曰吉。"今按：《逸周书·谥法》云："好廉自克曰节。"儒家提倡自我节制，以谦让为大本。如《论语·泰伯》云："泰伯，其可谓至德也已矣，三以天下让，民无得而称焉。"又云："三分天下有其二，以服事殷。周之德，其可谓至德也已矣。"

"攴占"，文献中称为"枚占"，又称"枚筮"，《左传·昭公十二年》云："南蒯之将叛也……，枚筮之遇坤之比。"殳、枚都是指算筹，又称为"蓍"，《广雅·释器》云："殳，杖也。"《说文》云："枚，干也，可为杖。"《易纬乾凿度》云："析蓍以策，运蓍以数，王天也。"又云："圣人设卦以用蓍。"郑玄注："蓍者，蒿、灵草、萧蒿之类也。"

○**王辉《校释》**：䷻节曰：昔者武王卜伐殷而枚占老〈蓍?〉考（老），老考占曰：吉□194

《博物志》卷九引《归藏》："武王伐纣枚占蓍老。蓍老曰：吉。"《路史·后纪五》引《归藏》："武王伐商枚占蓍老。曰：不吉。"二者与简文应为同条，而一曰"吉"，一曰"不吉"。《论衡·卜筮篇》："周武王伐纣，卜筮之，逆。占曰：大凶。太公推蓍蹈龟而曰：枯骨朽草，何知吉凶。"可见武王伐纣前确曾占卜。至于结果，《论衡》说"逆"、"大凶"，与《路史》说同。

《国语·吴语》注："六十曰蓍，七十曰老。"蓍老为年长者，可能即《论衡》所说的"（姜）太公"，或其他年长者。

节卦上兑下坎（编者按：当为上坎下兑），象征节制。卦辞（编者按：当为彖辞）："节，亨，刚柔分而刚得中。苦节不可贞，其道穷也。"凡事能适当节制，可致亨通。为节过苦，即过分节制，亦非人所堪忍受，不可为法，唯当守正，其道乃通。《史记·周本纪》："武王即位，太公望为师，周公旦为辅，召公、毕公之徒左右王师，修文王绪业。九年，武王上祭于毕。东观兵至于盟津……是时诸侯不期而会盟津者八百诸侯。诸侯皆曰：'纣可伐矣。'武王曰：'女未知天命，未可也。'乃还师归。"武王伐纣，不急功近利，在条件不具备时有所节制，此即节之义也。

○**朱兴国《全解》**：节　曰：昔者武王卜伐殷而殳占老蓍，老蓍占曰：吉。□（194）

坎上兑下。坎王则兑废。

《说文解字》："节，竹约也。"《孟子·离娄》："得志行乎中国，若合符节。"朱熹《集注》云："符节，以玉为之，篆刻文字而中分之，彼此各藏其半，有故则左右相合以为信也。"兑为约，坎为准，约以为准，故曰"节"。（参见《周易·节》）

节卦下卦为兑、二至四爻为震，兑为武（《周易·履·六三》）、震为帝王

（《周易·既济·九三》），故言及"武王"。坎为殷（秦简《归藏·瞿》），故曰"卜伐殷"。

耆，秦简原字从老从止，当读作"耆"。《说文解字》："耆，老也。从老省，旨声。"兑为老（《周易·大过·九二》），故曰枚占于老耆。

按：对应《周易》节卦，辑本《归藏》同。

辑本《归藏》与此简文内容相关者有二，一为《博物志》卷九引："武王伐纣，枚占耆老，耆老曰：吉。"二为《路史·后纪五》引："武王伐商，枚占耆老曰：不吉。"一曰吉，一曰不吉。耆、老、考，三字同义。王辉《校释》引《论衡·卜筮篇》："周武王伐纣，卜筮之，逆。占曰：大凶。"认为"逆"、"大凶"同"不吉"，以《路史》所引为是。可备一说。

简文释作：䷻节曰：昔者武王卜伐殷而攴（枚）占老＝走（考）＝，[老考]占（之）曰：吉。☐194

卦二九：䷺涣曰昔者高☐328

○朱兴国《全解》：涣 曰：昔者高／（328）

巽上坎下。巽王则坎囚。

涣，散也。《说文解字》："涣，流散也。"坎为鬼（《周易·睽·上九》《周易·既济·九三》《周易·未济·九四》）、巽为散（秦简《归藏·散》、《周易·中孚·九二》、《周易·小畜》），鬼魂流散，故曰"涣"。

涣卦三至五爻为艮，艮为高（《周易·同人·九三》《周易·既济·九三》），故曰"高"。

○季旭昇《泰涣》：《上博三·周易》简54「䆑」卦卦名作「䆑」，左上作「悤」，下部作「小」形，中有竖笔；同一个字在同篇的卦爻辞中出现七次，作「䆑」，左上作「虍」，下部作「彡」形，中无竖笔；「虍、悤」应该都是「虍」。〈别卦〉本卦卦名作「█（䆑）」字上部也从「虍」，但写作「悤」，中有竖笔，与《上博三·周易》「䆑」所从相同，「悤（虍）」偏旁下方并不从「屮」。

「虍（悤）」当即「濬、濬」的异体字「睿」的本字，可以分析从屮。「屮，残也」，「彡」象水败（水流动）貌，全字因此有「疏通水道」的意思。「睿」下加「口」旁，《说文》以为从「谷」，其实这个「口」旁未必有实质意义（疏通水道不必限於山谷)。《說文》:「叡,深通川也。从谷,从叏。叏,殘地,阬坎意也。《虞書》曰:「叡畎澮距川。」𣶒,叡或从水。𣹬,古文叡。(私閏切)。」

从「叏」構字的,已往所見,除「叡」外,還有「睿」,《說文》以「睿」為「叡」的古文:「𥈸,深明也。通也。从奴,从目,从谷省。𥈸,古文叡。𡍩,籀文叡,从土。(以芮切)。」據此,「睿」字應為「叡」字省「又」。其實,《上博三·周易》簡54—55「𤕝」卦卦名作「𤕝」,左旁就是「睿」,「睿」字可以看成「从目从叏」會意,眼睛疏通了,自然就是「深明」,所以「睿」字的本義應是「眼力深明」,本字應作「睿」,「叡」、「𨈢」應是其異體。與此類似,〈別卦〉的「𢠽」應該分析為从心从叏會意,本義為「心思深明」,讀音應與「睿」同。

本卦的卦名,今本《周易》、熹平石經《周易》、王家臺、馬王堆帛書《周易》作「渙/奐」,《上博三·周易》作「𤕝」,究竟以哪一個卦名最合理呢?

如果依前面的分析,「𢠽」與「睿」音同義近,「𢠽/睿」與「渙/奐」音近可通,原考釋已有解說。《上博三·周易》作「𤕝」,顯然是一個「睿」字加「爰」聲再加「卝」的字,「爰(元部為/云母)」、「渙(元部曉母)」二字韻同聲近。可能此卦本來應該寫成〈別卦〉的「𢠽」(與「睿」音同義近),在《上博三·周易》因為音近而加聲符「爰(為/元母)」,再加「卝」就作「𤕝」;到了秦漢,音再轉而為「渙」?

從字形來看,漢代所見的本子多作「渙/奐」,而戰國中晚期的《上博三·周易》作「𤕝」,右上加「爰」聲,表示此卦名讀音向「渙」靠近;左上作「睿」,表示此卦本來應該與「睿」或「睿」聲接近。因此最合理的推測應該是:本卦最早作「𢠽」(與「睿」音同義近),後來語音變化,漸漸讀得接近「爰」,因此《上博三·周易》加「爰」聲。其後語音更接近「渙/奐」,於是卦名就寫成「渙/奐」了。

從卦義來看,此卦卦名作「𢠽/睿」也比作「渙」合理。後世有關《易》學的討論,多半是根據今本《周易》,因此幾乎都是從「渙」去討論,導致卦名與卦爻辭產生極大的不吻合。今本《周易》卦爻辭及傳如下:

渙:亨。王假有廟,利涉大川,利貞。彖傳:渙,亨。剛來而不窮,柔得位乎外而上同。王假有廟,王乃在中也。利涉大川,乘木有功也。象傳:風行水上,渙;先王以享于帝立廟。初六:用拯馬壯,吉。象傳:初六之吉,順也。九二:渙奔其机,悔亡。象傳:渙奔其机,得愿也。六三:渙其躬,无悔。象傳:渙其躬,志在外也。六四:渙其群,元吉。渙有丘,匪夷所思。象傳:渙其群,元吉;光大也。九五:渙汗其大號,渙王居,无咎。象傳:王居无咎,正位也。上九:渙其血,去逖出,无咎。象傳:渙其血,遠害也。

〈序卦〉:「《兌》者,說也。說而後散之,故受之以《渙》。」〈雜卦〉:「渙,離也。」各家解卦名「渙」,都從「渙散」來解。但是觀看卦爻辭,從頭到尾都沒有不吉之象,如「亨」、「利涉大川」、「利貞」、「用拯馬壯,吉」、「渙奔其机,悔亡」、「渙其躬,无悔」、「渙其群,元吉」、「渙汗其大號,渙王居,无咎」、「渙其血,去逖出,无咎」。卦名的「渙」實際是與卦義對應不上的。

事實上,古代經學家並不都把「渙」卦的「渙」解為「散」,西漢末年揚雄《太玄》是摸擬《周易》而作,《太玄》中對應「渙」卦的是「文」卦,司馬光《集注太玄》卷二葉五九在〈文卦〉下注:「文:陽家火準渙。楊子蓋以渙為煥,故名其首曰文。」北京師範大學出版社《太玄校釋》頁143注釋1也說:「相當於渙卦。揚雄以渙為煥。《論語·泰伯》:『煥乎其文章。』故以文相當。」

東漢京房《京氏易傳》卷中:「渙,水上見木,渙然而合。」

清冉覲祖《易經詳說》卷三十四葉三上說:「渙字本不甚好。然論理,有渙必有聚,故可致亨,非已亨也。」

清朱駿聲《六十四卦經解》:「渙,流散也。又文皃,風行水上,而文成焉。《太玄》曰:『陰斂其質,陽散其文。』京《傳》曰:『水上見風,渙然而合。』此渙字之義也。」

這些學者應該都是看到了卦名「渙」和卦爻辭不相應,但是卦名又別無他字,因此只好從通讀引申上對「渙」字另作別解。現在,我們見到〈別卦〉此卦的卦名作「惫」而不作「渙」,那麼我們是否可以考慮易經此卦的卦名本來就應該作「惫」而不是「煥」呢?

「惫」從心從彖,表現的是能與人疏通,因而深明事理,其義與「睿」相近(《說文》釋「睿」為「深明」)。我們把卦名換成「惫(睿)」,以此字去解釋卦爻辭,似乎更為通暢:

惫(睿):亨。王假有廟,利涉大川,利貞。彖傳:惫(睿),亨。剛來而不窮,柔得位乎外而上同。王假有廟,王乃在中也。利涉大川,乘木有功也。象傳:風行水上,渙(睿);先王以享于帝立廟。

初六:用拯馬壯,吉。象傳:初六之吉,順也。

九二:渙(睿)奔其机,悔亡。象傳:渙(睿)奔其机,得願也。

六三:渙(睿)其躬,无悔。象傳:渙(睿)其躬,志在外也。

六四:渙(睿)其群,元吉。渙有丘,匪夷所思。象傳:渙(睿)其群,元吉;光大也。

九五:渙(睿)汗其大號,渙(睿)王居,无咎。象傳:王居无咎,正位也。

上九:渙(睿)其血,去逖出,无咎。象傳:渙(睿)其血,遠害也。

按:对应《周易》渙卦,帛本同,辑本《归藏》作"奂",黄宗炎曰:"渙为奂,古字或加偏旁或不加偏旁,因而互易也。"

简文释作:☰ 渙曰:昔者高☒ 328

卦三〇:☵☐☐☑

○**朱兴国《全解》:**[蹇] 　☐☐／

坎上艮下。坎王则艮相。

《周易》名之曰"蹇",传本《归藏》亦有蹇卦。蹇,难也。坎为祸患(秦简《归藏·燾》、《周易·随·九四》)、艮为室(秦简《归藏·毋亡》),祸患临室,故曰蹇。

按:原简仅存卦画,对应《周易》蹇卦 ䷦ 同,辑本《归藏》作"蹇",据补。

简文释作:☵[蹇曰:]☑

卦三一:䷨ 损曰☑

○**朱兴国《全解》:**损 曰:／

卦符上卦阙,据《周易》补上卦艮。下卦为兑。艮王则兑囚。

兑为成(《周易·豫·六五》校)、艮为败(《周易·复·上六》),成而败,故曰"损"。

按:原简卦画仅存下半部分"☱",卦名对应《周易》损卦,辑本《归藏》同,据补。

简文释作：▦[▦]损曰：▢

卦三二：▦▢曰▢
▢咸曰▢

○于豪亮《帛书》："咸卦又名钦卦，不见于已知的各家《周易》，只见于帛书和《归藏》，这说明《归藏》同帛书《周易》有一定的关系，而帛书《周易》汉初已不传，所以《归藏》成书，绝不晚于战国，并不是汉以后的人所能伪造的。"

○朱兴国《全解》：［咸］　曰/

咸　曰/

一简卦名阙，一简卦符阙，两者可相互参照。

兑上艮下。兑王则艮没。

咸，通"禁"。《周易》临卦初九之辞和九二之辞"咸临"，马王堆汉墓帛书《周易》均作"禁林"，由此可见"咸"与"禁"通假。兑为法（《周易·蒙·初六》《周易·丰·六二》）、艮为止（《说卦》），依法禁止，故曰禁。

按：原残简有二，一有卦画，一有卦名，可互补。对应《周易》咸卦，辑本《归藏》作"钦"。咸，匣母侵部；钦，溪母侵部；二字邻纽双声，音近而假。

简文释作：▦［咸］曰▢

卦三三：▢恒我曰昔者女过卜作为缄而▢ 476

○王辉《校释》：▢恒（姮、常）我（娥）曰：昔者女过（娲）卜作为缄而▢476

此在《周易》为恒卦，卦画应作▦。恒，久也，与常义近。汉避文帝刘恒讳，改恒为常，"恒我"改"姮娥"或"常娥"。恒卦下巽上震，象曰："雷风，恒。"卦应名恒，"恒我"我字殆衍，传本及帛书皆作恒。

《太平御览》卷78引《归藏》："昔女娲筮张云幕而枚占。神明占之曰：吉。昭昭九州，日月代极，平均土地，和合万国。"与此简文疑属同条。

《山海经·大荒西经》："女娲，古神女而帝者，一日中七十变。"《淮南子·天文训》："昔共工怒触不周之山，天柱折，地维绝，天倾西北，故日月星辰移焉……"又《览冥训》："往古之时，四极废，九州裂，天不兼覆，地不周载……于是女娲炼五色石以补苍天,断鼇足以立四极……"传本提到"九州""日月代极"与《淮南子》近。长沙子弹库战国楚帛书一段话也与传本内容接近:"曰故(古)□㝵(熊)霝(伏)虘(戏)……曰女皇。未有日月,四神相弋(代),乃步以为岁,是隹(惟)四寺(时)……九州不坪(平)……"相传伏戏(包牺)与女娲(女皇)是兄妹或夫妻,日月、四神(四时之神)皆为其子。汉画象石中伏戏、女娲人首蛇身,手捧日月,也与传说相合。

"女娲卜作为缄"义不明。《说文》:"缄,束箧也。"即捆箱箧的绳索。不知是否即《天文训》提到的"地维"?缄又引申为包藏,遮蔽,王安石《送僧游天台》:"前程好景解吟舌,密雪乱云缄翠微。"幕为遮盖之帷慢。"缄"抑或指"云幕"。

《周易·恒卦》象传:"天地之道,恒久而不已也;利有攸往,终则有始也。日月得天而能久照,四时变化而能久成,圣人久于其道,而天地化成;观其所恒,而天地万物之情可见矣。"

《广雅·释诂一》:"极,远也。""日月代极",日月交替运行致远,或即"日月得天而能久照"。

○**朱兴国《全解》**:恒我　曰:昔者女过卜作为缄而/(476)

卦符阙,据《周易》,当为震上巽下。震王则巽相。

恒我,传本《归藏》作"恒"。《说文解字》:"恒,常也。"震为动(《说卦》)、巽为信(《中孚》),其德有信,行为有常,故曰"恒"。我,当读作"娥"。震、巽皆为女(秦简《归藏·归妹》、《周易》),故秦简《归藏》增字名之曰恒娥。

女过(過),当读作"女娲"(参见秦简《归藏·[随]》)。缄:封闭。恒卦二至四爻为乾,乾为键,键主闭藏,故曰"卜作为缄"。

按:卦画残缺,卦名作"恒我","我"为衍文,应为"恒",对应《周易》恒卦䷟,辑本《归藏》作"恒"。"恒我"见简文"归妹"卦,即"姮娥",亦即嫦娥。疑简文抄写者受归妹卦"恒我"影响,将卦名"恒"误作"恒我"。王辉《校释》说已备。姮娥事见归妹卦注。

辑本《归藏》严可均本有"昔女娲筮张云幕而枚占,神明占之曰:吉。昭昭九州,日月代极。平均土地,和合万国。"马国翰本作"昔女娲筮张云幕,枚占之曰:吉。昭昭九州,日月代极。平均土地,和合四国。"疑与此简文有联系。

简文释作:[䷩]恒{我}曰:昔者女过(娲)卜作为缄而☐476

卦三四:䷪觅曰昔者赤乌止木之邁初鸣曰鹊后鸣曰乌有夫取妻存归
亓家☐212

○**李学勤**《小记》:《夬》卦简文作《觅》,其实就是屬字,它与"夬"同音,均
在见母月部,通假是很自然的。

○**廖名春**《管窥》:疑觅即屬之省文。《尔雅·释言》:"鼇,屬也。"《说
文·网部》:"屬,鱼网也。从网,厕声。厕,古文锐。""屬"古音月部见母,与
"夬"同。《释名·释言语》:"夬,决也。有所破坏决裂之于终始也。"决通缺。
《说文·缶部》:"缺,器破也。"《小尔雅·广诂》:"缺,隙也。"卦象䷪上六象器
物有缺口,故名为"夬"。因此,"屬"当是"夬"之借字。

○**王宁**《辑校》:秦简本夬作觅,即屬字,"规"当是此字之误释,盖上面之
"罒"与"匕(刀)"合作"见",而"炎"又误作"夫",遂成"规"字。"屬"与"夬"
同见母月部,音近而假。故此"规"当即夬卦。

○**王辉**《校释》:䷪觅曰:昔者赤乌止木之邁,初鸣曰鹊,后鸣曰舄。有夫
取(娶)妻,存归亓家☐212

传本为规卦,今本《周易》为夬卦。觅不见于字书,疑为屬之讹。《正字
通》:"屬,同屬。"上古音屬、夬俱月部见纽,二字双声迭韵,或可通用。规上
古音支部见纽,与夫双声。

《说文》:"舄,誰(鹊)也。"朱骏声《通训定声》:"今谓之喜鹊。"古人附会
喜鹊能报喜,《西京杂记》:"乾鹊嗓而行人至。"《淮南子·记论》:"乾鹊,知来
而不知往。"

邁读为巨。《荀子·正论》:"是岂钜知见侮之为不辱哉!"杨倞注:"钜与
邁同。"又《王霸》:"国者,巨用之则大,小用之则小。"杨注:"巨者,大之极
也。""木之邁"指树木之粗大者。

存,止息,安顺。《汉书·杨雄传》:"矫羽厉翮,态意所存。"颜师古注:"言
来去如鸟之飞,各任止息也。"

《周易·夬》象传:"夬,决也,刚决柔也。健而说,决而和。"依其说,夬读

为决断之决。简文所说皆喜悦之事，疑夬读为快。《说文》："快，喜也。"夬卦下乾上兑，乾，健也；兑，说（悦）也。《归藏》此卦强调"健而说"，与《易》象开头的理解不尽相同。

○**连劭名《筮书考》**：罷曰：昔者赤烏止木之遽，初鸣曰鹊，后鸣曰烏。有夫取妻，存归亓家□二一二

今本《周易》作"夬"。"烏"即"鹊"，《说文》云："烏，鹊也。象形。"又名"乾鹊"，《西京杂记》卷三："乾鹊噪而行人至。"又名"乾鹄"，《淮南子·汜论》云："乾鹄，知来而人知往。"高注："乾鹄，鹊也。"卦上兑下乾，《周易·说卦》云："兑为口。"乾为鹊，故曰："初鸣"、"后鸣"。

"赤烏"指日中之乌，《说文》云："乌，孝鸟也。"《淮南子·精神》云："日中有踆乌。"《论衡·说日》云："日中有三足乌。"

"木"指扶桑之木，又名"扶木"，《山海经·大荒东经》云：

大荒之中，有汤谷，上有扶木，一日方入，一日方出，皆载于乌。

《山海经·海外东经》云：

汤谷上有扶桑，十日所浴，在黑齿北，居水中，有大木，九日居下枝，一日居上枝。

"赤烏止木之遽"即指扶桑之木，《尔雅·释训》云："遽，传也。"十日运行，如赤烏乘传，《九歌·东君》云："暾将出兮东方，照吾槛兮扶桑，抚余马兮安驱？"《淮南子·天文》高注云："日乘东，驾以六龙，羲和御之。"《别国洞冥记》云：

东北有地日之草，西南有春生之草，……三足乌数下地食此草。羲和欲驭，以手掩乌目，不听下也。

"有夫取妻，存归其家"源自《诗经·鹊巢》："维鹊有巢，维鸠居之。"《诗序》云：

鹊巢，夫人之德也。国君积行累功以致爵位，夫人起家而居有之，德如鳲鸠，乃可以配焉。

○**朱兴国《全解》**：麕　曰：昔者赤乌止木之遽，初鸣曰鹊，后鸣曰乌。有夫取妻，存归亓家。/（212）

兑上乾下。兑王则乾相。

劂，秦简原字为劂省厂而刂作匕，当读作"剡"，即古文锐（参见《说文解字》）。兑为斧（《周易·巽·上九》）、乾为金（《周易·鼎·六五》），金斧，故曰锐。《周易》名之曰"夬"，夬亦有锐义。异名同义。

乾为帝王（秦简《归藏·同人》），帝王赤绂，故曰"赤"；兑为莫夜（《周易·夬·九二》），故曰"乌"。遽：急，仓猝。兑为夬夬（《周易·夬·九三》），即快快，故曰"遽"。鹊：笑之声。乌：哭之音。兑为归（秦简《归藏·归妹》），乾主闭藏（秦简《归藏·恒我》），此占不宜遽出，若妄动，终将招致祸患，故曰"赤乌止木之遽，初鸣曰鹊，后鸣曰乌"。

乾为男（《周易》）、兑为成（《周易·豫·六五》校），成年男子，当婚，故曰"有夫取妻，存归亓家"。乾主闭藏，故曰"存"。亓，同"其"。

按：卦画对应今本《周易》夬卦。卦名"罢"，廖名春《管窥》隶定为"罳"，认为："罳即劂之省文……'劂'古音月部见母，与'夬'同……因此，'劂'当是'夬'之借字。"廖说为是。

"赤乌"，《归藏》简"赤乌"二见，另一处在陵（谦）卦。"赤乌"即太阳乌，是太阳神的象征，被古人视为祥瑞。《吕氏春秋·有始》："赤乌衔丹书集于周社。"《初学记》卷三十引三国吴薛综《赤乌颂》："赫赫赤乌，惟日之精。"《尚书大传》卷二："武王伐纣，观兵于孟津，有火流于王屋，化为赤乌，三足。"《归藏》多神话传说，当以"赤乌"为长。

"木之遽"，"遽"通"处"，朱骏声《说文通训定声·豫部》："遽，假借为处。"《庄子·天地》："且若是则其自为遽危，其观台多，物将往，投迹者众。"陆德明《释文》："遽，本又作处。""处"即居，即鸟巢。"止木之遽"意为"停栖在树木上的居处（鸟巢）中"。

女子出嫁曰归。《谷梁传·隐公二年》："妇人谓嫁曰归，反曰来归。"《说文·止部》："归，女嫁也。"《周易·渐》："女归，吉。"孔颖达疏："女人生有外成之义，以夫为家，故谓嫁曰归也。"《国语·晋语四》："秦伯归女五人。"韦昭注："归，嫁也。"

此卦卦辞为歌谣类，先说昔者有赤乌栖居于树木之巢穴中，"初鸣曰鹊，后鸣曰乌"，类似于《诗经》中的起兴，"有夫娶妻，存归其家"

讲具体人事。可译为:喜鹊和乌鸦,先后叫得欢;有人娶媳妇,双双把家还。

　　简文释作:䷕䖹曰:昔者赤舄止木之遽(处),初鸣曰鹊,后鸣曰舄,有夫取(娶)妻,存归亓(其)家□212

卦三五:䷫□曰昔者□5

○朱兴国《全解》:[姤]　曰:昔者/(5)

乾上巽下。乾王则巽死。

卦名阙。《周易》作"姤",上海博物馆藏战国楚竹书《周易》作"敂",当以"敂"为正文。敂,击也。乾为金、巽为木(《说卦》),金克木,故曰敂。

　　按:卦名残缺,据卦画当对应《周易》姤卦,辑本《归藏》无"姤"有"夜",马国翰认为,"夜有姤遇取女义,……夜当属姤也"。按,简本《归藏》已有"夜"卦,卦画残缺,据卦辞,与另一支简"亦(蛊)卦"相同(简本亦卦有二,其一据卦画当为颐卦,见上文;另一支卦画与今本《周易》蛊卦同),亦、夜同音而假,故可推断辑本《归藏》"夜"卦当对应《周易》蛊卦,马说非(参见下文亦卦)。辑本《归藏》无卦名"姤",据今本《周易》补。

　　简文释作:䷫[姤]曰:昔者□5

卦三六:□兑曰兑=黄衣以生金日月并出兽□□334

○连劭名《筮书考》:兑曰:兑兑黄衣以生金,日月并出兽□□三三四

卦上下兑,故曰"兑兑"。下互离为黄,《周易·鼎》九五:"鼎黄耳金铉,利贞。"虞翻注:"离为黄。"宋衷注:"兑为金。"上互巽为地,故亦为黄,《说文》云:"黄,地之色也。"《周易·说卦》又云:"离为乾卦。"《周易·系辞》下:"垂衣裳而天下治。"虞翻注:"乾在上为衣。"故云"黄衣"。《周易·说卦》又云:"兑,正秋也。"秋配西方,故曰"金"。兑又为月,《文选·海赋》李注引《河图帝览嬉》云:"月者,金之精。"

离为日,兑为月,故曰"日月并出"。

○朱兴国《全解》:兑　曰:兑兑黄衣以生金,日月并出兽□/(334)

卦符阙,据《周易》,当为兑上兑下。

兑卦,马王堆汉墓帛书《周易》名"夺"。《篇海类编·通用类·大部》:"夺,强取也。"《广韵》:"敓,强取也。古夺字。"兑当为敓字之省。

兑,正秋也(《说卦》),兑主秋分(《易纬·通卦验》),兑为八月(《周易·临》),兑为实(《周易·归妹·上六》),兑为成(《周易·豫·六五》校),兑为收(《周易·井·上六》)。秋分之时,万物皆成,杀而收之,故曰"敓"曰"夺"。

《周易》以兑居金之正位,由此可知兑为金。兑为金,金色黄,故曰"兑兑黄衣以生金"。兑为月望(秦简《归藏·大过》),月望之时日月东西相望,故曰"日月并出"。兑为羊(《周易·归妹·上六》),故曰"兽"。

　　按:卦画残缺,据卦名当对应《周易》兑卦,辑本《归藏》同,据补。

　　"兑兑",王启澂《四札》:"在《释名·释言语》中有:'生瀹葱薤曰兑,言其柔滑,兑兑然也。'言'兑'之义为生的葱、薤用水煮后柔滑的样子……也称'兑兑然'……则'兑兑黄衣以生金'中的'兑兑'之义,或为《释名》所言'言其柔滑,兑兑然也',形容'黄衣'柔滑的样子。""生金"即黄衣颜色鲜亮,放出金色。

　　"日月并出",《太平御览》引《春秋考异邮》:"诸侯谋叛,则月生爪牙;后族专政,则日月并照。""日月并照"即"日月并出",《春秋考异邮》以为灾异之象。后人或以"日月并出"为光明普照,《全唐文》收郭遵《南至郊祭司天奏云物赋》:"照临之明兮,将日月并出;覆载之广兮,与天地同参。"此卦卦辞前半句讲黄衣柔滑,颜色鲜亮,放出金色,故"日月并出"也应作光明普照解。

　　简文释作:[䷹]兑曰:兑＝[兑]黄衣以生金,日月并出,兽□□334

卦三七:䷝丽曰昔者上□

○朱兴国《全解》:丽　曰:昔者上/

离上离下。

丽,通行本《周易》作离,马王堆汉墓帛书《周易》作"罗",均应读作"俪"。俪,偶也。离主婚媾(《周易·贲·六四》)。《说卦》:"相见乎离。"万物至此相俪成偶,繁衍生息,故离为娠(《周易·震·上六》)、为大腹(《说卦》《周易·明夷·六四》)。

按:对应《周易》离卦,《离·彖》:"离,丽也。"辑本《归藏》作"离"。

简文试释作:☲丽曰:昔者上☐

卦三八:☵劳曰昔者蚩尤卜铸五兵而攴占赤☐☐536

○李学勤《小记》:《坎》卦《归藏》作《劳》,特别值得注意。《说卦》云:"帝出乎震,齐乎巽,相见乎离,致役乎坤,说言乎兑,战乎乾,劳乎坎,成言乎艮。"又称:"坎者,水也,正北方之卦也,劳卦也,万物之所归也,故曰劳乎坎。"所说的"劳"有特定涵义,不会是由《归藏》而来,而《归藏》卦名用《劳》应该本于《说卦》。辑本《归藏》作《荦》,是通假字,李过《西溪易说》已指出:"谓坎为荦,荦者牢也,以万物劳乎坎也。"由这一例,即可看出这种《归藏》的时代性。

○王辉《校释》:☵劳曰:昔者蚩尤卜铸五兵而枚占赤☐[帝?]☐536

此卦传本作犖,帛书本作劳或习贛(坎),《周易》作坎。《说文》:"犖,驳牛也。从牛,劳省声。"犖、劳通用。劳、坎意义接近。《说文》:"劳剧也。"桂馥义证:"剧当作勮"。长期辛劳使人忧愁,故劳有愁义。《诗·邶风·燕燕》:"瞻望弗及,实劳我心。"《说文》:"坎,陷也。"此卦上下皆坎,亦称习(袭)坎,即重坎。遭遇重险,亦令人忧恨。杨雄《太玄·内》次三:"尔仪而悲,坎我西阶。"范宇注:"坎,忧也。"《楚辞·刘向〈九叹·离世〉》:"哀仆夫之坎毒兮,屡遭忧而逢患。"王逸注:"坎,恨也。"此卦名劳或坎均可,但作坎意义更为显豁。

马镐《中华古今注》:"(蚩尤)造立刀、戟、兵、杖、大弩。"苏鹗《苏氏演义》:"蚩尤作五兵,谓戈、殳、戟、酋矛、夷矛也。"刘铭恕《武梁祠后石室所见黄帝蚩尤战图考》,说武梁祠后石室第三石即三层有一"半人半兽之怪物,虽作人立,而豹首虎爪,计头戴以弓,左右手一持戈,一持剑,左右足一登弩,一蹑矛,觇其形状至为狞猛,为造五兵之蚩尤云云",其说可信。

"赤"后一字殆为帝。《逸周书·尝麦》:"赤帝分正二卿,命蚩尤宇御于少昊,以临四方。"

任昉《述异记》:"(蚩尤)人首牛蹄,四目六手。秦汉间说,蚩尤耳鬓如剑載,头有角。"《路史·后记》:"蚩尤乃驱罔两,以肆志于诸候。"蚩尤凶神,卜铸五兵,自是凶险之事,令人心忧,故简文取义于此。

○**连劭名**《筮书考》:劳曰:昔者蚩尤卜铸五兵而支占赤□□　五三六

今本《周易》作"坎"。《周易·谦》云:"劳谦。"荀注:"体坎为劳。"《周易·说卦》云:

坎者,水也。正北方之卦也,劳卦也,万物之所归也,故曰劳乎坎。

"蚩尤"是恶神,《广雅·释诂》三云:"蚩,乱也。"《广雅·释言》云:"尤,异也。"《周易·说卦》云:"坎为盗。"蚩尤为害于社会,《史记·五帝本纪》张守节《正义》引《龙鱼河图》云:

黄帝摄政,有蚩尤兄弟八十一人,并兽身人语,铜头铁额,食沙石,造五兵,使刀戟大弩,威震天下,诈杀无道,万民饮命。

○**王宁**《补释》:勞,《周易》中的坎卦,帛書《衷》、秦簡本《歸藏》作"勞",傳本《歸藏》作"犖"。"勞"、"犖"古音同來紐雙聲、宵沃對轉疊韻,音近可通假,《說文》云"犖"從勞省聲,其古音當讀與"勞"同。對於傳本《歸藏》為何作"犖",李過《西溪易說·原序》認為:"謂坎爲犖,犖者勞也,以爲萬物勞乎坎也。"黃宗炎《周易尋門徐論》認為:"坎爲勞卦,故從勞諧聲而省。物莫勞于牛,故從牛。"這是從卦象上來解釋。

或從字義上來分析,如王輝先生認為"勞"有愁義,"坎"有憂、恨義,故"勞、坎意義接近。……楊雄《太玄·內》次三:'尔儀而悲,坎我西阶。'范宇注:'坎,忧也。'《楚辭·劉向〈九叹·离世〉》:'哀仆夫之坎毒兮,屡遭忧而逢患。'王逸注:'坎,恨也。'此卦名勞或坎均可,但作坎意義更為顯豁。"朱興國先生認為:"勞,疲也。坎爲罷(《周易·中孚·上九》校),故曰'勞'。"也是從字義和卦象兩方面來推求的。

首先說卦象說,這個看上去是很有道理的,坎象為勞,出自《說卦》:"(帝)勞乎坎",《國語·晉語四》司空季子為公子重耳斷卦的時候也說:"坎,勞也,水也,眾也",說明坎卦有"勞"象是先秦就有的說法。可問題在於,其他卦名均是音同或音近假借,爲什麽獨坎卦用卦象代替?而且就坎卦本身而言,其卦象極多,最有名的是坎爲水,爲什麽不以"水"代之?《說卦》里又明白地說坎"爲血卦",爲什麽不以"血"代之?就其他卦象而言,《說卦》言"戰乎乾",爲什麼乾卦不稱"戰"？言"致役乎坤",爲什麼坤卦不稱"役"？ 說巽"爲木"、"爲風"、"其究爲躁卦",爲什麼不稱巽卦爲"木"、爲"風"、爲"躁"？ 說離"爲火"、"爲乾卦",爲什麼不稱離卦爲"火"爲"乾"？ 如此等等,均不可解釋。可見卦象之說實在沒有說服力。

再說字義說,"坎"之本義是"陷也",并無憂、恨義,上引王輝先生說所引的《太玄》、《九嘆·離世》里的"坎"均"埳"字之假借,二字古音同。《說文》:"埳,憂困也",《廣雅·釋詁一》:"埳,憂也",均其證,故不得言"坎"本身有憂、恨義也。所以說從字義上說"坎"義爲"勞"也是根據不充分的。

主要原因是"勞"或"犖"與"坎"無論是聲是韻都不相近,很難說是通假,所以才求諸卦象和字義,但是筆者認爲,它最大的可能還是因爲誤字或誤讀造成的。

王明欽先生在《王家臺秦墓竹簡概述》一文中指出:"王家臺秦簡使用的文字分爲三種。《歸藏》形體最古,接近楚簡文字,應爲戰國末年的抄本。"看看楚簡中的"勞"字的寫法,是從炒從衣或卒,作"𡢘"(上博一《緇衣》4簡)、"𢉦"(郭店簡《緇衣》6簡)等形,金文《䜌鎛》中"勞于齊邦"、《齊侯鎛》"董勞其政事"的"勞"作"𡢝",也是從炒從衣這個寫法。這個字形和小篆"袞"字作"𧝑"是非常相近的,它們之間很可能存在着某種分化或訛變的關係。也就是說,先秦易書中的坎卦很可能有時候是被寫作"袞","袞"與"坎"古音影溪旁紐雙聲、蒸侵通轉疊韻,讀音是相近的;帛書《周易》中坎卦作"習贛",其中"坎"、"贛"古音溪見旁紐雙聲、侵談旁轉疊韻,二字讀音相近,屬於音近假借。"贛"與"貢"古字通,古書習見。"貢"、"袞"古音見影旁紐雙聲、東耕旁轉疊韻,讀音也是相近的。在先秦的易書里,坎卦的寫法一定很多,除帛書《周易》作"贛"外,看看《經典釋文》卷二"坎"下云:"本亦作埳,京、劉作欿。"是傳本《周易》中的坎卦尚有"埳"、"欿"兩種寫法。而先秦時期很可能尚有的一種是寫作"袞",也是音近假借,因爲"袞"與"勞"形近的原因,坎卦才訛寫作"勞",傳本《歸藏》更假借作"犖"。也就是說,《衷》、《歸藏》作"勞(犖)"也是因爲在音近假借過程中發生了訛字現象而然,它與卦象、字義均無關係。

○朱兴国《全解》:劳 曰:昔者蚩尤卜铸五兵而攴占赤□/(536)
坎上坎下。

劳,疲也。坎为罢(《周易·中孚·上九》校),故曰"劳"。

《史记·五帝本纪》:"轩辕之时,神农氏世衰。诸侯相侵伐,暴虐百姓,而神农氏弗能征。於是轩辕乃习用干戈,以征不享。诸侯咸来宾从。而蚩尤最为暴,莫能伐。"(《索隐》引管子曰"蚩尤受卢山之金而作五兵"。)"蚩尤作乱,不用帝命。於是黄帝乃徵师诸侯,与蚩尤战於涿鹿之野,遂禽杀蚩尤。"坎为乱(《周易·既济》),故言及作乱典型蚩尤。

坎卦二至五爻为离,离为火,故曰"赤"。"赤"下当补"乌"字。坎为乌(秦简《归藏·陵》),故曰枚占于赤乌。

按:卦画对应《周易》习坎卦,马王堆帛书《衷》作"劳",辑本《归藏》作"荦",荦、劳同音通假。坎、劳二字亦为同音通假关系,"劳"字有见系一读,至于韵母,"劳""坎"是宵谈对转的关系。详见第四章。

"蚩尤卜铸五兵",《史记·五帝本纪》司马贞《索隐》:"管子曰:'蚩尤受卢山之金而作五兵。'"辑本《归藏》载蚩尤之事:"蚩尤出自羊水,八肱八趾疏首,登九淖以伐空桑,黄帝杀之于青丘。"疑为注文。

"赤□",王辉《校释》:"'赤'后一字殆为帝。《逸周书·尝麦》:'赤帝分正二卿,命蚩尤宇御于少昊,以临四方。'"备一说。

简文释作:䷜劳曰:昔者蚩尤卜铸五兵而攴(枚)占赤[帝?]□536

卦三九:䷎陵曰昔者赤乌卜浴水通而见神为木出焉是啻□503

○王辉《校释》:䷎陵曰:昔者赤乌卜浴水通而见神,为木出焉,是啻(帝)□503

此在《周易》为谦卦,《说文》:"谦,敬也。"

陵读为傈。《史记·范雎蔡泽列传》:"至于陵水。"索隐:"刘氏云:'陵氏即栗氏也。'陵、栗声相近,故惑也。"《书·汤诰》:"傈傈危懼。"《韩非子·初见秦》:"战战栗(傈)栗,日慎一日。"战傈危懼,自然谦敬谨慎。谦、陵(傈)义近。

赤乌,太阳。《初学记》卷三十引三国吴薛综《赤乌颂》:"赫赫赤乌,惟日之精。"《山海经·海外东经》："汤谷土有扶桑,十日所浴……九日居下枝,一曰居上枝。"又《淮南子·天文训》："日出旸谷,浴于咸池。"简文之"木"即"扶桑"。

郭璞《山海经》注引《归藏·启筮》："瞻彼上天,一明一晦,有夫羲和之子,出于阳谷。"《路史·前纪二》引《归藏·启筮》："空桑之苍苍,八极之既张,乃有夫羲和,是主日月出入,以为晦明。"与简本陵卦殆亦同条。

"啻"后字疑是俊字。《山海经·大荒南经》："有女子名曰羲和,方日浴(袁珂说为"浴日"之误导)于甘渊。羲和者,帝俊之妻,生十日。"

○**连劭名**《筮书考》:陵曰:昔者赤乌卜浴水通而见神为木出焉,是啻▢

五〇三

今本《周易》作"谦"。卦上坤下艮,《周易·说卦》云："艮为山。"《周易·震》六二："跻于九陵。"虞翻注："在艮山下,故称陵。"

《说文》云："陵,大阜也。"《释名·释山》云："大阜曰陵。陵,隆也,体隆高也。"隆、厚同义,《荀子·儒效》云："有师法则隆积矣。"杨注："隆,厚也。"《史记·礼书》："以隆杀为要。"《索隐》云："隆,犹厚也。"《说文》云："厚,山陵之厚也。"坤为厚,故亦为陵,《周易·复》六五："敦复。"虞翻注："坤为厚。"《周易·艮》上九："敦艮。"《象》曰："敦艮之吉,以厚终也。"虞翻注："坤为厚。"《周易·系辞》上："厚之至也。"虞翻注："坤为厚。"《周易·系辞》下："厚衣之以薪。"虞翻注："坤为厚。"

下互坎,《周易·说卦》云："坎为赤。"又云："艮为黔喙之属。"故曰"赤乌"。"浴水"即"谷水",下互坎为谷,上卦坤为水,故曰"浴水"。《周易·说卦》又云："坎为通。"坎为北方卦,配冬,冬为藏,《周易·系辞》下云："通神明之德。"九家注："隐藏谓之神。"故坎为神,《周易·颐》云："观颐,自求口实。"虞翻注："坤为目。"下互坎与上坤相接,故曰"见神"。上互震东方卦,配木。震又为出,《周易·说卦》云："万物出乎震。"《周易·小畜》六四："血去惕出。"虞翻注："震为出。"《周易·离》上九："王用出征。"虞翻注："震为出。"《周易·节》初九："不出户庭。"虞翻注："震为出。"故曰:"为木出焉。"

○**王宁**《补释》:陵,即谦卦,帛书《周易》作嗛,楚簡《周易》作壓,傅本《歸藏》作兼,兼、嗛、谦、壓均音近假借。可注意者是楚簡《周易》所作者乃從土壓

聲，傳世典籍中無此字，《六書正譌·平聲下·十四鹽添嚴》："厱，離鹽切，稜
也。從厂，石之稜隅也。又厲石。兼聲。《說文》作廉，從广，無義，傳寫之譌
也。"是以"厱"為"廉"之正字。疑謙卦本作"兼"，"兼"字古當有古甜切和力
鹽切兩個讀音，前者為牙音的見紐，故"縑"、"歉"、"謙"、"嗛"等字均從"兼"
聲為牙音字；後者為舌頭音的來紐，故"廉"、"鎌"、"燫"、"磏"、"鬑"、"蠊"等
字均從"兼"聲而為來紐的舌頭音字。"陵"古音來母蒸部，與力鹽切的"兼"
雙聲、蒸談通轉叠韵，為音近假借。《六書正譌》正以"稜"訓"厱（廉）"，當是
義訓兼聲訓。"陵"、"稜"古音同，則"陵"、"廉"固亦聲近。故其卦名本作
"兼"，傳本《歸藏》照書，《周易》讀牙音，故音假作"嗛"、"謙"；秦簡《歸藏》讀
舌頭音，故音假作"陵"。

○**朱兴国《全解》**：陵　曰：昔者赤乌卜浴，水通而见神为木出焉，是啻/
（503）

坤上艮下。坤王则艮死。

坤为土、艮为山（《周易·随·上六》），土山，故曰"陵"。

陵卦三至五爻为震，震为帝王（《周易·既济·九三》），帝王赤绂，故曰
"赤"。坎为水，水色黑，故曰"乌"。坎为水，故曰"卜浴"。震为帝王、震为林
（《周易·屯·六三》），故曰"见神为木出焉"。震为帝王，故曰"啻"（帝）。

　　按：据卦画当对应《周易》谦卦，辑本《归藏》作"兼"。"陵"
"兼"，王宁《补释》："'陵'古音来母蒸部，与力盐切的'兼'双声、蒸
谈通转叠韵，为音近假借。"此说可从。另外，笔者认为，"陵"疑为
"陕"字，与"陵"字形近而讹，或整理者误将"陕"字释为"陵"。
"陕"字见《龙龛手鉴》，为"陜"之俗体，"陕"，匣母叶部，"谦"，溪母
谈部，音近而假。兹备一说。

　　"赤乌"又见曤（夬）卦，当为太阳神，"浴水"即在水中洗浴。古
代传说太阳居于汤谷，又作旸谷，郭璞《山海经注》："谷中水热也。"
《论衡·说日》："《禹贡》、《山海经》言日有十。在海外东方有汤谷，
上有扶桑，十日浴沐水中；有大木，九日居下枝，一日居上枝。"《淮南
子·天文训》："日出于旸谷，浴于咸池，拂于扶桑。"《山海经·大荒
东经》："有谷曰温源谷。上有扶木，一日方至，一日方出。"《山海

经·海外东经》：“汤谷上有扶桑。十日所浴……有大木，九日居下枝，一日居上枝。”当与此卦卦辞相关。

简文释作：☱陵(兼)曰：昔者赤乌卜浴水，通而见神，为木出焉，是啻(帝)□ 503

卦四〇：☷介曰北＝黄鸟杂彼秀虚有丛者□□有□□人民□ 207

○**李学勤《小记》**：《豫》卦，马王堆帛书《周易》作《馀》，王家台简《归藏》作《介》，辑本又作《分》。揣想字本作“余”，形误为“介”，为“分”。

○**王明钦《概述》**：“豫”卦，秦简作“介”，传本作“分”，我们以为这两个卦名是由于形近讹误所致。“介”字形作⺇，“分”字形作⺁，在书写随意的竹简文字中，很容易混淆。实际上简本和传本应是一致的。

○**廖名春《管窥》**：传本“分”当系“介”字之误。《尔雅·释诂上》：“介，大也。”《易·晋》：“受兹介福，于其王母。”王弼注：“受兹大福。”《文选·张衡〈思玄赋〉》：“遇九皋之介鸟兮，怨素意之不逞。”旧注：“介，大也。”上海简本“夛”，帛书《易传》作“余”，帛书《易经》本作“馀”。“夛”字亦见于《栾书缶》。郭店楚简“余”字6见，有4例即作“夛”，如《成之闻之》第33、36简，《尊德义》第23简。“夛”为“余”之繁文。《说文·食部》：“馀，饶也。从食，余声。”“余”从“馀”得声，故可与“馀”通用。郭店楚简《太一生水》第14简“又余于下”、“又余于上”两“余”字，皆为“馀”字之借。“馀”、“豫”音义皆近，故可通用。“余”从“馀”声，“豫”从“予”声。《礼记·曲礼》下：“予一人。”郑玄注：“予，余古今字。”《史记·龟策列传》“豫且”，《庄子·外物》作“余且”。“馀”有饶、多义，而“豫”，《说文》以为“象之大者”，当有大义。两字义当相近。“介”有大训，与“馀”、“豫”，同义。如作“分”、“馀”、“豫”的异文就不好解释。由是可知，秦简《归藏》作“介”是正确的，传本《归藏》作“分”确是形近而误。

○**王辉《校释》**：☷介曰：北北〈交交?〉黄鸟，杂(集)彼秀虚(墟)，有丛者□□人民□ 207

卦名传本作分，当为介之讹。《周易》作豫。《豫》六二爻辞：“介于石，不终日，贞吉。”《系辞传下》：“子曰：知几其神乎！君子上交不谄，下交不渎，其知几乎！……《易》曰：'介于石，不终日，贞吉。'介如石焉，宁用终日，断可识矣！君子知微知彰，知柔知刚，万夫之望。"《尔雅·释诂》："豫，乐也。"《正字通》："凡坚确不拔亦曰介。"人能坚如石，不待一日，即知欢乐应适度的道理，守正固可得吉祥。卦名介或取义于此。

"北北"义不明。秦文字交字作"仌"，北字作"夶"，《归藏》简又不很清楚，疑北为交之讹或误释。《诗·秦风·黄鸟》："交交黄鸟止于棘。"毛传："交交，小貌。"

《山海经·大荒西经》："有玄丹之山，有五色之鸟，人面有发……爰有……黄鸟，其所集者其国亡。"徐锴《说文系传》："秀，禾实也。有实之象，下垂也。"

黄鸟集于有穗之墟，有禾实可食，自甚豫乐；然当坚如石，知欢乐应有度之理。人主富有天下，其乐何如！然沉缅逸豫，则乐极生悲，亦为亡国之兆。《尚书·无逸》："自时厥后立王，生则逸。生则逸，不知稼穑之艰难，不闻小人之劳，惟耽乐之从（纵）。自是厥后，罔或克寿……"大意亦同。

○连劭名《筮书考》：介曰：北北黄鸟，杂彼秀虚，有丛者□□有□□人民□ 二〇七

今本《周易》作"豫"，尚秉和《周易尚氏学》云：

《归藏》作分，言震雷上出，与地分离也，又一阳界于五阴之间，便上下分别，与《周易》义异。

文献中介、分多混，《周礼·内宰》郑注："叙介决也。"《释文》云："介，本作分。"《周礼·大宗伯》郑注："雉取其守介。"《释文》："介，本作分。"《庄子·庚桑楚》云："介尚离山。"《释文》："介，本作分。"

《白虎通·五行》云："北方水，万物所幽藏也。"下卦坤与上互坎皆为水，故曰"北北"。《汉书·蒯通传》颜注："北，奔也。"奔与贲通，《诗经·鹑之奔奔》云："鹑之奔奔，鹊之疆疆。"郑笺云："奔奔，疆疆，言其居有常匹，飞则相随之貌。"《礼记·表记》引作"鹊之姜姜，鹑之贲贲"。郑注云："姜姜，贲贲，争斗恶貌。"

坤土为黄，下互艮为鸟，《诗经》中屡见"黄鸟"，如《葛覃》："维叶萋萋，黄鸟于飞。"《黄鸟》："交交黄鸟，止于棘。"《黄鸟》："黄鸟黄鸟，无集于谷。"杂、

集古通，如《孟子·公孙丑》上云："是集义所生者。"赵注："集，杂也。"《说文》："集，群鸟在木上也。"下互艮为止，上卦震为木，有群鸟止于木之象，故曰"集"。又，震为虚，《周易·昇》九三："昇虚邑。"马注："虚，丘也。"卦上互为震，《周易·涣》六四："涣有丘。"卦下互为震，《周易·颐》六二："拂经于丘。"下卦为震。"秀"、"美"同义，《素问·四气调神大论》云："此谓蕃秀。"王注："秀，华也，美也。"上互坎为美，为秀，《周易·既济》六二云："妇丧其髴。"虞翻注："坎为美。"《周易·节》九五："甘节。"虞翻注："坎为美。"下互艮与上互坎，上卦震相接，故云："集彼秀虚。"

"有丛"指坎，《周易·说卦》云："坎为丛棘。"

○《清华简（四）》："介"屬月部見母，"豫"屬魚部喻母，魚、月通轉，見、喻牙喉音，音近可通。

○程浩《〈別卦〉补释》：關於卦名"豫"何以作"介"，王家臺秦簡《歸藏》公佈后學界曾有過相關討論。這其中以廖名春先生的觀點最為值得重視，他認為各本卦名作"豫"、"余"、"餘"、"介"等皆取自"豫"卦訓"大"之本義，并指出："'餘'有饒、多義，而'豫'《說文》以為'象之大者'，當有大義。兩字義當相近。'介'有大訓，與'餘'、'豫'同義。"

此外，本卦"六二"爻辭"介于石，不終日，貞吉"，第一字恰為"介"，則本卦卦名作"介"情況可能與上一條"姤"卦作"繫"一樣，是在字義相同的前提下擷取了其他爻辭的首字作為卦名。

○蔡飞舟《〈別卦〉解诂》：程浩《清华简〈別卦〉卦名补释》疑《別卦》卦名繫、介，自《周易》爻辞中擷取而来。而拙论则以为《周易》爻辞中存有古义，《別卦》所存卦名，其渊源当在《易》爻辞之先。《周礼》太卜所掌"三易"之法，《连山》、《归藏》、《周易》。《连山》、《归藏》在《周易》之先，向无大疑。豫卦别称介卦，见诸《归藏》。则《周易》爻辞"介于石"者，依情当本诸《归藏》也。《西溪易说》云："今以《周易》质之《归藏》，不特卦名用商，卦辞亦用商，如《屯》之'屯膏'，《师》之'帅师'，《渐》之'取女'，《归妹》之'承筐'，《明夷》之'垂其翼'，皆因商易旧文。"其说是也。故《別卦》者，依其卦序，盖马王堆汉墓帛书《周易》一类传本卦名之摘抄，然其卦名之渊源，则当在《周易》爻辞之先。

○朱兴国《全解》：介　曰：北北黄鸟，杂彼秀虚。有丛者□□有□□人

民/（207）

震上坤下。震王则坤没。

介，固也。坤为人民、震为帝王（《周易·既济·九三》），帝王得民，统治稳固，故曰"介"。

北北，当读作"败败"。二至四爻为艮，艮为败（《周易·复·上六》），故曰败败。坤为黄（《周易·坤·六五》），艮为鸟（《周易·旅·上九》），故曰"黄鸟"。三至五爻为坎，坎为乱（《周易·既济》），故曰"杂"。艮为高（《周易·同人·九三》），故曰"秀"。坤为虚（《周易·升·九三》）。震王则艮休坤没，故曰"北北黄鸟，杂彼秀虚"。《说文解字》："虚，大丘也。"

坤为众（《说卦》），故曰"丛"，故曰"人民"。

○王传龙《用韵》：12.介：北北黄鳥雜彼秀虛有叢者□□有□□人民×

分析：鳥字上古音幽部端紐。"虛"即"墟"，秦簡《歸藏》墟字一概作虛，如"晉之虛"。虛與墟韻部皆為魚部，與幽部為旁轉關係，詳見上文乾卦條（第1條）論述。北北意思不明，朱興國先生認焉此卦二至四爻為艮，艮為敗，故北北當讀作"敗敗"，王輝先生據《詩經·黄鳥》有"交交黄鳥止於棘"之語，故猜測北北為"交交"之形訛。筆者認為北北當為"比比"之訛，北字篆文𠤎，比字𠤎，交字𡗞，北與比字形相近致訛，而與交字差別較大。《說文解字》釋比為"密也"，比比為黄鳥密集貌，與後文"雜彼秀虛"相呼應。

按：卦画对应今本《周易》豫卦，辑本《归藏》无"豫"有"分"，朱太史注曰："以谦作兼，而分次之，则分为豫也。""介"字为是，辑本"分"形近而讹。王明钦、廖名春说为是。

"北北"不词，"比比"供一说，《汗简》"北"作"𠃜"，"交"小篆作"𡗞"，疑北为交之讹或误释，王辉说可从。"交交"，毛传："小貌"，马瑞辰《毛诗传笺通释》："交交，通作咬咬，谓鸟声也。"

"杂"训作"集"，《改并四声篇海·隹部》引《川篇》："杂，集也。"集，古文作雧，群鸟栖止在树上。《说文·雥部》："雧（集），群鸟在木上也。"桂馥义证："《禽经》：'独鸟曰止，众鸟曰集。'"《五音集韵·缉韵》："集，《字林》云：'群鸟驻木上。'"《诗·周南·葛覃》："黄鸟于飞，集于灌木。"

"秀虚","秀"有草木茂盛义,《尔雅·释言》:"秀,茂也。""虚",《说文·丘部》:"虚,大丘也。昆仑丘谓之昆仑虚。"段注:"虚者,今之墟字。""秀虚"义为草木茂盛之山丘。

"蘽",有两义,一同"藂",草丛生貌。《集韵·东韵》:"藂,《说文》:'艹丛生皃。'或作蘽。"一同"丛",聚集义。《字汇·木部》:"蘽,古文丛字。"《汉书·东方朔传》:"饰文采,蘽珍怪。"据残简文义,似取"聚集"义为长,"有丛者"即群鸟中聚集在一起的一些鸟。

简文释作:䷞介曰:北＝[北]〈交交〉黄鸟,杂彼秀虚(墟),有蘽(丛)者□□有□□人民□207

卦四一:☒归妹曰昔者恒我窃毋死之□□ 307 □□□☒月而攴□□□☒201

○**王辉《校释》**:☒归妹曰:昔者恒我(常娥)窃毋(不)死之□[药]☒[于西王母]307 □□□奔月,而枚占□□□☒[有黄,有黄占之曰:吉。翩翩归妹,独将西行……]201

依卦名,卦画可补为䷵。

《淮南子·览冥训》:"羿请不死之药于西王母,姮娥窃以奔月。"《续汉书·天文志上》注引张衡《灵宪》:"羿请不死之药于西王母,姮娥窃之以奔月。将往,枚筮之于有黄。有黄占之曰:吉。翩翩归妹,独将西行,逢天晦芒,毋惊毋恐,后且大昌。"严可均以为这条"当是《归藏》之文"。《绎史》卷13亦引此文,开头则作:"嫦娥,羿妻也,窃西王母不死之药服之,奔月……"诸书所引与简文略同。

《周易·归妹》初九:"归妹以娣。"王弼注:"娣,少女之称也。"阮元《校勘记》:"岳本、宋本、古本、足利本娣作妹,是也。"孔颖达正义:"妇人谓嫁为归。"归妹为嫁女,常娥奔月,其事似之。《归妹》卦辞:"征凶,无枚利。"归妹卦下兑(泽)为少女,上震(雷)为长男,《说卦》传:"震为雷……为长子……兑为泽,为少女……"故归妹象征嫁女。嫁女虽是喜事,但不以其正道,前路必有凶险,无所利。常娥因与其夫(就是曾射九日,杀猰貐的大英雄羿)闹矛盾,一念之差,窃食不死之药奔月,月宫冷清,寂寞难耐,亦无幸福可言。简文述常娥事,虽未明言,实乃具体事例阐述《周易·归妹》卦辞,可见《归藏》成书较晚,约在战国中期。

○**李家浩《〈归藏〉考》**:《连山》很早就亡佚了,马国翰《玉函山房辑佚书》从古书中辑得佚文十多条,其中有两条佚文值得注意:

(16)有冯羿者,得不死之药于西王母,姮娥窃之以奔月,将往,枚筮于有黄。有黄占之日:吉。翩翩归妹,独将西行,逢天晦芒,无恐无惊,后且大昌。

……

(16)的卦辞比较完整,……据(16)的卦辞,其格式跟秦简"易占"卦辞也基本相同。这一情况正好支持了秦简"易占"不是《归藏》,而是《连山》的可能性。

大家知道,在历史上曾有过伪作的《连山》。《北史·刘炫传》说刘炫"伪造书百余卷",其中有题为《连山易》的。晁公武《郡斋读书记》所说宋朝张商英伪造的《三坟》,也有《连山易》。此外,《隋书·经籍志》五行类还著录梁元帝编写的《连山》三十卷。由于这种情况,许多学者指出马氏所辑的《连山》佚文大多不可信。具体就(16)、(17)两条文字来说,马氏把它们定为《连山》的佚文也是不可信的。

先说(16)那条文字。据马国翰所注出处,(16)那条文字辑自李淳风《乙巳占》。我们查对了原书,见于《乙巳占》卷一《天象》篇所引的张衡《灵宪》中,原文并没有说(16)的文字是《连山》。《后汉书·天文志上》刘昭注引张衡《灵宪》,也有(16)那条文字,严可均《全上古三代秦汉三国六朝文》是把它作为《归藏》的佚文来处理的。《文选》卷一三谢希《月赋》李善注引《归藏》说:

(18)昔常娥以不死之药奔月。

六朝时梁人刘勰在他的著作《文心雕龙·诸子》里,也提到这条《归藏》佚文:

按《归藏》之经,"大明"迁怪,乃称"羿毙十日","常娥奔月"。

……"常娥奔月"当是指(18)这条《归藏》佚文。(18)跟(16)的前半部分内容相同,(18)显然是(16)的意引。可见张衡《灵宪》中那一段关于姮娥奔月的文字,严可均作为《归藏》的佚文来处理,比马国翰作为《连山》的佚文来处理,要合理得多。

……总之,马国翰《玉函山房辑佚书》所辑的(16)、(17)那两条《连山》佚文是有问题的,不能用来作为秦简"易占"是《连山》而不是《归藏》的证据。

○杨柳青《举隅》:

第十条:有冯羿者得不死之药于西王母,姮娥窃之以奔月,将往,枚筮于有黄,有黄占之曰:"吉。翩翩归妹,独将西行,逢天晦芒,无恐无惊,后且大昌。"姮娥遂托身于月。(李淳风《乙巳占》)

第十条佚文争议颇多,然笔者认为无误。据马氏所注出处,此条辑自唐代天文学家李淳风的《乙巳占》,核对原书,该段引自卷一《天象》篇:

月者,阴精之宗,积而成兽,象兔而乃缺唇,阴之精,其数偶。其后有穷羿者,羿请不死之药于西王母,姮娥窃之以奔月。将往,枚筮之于有黄,有黄占之曰:"吉。翩翩归妹,独将西行,逢天晦芒,无恐无惊,后且大昌。"姮娥遂托身于月,是为蟾蜍。

这段话其实出自张衡的《灵宪》。《灵宪》为天文学名作,原书早佚,《后汉书·天文志》刘昭注曾引录,被马氏辑入《玉函山房辑佚书》卷七十六,归于"子编天文类",李淳风所引与《灵宪》佚文稍有出入,为"象兔,阴之类,其数偶。其后有冯焉者,羿请无死之药……",其后均同。严可均《全上古三代秦汉三国六朝文》将此条辑入《归藏》。后世争议主要集中在认为马氏误将《归藏》佚文归入《连山》,引证的资料有:《文心雕龙·诸子》曰:"按《归藏》之经,大明迂怪,乃称羿毙十日、嫦娥奔月。"《文选》卷十三谢希逸《月赋》李善注引《归藏》曰:"昔常娥以不死之药奔月。"王僧达《祭颜光禄文》李善注引《归藏》曰:"昔常娥以西王母不死之药服之,遂奔月,为月精。"《太平御览》卷九百八十四引《归藏》曰:"昔常娥以西王母不死之药服之,遂奔月为月精。"1993年荆州出土王家台秦简《归藏》曰:"昔者恒我窃毋死之[药](307)/□□奔月,而支(枚)占□□□(201)。"观之,上述《归藏》内容与第十条佚文相类,故许多学者认为将第十条辑入《归藏》更合情理。然而,马国翰在《归藏》卷逸文中辑有"昔常娥以不死之药犇月"之句,文献来源正是《文选》卷十三谢希逸《月赋》注,《太平御览》卷九百八十四,卷后诸家论说中也引上述《文心雕龙》之语,故马氏应熟知这些文献,但仍然将第十条佚文归入《连山》而非《归藏》。

笔者认为马氏所辑应无误。

首先，《文心雕龙》《文选》《太平御览》等著作十分普及，应是古代学人熟知的书目，马国翰在辑佚过程中不可能忽视这些著作，并且他在《归藏》卷中也辑入"昔常娥以不死之药犇月"句。马国翰在熟悉这些引证的前提下仍将第十条佚文归入《连山》自有他的道理。一是《连山》和《归藏》本就有近似内容，二是《连山》繁而《归藏》简。比较上录《连山》佚文与《归藏》佚文不难发现，《连山》内容要详实得多，不仅人物众多，情节丰富，因果完备，还记载了姮娥奔月前的占筮行为和占辞文本，而《归藏》佚文中缺失这些内容，故笔者推测第十条为《连山》佚文无误。

《连山》繁而《归藏》简还有文献依据。东汉桓谭《新论·正经》曰："《连山》八万言，《归藏》四千三百言。夏《易》烦而殷《易》简。"又曰："《连山》藏于兰台，《归藏》藏于太卜。"即一种藏于内宫密室，一种藏于宫外。一个是八万余言，一个是四千余言，繁简分明。明代黄宗炎曾质疑《连山》八万言："夏之文字几二十倍于文王、周公之辞，岂古昔之方册乎？为此说者亦不明古今之通义矣。"学界现基本认为夏代已有典籍，而黄氏仅以前代著作的文字数量不可能是后代著作的二十倍为据，来质疑桓谭之言是没有说服力的。桓谭为两汉之际的经学大家，其年代近古，且直通朝廷，所言应有所本。同样在《新论·正经》这一篇目中，桓谭还云："《古论语》二十一卷，与齐鲁文异六百四十余字。《古孝经》一卷二十章，千八百七十二字，今异者四百余字。"此间接说明桓谭在统计古籍篇幅时极为严谨，故他对《连山》《归藏》的篇幅也不敢轻言。有学者根据桓谭在东汉时所任官职，分析得出他应有资格查阅太卜和兰台处藏书的结论，认为"桓谭做议郎（专掌皇帝的顾问应对，可参与朝政）、给事中，是皇帝的专职智库，需要很广的知识面，当有广泛查阅朝廷秘籍的权利"，笔者深以为然。故桓谭所言应有根据。此外，依生活常理推理，《连山》有"八万言"规模并非完全不可能，夏代历经四百余年，占筮作为国家极为重要的活动，必定伴有一定的记录，在如此漫长的历史时段内积累大量记录，汇总成大规模的夏《易》蓝本当有其可能性。文字记录大约经历了一段由简到繁又由繁返约的过程，《归藏》"四千三百言"，《周易》经文共计 4162 字，两者规模相当，是以商周之《易》已由夏代之繁而返简。

○戴霖、蔡运章《神话》：

湖北江陵王家台秦简《归藏易》中的《归妹》卦辞，反映了"嫦娥奔月"的故事。以往"嫦娥奔月"神话最早见于西汉的《淮南子》，秦简《归妹》把这个故事产生的年代提前到战国时期。

一、秦简《归妹》卦残辞的缀合、补订

秦简《归妹》卦出土时已经严重残损，被编为201和307号。我们依据传世文献中的《归藏易》佚文，兹作缀合、补订如下：

王家台秦简第307号文为：

□《归妹》曰：昔者恒我窃毋死之……

王家台秦简第201号文为：

……奔（奔）月，而支（枚）占……

这两条残简均属《归藏易》"嫦娥奔月"故事的佚文。李善《文选》卷十三谢希逸《月赋》注引《归藏》曰：昔嫦娥以不死之药奔月。这则佚文《太平御览》卷九八四引《归藏经》与此相同。李善《文选》卷六〇王僧达《祭颜光禄（延年）文》注引《归藏》曰：

昔嫦娥以西王母不死之药服之，遂奔月，为月精。

值得注意的是，南朝梁刘昭《后汉书·天文志上》补注引东汉张衡《灵宪》曰：

羿请不死之药于西王母，姮娥窃之以奔月。将往，枚筮之于有黄。有黄占之曰："吉。翩翩归妹，独将西行，逢天晦芒，毋惊毋恐，后其大昌。"姮娥遂托身于月，是为蟾蜍。

西晋干宝《搜神记》卷十四《嫦娥》的记载，与此段基本相同。张衡《灵宪》这段佚文，清马骕《绎史》卷十三、严可均《全上古三代秦汉六朝文·全后汉文》辑作：

嫦娥，羿妻也。窃西王母不死之药服之，奔月。将往，枚筮之于有黄。有黄占之曰："吉。翩翩归妹，独将西行。逢天晦芒，毋惊毋恐，后且大昌。"嫦娥遂托身于月，是为蟾蜍。

严可均注说："《灵宪》此段，当系《归藏》旧文。"著名神话学家袁珂先生也说："张衡《灵宪》记叙的嫦娥在奔月以前'枚占于有黄'一节，可能仍是《归藏》的旧文,增加的内容不多。"

　　传世文献记载"嫦娥奔月"的故事,始见于汉武帝建元二年(前 139)成书的《淮南子》。该书《览冥训》载:

　　　　羿请不死之药于西王母,姮娥窃以奔月,怅然有丧,无以续之。

高诱注:"姮娥,羿妻也。羿请不死之药于西王母,未及服食之。姮娥盗食之,得仙,奔入月中为月精也。"

　　我们细审秦简《归妹》和李善《文选》注及《太平御览》所引传本《归藏》卦辞,都没有"羿请不死之药"及"姮娥,羿妻也"的内容。羿与嫦娥的夫妻关系,当是两汉时人撮合的结果(详后)。故张衡《灵宪》所记"嫦娥奔月"的故事,当是括引《淮南子》与《归藏》卦辞写就的。而干宝《搜神记》中的《嫦娥》章,则是录引《灵宪》而成的。

　　因此,我们将秦简《归妹》卦残辞与《灵宪》佚文、《搜神记·嫦娥》和传本《归藏》相互参校缀合,拟定《归妹》卦的全文为:

　　　　□《归妹》曰:昔者恒(嫦)我(娥)窃毋死之药于西王母,服之以𢀉(奔)月。将往,而枚占于有黄。有黄占之曰:"吉。翩翩归妹,独将西行。逢天晦芒,毋惊毋恐,后且大昌。"恒(嫦)我(娥)遂托身于月,是为蟾蠩。

　　二、秦简《归妹》卦辞的释读

　　从秦简《归藏》的文例看,每卦开首均有筮数。这则易卦开首的筮数残失,《周易·归妹》卦的卦画为"䷵",依张政烺"奇数是阳爻,偶数是阴爻"的原则,推知此卦的筮数当是"☷",即"六六一六一一",为《兑》下、《震》上的《归妹》卦。

　　"归妹",卦名。《周易·杂卦传》说:"归妹,女之终也。"《广雅·释言》:"归,返也。"返,古作反。《汉书·杨王孙传》集注:"反,归也。"《周易·小畜》九三:"夫妻反目。"虞翻注:"震为反。""归妹"的卦名,今本《周易》和帛书《周易》与传本《归藏》相同,汉石经《周易》作"归昧"。《释名·释亲戚》云:"妹,昧也。"《广雅·释训》:"昧,昧暗也。"郑玄《周易·困》注:"兑为暗昧。"而《兑》下是少女,《震》上为长男,少女与长男结合,故称之为《归妹》,亦即嫁妹。这说明《归妹》卦名的含义,正与这则卦辞所反映的"嫦娥奔月"故事相符合。

　　"曰",《说文·曰部》:"曰,词也。"甲骨金文多用作动词,相当于现代汉语中的"说"、"讲"。

　　"昔者恒我窃毋死之药于西王母","恒我",亦名姮娥。因汉文帝名恒,避讳改"恒"为姮。"恒",通作常。《说文·心部》:"恒,常也。"《诗·小明》:"无恒安息。"《汉书·董仲舒传》作"无常安息,"可以为证。《周易·文言》:"后得主而有常。"虞翻注:"震为常也。""常我",用为女名时多写作嫦娥。故"恒我"即"嫦娥"。

　　"窃"即偷盗。此卦上互为《坎》,《周易·说卦传》:"坎为盗。"《周易·屯》六二:"匪寇婚媾。"虞翻注:"坎为寇盗。"这说明《归妹》卦象与"窃毋死之药"相合。

　　"毋死之药",即长生不老药。《山海经·海内西经》载:"昆仑之虚在西北,帝之下都,……面有九门,门有开明兽守之,百神之所在。……开明东有巫彭、巫抵、巫阳、巫履、巫凡、巫相,夹窫窳之尸,皆操不死之药以距之。"郭璞注:"为距却死气,求更生。"这说明能"距却死气,求更生"的"不死之药",就在天帝的"下都"昆仑山上。

　　"西王母"是我国古代著名的神话人物。《山海经·西次三经》载:"玉山是西王母所居也。西王母其状如人,豹尾、虎齿而善啸,蓬发戴胜,是司天之厉及五残"。郭璞注:"主知灾厉、五刑、残杀之气也。""厉",同疠。《一切经音义》卷十八引《字林》说:"疠,恶疾也。""灾疠"指疽疠恶疮诸病。《大荒西经》说:"昆仑山之丘……有人戴胜,虎齿,有豹尾,穴处,名曰西王母。此山万物尽有。"因西王母是主管"刑杀之神",她居住的昆仑山上"万物尽有",故得掌管"不死之药"。

　　"服之以奔月"。"服",《说文·月部》:"服,用也。""服之"指吃下"不死之药"。"弁","奔"字别体。"奔月"指奔往月宫。《周易·涣》九二:"涣奔其机。"虞翻注:"震为奔。"《周易·遁》六四虞翻注:"震为奔走。"此卦上互为《坎》,《周易·说卦传》:"坎为月。"

　　"将往而枚占于有黄"。"枚占",用筮草占问。"有黄",神巫名,不见于其他文献。张华《博物志·杂说上》引《归藏》:

　　昔舜筮登天为神,占之,有黄龙神曰"不吉"。

故"有黄"可能是"有黄龙神"的省称。

"有黄占之曰吉"。"吉"为占断语,是说嫦娥筮占后得吉祥之卦。《归妹》卦为《兑》下、《震》上,《周易·说卦传》:"兑,说也。"说,通作悦。《周易·恒》:"贞,妇人吉。"郑玄注:"兑为和说。"是《兑》卦有和悦之义。《周易·说卦传》虞翻注:"震为大笑。"故占得此卦有"吉祥"之义。

"翩翩归妹"。"翩翩",小鸟轻盈飞翔貌,《周易·泰》六四爻有"翩翩不富"语。该卦六五爻辞曰:

帝乙归妹,以祉元吉。

"帝乙"为商代帝王名,《子夏传》、京房、《白虎通》、郑康成、荀爽等以为即商汤,虞翻以为是纣王之父。"归",嫁。《后汉书·荀爽传》说:"汤有娶礼,归其妹于诸侯也。"郑康成说:"五,爻辰在卯,春为阳中,万物以生。生育者,嫁娶之贵。仲春之月,嫁娶男女之礼,福禄大吉。"秦简此卦"翩翩归妹"当是指即将飞往月宫的嫦娥而言。

"独将西行"。此句与《诗·击鼓》"我独南行"句例相似。"独",孤单。"西行",《礼记·祭义》说:"日出于东,月生于西。"《周易·小畜》上九:"月几望。"虞翻曰:"兑为西。"《周易·益》六四:"中行。"虞翻曰:"震为行。"因月生于西方,故称"嫦娥奔月"为西行。

"逢天晦芒"。"逢",遇到。"晦",《释名·释天》谓"月尽之名也"。《说文·日部》:"晦,月尽也。""晦芒"指天色昏暗,不见光芒。这是说要在月尽不见光芒时奔月。

"毋惊毋恐"。此句干宝《搜神记》卷十四《嫦娥》作"毋恐毋惊",有不要惊慌恐惧之义。

"后且大昌"。"后",《诗·瞻仰》:"式救尔后。"郑玄笺:"后为子孙也。"《国语·周语上》:"其君必无后。"韦昭注:"后,后嗣也。"《周易·暌》:"后说之壶。"虞翻注:"震为后。"《周易·系辞传下》:"后世圣人易之以宫室。"虞翻注:"震为后世。""且",张衡《灵宪》作"其",形近伪误。《吕氏春秋·音律》:"岁且更起。"高诱注:"且,将也。"《汉书·郊祀志上》集注:"且,犹将也。""昌",《诗·还》:"子之昌兮。"毛传:"昌,盛也。"《说文·日部》谓"昌,……一曰日光也。《诗》'东方昌矣'"。《诗·鸡鸣》作"东方明矣"。《广雅·释言》:"昌,光也。"这句是说你的子孙将会光明昌盛。

"恒我遂托身于月"。"托",《说文·言部》:"托,寄也。"这是说嫦娥于是就居住在月宫里。

"是为蟾蜍"。"蟾蜍"即蟾蜍,俗名癞蛤蟆。《淮南子·精神训》:"月中有蟾蜍。"《史记·龟策列传》:"月为刑而相佐,见食于虾蟆。""虾蟆"即蛤蟆。《太平御览》卷四引《春秋孔演图》曰:"蟾蜍,月精也。"唐欧阳询《艺文类聚》卷一引《淮南子》说嫦娥"服药得仙,奔入月中为月精"。"月精"即月神。这是说嫦娥奔月后变为癞蛤蟆,成为主管月宫的神灵。洛阳西汉壁画墓、南阳东汉画像石和山东肥城孝堂山石刻画像星象图所见的月亮里,都画有一个蟾蜍,就是这个传说的见证。

综上,这则易卦的大意是说:筮遇"六六一六一一",《归妹》说:昔日嫦娥从西王母那里偷来长生不老灵药,服食后准备奔往月宫。将要动身时,她到神巫有黄那里筮占。有黄筮占后说:"吉祥。美貌轻盈的嫦娥,将独自奔向西天的月宫。遇到月尽没有光芒时动身,不要惊慌,不要恐惧,您的子孙将会光明昌盛。"嫦娥于是就居住在月宫里,化为蟾蜍,成为主管月宫的神灵。

三、神话"嫦娥奔月"产生的思想基础

"嫦娥奔月"的神话是个美妙传说,弄清它产生和形成的思想基础,是十分必要的。

月亮是地球的卫星,它不但有规律地运行出没,而且还映射出神奇的光辉。夜晚,人们仰望繁星簇拥的月宫,常会产生许多美妙的遐想,这就使中华先民对月亮产生崇拜心理。《管子·形势篇》:"日月照察万物者也。"《淮南子·天文训》:"日者阳之主,月者阴之宗也。"《颜氏家训·归心》也说:"日为阳精,月为阴精。"考古发现河南陕县庙底沟、郑州大河村、汝州洪山庙仰韶文化遗址出土彩陶器上都常见日月纹图案。正如严文明先生所说:"可能是太阳神和月亮神的崇拜在彩陶纹上的体现。"因此,到了商周时期,已普遍流行祭祀日月神的习俗。殷墟卜辞有祭祀"东母、西母"的记录:

贞,燎于东母,三牛? 《合集》14339。

贞,燎于东母,三豕? 《合集》14340。

贞,于西母酒豕? 《合集》14345。

壬申卜,贞,侑于东母、西母,若? 《合集》14335。

这里的"燎"是指《尔雅·释天》"祭天燔柴"和《周礼·大宗伯》"以实柴祀日月星辰"所说的祭典。《周礼·祭义》说:"祭日于东,祭月于西。"因此,陈梦家先生指出"此东母、西母大约指日、月之神"是正确的。

卜辞把"日、月之神"称为"东母、西母",在《山海经》里可以找到线索。《山海经·大荒南经》:

羲和之国,有女子名曰羲和,方浴日于渊。羲和者帝俊之妻,生十日。

《大荒西经》:

大荒之中,有女子方浴月。帝俊妻常羲生月十有二,此始浴之。

这是说帝俊之妻羲和"生十日"、"常羲生月十有二",帝俊是十个太阳和十二个月亮的父亲。羲和管理她所生的十日便被称为"东母",常羲管理她所生的十二个月亮便被称为"西母"。

这位帝俊就是殷人的高祖帝喾。《史记·殷本纪》:"殷契,母曰简狄,有娀氏女,为帝喾次妃。"《史记·五帝本纪·索隐》引皇甫谧云:"帝喾其名夋。""夋",同俊。可见,帝俊既是殷人高祖,也是主宰上天的最高神灵。这是因为殷人心目中的上帝实际上就是祖先神。

后来,随着时间的演进,羲和和常羲的神职也发生了变化。《楚辞·离骚》:"吾令羲和弭节兮。"王逸注:"羲和,御日也。"《天问》也说:"羲和之未扬,若华何光?"这说明"羲和"已变为天帝"御日的女神"。而这位"生月的常羲",后来也"变成奔月的常娥"。因羲、娥古音同属歌部疑母,可以通假。《说文·我部》说"义"字"从我、从羊"。《兮部》谓"羲"字"从兮、义声"。陆德明《经典释文》:"义,本作羲。"是"羲"通作义。《经典释文》:"蚁,又作蛾。"《文选·长杨赋》李善注"蛾,古蚁字",可以为证。这样,早期神话中因"生十有二月"而被称为"西母"的常羲,后来就演变成服食从西王母那里窃来的"不死之药",最后逃奔月宫的嫦娥了。

值得注意的是,秦简《归妹》与《周易·归妹》也有着明显的联系。《周易归妹》六五爻辞曰:

帝乙归妹,其君之袂,不如其娣之袂良。月几望,吉。

"月几望",帛书《周易》作"月既望"。元吴澄《易纂言外翼》卷二《象例》

说,"月几望之几,孟、荀,一行作既。几字亦有既音,《左氏传》'庸可几乎,日月以几'是也。"京作迟,晁氏曰:迟读为既。迟《诗》'徂迟王舅'是也。澄按:此几当作既。这里的"帝乙归妹"的故事,与《周易·泰》卦六五爻辞相同,"君"指帝乙的妹妹,"袂"指衣饰。这是说帝乙出嫁妹妹时,主君的衣饰却不如侧室的衣饰美好。"月几望"语,亦见于《周易·小畜》上九和《中孚》六四爻辞。"月"指月亮,为阴之精,有后妃之象,在此喻帝乙之妹。"望",月满。"既望",金文习见。矢鼎铭"惟王元年六月既望乙亥",庚嬴卣铭"惟王十月既望",都是指夏历每月十五、十六日月亮圆满之时。这里的"月既望"则是比喻婚嫁的帝乙之妹,犹如十五的月亮般貌美和成熟,故有吉祥之义。由此可见,秦简《归妹》卦辞"嫦娥奔月"的故事,受到《周易·归妹》六五爻辞"帝乙归妹"和"月既望"的深刻影响,也是显而易见的。

《归妹》卦辞"嫦娥奔月"的故事,也受到战国时期升仙思想的深刻影响。《战国策·楚策四》载:"有献不死之药于荆王者,谒者操以入。"《韩非子·说林上》也有相同的记载。这是战国中晚期游士的拟托之辞。《史记·封禅书》载:"自齐威、宣……燕昭使人入海求蓬莱、方丈、瀛洲。此三神山者,其傅在渤海中,去人远,……诸仙人及不死之药皆在焉。"这说明齐威王(前356—前320在位)、宣王(前319—前310在位)和燕昭王(前311—前279在位)都曾派人入海寻找"不死之药"。这种长生信仰在《山海经》里屡见不鲜。例如,《大荒西经》说"颛顼死而复苏",变化"为鱼妇"。《海外南经》郭璞注说:"员丘山上有不死树,食之乃寿。亦有赤泉,饮之不老。"除此还有"黑色"的"不死民"。《大荒南经》说:"有不死之国,阿姓,甘木是食。"郭璞注:"甘木即不死树,食之不老。"《海内西经》说:昆仑之丘有"不死树",天神窫窳因巫觋采集的"不死药"复活。《海内经》说:"肇山有人名柏高。柏高上下于此,至于天。"郭璞注:"柏子高,仙者也。"因此,所谓"恒娥窃西王母不死之药","食之得仙,奔入月中"的传说,应是受战国神仙家长生思想影响的结果。

四、不死之药、蟾蜍与"嫦娥奔月"的真正原因

嫦娥是古今同誉的美人。《方言》卷十三说:"秦晋之间美貌为之娥。"但她奔月后却化为形态丑恶的蟾蜍,遂使人们认为"必定是有谴责的意思存在其中"。因而也引起后人的怜悯和微词:李白《把酒问月》说:"白兔捣药秋复春,姮娥孤凄谁与怜?"杜甫《月》说:"斟酌姮娥寡,天寒耐九秋。"李商隐《嫦娥》说:"嫦娥应悔偷灵药,碧海青天夜夜心。"须知产生这种认识的缘由,是人们并没有弄清嫦娥奔月的真正原因。

后人谴责"嫦娥奔月"的主要原因,是因她背叛丈夫羿,偷食仙药,独自奔月。所以她受到惩罚,变为丑恶的蟾蜍,并被罚作夜夜捣药的苦工。然而,秦简《归妹》说:"昔者恒娥窃毋死之(药服之以)奔月。"传本《归藏》说:"昔嫦娥以西王母不死之药服之,遂奔月。"这里都没有谈到嫦娥与"羿"的关系。"羿"是我国古代神话中的英雄人物。战国秦汉关于"羿"的神话,主要有:

1.《山海经·海内经》:"帝俊赐羿彤弓素矰,以扶下国,羿是始去恤下地之百艰。"《海外南经》:"羿与凿齿战于涛华之野,羿射杀之。"

2.《楚辞·天问》:"羿焉彃日?帝降夷羿,革孽夏民,胡射乎河伯而妻彼洛嫔?"《离骚》:"羿淫游以佚畋兮,又好射夫封猪。"

3.《淮南子·本经训》:"尧之时,十日并出,焦禾稼,而民无所食。猰貐、凿齿、九婴、大风、封豨、修蛇皆为民害。尧乃使羿诛凿齿于畴华之野,杀九婴于凶水之上,缴大风于青丘之泽,上射十日而下杀猰貐,断修蛇于洞庭,禽封豨于桑林。万民皆喜,置尧以为天子。"

这些记录羿受命射日、为民除害的神话,也都没有提及嫦娥。这说明在"嫦娥奔月"的早期神话里,并没有嫦娥与"羿"之间的瓜葛。所谓"羿请不死之药于西王母"和"嫦娥,羿妻也"的内容,完全是两汉时期好事之徒附会上去的。这样,我们就可以为嫦娥洗掉"为求长生而不择手段"去偷服灵药、背叛丈夫的千古罪名。

要想知道嫦娥奔月的真正原因,必须弄明白嫦娥所偷西王母的"不死之药"是什么?因郭璞《山海经·大荒南经》注说"不死之国"有百姓所食的"甘木即不死树,食之不老",他又在《海外南经》注中说"员丘山上有不死树,食之乃寿",故袁珂认为"不死药当取自不死树"。传说的"不死药"主要有三种:一是如《史记·封禅书》所说"蓬莱、方丈、瀛洲"三神山上的"不死之药",属长生不死之灵药。二是高诱《淮南子·览冥训》注所说"姮娥盗食之,得仙"的"不死之药",属升天成仙灵药。三是《山海经·海内西经》所说"开明东有巫彭、巫抵、巫阳、巫履、巫凡、巫相"诸巫"所操不死之药",属"却死气、求更生"

的起死回生之药。虽然《归妹》卦辞和《淮南子》都没有对嫦娥偷服的"不死之药"作出具体说明，但我们从嫦娥奔月后化为"蟾蜍"的情节可以看出，这里所说的"不死之药"不是别的，就是那个形象丑恶的"蟾蜍"。一是因为蟾蜍为两栖动物，身体短宽，表面有许多疙瘩，内有毒腺，能分泌毒液，常捕食蜗牛、蚂蚁、蜈蚣等昆虫。因其形态丑恶，故通称癞蛤蟆。"癞"，同赖，通作厉。《史记·刺客列传》："豫让又漆身为厉。"《索隐》："赖，恶疮病也。……然厉、赖声相近，古多假'厉'为'赖'，今之'癞'字从'疒'，故楚有赖乡，亦作'厉'字。《战国策》说此亦作'厉'字。"《集韵·泰部》："疠，音癞，义同，今作癞。"《山海经·西次三经》说，西王母所"司天之厉"即是"灾厉"。《后汉书·顺帝纪》："上干和气，疫疠为灾。"《说文·疒部》："疠，恶疾也。"段玉裁注："按古义谓恶病包内外言之，今义别制癞字，训为恶疮，训疠为疠疫，古多借厉为疠。"这说明癞蛤蟆的形体特征与西王母所掌"灾厉"的名义相合。二是蟾蜍本是中医治疗"疽疠恶疮"的良药。李时珍《本草纲目》卷四十二说："蟾蜍，土之精也。土应月魄而性灵异，穴土食虫，又伏山精，制蜈蚣，故能入阳明经，退虚热，杀虫蟨，而为疳病、痈疽诸疮要药也。……大抵是物能攻毒、拔毒耳。"因为蟾蜍体内所分泌的毒液能以毒"攻毒"，这正是它作为"不死之药"的药理基础。三是蟾蜍本是神仙家"令人飞行长生"的良药。晋葛洪《抱朴子·内篇·仙药》载："肉芝者，谓万岁蟾蜍，头上有角，颔下有丹书"；服之可"令人身安命延，升为天神，遨游上下，使役万灵，体生毛羽，行厨立至"。《本草纲目》卷四十二也说："蟾蜍千岁，头上有角，腹下丹书，名曰肉芝，能食山精。人得食之可仙。术家取用以起雾祈雨，辟兵解缚。"可见，古代神仙家认为蟾蜍能活千万岁，名曰肉芝，服食后"可令人飞行长生"，升为天神。因此，嫦娥偷吃的"不死之药"，当为被称为"肉芝"的蟾蜍。那么，"嫦娥奔月"的真正原因是什么？她奔月后怎么又会变为形体丑恶的"蟾蜍"呢？这些，《归妹》卦辞和《淮南子》也没有交代。但是，《归妹》卦辞说嫦娥奔月的日期为"逢天晦芒"，这为我们探索嫦娥奔月的原因提供了重要线索。《楚辞·天问》说："夜光何德，死而又育？"王逸注："夜光，月亮也。育，生也。言月何德于天，死而复生也。"《释名·释天》说："晦，灰也，月死为灰，月光尽似之也。朔，苏也，月死复苏也。"原来传为常羲所生的十二个月亮，每到月末就会死去，这就使做母亲的常羲极感痛心。如何能使她所生的月亮"死而复生",当然是做母亲的最大心愿。蟾蜍是一种冬眠动物,亦作詹诸。《淮南子·说林训》:"月照天下,蚀于詹诸。"李白《古风》诗云:"蟾蜍薄太清,蚀此瑶台月。"《康熙字典》"蟾"字条引《本草》说:"蟾蜍在山石中藏蛰,似蛤蟆而大,黄色,能吞气,饮风露。"蟾蜍每年秋凉后入蛰冬眠,第二年春天苏醒交配产卵,繁衍后代。《山海经·南山经》:"有鱼焉,其状如牛,陵居,蛇尾有翼……冬死而复生。"古代先民把动物这种蛰伏现象视为"死而复生",这大概也是神仙家认为蟾蜍能活"万岁"而长生的缘故。《太平御览》卷四引《抱朴子》曰:"黄帝医经有《虾蟆图》,言月生始二日,虾蟆始生。"这是古人把"月生"与蟾蜍"始生"相联系的例子。于是,蟾蜍这种"不死之药",不但能使嫦娥"升为天神",而且还能使月亮"死而复生"。嫦娥窃取西王母掌管的这种"不死之药服之以奔月"后即变为蟾蜍,目的就是要使月亮不断地"死而复生"。这样,蟾蜍就成为月亮延续生命的保障,也成为月亮的灵魂和象征,后世常把月亮称为"蟾宫"。由此可见,美丽的嫦娥为了能使月亮"死而复生",不惜把自己变为丑陋的蟾蜍而给世人带来光明,这就是她"奔月"的真正原因。

我们通过对秦简《归妹》卦辞的缀合、补订和讨论,可以得出四点基本认识:

1. 秦简《归妹》卦辞虽然严重残损,但它所反映的"嫦娥奔月"神话,经与传本《归藏》特别是东汉张衡《灵宪》所引古本《归藏》的缀合,得以恢复原貌。可见,东汉时尚存的古本《归藏》与传本和秦简《归藏》的内容基本相同。这说明自孔颖达、欧阳修以来,诸儒怀疑桓谭、郑玄所见"《归藏》已非古经"、为"伪妄之书"的说法是错误的。这也为我们探索古本《归藏》的内容和产生年代诸问题,提供了可靠依据,因而具有重要意义。

2. 因受传本《归藏》为"伪妄之书"的影响,以往记载"嫦娥奔月"神话的文献,最早只能数到西汉中叶的《淮南子》。但是,《归藏》也并非汉儒所说是殷人著作。我们从秦简、传本和古本《归藏》的人物故事和思想内容来看,它当是战国早中期的作品。这样,"嫦娥奔月"神话产生的年代,可上推到战国早中期,比原来认为的西汉早了约300年。

3. 秦简《归妹》"嫦娥奔月"神话,源于殷墟卜辞的月神"西母",是由《山海经》"帝俊妻常羲生月十有二"的月母"常羲"演变而来的。这个神话的原型并未涉及天神"羿",所谓"羿请不死之药于西王母"和"嫦娥,羿妻也"的说法,都是后来汉人附会上去的。嫦娥所窃的"不死之药"就是"可令人飞行长生"、"升为天神"的蟾蜍,她"奔月"的真正目的,就是能使月亮不断地"死而复生"。这就是嫦娥奔月后变为"蟾蜍"的根本原因。

4.秦简《归妹》"嫦娥奔月"具有原始神话所表现出来的质朴和神奇的鲜明特征,当是中华先民以原始思维的方式来探索宇宙奥秘的产物。它的故事原貌、思想内涵和产生年代能够澄清,对研究我国古代神话的起源和形成都具有重要价值。

○**朱兴国《全解》**:归妹　曰:昔者恒我窃毋死之[药]/(307)/□□奔月而支占□□□/(201)

卦符阙。据《周易》,当为震上兑下。震王则兑死。

兑为归、震为女(《周易·随》《周易·震·上六》),故曰"归妹"。归妹:意思是把媳妇娶回家。兑与震为夫妇(《周易·随》),兑男娶震女,故曰"归妹"。

归妹卦三至五爻为坎,坎为常(《周易·坤·六五》),故曰"恒"。我,当读作"娥"。震为女,故曰娥。坎为盗寇(《周易·蒙·上九》),故曰"窃"。坎为常、震主生,常生,故曰"毋死"。归妹卦二至四爻为离,离为药(《周易·无妄·九五》),故曰"毋死之[药]"。震为足(《周易·剥·初六》)、兑为月(秦简《归藏·大过》、秦简《归藏·兑》),故曰"奔月"。

按:卦画残缺,据卦名补。今本《周易》、辑本《归藏》同作"归妹"。

辑本《归藏》严可均本有:"羿请不死之药于西王母,姮娥窃之以奔月,将往,枚筮之于有黄,有黄占之曰:'吉。翩翩归妹,独将西行,逢天晦芒,毋惊毋恐,后且大昌。'"据补。

"晦",暗义;"芒"同"茫"。"晦茫",昏暗不明,与后文"大昌"相对。昌,光盛义,《说文》段注:"昌之本义训美言,引申之为凡光盛之偁,则亦有训为日光者。"

姮娥事亦见于《淮南子·览冥训》:"羿请不死之药於西王母,恒娥窃以奔月。"简文恒卦疑受此卦辞影响,卦名误作"恒我"。见上文恒(我)卦。

简文释作:[☳]归妹曰:昔者恒(姮)我(娥)窃毋(不)死之[药于西王母以]奔月而攴(枚)占[有黄,有黄占之曰:吉。翩翩归妹,独将西行,逢天晦芒,毋惊毋恐,后且大昌。]201

卦四二:☴渐曰昔者殷王贞卜亓邦尚毋有咎而攴占巫咸=占之曰不吉不渐于□335

〇朱兴国《全解》:渐　曰:昔者殷王贞卜亓邦尚毋有咎而攴占巫咸,巫咸占之曰:不吉。不渐於/(335)

巽上艮下。巽王则艮废。

渐,渐次有序也。艮为鸟(秦简《归藏·介》)、巽为信(《周易·中孚》),鸟有信,候鸟也。候鸟以鸿雁为典型。鸿,飞成行,止成列,排列有序,故曰"渐"。

渐卦二至四爻为坎,坎为殷(秦简《归藏·瞿》、秦简《归藏·节》、秦简《归藏·媵》),故言及殷王。离为咸(秦简《归藏·同人》),故曰枚占于巫咸。

巽王则艮废,其运逢废,故巫咸占之曰"不吉"。

按:卦画、卦名对应《周易》渐卦,辑本《归藏》同。

"殷王贞卜亓邦尚毋有咎"参见上文少督(小畜)卦。"巫"下据文例当脱一重文符号"=",据补。"巫咸"简文三见,详见上文"同人"卦注。

简文释作:☴渐曰:昔者殷王贞卜亓(其)邦尚毋有咎,而攴(枚)占巫[=]咸=,[巫咸]占之曰:不吉。不渐于□335

卦四三:☲嗇曰昔者□□卜䜋帝嗇之虚作为□□
□嗇曰昔者夏后启卜䜋帝嗇□336

〇王辉《校释》:☲嗇(晋)曰:昔者□[夏后启]卜䜋(享)啻(帝)嗇(晋)之虚(墟),作为□□[璿台,于水之阳]。

□[☲]嗇(晋)曰:昔者夏后启卜䜋(享)啻(帝)嗇(晋)□336

　　《文选·王元长〈三月三日曲水诗序〉》注,《太平御览》卷82引《归藏启筮》:"昔者夏后启筮享神于晋之墟,作为璿臺,于水之阳。"《御览》卷177引"璿"作"灵",无"昔者"及"于水之阳"6字。又《御览》卷82、《初学记》卷24引《归藏》:"昔夏后启筮享神于大陵而上钧臺,枚占皋陶,曰:不吉。"诸书所引逸文与简本应属同条。

　　晋墟在"水之阳",殆即晋阳,最先是夏人的活动区域。《史记·夏本纪》:"禹于是遂即天子位。"集解皇甫谧曰:"都平阳,或在安邑,或在晋阳。"

　　传本提到的"大陵""钧夏"均在夏人活动范围内,后来则为晋之疆域。《史记·赵世家》:"肃侯游大陵,出于鹿门。"正义引《括地志》:"大陵城在并州文水县北十三里,汉大陵县城。"《左传·昭公四年》:"夏后有钧臺之享,商汤有景亳之命。"杜预注:"河南阳翟县南有钧臺陂,盖启享诸侯于此璿臺。"阳翟即今禹县,在禹都阳城附近。璿臺也见于《竹书纪年》卷上:"帝启元年癸亥……大享诸侯于璿臺。"璿,《说文》:"美玉也。"璿臺为饰以美玉之臺,不知何在。也可能与钧臺为一地,钧者大也,大臺与美玉之臺各言其一端。启所享者或说为帝,或说为神,或说为诸侯;享神之地或说在晋阳,或说在禹县,此皆后人传说不同,未可深究。

　　《周易·晋卦》象:"明出地上,晋,君子以自昭明德。"晋卦上离为明,下坤为地,光明出现在地上,象征晋长,君子以此自我昭示光明美好的德行。夏启享神于晋地,亦欲"自昭明德"欤!

　　〇王明钦《传说》:"钧"与"天"同义,《汉书·贾谊传》:"大钧播物"和《淮南子·原道训》:"钧旋毂转"注都说:"天也。""钧"又与"均"互用,《吕览·有始》"中央曰钧天",《淮南子·天文训》则作"中央曰均天。"《说文》:"均,平徧也。""璿",《说文》解释为"美玉"。所谓"钧台",意为"天台"或"平台",是表示台的形状为圆形,平顶,高耸入云;"璿台"即以美玉装修的台,是形容台的豪华装饰。……钧台与璿台实际上是同一台,只是因形容的角度不同而取的异名。

　　〇朱兴国《全解》:晋　曰:昔者//卜享帝晋之虚作为囗/
晋　曰:昔者夏后启卜享帝晋/(336)
离上坤下。离王则坤相。

晋,秦简原字从艸从晋。晋,进也。离为日、坤为地,日出地上,故曰"晋"。

离为夏,故言及夏后启(秦简《归藏·困》、秦简《归藏·井》)。享,秦简原字从酉从易,读作"享"。离为日,故曰"卜享帝"。坎为唐(秦简《归藏·小过》),即晋地,故坎为晋。坎为晋,坤为虚(秦简《归藏·介》),故曰"晋之虚"。虚,大丘也。

按:卦画对应《周易》晋卦,辑本《归藏》作"晋"。"普""晋"同音通假。该卦残简有两支,可互补。

"醟",王辉《校释》据辑本《归藏》"夏后启享神"文训"醟"为"享"。案,"醟"同"鬺",《广雅·释言》:"鬺,饪也。"在此作烹煮牲牢以祭祀义。《史记·孝武本纪》:"禹收九牧之金,铸九鼎,皆尝鬺烹上帝鬼神。"裴骃《集解》引徐广曰:"烹,煮也。鬺音觞,皆尝以烹牲牢而祭祀也。"《说文》段注:"《封禅书》:'禹收九牧之金铸九鼎,皆尝亨鬺上帝鬼神。''亨鬺',《郊祀志》作'鬺亨'。"

辑本《归藏》与此卦相关内容,马国翰本辑得佚文有二,一为:"昔者夏后启享神于晋之虚,作为璿台,于水之阳。《文选》卷四十六王元长《三月三日曲水诗序》注,《太平御览》卷八十二引《归藏·启筮》,又卷一百七十七引作'晋之灵台',无'昔者'及'于水之阳'。"一为:"昔夏后启筮享神于大陵而上钧台,枚占皋陶曰:'不吉。'《太平御览》卷八十二,《初学记》卷二十二引至'钧台'。"王明钦《传说》文引秦简《归藏》"昔者夏后启卜觞帝大陵上钧台而支占夸陆□",据此,简文当以"钧台"为准,《左传·昭公四年》:"夏启有钧台之享"。据补。

关于"钧台"与"璿台",王明钦《传说》:"'钧'与'天'同义,……所谓'钧台',意为'天台'或'平台',是表示台的形状为圆形,平顶,高耸入云;'璿台'即以美玉装修的台,是形容台的豪华装饰。……钧台与璿台实际上是同一台,只是因形容的角度不同而取的异名。"按:钧,原指古代制作圆形陶器所用的转轮。《墨子·非命中》:"譬犹立朝夕于员钧之上也,则虽有巧工必不能得正焉。"《淮南子·原道训》:"钧旋毂转"之"钧"与此同义。钧由转轮义引申为中心、核心义,《汉书·律历志》:"《诗》云:'尹氏大师,秉国之钧'。"《汉书·贾谊传》:"大钧播物",颜师古注引如淳曰:"陶者作器于钧上,此以造化为大钧也。"《吕览·有始》:"中央曰钧天"。简文"钧台"之"钧",义即中心、核心。钧作均,义为均匀,符合标准之义,将"钧台"作"平台"解不确。"灵台"传说为周文王所建,《诗·大雅·灵台》:"经始灵台,经之营之",辑本《归藏》引"晋之灵台"疑受此影响,将"钧台"误作"灵台"。关于"璿台","璿"同"璇",又作"琁",《尚书·尧典》:"在璿玑玉衡",孙星衍《尚书今古文注疏》:"《大传》说:'琁者,還也;機者,幾也,微也。其变几微,而所动者大,谓之琁機。琁機谓之北极。'"萧吉《五行大义》引《尚书说》云:"琁玑,斗魁四星。……北斗居天之中,当昆仑之上,运转所指。"据此,"琁"也有中心、核心之义,众星以琁機为核心而运转,与"钧"义同。故"璿台"即"钧台",同义而异名,以"璿台"为"美玉装饰之台"不确。

简文释作:☰晉(晋)曰:昔者[夏后启]卜酭(鬻)帝晉(晋)之虚(墟),作为[钧台于水之阳,而枚占皋陶,皋陶曰:不吉。]

[☰]晉(晋)曰:昔者夏后启卜酭(鬻)帝晉(晋)之[虚(墟),作为钧台于水之阳,而枚占皋陶,皋陶曰:不吉。]▨336

卦四四:☷明夷曰昔者夏后启卜乘飞龙以登于天而攴占□□▨

○王辉《校释》:☷明夷曰:昔者夏后启卜乘飞龙以登于天而枚占□□▨[于皋陶。陶曰:吉]。

《博物志》卷九《杂说上》:"明夷曰:昔者夏后启筮乘飞龙而登于天,而枚占于皋陶。陶曰:吉。"郭璞《山海经》注引《归藏郑母经》:"夏后启筮御飞龙登于天,吉。"二者与此简显为同条。

"明夷"诸家解释不同,张善文以为"象征'光明损伤'。夷谓伤也"。高亨据初九卦辞:"明夷于飞垂其翼",说"以明夷于飞垂其翼句观之,明夷为鸟类,可断言也。""明夷即鸣雉"简本提到夏后启乘龙登天之事,可能高说较为恰当。

○朱兴国《全解》:明夷 曰:昔者夏后启卜乘飞龙以登于天而攴占□□/坤上离下。坤王则离休。

夷,伤也。离为日、坤为地,日落地下,故曰"明夷"。

离为夏,故言及夏后启(秦简《归藏·困》、秦简《归藏·晋》)。离为飞(《周易·乾·九五》)。离为火,火炎上如飞,故离为飞。明夷三至五爻为震,震为龙(秦简《归藏·师》、秦简《归藏·肫》),故曰"飞龙"。震龙居离日之上,故曰"登于天"。

据传本《归藏·郑母经·明夷》,下文当为"枚占于皋陶,皋陶占之曰吉"。皋,水边高地。明夷坤上离下,二至四爻为坎。坎为水,离为火,坤为地。坤居坎上,故曰"皋";以水和土而经火烧,故曰"陶"。有臣名曰"皋陶"(见《尚书·舜典》),故曰枚占于皋陶。《周易·明夷》:"利艰贞。"坤王则离休,其运逢休,不吉。自晦其明坚守其定则吉。

按:对应《周易》明夷卦,辑本《归藏》作"明尸","尸"为"夷"字古文,《玉篇·尸部》:"尸,古文夷字。"李学勤《小记》:《周易》的《明夷》,辑本《归藏》作《明尸》,'尸'即'夷'字古文。"

辑本《归藏》作:"明夷曰:昔夏后启筮乘飞龙而登于天,而枚占于皋陶,陶曰:吉。"郝懿行《山海经笺疏》云:"《太平御览》卷八十二引《史记》曰:'昔夏后启筮乘飞龙以登于天,占于皋陶。皋陶曰:吉而必同,与神交通;以身为帝,以王四乡。'"据补。

简文释作:☶明夷曰:昔者夏后启卜乘飞龙以登于天,而攴(枚)占[皋陶,皋陶占之曰:吉。吉而必同,与神交通;以身为帝,以王四乡。]

卦四五:☵蚕曰昔者殷王贞卜元邦尚毋有咎而攴占巫咸=占之曰不吉蚕其席投之裕蚕在北为牝□□213

○连劭名《江陵》:蚕曰:昔者殷王贞卜其邦,尚毋有咎,而殳占巫咸。咸占之曰:不吉,蚕其席投之裕,蚕在北为犰。

"蚕"是一个与今本完全不同的卦名,今本作"既济"。"蚕"当读为"卷",相当于今语所说的"结束",如《仪礼·公食大夫礼》云:"有司卷三牲之俎,归于宾馆。"郑注："卷，犹收也。"《淮南子·兵略》云："旗不解卷。"高注："卷，束也。"今本"既济"是"终止"之义，《彖》云：

既济亨，小者亨也。利贞，刚柔正而位当也。初吉，柔得中也，终止则乱，其道穷也。

简文云"殷王贞卜其邦"，是用殷商王朝治乱兴亡的史实说明"既济"卦初吉而终乱的道理，由此可知简文的写作年代，显然是商代之后。

简文又云："蚤其席投之裕，蚤在北为犰。"是阐释"终止则乱"的卦义。《释名·释床帐》云："席，释也，可卷可释也。"《老子》云："涣兮似冰将释"，王注："释，消亡。"裕，读为谷；犰，读为牝。上卦为坎，《说卦》："坎为水，为沟渎"，谷亦是沟渎，故《老子》又云："谷神不死，是为玄牝。"坎卦位于北方，为冬，冬是一岁之终。

○**李家浩《〈归藏〉考》**：（1）☷☵蚤曰：昔者殷王贞卜其邦，尚毋有咎，而殳占巫咸。咸占之曰：不吉。蚤其席，投之裕。蚤在北为犰☐

……"裕"字不见于字书，根据汉字结构一般规律，此字应当从"亦"得声。"犰"字也不见于字书，秦汉隶书"匕"、"瓜"二字形近，疑此字是"狐"字的误释。"席"、"亦"、"狐"三字上古音都在铎部。……简本"蚤"，传本《归藏》作"岑霏"，《周易》作"既济"。据简文"蚤其席"语，"蚤"似跟"卷"所从声旁相同。可见简本的"蚤"不仅比传本《归藏》的"岑霏"、《周易》的"既济"少一个字，而且跟它们中间的任何一个字的读音也不一样。

○**王辉《校释》**：☷☵蚤曰：昔者殷王贞卜其邦尚毋有咎而枚占巫咸。咸占之曰：不吉。蚤（卷）其席投之裕（谷），蚤在北为犰（牝）☐☐213

此在《周易》为既济，连劭名引象辞"初吉，柔得中也，终止则乱，其道穷也"，因谓既济即"终止"之义。又谓"蚤"当读为卷，"收也"，"束也"，有结束的意义，则简本与《周易》卦名意义接近。

传本卦名作岑霏。《字汇补》："霏，与霁同。《说文先训》曰：'从雨而见大昕，是霁也。'《归藏易》'既济'作'岑霏'。"雨终天晴，亦有终义。

连氏又谓"裕"读为谷，为沟渎，上卦为坎（水），意义相函；坎居北方，为冬，是一岁之终。其说亦是。

○**蔡运章《解诂》**：王家台秦简第213号文曰：

"䖂曰：昔者殷王贞卜其邦，尚毋有咎，而支（枚）占巫咸。巫咸占之曰：'不吉。'䖂其席，投之褣（谿）。䖂在北为犰（牝）……"

这则简文上面的"䷾"，当是筮数"六一六一六一"，可译为《归藏易》中《离》下、《坎》上的《既济》卦䷾。

"䖂"读如卷，为卦名。然而，《周易》和传本《归藏》里均无《䖂》卦，故它当是易卦的别名。有学者认为，"《易占》之䖂卦当是《周易》之蹇卦。若按《易占》的卦画形成，蹇卦当作䷾，《易占》把最下面的一阴爻错画成了阳爻，遂成了既济卦的卦象"。因《周易》、《归藏》两书《蹇》卦之辞均与秦简《䖂》卦的内容不类，故这种以更改简文来成全己说的做法，为学者所不取。我们以为，"䖂"字从虫符，本当虫名。《集韵·线部》说："䖂，虫名，蠘螬也。""蠘螬"亦名䖂蠋。《方言》卷十一说："蠘螬谓之蟦，自关东谓之蝤蛴，或谓之䖂蠋。"这说明"䖂"当指䖂蠋而言。

䖂蠋本名蛴，常称为蛴螬。《尔雅·释虫》说："蟦、蛴螬、蝤蛴，蝎也。"郝懿行《疏证》："蛴螬，《方言》作蠘螬，谓之蟦，《本草》一名蟦蛴，……此皆语声相转而为名也。"《广雅·释虫》也说："䖂蠋、地蚕、蛊、蟦、蠘螬也。"王念孙《疏证》："蟦与蛴同。……《卫风·硕人篇》：'领如蝤蛴，《正义》引《尔雅》释之，以为蟦也、蛴螬也、蝤蛴也、蛞蝈也、桑蛊也，一虫而六名也。'"这说明䖂、蛊、蟦、蝎、蝤蛴、蠘螬、蛞蝈、桑蛊，都是蛴螬的别名。蛴螬可单名为蛴，亦可单称为螬。《说文·虫部》："蛴，蛴螬也。"《孟子·滕文公下》："井上有李，螬食者过半矣。"杨伯峻注："螬为蛴螬，金龟子的幼虫，但以果树为食物者实为金龟子。"这说明"䖂"本名为螬，即金龟子的幼虫。

蛴，通作济。《尔雅·释虫》："蛴螬，蝤蛴。"《经典释文》："蛴，本又作齐。"郭象《庄子·逍遥游》注："其济一也。"《经典释文》："济，本作齐。"《风俗通义·山泽》："济者，齐，齐其度量也。"可以为证。济与"既济"的含义相同。《尔雅·释言》："济，成也。"《国语·吴语》："吴晋争长未成。"韦昭注："成，定也。"《周易·杂卦传》："既济，定也。"《淮南子·天文》："秒分票定。"高诱注："定者，成也。"《吕氏春秋·仲冬》："以等阴阳之所定。"高诱注："定，犹成也。"由此可见，这则简文中的卦名"䖂"，当是《既济》卦的别名。

"昔者殷王贞卜其邦"：

"殷王"指商朝的国王,"邦"指国家,"贞卜其邦"就是筮占他所统治的国家有无灾难。"尚毋有咎"是占问是否有灾祸。此句见于传本《归藏》佚文。贾公彦《周礼·春官·大卜》《疏》引《归藏·节卦》云:

"殷王其国,常毋若谷。"

这里的"国"与"邦"同义。《说文·邑部》:"邦,国也。""尚"、"常"音近可通。《诗·殷武》:"曰商是常。"高亨注:"常,俞越《群经平义》常,读为尚。"《管子·幼官》:"备具无常。"郭沫若《集校》:"常,读为尚。"是其佐证。"有"、"若"义同。《管子·白心》:"夫或者何?若然者也。"王引之《经传释词》卷七说:"若,犹'或'也。"《吕氏春秋·贵公》高诱注:"或,有也。"可以为证。"咎"、"谷"形近易混。因此,贾公彦所引《归藏·节》卦语,当是秦简《蚕》卦本句的节录。

需要指出的是,济、节音近义通。济、节古音同属精母,为双声字。《周易·杂卦传》:"节,止也。"《楚辞·离骚》:"依前圣之节中兮。"王逸注:"节,度也。"是"节"有止、度之义。《诗·载驰》:"不能旋济。"毛传:"济,止也。"《文选·东京赋》:"臣济佟以陵君。"薛琮注:"济,谓度也。"是"济"亦有止、度之义。故贾公彦所引《归藏·节卦》之名,本应是《归藏·既济》卦名误传的结果。

"而支占巫咸":

"支"为枚字省文,"支占"当作枚占。

"巫咸"是商代前期太戊时的巫师。《尚书·君奭》载:"在太戊时,则有若伊陟、臣扈,格于上帝,巫咸乂王家。"《史记·殷本纪》也说:"巫咸治王家有成。"《世本·作篇》谓"巫咸作筮"。王逸《楚辞·离骚》注:"巫咸,古神巫也,当殷中宗之世。"《山海经·海外西经》载:"巫咸国在女丑北,右手操青蛇,左手操赤蛇。在登葆山,群巫所从上下也。"相传巫咸是筮占的发明者,战国秦汉文献中常把他描绘成神农、黄帝、尧舜时期的神话人物。

"巫咸占之曰不吉":

"不吉"是说占断的结果不吉利。《周易·既济》卦辞说:"既济,亨,小利贞,初吉终乱。"可见,这两卦占断的结果意思相同。这是因为《既济》卦下为《离》、上为《坎》,《周易·说卦传》:"离为火,坎为水。"水在火上,水火相克,故曰"不吉"。

"蚕其席":

"蚕"亦名为蠹,或名为蝎。《说文·虫部》:"蠹,木中虫。"《尔雅·释虫》:"蝎,蛣蜎。"郭璞注:"木中蠹虫。"嵇康《客难养生论》说:"蝎盛则木朽。"这说明"蚕"本是一种蠹蛀木材的害虫。"席"指用草或芦苇编织的席子,常用来铺在地或床上。《玉篇·巾部》:"席,床席也。"席、离的含义相通。《礼记·儒行》郑玄注:"席,陈也。"《左传·昭公元年》杜预注:"离,陈也。"席与甲胄编织的纹理相似,《周易·说卦传》:"离为甲胄。"故《既济》卦可以作为苇席的象征。

必须指出的是,这里的"席"当指宗庙神稷而言。《山海经·中山经》:"熊山,席也。"郭璞注:"席者,神之所冯止也。"《山海经·南山经》:"稻米白营为席。"郝懿行疏:"席者,籍以依神。"《楚辞·九歌·东皇太一》:"瑶席兮玉瑱。"蒋骥注:"席,神位也。"席,又名为筵。《说文·竹部》:"筵,竹席也。"《诗·宾之初筵》郑玄注:"筵,席也。"《仪礼·士昏礼》:"主人筵于户。"郑玄注:"筵,为神布席也。"因"席"是摆放祭品供神灵享用的地方,故可称为神位。而宗庙神位是国家社稷的象征,故"蚕其席"则可喻有像蛀虫般的敌人在侵扰国家社稷之义。同时,"蚕",读如卷。"卷其席"与"席卷"含义相近。《汉书·陈汤传》:"席卷喋血万里之外。"颜师古曰:"席卷,如席之卷,言其疾也。"《后汉书·冯衍传》:"席卷天下。"李贤注:"席卷言无余也。"故这句意为国家社稷受到敌人的严重侵扰。

"投之豁":

"投",《诗·巷伯》:"投畀豺虎。"毛传:"投,弃也。"《左传·昭公五年》:"受其书而投之。"杜预注:"投,掷也。""豁",从谷、亦声,席、豁古音均属铎部。然而,此字《说文》所无,疑即豀字别体。豀,今作溪。《说文·谷部》谓:"山渎无所通者,从谷、奚声。"溪即山间溪水。《周易·说卦传》:"坎为水,为沟渎。"故《既济》卦可以作为溪水的象征。《大戴礼记·易本命》:"豀谷为牝。"《淮南子·地形训》:"邱陵为牡,豀谷为牝。"正与下文"蚕在北为牝"语义相合。这句是说"蚕"虫在蛀咬席子,应把它投掷到溪沟里。

"蚕在北为牝":

　　"蛊"本蠹虫,这里喻作侵扰商王朝的敌人。"北,指北方。""牝",同牝。《说文·牛部》:"牝,畜母也。"《广雅·释兽》:"牝,雌也。"是"牝"本指母畜而言。《国语·越语下》:"设右以为牝。"韦昭注:"左阴为牝。"《太玄·驯》:"牝贞常慈。"范望注:"牝,阴也。"阴类可比喻敌寇。故这里的"北"当是敌寇的象征。《周易·说卦传》:"离为戈兵。"这说明《既济》卦有戈兵之象。《说卦传》还说:"坎为盗。"后天八卦方位《坎》卦属北方。《周易·象传上》虞翻注:"在坎为鬼方。"殷墟卜辞《乙》6684:"己酉卜,鬼方祸?"鬼方是商王朝西北方的强敌。同时,荀爽《九家易》说:"坤为牡。"《周易·坤》:"利牝马之贞。"虞翻注:"坤为牝。"先天八卦方位《坤》卦在北方。《周易·大有》:"无郊害。"虞翻注:"坤为害。"《周易·既济》虞翻注:"坤为鬼方。"故此句当隐喻商王朝的北方有鬼方的侵害。

　　由上所述,这则卦辞的大意为:☲,《蛊》卦说:昔日商王占问他的国家是否有灾祸,因而请巫咸筮占。巫咸占断说:"不吉。因为蛊虫在蛀咬席子,应该把它投扔到溪沟里。蛊虫(鬼方)在北方侵扰。"所以是凶兆。

　　○王宁《补释》:蛊,此卦简头有离下坎上的卦畫,知為《周易》中的既濟卦,帛書《周易》同。秦簡本作"蛊",爲單字卦名。連劭名先生已指出此字當讀為"卷",訓"收也"、"束也"。其字從虫关聲,當即"蜷"字之簡構,其爻辭中有"蛊其席"之語,故知此字當讀與"卷"同,《楚辭·招隱士》:"偃蹇連蜷兮",《考異》:"蜷一作卷",是二字古通用。它極可能是將"既濟"省爲"既"而讀爲"蜷(卷)",它在文中用爲"卷","既"、"卷"古音同見紐雙聲,物元旁對轉疊韻,是為音近通假。

　　傳本《歸藏》作"岑霜"。"霜"字從雨昕聲,據《康熙字典·雨部》曰:"《字彙補》:與霂同。《說文先訓》:從雨而見大昕,是霂也。《歸藏易》既濟作岑霜。"《字彙補》的說法根據的就是《歸藏》,別無所據。"霜"這個字只見於《歸藏》,其實這個字應該是個寫錯的字,據《集韻》"黔"字或作"霮",《集篆古文韻海》卷二收古文作"霮",下面均從日從今,《歸藏》的這個字不過是把下面的"今"訛作了"斤",應當是一個字,也就是"黔"的或體。

　　那麼傳本《歸藏》的"既濟"卦作"岑黔",不僅無義可說,而且"岑"、"黔"二字古音很相近。"黔"很可能如"大毒畜"、"小毒畜"的"畜"、"散家人"的

"家人"一樣也是薛貞的注文,他可能認為"岑"當讀若"崟"(據《集韻》,"崟"或作"嵃"、"岭",從吟聲或今聲;又以"岑"讀牛錦切,吟上聲),注"雨吟反(切)",後人把"雨吟"誤合成一字而寫作"霚",又形訛為"霹"。故疑傳本《歸藏》的"既濟"和秦簡本一樣,也是單稱"既"而書爲"旡"("旡"、"既"古音同),楚簡文字的"既"寫作"🅰"(天星觀卜筮簡),它右邊所從的"旡",上面所形似"土",下面形似"今",如果依形隸定則如"岑",故而在傳抄中訛謬作"岑",實當作"旡",即"既濟"之省。而後人以"既濟"爲二字卦名,故與本屬注文的"霚(雨吟)"字誤拼成"岑霚",遂不可解矣。

要之,秦簡《歸藏》和傳本《歸藏》用的是和《周易》一樣的卦名,它們雖然不是一本書,但是是一個系統的東西。在先秦時期的筮書里,很可能只有一套卦名在流傳,這套卦名產生一定比較古老,故為筮法所通用。後來在不同的版本中或書中卦名用字差異分歧,主要是由於口傳音訛或音假造成的。有些通假字以我們現在所掌握的古音知識來衡量似稍懸隔,這可能與古代不同地域的方言語音歧異有關(如楚地方言),中原音韻不能盡數涵蓋,同時對一些字的古音擬音未必準確,也影響對一些通假現象的判斷;另一些現在看來讀音差距較大的卦名,則主要是由於在轉寫中不斷發生文字錯誤造成的,它們與卦象無關,也與字義無關。

○朱兴国《全解》:螣　曰:昔者殷王贞卜亓邦尚毋有咎而支占巫咸,巫咸占之曰:不吉。卷亓席,投之谿。螣在北为狄□/(213)

坎上离下。坎王则离死。

螣,秦简原字为螣字省月,当读作"螣"。该字从虫,读作螣是合适的。螣,螣蛇,一种会飞的蛇。《荀子·劝学》:"螣蛇无足而飞,梧鼠五技而穷。"《淮南子·主术训》:"螣蛇游雾而动,应龙乘云而举。"《火珠林法》云,螣蛇"乃虚幻恍惚之神",主"怪异邪魔之事"。离为飞(秦简《归藏·明夷》、《周易·乾·九五》、《周易·贲·六四》)、坎为蛇患(秦简《归藏·㻞》、《周易·比·初六》),飞蛇,故曰"螣"。读作螣也合乎卦象。

坎为殷(秦简《归藏·渐》),故言及殷王。离为咸(秦简《归藏·同人》),故曰枚占于巫咸。咸,皆也,悉也。离为三(《周易·需·初九》、《周易·讼·上九》、《周易·同人·九三》),三泛指多数,故曰"咸"。坎王则离死,其运逢死,故巫咸占之曰"不吉"。

《仪礼·既夕礼》:"至于圹。陈器于道东西,北上。茵先入。属引。主人祖。众主人西面,北上。妇人东面。皆不哭。乃窆。主人哭,踊无算。袭,赠用制币,玄纁束,拜稽颡,踊如初。卒,祖,拜宾。主妇亦拜宾;即位,拾踊三,袭。宾出,则拜送。藏器于旁,加见。藏苞筲于旁。加折,却之。加抗席,覆之。加抗木。实土三。"坎王则离死,其运逢死,故曰卷亓席投之谿。卷,秦简原字误作膡字右半部分,据句意和卦义读作"卷"。离中虚,故曰卷。亓,同"其"。谿,秦简原字从亦从谷,当读作"谿"。坎为水,坎为幽谷(《周易·困·初六》),故曰谿。

坎为北(秦简《归藏·夜》),故曰"在北"。狄,秦简原字不从火而从匕,据句意和卦义读作"狄"。《说文解字》:"狄,赤狄,本犬种。狄之为言淫辟也。"历史上,狄人长期作乱。坎为乱(《周易·萃·初六》、《周易·既济》),故言及作乱之狄。

该卦卦名于《周易》作既济,于传本《归藏》作"岑霁"。"岑霁",当读作"涔霁"。涔,连阴雨。霁,天放晴。涔霁,时雨时晴。坎为雨(《小畜·上九》、《鼎·九三》),离为日,时雨时晴,故曰"涔霁"。时雨时晴,邪魔怪异,捉摸不定,故《周易》卦辞曰"初吉终乱"。坎为不宁(《比》、《中孚·初九》),故曰"乱"。

"既济"、"膡"、"涔霁",惟有"涔霁"与《周易》卦辞的联系最为紧密,因此,当以"涔霁"为正名。"既济"一名当源于"涔霁",又受未济卦名的影响而被改作"既济"。王家台秦墓竹简《归藏》卦名多有独创,"膡"名与秦简《归藏》卦辞"在北为狄"合,与《周易》卦辞"初吉终乱"也有呼应。"膡"与"涔霁"均取"乱"义,可见圣人对该卦卦义认识一致,而《周易》"既济"一名明显与卦辞不符,"既济"当非本名。

○**王传龙《用韵》**:14. 蚕:蚕元席投之裕蚕在北为犰□×

分析:席字上古音鐸部邪紐,裕字不詳,但從字形結構推測,應由穀得聲,穀字上古音為屋部見紐,北字為職部幫紐,三字韻部為旁轉關係,相近可押韻。筆者贊同朱興國先生的猜測,即疑裕當讀作"溪"。此卦坎上離下,坎為水,與溪義合。溪字上古為支部溪紐,與席字為旁對轉關係,韻部也相近。此句標點應為:"蚕元席,投之裕,蚕在北,為犰□……"

按:卦画对应《周易》既济卦,帛书《周易》亦作既济,辑本《归藏》有"岑霼",黄宗炎曰:"岑霼当属贲。"朱太史曰:"岑霼在未济前,则既济也。"王宁《辨证》:"岑霼,即既济卦。岑古通崟(崟古或作嵚),如《楚辞·九叹》:'触崟石兮。'《考异》:'崟一作嵚。'又《招隐士》:'嶔岑碕礒兮。'《考异》:'岑一作嵚。'岑古音在疑母侵部,既在见母物部,皆为喉音字,且物、侵二部元音相同,古本通韵,古岑、既二字音相近。霼即古霁字,尚秉和云:'《尔雅·释天》:济谓之霁。《疏》:霁,止也。《说文》同。《归藏》作岑霼,霼即霁字。'"备一说。

关于卦名"蚕",据简文"蚕其席",当读为"卷",与"既济"的联系,王宁认为蚕与既可通假,备一说。

"蚕亓席,投之裕;蚕在北,为犯□",当为韵语,系繇辞,含义不明,关键在于"蚕"字难解,上述各家之言仅供参考,确切含义存疑。

简文释作:☷蚕曰:昔者殷王贞卜亓(其)邦尚毋有咎,而攴(枚)占巫[=]咸=,[巫咸]占之曰:不吉。蚕亓(其)席,投之裕(鹬);蚕在北,为犯(牝)□☐ 213

卦四六:☵□□□□□攴卜□□□☐

○朱兴国《全解》:[未济] 曰:□□□□□攴卜□□□/
离上坎下。离王则坎死。

卦名阙。《周易》和传本《归藏》作"未济"。未济:未渡。《尔雅·释言》:"济,渡也。"《史记·宋微子世家》:"襄公与楚成王战于泓。楚人未济,目夷曰:'彼众我寡,及其未济击之。'公不听。"坎为水(秦简《归藏·陵》),离为舟筏(《周易·泰·九二》),舟在水上,未成其渡,故曰"未济"。

按:卦名残缺,仅存卦画,对应《周易》未济卦,帛书《周易》、辑本《归藏》均作"未济"。据补。

简文释作:☵[未济]□□□攴(枚)卜□□□☐

卦四七:☳遬曰苴苴以入为羽不高不下即利初事有利□☐ 463

○连劭名《筮书考》:遬曰:遬苴以入为羽。不高不下,即利初事,有利□

▨四六三

"遬"即"遁"之异体。上卦、上互皆为乾,有君子乾乾、自强不息之象,如《周易·乾·文言》云:

子曰:君子进德修业,忠信所以进德也,修辞立其诚,所以居业也,知至至之,可与言几也,知终终之,可与存义也,是故居上位而不骄,在下位而不忧,故乾乾因其时而惕,虽危无咎矣。

下卦艮为"终始",象天道。"入"有二义,《释名·释言语》:"入,内也,内使还也。"是"入"暗指反身修德。《说文》云:"入,内也,象从上俱下也。"是知"入"有"下"义,当指"让",《论语·泰伯》云:

子曰:泰伯,其可谓至德也已矣!三以天下让,民无得而称焉。

"羽"指德化,《公羊传·隐公五年》云:"初献六羽。"何注:"羽者,鸿羽也,所以象文德之风化疾也。"

"不高不下"者,"守中"之义,《老子·道经》第五章云:"多言数穷,不如守中。"又比喻"无为",如《老子·道经》第二章云:

天下皆知美之为美,斯恶已。皆知善之为善,斯不善已。故有无之相生,难易之相成,长短之相形,高下之相倾,音声之相和,前后之相随,是以圣人处无为之事,行不言之教,万物作而不为始,生而不有,为而不恃,功成不处,夫惟不处,是以不去。

○**朱兴国《全解》**:遬　曰:遬垣以入为羽,不高不下即利。初事有利,▨/(463)

乾上艮下。乾王则艮胎。

遬,秦简原字不从豚而从象。《周易音义》:"遬,徒巽反。字又作▨(从象),又作遁。同。隐退也,匿迹避时奉身退隐之谓也。郑云:逃去之名。《序卦》云:遬者退也。"《周易本义》:"遬,退避也。"《周易·乾·九三》:"君子终日乾乾,夕惕若,厉,无咎。""乾乾"即"键键",意思是关门闭锁。《周易》以闭门不出为避灾方式之一。乾为键(《周易·乾·九三》)、艮为门(《周易·同人·初九》),关门,故曰遬。

乾为墉(《周易·同人·九四》),故曰垣。垣,秦简原字从艸从旦,据句意和卦义读作"垣"。艮为鸟(秦简《归藏·介》),故曰"羽"。乾王则艮胎,其运逢胎,其势尚弱,宜安贞守常,故曰"不高不下即利"。

　　○王传龙《用韵》:15.遂:遂苴以入为羽不高不下即利初事有利□×

　　分析:羽字、下字上古音皆為魚部匣紐,二字為雙聲疊韻字。事字為之部崇紐,與羽字、下字為旁轉關係,韻部相近。此句標點當為:"遂苴以入為羽,不高不下,即利初事,有利……"

　　　　按:卦名作"遂",据卦画对应今本《周易》遯卦,辑本《归藏》亦作"遂",黄宗炎注曰:"遯为遂,形义本通,无有异义。"

　　　　"苴",《集韵·曷韵》:"苴,艹名,藋也。"《玉篇·艹部》:"苴,苴草。"

　　　　卦辞文义模糊,大意似说,如鸟儿遯入藋草之中,勿要高,勿要低,事情初始阶段有利。

　　　　简文试释作:☷☶苴曰:苴苴以入为羽,不高不下即利,初事有利□□463

　　卦四八:☷☳亦曰昔者北□□343
　　　　　　☷☳夜曰昔者北□夫=卜逆女□

　　○李学勤《小记》:《蛊卦》作《夜》,看似费解,实则"蛊"系见母鱼部,《后汉书·马融传》注云:"与冶通","冶"是喻母鱼部字。"蛊"假为"冶",也见于马王堆帛书《养生方》。"夜"乃是喻母铎部字,与"冶"不过是韵部对转,故亦和"蛊"通假。

　　○廖名春《管窥》:今本《周易》卦名蛊,帛书《易经》作"箇",秦简《归藏》一作"亦",一作"夜"。古音"亦"、"夜"均为铎部喻母,"蛊"为鱼部见母,韵部相近,"亦"、"夜"当为"蛊"之借字。"箇"从固得声,"固"为鱼部见母。《一切经音义》引《字林》云:"蛊音固。"所以,"箇"也是"蛊"字之借。宋李过《西溪易说》所载《归藏》卦名有"夜"(《西溪易说·原序》)。明董斯张曰:"不知当《周易》何卦也?"清黄宗炎以为:"夜当属明夷。"朱彝尊以为:"规、夜二名,不审当何卦,非夬、姤,则噬嗑、贲当之也。"马国翰以为:"夜有姤遇取女义,疑……夜当属姤也。"于省吾认为:"《归藏》已有明夷,黄说非也。《西溪易说》引《归藏》无豫卦,夜卦即豫卦。"由上可知,秦简的介卦即豫卦,从秦简的卦画看,夜卦为《周易》的蛊卦无疑。黄、马、于说皆误,没有秦简《归藏》的出土,这一疑案是难以解决的。

○**连劭名《筮书考》**:夜曰:昔者北□大夫卜逆女☒

"夜",从夕,亦声。故又作"亦",见简三四三,今本《周易》作"蛊"。卦有婚娶之象,故名"夜",《释名·释亲属》:"妇之父曰婚,言婿亲迎用昏,又恒以昏夜成礼也。"

卦上艮为取,下巽为妇。《白虎通·婚嫁》云:"娶者,取也。"《周易·旅》初六:"旅琐琐,斯其所取灾。"虞翻注:"艮手为取。"《周易·蒙》九二:"纳妇,吉。"虞翻注:"巽为妇。"《周易·小畜》上九:"妇贞厉。"虞翻注:"巽为妇。"《周易·恒》六五:"贞妇人吉。"虞翻注:"巽为妇。"《周易·渐》九三:"妇孕不育。"九五:"妇三岁不孕。"虞翻注并云:"巽为妇。"

今本《周易·蛊》云:"元亨,利涉大川,先甲三日,后甲三日。"《子夏传》云:"先甲三日,辛壬癸也。"辛壬癸甲为婚娶之佳日。《说文》云:

盦,会稽山。一曰九江当涂山也。民以辛壬癸甲之日嫁娶。……《虞书》曰:予娶涂山。

艮为家,巽为入,《白虎通·嫁娶》云:"嫁者,家也,妇人外成以出适人为家。"

○**王辉《校释》**:🦬亦曰昔者□□343

夜曰昔者北□夫=(大夫)卜逆女☒

此在《周易》为蛊卦。《玉篇》:"亦,臂也,胳也,今作掖。"亦、夜通用。上古音亦、夜铎部喻纽,蛊鱼部见纽,鱼铎阴入对转,应可通用,但文献未见其例。

简本又有🦬(随卦),文为:"□曰:昔者北敢夫=(大夫)卜逆女过(娲)而枚□",与夜卦辞同。"北敢大夫"不明何人。

○**王启澍《四札》**:隸屬於廣西壯族自治區,今有廣西通挽鎮北敢村,令人驚異費解。新華網上有武宣縣網站,其下通挽鎮中的文物勝跡類中有"北敢山"條:北敢山在通挽鎮西南、進步村後背,前繞池塘,後靠山穀,大山環繞,形勢險要,山下有村,名北敢村。

"北敢"作為山名或村名,一為地方志記載的歷史上的地名(且句讀闕疑),屬今浙江省;而今為廣西省地名(山名)。二者均作為地名(山名),其可能與神話傳說有關,但又似乎都與《歸藏》中作為人名或神名出現的"北敢(夫/大夫)"有一定的距離,這就涉及到命名學的討論範圍了,筆者力薄不能揣測,姑且列於此。

　　○朱兴国《全解》:亦　曰:昔者北[敢]/(343)

　夜　曰:昔者北[敢]夫夫卜逆女/

　艮上巽下。艮王则巽胎。

　　"亦"与"夜"古文字形相近,易讹,当以"夜"为正文。巽为女(《周易·姤》)、艮为夫,艮与巽为夫妇(《周易·蒙·六三》),卦有娶女婚媾之象,古者娶女以夜,故名之曰"夜"。《周易》名之曰"蛊",立意不同。

　　初爻至四爻为大坎、二至四爻为兑,坎为北(秦简《归藏·腾》)、兑为敢(秦简《归藏·[随]》),又艮与巽为夫妇,故曰北敢夫妇。夫夫,当读作"夫妇"。卦有娶女婚媾之象,故曰"卜逆女"。逆,迎。逆女:娶媳。

　　蒙之蛊(《周易·蒙·六三》)曰:"勿用娶女。见金夫,不有躬,无攸利。"

　　按:两支残简简头卦画相同,据卦画,当对应今本《周易》蛊卦,马王堆帛书《周易》作"箇",帛书《衷》篇作"故","箇"、"故"、"蛊",同音通假。上博本《周易》作"蛊",为"蠱"之简体。今二简卦名一作"亦",一作"夜",廖名春《管窥》:"古音'亦'、'夜'均为铎部喻母,'蛊'为鱼部见母,韵部相近,'亦'、'夜'当为'蛊'之借字。'箇'从固得声,'固'为鱼部见母。《一切经音义》引《字林》云:'蛊音固。'所以,'箇'也是'蛊'字之借。"辑本《归藏》有"蜀"卦,黄宗炎注曰:"蛊为蜀,蜀亦虫也。"《清华简(四)》作"娍",整理者认为,"'娍'可能是一个古、夜皆声的双声符字",与"蛊"音近可通。

　　两简残余卦辞字句内容有一致之处,可互补,下文随卦残文也和该卦残文有相同之处,据补。

　　"北敢夫",据下文随卦卦辞补,当为人名,"夫"后有合文号"＝",为"大夫"合文,"北敢大夫"载籍未见,王启潋《四札》考证"北敢"为地名,供参考。

　　"逆"训"迎",《说文》:"逆,迎也。"《尔雅·释言》:"逆,迎也。"《尚书·顾命》:"逆子钊于南门之外。"《国语·晋语四》:"乃归女而纳币,且逆之。"韦昭注:"逆,亲迎也。"

　　简文释作:☰亦曰:昔者北［敢夫〈大〉＝夫卜逆女过(娲)而攴(枚)占］☐ 343

　　☰夜曰:昔者北［敢］夫〈大〉＝［夫］卜逆女［过(娲)而攴(枚)占］☐

卦四九:☷☐曰昔者北敢夫＝逆女过而攴占☐☐ 404

　　○**廖名春《管窥》**:宋李过《西溪易说》所载《归藏》卦名有"规"。明董斯张曰:"不知当《周易》何卦也?"清黄宗炎以为:"规"当属"节"。朱彝尊疑为夬。马国翰认为:"古者书契取诸夬,于规义近……规当属夬。"于省吾认为:"规夬并见母字,音近字通。《坤雅·释鸟》'子规',《离骚》作'鹈鴂',扬子云《反离骚》作'鶗鴂',《广雅》作'鶗鴂',一名杜鹃。鴂鹃亦见母字。"王明钦也以为规即夬。笔者颇疑规相当于《周易》的随卦。一是传本《归藏》卦名不见随。二是在李过《西溪易说》所引中,"规"居"夜"前,从秦简已知"夜"相当于蛊,在《周易》中,蛊与随对,秦简《归藏》居"夜"前的"规"就应该相当于随,而不当是夬。三是规、随义近可通。《说文·辵部》:"随,从也。"而规有摹仿、效法义。《文选·张衡〈东京赋〉》:"规遵王度,动中得趣。"李善注引薛综曰:"规,摹也。"韩愈《进学解》:"上规姚姒,浑浑无涯。"摹仿、效法也是从。故传本《归藏》以规代随。由此看,朱彝尊、于省吾以马徒为随也是靠不住的。

　　○**朱兴国《全解》**:［随］曰:昔者北敢夫夫逆女过而攴占☐／(404)

　　卦符上爻阙,与秦简《归藏》毋亡卦相对比后可以确定此卦为兑上震下。兑王则震死。

　　卦名阙。《周易》名之曰"随"。传本《归藏》作"马徒",亦取"随"义。随,从也。《礼记·郊特牲》:"妇人,从人者也,幼从父兄,嫁从夫,夫死从子。夫也者,夫也。夫也者,以知帅人者也。"震为女(《周易·震·上六》《周易·归妹》《周易·泰·六四》),兑为男(《周易·归妹》),兑与震为夫妇(《周易·归妹》)。女从男,妇从夫,卦有从人之象,故曰"随"。随,从也。

　　三至上爻为大坎,坎为北(秦简《归藏·滕》、秦简《归藏·夜》)。上卦为兑,兑为敢。兑为武(秦简《归藏·节》、《周易·履·六三》),故兑为敢。又兑与震为夫妇,故曰北敢夫妇。夫夫,当读作"夫妇"。逆:迎。

女过(過),当读作"女娲"。娲,本义当为蜗。兑为介(《周易·兑·九四》)、兑为贝(《周易·震·六二》),由此可知兑为蜗。震为女、兑为蜗,女蜗,其字从女更宜作人名,故曰女娲。此处女娲尚未为神。

《太平御览》卷七十八引《风俗通》:"俗说天地开辟,未有人民,女娲抟黄土作人,剧务,力不暇供,乃引絙于泥中,举以为人。"

《淮南子·览冥训》:"女娲炼五色石以补苍天,断鳌足以立四极。杀黑龙以济冀州,积芦灰以止淫水。"

关于女娲的传说似乎与随卦卦象、卦义有关:

随卦讲夫妇之道,故言及女娲作人;兑王则震死,其运逢死,故曰"力不暇供";随卦三至五爻为巽、上卦为兑,巽为绳、兑为泽(《周易》),故曰"引絙于泥中"。

随卦兑上、震下,初爻至四爻为离、二至四爻为艮、三至五爻为巽、三至上爻为大坎。离为火,故曰"炼";兑为白(《周易·贲·六四》)、兑为黄(秦简《归藏·兑》)、离为赤、巽为苍(秦简《归藏·鼎》)、坎为乌(秦简《归藏·陵》),又艮为石(《说卦》),故曰"五色石";巽为苍,故曰"苍天";离为龟(《周易·颐·初九》)、震为足(《周易·剥·初六》),故曰"鳌足";兑王则震死,故曰"断鳌足";坎为乌、震为龙(秦简《归藏·师》),兑王则震死,故曰"杀黑龙";坎为北(秦简《归藏·滕》),故言及冀州;离为火、巽为茅(《周易·否·初六》),故曰"积芦灰";艮为止(《说卦》)、大坎为淫水(秦简《归藏·陵》),故曰"止淫水"。

按:卦画、卦名残损,卦画仅存☳,上爻残缺,若补阳爻,则卦画为无妄卦,简文已有无妄卦,见上文作"毋亡",故只能补阴爻,卦画为☱,对应《周易》随卦,帛书《周易》同。辑本《归藏》无卦名"随",有"马徒",朱太史曰:"以盅为蜀,而马徒次之,则马徒为随也。"廖名春《管窥》认为辑本《归藏》卦名"规"对应《周易》随,其说是。北敢大夫参见上文"亦"卦。

简文释作:[☱][随]曰:昔者北敢夫〈大〉=[夫卜]逆女过(娲)而攴(枚)占□☑ 404

卦五〇：☲☳筮曰筮□之□筮盍之□□☑537

○朱兴国《全解》：筮　　曰：筮□之□筮盍之□□/（573）

离上震下。离王则震废。

筮，通"噬"。震为鼓（《周易·离·九三》）、离为大腹（《说卦》），鼓其腹，饱食之象，故曰噬。

　　按：卦画对应今本《周易》噬嗑卦，卦名作"筮"，今本《周易》作"噬嗑"，当为命名之初取字不同，详见第五章。卦辞中有"筮盍"，读为"噬嗑"。辑本《归藏》无噬嗑。马王堆帛书《衷》篇作"噬闸"，"闸"，《广韵》："古盍切"，"闸""嗑"，音近而假。帛书《系辞》作"筮蓋"，"蓋""嗑"通假。《清华简（四）》作"嚘"，整理者认为，"'嚘'应分析为从齒（齿）从又欠声。'欠'为谈部溪母字，与月部禅母的'筮'、'噬'可以通假。"

　　简文释作：☲☳筮（噬）曰：筮（噬）之□筮（噬）盖（嗑）之□□☑537

卦五一：☶☲□曰昔□

○朱兴国《全解》：[贲]　　曰：昔/

艮上离下。艮王则离没。

卦名阙。《周易》作"贲"。贲，文饰也。《周易音义》："贲，傅氏云：贲，古斑字，文章貌。郑云：变也，文饰之貌。王肃云：有文饰，黄白色。"

《彖》曰："贲，亨。柔来而文刚，故亨。分刚上而文柔，故小利有攸往。刚柔交错，天文也；文明以止，人文也。观乎天文以察时变，观乎人文以化成天下。"

离为文（《彖》）。离为火，火主文章（《五行大义·论卅六禽》），故离为文。离为文、艮为手（《说卦》），手下文章，故曰"贲"。贲，文饰也。

　　按：据卦画当对应《周易》贲卦，帛书《周易》作"繁"，"贲"、"繁"音近而假。辑本《归藏》无卦名"贲"，姑补作"贲"。《清华简（四）》作"韇"，整理者认为，"字从韭縣声。《说文·生部》：'丰，屮盛丰丰也。'‘耒’与‘丰’同‘艹’与‘屮’的关系相似。‘龶’疑即繁茂的专字。马王堆帛书《周易》作‘蘩’，今本作‘贲’，一在元部并母，一在文部帮母，声近可通。”

简文释作：☲[贲]曰：昔[者]☐

卦五二：☲中绝曰啻☐卜☐317

○**李学勤《小记》**：《中孚》卦，简作《中绝》，这是因为战国古文“色”字上端从“爪”形，与“孚”字颇为相似，随后又传讹为“绝”。

○**连劭名《筮书考》**：中绝曰：啻☐卜☐三一七

今本《周易》作“中孚”。卦初九、九二、九五、上九皆阳爻，中间有六三、六四，有断绝之象，故名“中绝”。

卦上巽下兑，皆有断绝之象。《周易·说卦》云：“齐乎巽。”《广雅·释诂》四：“断，齐也。”是知巽可为“断”，《释名·释言语》云：“断，段也，分为异段也。”《周易·系辞》上云：“刚柔断矣。”虞翻注：“断，分也。”《释名·释言语》云：“绝，截也，如割截也。”《广雅·释器》一云：“绝，断也。”《周易·说卦》云：“兑为毁折，为附决。”

○**王辉《校释》**：☲中绝曰：啻（帝）☐卜☐317

此在《周易》为中孚卦。绝不见于字书，但从包得声之字多与孚通用。《墨子·尚贤中》：“亲为庖人。”《吕氏春秋·本味》“庖人”作“烰人”。马王堆帛书《经法·四度》：“功名相抱，是故长久。功名不相抱，名进实退，是胃（谓）失道。”抱读为孚，《正字通》：“孚，合也。”“中绝”即中孚。

○**朱兴国《全解》**：中孚 曰：啻☐卜╱（317）

巽上兑下。巽王则兑没。

孚，秦简原字从吉从色。宜依《周易》以“中孚”为正文。孚，信也。《说文解字》：“孚，卵孚也。从爪从子。一曰信也。徐错曰：鸟之孚卵皆如其期不失信也。”《杂卦》：“中孚，信也。”

巽为孚。《尚书·周书·君奭》：“若卜筮，罔不是孚。”巽为筮（《周易·巽》），世人无不敬信卜筮，故巽为孚。孚，信也。巽为信。

兑为节（《周易·节》）、巽为信，节而信之，故曰中孚。

畜,读作"帝"。中孚卦二至四爻为震,震为帝王(《周易·既济·九三》),故言及帝。

　　按:卦画对应《周易》中孚卦,卦名作"中绝","绝",王明钦《概述》隶定作"絶",字当从系,包声,包、孚同音而假。辑本《归藏》无"中孚"卦名。马王堆帛书《周易》作"中复",帛书《缪和》篇作"中覆",《清华简(四)》作"中",当为"中孚"之省或脱去后一字。

　　简文释作:☲中绝(孚)曰:畜(帝)□卜□ 317

卦五三:☱大□曰昔者□ 408

　　　　□隆卜将云雨而攴占困京=占之曰吉大山之云仚□ 196

　　　　☱□壮曰昔者丰隆□ 320

　　○连劭名《筮书考》:大□曰昔者□四〇八□隆卜将云雨而攴占困京,困京占之曰:大山之云徐□一九六

　　此是"大壮",上震为雷,下乾为天,《太平御览》卷十三引古本《洪范五行传》云:"雷于天地为长子,以其首长万物与其出入也。"雷神名丰隆,动则兴云致雨,《楚辞·离骚》云:"丰隆乘云。"《太平御览》卷十引《易林变占》云:"雷君出装,隐隐而行,霖雨不止,流为江河。"

　　○王辉《校释》:☱大□[壮?]曰:昔者□ 408 □[丰]隆卜将云而枚占困京。京占之曰:吉。大山之云徐□ 196

　　☱壮曰:昔者丰隆□ 320

　　此在《周易》为大壮卦,象曰:"雷在天上,大壮。"简本或称"壮",省去大字。

　　丰隆,云师,一说为雷神。《楚辞·离骚》:"吾令丰隆乘云兮,求宓妃之所在。"王逸注:"丰隆,云师。"《淮南子·天文训》:"季春三月,丰隆乃出,以将其雨。"高诱注:"丰隆,雷也。"

　　"徐"字书未见,疑为逆或逢之讹或误释。逆字秦文字作"迻"(睡虎地简30·38)、逢字汉隶作"逢"(帛书《相焉经》),字形相近。《尔雅·释诂》:"逢,遇也。"

　　丰隆乘云行雷于天,自是大壮之象征。

○朱兴国《全解》:大□   曰:昔者/(408)

[大壮   曰:昔者丰]隆卜将云雨而攴占困京,困京占之曰:吉。大山之云
倏/(196)

/壮   曰:昔者丰隆/(320)

震上乾下,震王则乾囚。

三简相互参照,可补齐卦名及部分卦辞。壮,强盛,有气魄。乾为天(秦
简《归藏·[乾]》),震为雷(传本《归藏·初经·初厘》),雷震天上,故曰"大
壮"。

震为雷,故曰"丰隆"。隆,雷声。三至五爻为兑,兑为云(秦简《归藏·
卒》),故曰"卜将云雨"。乾为键(《周易·乾·九三》),键主闭藏,故曰"困"。
困,仓也。《说文解字》:"京,人所为绝高丘也。"乾为墉(《周易·同人·九
四》),故曰"京"。雷震天上,故卜将云雨而占之曰"吉"。乾为墉、兑为云,故
拟之曰"大山之云"。倏:快,忽然。兑为快快(《周易·夬·九三》),故曰
"倏"。意思是大山之云倏尔而至。

按:据残简补,卦画、卦名对应《周易》大壮,辑本《归藏》无"大
壮",马王堆帛书《周易》作"泰壮",《衷》篇作"大牀",同音通假。
《清华简(四)》作"𡩡",为"大臧"合文,整理者认为,"'𡩡'从宀臧声
('臧'实为'赃'之本字),子声符和'壮'之声符相同,声近通用。"

丰隆,云师,《离骚》:"吾令丰隆乘云兮,求宓妃之所在。"王逸
注:"丰隆,云师。"辑本《归藏》有:"昔者丰隆筮将云气而吉核之
也。"马国翰案:"《穆天子传》二注云:'丰隆筮御云,得《大壮》卦,遂
为云师',疑《归藏》之文。"当与此卦有关。

"倏",王辉《校释》:"'倏'字书未见,疑为逆或逢之讹或误释。
逆字秦文字作'𨒂'(睡虎地简30·38)、逢字汉隶作'�'(帛书《相
马经》),字形相近。《尔雅·释诂》:'逢,遇也。'"备一说。

简文释作:䷡大[壮]曰:昔者☐408[丰隆卜将云雨而攴(枚)占
困京,困京占之曰:吉。大山之云倏]

☐隆卜将云雨而攴占困京=占之曰吉大山之云倏☐196

䷡☐壮曰:昔者丰隆☐320

本章所引文献：

［1］荆州地区博物馆：《江陵王家台 15 号秦墓》，《文物》1995 年第 1 期。简称:《简报》。

［2］王明钦：《王家台秦墓竹简概述》，艾兰、邢文主编:《新出简帛研究》，文物出版社 2004 年版。简称:《概述》。

［3］李学勤：《王家台简〈归藏〉小记》，《周易溯源》，巴蜀书社 2006 年版。简称:《小记》。

［4］王辉：《王家台秦简〈归藏〉索隐》，《古文字研究》第二十四辑,中华书局 2002 年版。简称:《索隐》。

［5］于豪亮：《帛书〈周易〉》，《文物》1984 年第 3 期。简称:《帛书》。

［6］蔡运章：《秦简〈寡〉、〈天〉、〈毌〉诸卦解诂》，《中原文物》2005 年第 1 期。简称:《解诂》。

［7］蔡运章：《论秦简〈比〉卦的宇宙生成模式》，《河南科技大学学报》(社会科学版)2004 年第 4 期。简称:《模式》。

［8］戴霖、蔡运章：《秦简〈归妹〉卦辞与"嫦娥奔月"神话》，《史学月刊》2005 年第 9 期。简称:《神话》。

［9］廖名春：《王家台秦简〈归藏〉管窥》，《周易研究》2001 年第 2 期。简称:《管窥》。

［10］连劭名：《江陵王家台秦简〈归藏〉筮书考》，《中国哲学史》2001 年第 3 期。简称《筮书考》。

［11］王辉：《王家台秦简〈归藏〉校释》，《江汉考古》2003 年第 1 期。简称:《校释》。

［12］李家浩：《王家台秦简〈易占〉为〈归藏〉考》，《传统文化与现代化》1997 年第 1 期。简称:《〈归藏〉考》。

［13］王宁：《〈归藏〉卦名辨证》，《周易研究》1995 年第 2 期。简称:《辨证》。

［14］李尚信：《读王家台秦墓竹简"易占"札记》，《周易研究》2008 年第 2 期。简称:《札记》。

[15]王葆玹:《从王家台秦简看〈归藏〉与孔子的关系》,新出简帛国际学术研讨会论文,2000年。简称:《关系》。

[16]王明钦:《试论〈归藏〉的几个问题》,古方、徐良高等编:《一剑集》,中国妇女出版社1996年版。简称:《试论》。

[17]王明钦:《〈归藏〉与夏启的传说》,饶宗颐主编:《华学》第三辑,紫禁城出版社1998年版。简称:《传说》。

[18]连劭名:《江陵王家台秦简与〈归藏〉》,《江汉考古》1996年第4期。简称:《江陵》。

[19]王葆玹:《从秦简〈归藏〉看易象说与卦德说的起源》,艾兰、邢文主编:《新出简帛研究》,文物出版社2004年版。简称:《起源》。

[20]王宁:《传本〈归藏〉辑校》,复旦大学出土文献与古文字研究中心网,http://www.gwz.fudan.edu.cn/SrcShow.asp? Src_ID = 1003。简称:《辑校》。

[21]李学勤主编:《清华大学藏战国竹简(四)》,中西书局2013年版。简称:《清华简(四)》。

[22]程燕:《说清华简"坤"》,复旦大学出土文献与古文字研究中心网,http://www.gwz.fudan.edu.cn/SrcShow.asp? Src_ID = 2211。又《谈清华简〈筮法〉中的"坤"字》,《周易研究》2014年第2期。简称:《说坤》。

[23]朱兴国:《王家台秦墓竹简〈归藏〉注释》,《三易通义》,齐鲁书社2006年版。简称:《注释》。

[24]朱兴国:《王家台秦墓竹简〈归藏〉全解》,三易通义——朱兴国的博客,http://blog.sina.com.cn/u/2707129527。简称:《全解》。

[25]李学勤:《〈归藏〉与清华简〈筮法〉、〈别卦〉》,《吉林大学社会科学学报》2014年第1期。简称:《〈归藏〉与清华简》。

[26]刘彬:《帛书〈周易〉"川"卦名当释"顺"字详考》,《周易研究》2013年第4期。简称:《详考》。

[27]王化平、周燕:《清华简〈筮法〉初探》,《万物皆有数:数字卦与先秦易筮研究》,人民出版社2015年版。简称:《初探》。

[28]王化平、周燕:《王家台秦墓"易占"简研究》,《万物皆有数:数字卦与先秦易筮研究》,人民出版社2015年版。简称:《秦墓》。

[29]侯乃峰:《周易文字汇校集释》,安徽大学2007年博士学位论文。简称:《汇校》。

[30]庞朴:《"枚卜"新证》,《历史研究》1980年第1期。简称:《枚卜》。

[31]薛理勇:《"枚筮"新证——与庞朴同志的〈"枚卜"新证〉和〈阴阳五行探源〉商榷》,《中国社会科学》1985年第3期。简称:《枚筮》。

[32]张君:《"枚卜"宜作"微卜"解》,《中国社会科学》1987年第1期。简称:《微卜》。

[33]朱渊清:《王家台〈归藏〉与〈穆天子传〉》,《周易研究》2002年第6期。简称:《归藏与穆天子传》。

[34]王宁:《秦墓〈易占〉与〈归藏〉之关系》,《考古与文物》2000年第1期。简称:《易占》。

[35]董珊:《论新见鼎卦戈》,复旦大学出土文献与古文字研究中心网,http://www.gwz.fudan.edu.cn/SrcShow.asp? Src_ID=2207。又刘钊主编,《出土文献与古文字研究》第四辑,上海古籍出版社2011年版。简称:《鼎卦戈》。

[36]王宁:《秦简〈归藏〉几个卦名补释》,复旦大学出土文献与古文字研究中心网,http://www.gwz.fudan.edu.cn/SrcShow.asp? Src_ID=1906。简称:《补释》。

[37]王宁:《读〈清华简(肆)〉札记二则》,简帛研究网2014/2/22.http://www.bamboosilk.org/article.asp? classid=4。简称:《二则》。

[38]程浩:《清华简〈别卦〉卦名补释》,《简帛研究》(二〇一四),广西师范大学出版社2014年版。简称:《〈别卦〉卦名》。

[39]蔡飞舟:《清华简〈别卦〉解诂》,《周易研究》2016年第1期。简称:《〈别卦〉解诂》。

[40]朱学斌:《秦简〈归藏〉天卦补证》,《出土文献与经学、古史国际学术研讨会暨研究生论坛论文集》(下),2018年。简称:《补证》。

[41]王启潋:《归藏四札》(未刊稿),中国人民大学国学院博士研究生论文。简称:《四札》。

[42]祝永新、张显成:《秦简〈归藏〉"苍苍其羽"新证》,《周易研究》2019年第6期。简称:《新证》。

［43］季旭昇:《从清华肆谈〈周易〉"坤"卦卦名》,《李学勤先生学术成就与学术思想国际研讨会论文集》,2019 年。简称:《坤卦》。

［44］季旭昇:《〈清华肆·别卦〉「泰卦」「涣卦」卦名研究》,《纪念清华简入藏暨清华大学出土文献研究与保护中心成立十周年国际研讨会论文集》,2018 年。简称:《泰涣》。

［45］杨柳青:《〈玉函山房辑佚书·连山〉佚文还原及文献价值举隅》,《中州学刊》2019 年第 1 期。简称:《举隅》。

［46］王传龙:《"〈归藏〉"用韵、筮人及成书年代考》,《儒家典籍与思想研究》第六辑,北京大学出版社 2014 年版。简称:《用韵》。

［47］陈丽红、倪天睿:《传世本〈归藏·齐母经〉"瞿有瞿有觚"考释》,《四川职业技术学院学报》2023 年第 4 期。简称:《瞿觚》。

［48］太然:《〈归藏·瞿卦〉繇辞研究》,中国人民大学 2018 年硕士学位论文。简称《瞿卦》。

第八章　秦简《归藏》校释

校點說明

一九九三年三月,湖北省江陵縣荊州鎮發現一批墓葬,經荊州地區博物館發掘清理,其中 15 號墓出土了大批秦代竹簡。整理者根據內容將這些竹簡分爲五類,其中內容爲《歸藏》的竹簡編號者有 164 支,未編號的殘簡 230 支,共計 394 支,總字數約 4000 餘字。竹簡形制有兩種,一種寬而薄,另一種窄而厚;因殘損嚴重,無一枚整簡,故不知其長度,據整理者推測可能超過 34.5 釐米。殘簡中單支竹簡的字數達到了 28 字,其完整者至少應超過 30 字。據整理者稱,竹簡應爲戰國末年抄本。

《歸藏》竹簡中,共有 70 組卦畫,其中 16 組相同,不同卦畫有 54 種。卦畫以"一"表示陽爻,以"∧"表示陰爻。卦名有 76 個,其中重複者 23 個,實際卦名 53 個。卦辭也有一部分重複。根據這一情況來看,《歸藏》竹簡是兩種抄本。《歸藏》簡的卦畫皆與今本《周易》對應,大部分卦名也與輯本《歸藏》、今本《周易》及馬王堆帛書《周易》相同。

需要指出的是,秦簡《歸藏》自發現至今,整理進度相當緩慢,目前尚未有一份完整的秦簡《歸藏》的整理資料發表。學界對於秦簡《歸藏》的研究僅限於《文物》1995 年第 1 期刊載的《江陵王家臺 15 號秦墓》簡報,以及竹簡整理者王明欽在 2000 年北京大學新出簡帛國際學術研討會上發表的《王家臺秦墓竹簡概述》一文中公佈的釋文。

凡例:

一、本書以王明欽《概述》所公佈的釋文爲校勘底本,釋文以錄簡頭爲主,重複者只錄其一,可互相補充者皆錄。

二、釋文順序按馬國翰《玉函山房輯佚書·歸藏》之《六十四卦》的順序排列,每一卦畫前編號爲臨時序列號。

三、竹簡簡號一依《概述》,標在每簡最後一字之後。

四、竹簡上原有的標識一依其舊,以俾研究。重文號後補出重文及標點,合文號後寫出合文及標點,於其外加方括號"〔 〕"。釋文另加新式標點符號。

五、簡文殘缺或殘泐無法辨識的字,可據行文格式推定字數者,釋文以"□"號表示,一"□"代表一字;竹簡殘斷者以"☒"標出。

六、原簡補字及據文意擬補者,外加方括號"〔 〕"。

七、簡文中的通假字、異體字隨文注出本字、正字,外加"( )"表示;訛字隨文注出正字,外加"〈 〉"表示;衍文外加"{ }"表示。

1.▨▨(巽)①曰:{不仁}。② 昔者夏后啟是以登天,啻(帝)③弗良而投之淵,𡩋(寅)④共工以□江□☒⑤ 501

---

① 王明欽《概述》釋文摹寫作"𡩋",廖名春《管窺》認為該字"上從大,中從目,下從分……疑摹寫有誤",李學勤《小記》據《汗簡》隸定為"𡩋","疑從'大''申'聲"。王輝《索隱》認為"𡩋"不見於字書,應為"𡩋"之訛字,"𡩋"即寅字,寅通濱,即水潛行,此卦六爻皆陰,其象如水潛行地下。蔡運章《解詁》將其隸定為"寠",認為坤、寠含義相通。劉彬《詳考》認為:"秦簡《歸藏》之𡩋,可以釋為'順',今本《周易》之'坤'卦,《歸藏》稱為'順'卦。"案:輯本《歸藏》坤卦卦名作"巽",《字彙補·八部》:"巽,《歸藏易》坤字。"《汗簡》引《碧落文》坤字作"𡩋",《清華簡(肆)》作"𡩋",整理者認為:"𡩋,即'坤'字,見《碧落碑》、《汗簡》等,也是輯本《歸藏》的特徵。"王明欽《概述》所摹寫之"𡩋"字,當為輯本《歸藏》之"巽"字,或摹寫有誤,或為"巽"之訛形。

② 王輝《索隱》:"不當讀為丕"。連劭名《筮書考》、蔡運章《解詁》讀如字,認為與《老子》"天地不仁"之"不仁"同義。案:《歸藏》簡文句式較為規整,各卦開頭為卦畫、卦名,其後接一"曰"字,後多接筮例,一般都以"昔者"開始,後接某人以某事卜問。此句"曰"字後接"不仁"兩字,後又接"昔者",不合文例,"不仁"二字在此處顯突兀,疑為衍文。

③ "啻"同"帝",後皆倣此。

④ 王明欽《概述》作"𡩋",廖名春《管窺》隸定為"寅",並認為輯本《歸藏》卦名"巽"為"寅"字之訛,後世將卦辭中的"寅"字錯當做卦名,訛為"巽"字。王輝《索隱》也認為,"𡩋""𡩋"為此卦之名,二者實際上是一字,"𡩋"字應為"𡩋"之訛字,"𡩋"即寅字,輯本《歸藏》"巽"為"𡩋"之隸定,簡文"寅"應讀"濱",即水潛行,像萬物蠢然動生之貌。案:"𡩋"即寅字,此處"寅"當訓作"敬"。"寅"訓"敬"見《爾雅·釋詁》:"寅,敬也。"又《尚書·堯典》:"寅賓出日。"偽孔傳:"寅,敬。"又《尚書·舜典》:"夙夜惟寅。"《尚書·無逸》:"嚴恭寅畏。"俱為"敬"義。卦辭講述夏后啟登天,"帝"認為他"弗良"而"投之淵",後文說"寅共工……"這裏的"寅共工"就是"敬共工",夏后啟被投至深淵,而共工是上古神話中的水神,墜入深淵的夏后啟自然要對水神共工表示"敬",以求自保。

⑤ "夏后啟登天"簡文兩見,另一處見下文"明夷"卦。其事見於《山海經·大荒西經》:"有人珥兩青蛇,乘兩龍,名曰夏后開。開上三嬪於天,得《九辯》與《九歌》以下。"夏后開即夏后啟。關於共工,《山海經·海內經》載:"祝融降處於江水,生共工。"《左傳·昭公十七年》:"共工氏以水紀,故為水師而水名。"《國語·周語下》:"共工棄此道也,虞於湛樂,淫失其身,欲壅防百川,墮高堙庳,以害天下。皇天弗福,庶民弗助,禍亂並興,共工用滅。""寅共工以□江□"似與以上記載有關。

2. ▇天目〈曰〉①：朝_［朝朝］②不利為草木，賛（贊）_［贊贊］③俑（稱）下□□④ 181

3. ［☰］肫（屯）⑤曰：昔者效龍⑥卜為上天而攴（枚）⑦［占］⑧□ 323

4. ☰［蒙］⑨曰：昔者□□卜□□

5. ☰訟⑩曰：昔者□□卜訟啟□□□⑪

6. ☰師⑫曰：昔者穆天子卜出師而攴（枚）占［於禺強］，□ 439［禺強占之曰：不吉］。龍降於天，而［道里修］□遠；飛而中（沖）⑬天，蒼［蒼其

---

①　王明欽《概述》作"目"，廖名春《管窺》認為不合文例，疑簡文書寫有誤，並指出"曰""目"形近而誤。案：廖說為是。此卦卦象對應今本《周易》乾卦，輯本《歸藏》卦名亦作"乾"，簡文此處作"天"，廖名春《管窺》："《周易·說卦傳》：'乾為天。'將乾稱為'天'，是理所當然。"

②　"_"為重文符，下同。王輝《索隱》："朝讀為昭，……昭昭，明亮貌。"備一說。

③　"贊贊"，《尚書·皋陶謨》："予未有知，思曰贊贊襄哉。"蔡沈《集傳》："思曰贊助於帝，以成其治而已。"一說猶明明，孔穎達疏引鄭玄曰："贊，明也。"

④　《歸藏》簡文按文例可分兩類，開頭卦畫、卦名及"曰"字後，一類為直接接韻語類繇辭，另一類為接筮例。該卦屬於第一類，"朝朝不利為草木，贊贊稱下……"當屬韻語類繇辭，由於殘斷嚴重，文義不明，存疑。

⑤　卦畫殘缺，卦名作"肫"，輯本《歸藏》與今本《周易》同作"屯"，馬王堆帛書《衷》篇作"肫"，"肫"通"屯"。據屯卦卦象☷補。

⑥　王輝《校釋》："效應讀為蛟，蛟龍即蛟。……蛟龍生於水中，而欲上天，此甚難之事，或為屯難之象徵。"案：據簡文文例，此處"效龍"當為一神話人物或具有神話色彩的歷史人物。

⑦　輯本《歸藏》作"枚占"，為古代占筮之法。王明欽《概述》釋"攴"為"枚"，為是，後皆倣此。

⑧　據文義補"占"字。

⑨　卦名殘缺，據卦畫，對應《周易》蒙卦☷，據補。輯本《歸藏》、馬王堆帛書《周易》與今本《周易》同作"蒙"，上博本《周易》作"尨"，清華簡（肆）作"悗"，"蒙""尨""悗"，為通假關係。

⑩　卦名"訟"，輯本《歸藏》、今本《周易》、馬王堆帛書《周易》、上博本《周易》、《清華簡（肆）》皆作"訟"，帛書《衷》篇作"容"，"容""訟"通假。

⑪　《穆天子傳》載："天子南遊於黃□室之丘，以觀夏后啟之所居，乃□於啟室。天子筮獵苹澤，其卦遇訟。"疑與此卦有關。據此，"昔者"後殘缺之字當為"穆天子"，但據王明欽《概論》釋文，"昔者"後殘缺二字，若補"穆王"或"天子"又與後文師卦"穆天子"全稱不合，存疑。

⑫　卦名"師"，輯本《歸藏》、今本《周易》、馬王堆帛書《周易》同作"師"，上博本《周易》、《清華簡（肆）》作"帀"，通"師"。

⑬　"中"通"沖"，"直飛而上"義。

羽]。□①

7. ▨[▨]②比曰:比之茉〔茉茉〕,③比之蒼〔蒼蒼〕;生子二人,或司陰司陽;④不□姓□□⑤ 216

──────────

① 據李家浩《〈歸藏〉考》補。《太平御覽》卷八五:"昔穆王天子筮出於西征,不吉。曰:龍降於天,而道里脩遠,飛而中天,蒼蒼其羽。"陸德明《經典釋文》:"昔穆王子筮卦於禺強。"李家浩認為,"穆王子"當為"穆天子"之誤,後又誤作"穆王天子"。王明欽《概述》認為,輯本"出於西征"之"於"當為"師","於"字古字形作亐、亍等,"師"古多無左邊偏旁,字形作𠂤、𠂤、𠂤等,形近而誤。案:簡本較輯本少"西征"二字,穆天子西征之事見《國語·周語上》:"穆王將征犬戎,祭公謀父諫曰:'不可……'王不聽,遂征之。得四白狼、四白鹿以歸。自是荒服者不至。"禺強,《山海經》作"禺疆":"北方禺疆,人面鳥身,珥兩青蛇,踐兩青蛇。"郭璞注:"水神也。"又作"禺京"。"龍降於天……蒼蒼其羽"為韻語繇辭。道里,道路、路途之義,《管子·七法》:"有風雨之行,故能不遠道里矣。"蔡運章《解詁》:"郭璞《穆天子傳》注引《紀年》曰:'穆王西征,還里天下,億有九萬里。'這些都是穆王西征'道里脩遠'的依據。"其說可從。蒼蒼,青色貌,《廣雅·釋器》:"蒼,青也。"整句卦辭意為:昔者穆天子以出師之事向禺強占問,禺強占卜後說:"不吉。龍從天而降,但路途遠長;騰飛上天,羽色青黑。"

② 原簡卦畫殘損,僅存下半部分"▨",今據卦名"比",當與今本《周易》比卦䷇相對應,據補。輯本《歸藏》、上博本《周易》、馬王堆帛書《周易》皆作"比"。

③ "茉",王明欽《概論》作"茉",後又在《試論》中隸定為"𦼬"。連劭名《筮書考》作"茉",訓為丕,大也。王輝《校釋》作"茉",認為"茉"為"苦"之省,苦,華盛也。案:王輝說是。"茉茉"與後文"蒼蒼"相對,"茉茉"即華盛貌。

④ 王輝《校釋》:"秦封泥有'弄陽御印'、'弄陰御印'。……'司陰司陽'與'弄陰'、'弄陽'義近,乃推求、選擇陰陽日辰、曆象、五行之官。"

⑤ 該卦卦辭為韻語類繇辭,文義模糊。輯本《歸藏》有"空桑之蒼蒼,八極之既張,乃有夫羲和,是主日月,職出入,以為晦明"句,邢文《用商》認為與該簡文相近,應是相同的母題。王輝《校釋》認為,比讀為芘。芘茉,一名荊葵,又名錦葵。說是。卦辭可譯作:錦葵花開多華盛,鬱鬱蔥蔥相親比;生子二人多親密,司陰司陽相輔比。

8.☰少(小)督(畜)①曰:昔者□小子②卜亓(其)③邦尚毋有吝,④而攴(枚)[占]☒206

9.☰履⑤曰:昔者羿射陼比⑥莊石上,羿果射之,曰履□☒⑦461

---

①　對應今本《周易》小畜卦,輯本《歸藏》作"小毒畜",馬王堆帛書《周易》作"少𡎐",《清華簡(肆)》作"𥯤",為"少𥯤"合文。"少"讀為"小","督""毒""畜""𡎐""𥯤"皆同音通假。輯本《歸藏》"小毒畜"本為"小毒","畜"字當為注文,意即該卦對應《周易》"小畜",後在傳抄過程中竄入正文,誤為"小毒畜"。

②　王輝《校釋》:"疑'者'後所缺一字為'周','周小子'即周王。周時王多自稱小子,周𪔲王猷(胡)鐘:'保余小子'。……文王也曾自稱小子,《尚書·泰誓》上:'肆予小子發,以爾友邦冢君觀政於商。'下:'受克予,非朕文考有罪,惟予小子無良。'"李尚信《劄記》:"'小子'只是周王的自稱或自謙之詞,別人是不能稱周王為周小子的,故拿來作為繇辭顯然也是不能稱為'周小子'的。所以,這裏斷不是指周王。……查三代至春秋戰國史,恐怕只有一個晉小子曾享國祚短暫數年。《史記·晉世家》載:'哀侯八年,晉侵陘廷。陘廷與曲沃武公謀,九年,伐晉於汾旁,虜哀侯。晉人乃立哀侯子小子為君,是為小子侯。''晉小子之四年,曲沃武公誘召晉小子殺之。'所以,秦簡'易占'少督(小畜)卦'□小子'很可能是指此'晉小子'。"案:周王自稱"小子",多為祭祀時謙稱,此處補為"周小子"不妥。"晉小子"可備一說。

③　"亓"通"其",後皆做此。

④　"尚毋有吝"或"尚毋有咎"在《歸藏》簡文中出現數次,其中,"尚毋有吝"兩見,分別在少督(小畜)卦和困(困)卦;"尚毋有咎"四見,分別在右(大有)卦、瞿(睽)卦、漸卦和盭(既濟)卦,前接"某人卜其邦"之語。"尚毋有吝"或"尚毋有咎"為古筮辭中常用語,《包山楚簡》:"躬身尚毋有咎",《望山楚簡》亦有"尚毋有咎"之語。李學勤《竹簡》:"尚,意思是庶幾。文獻所見古代卜筮辭,多有以'尚'冠首的語句。"從之。"尚毋有吝"與"尚毋有咎"含義接近,"吝",《說文》:"恨惜也。"尚秉和《周易尚氏學》:"只言'吝'者,宜從'恨惜'義。"即憾惜、遺憾的意思。"咎",義為"災害",高亨《周易古經今注》:"凶乃巨大之禍殃,咎則較輕之災患也。"如此看來,"咎"比"吝"程度嚴重。

⑤　卦畫、卦名與輯本《歸藏》、今本《周易》同,馬王堆帛書《周易》作"禮",帛書《衷》篇作"履"。"履""禮"通假。《清華簡(肆)》作"𩡩",《說文》云為"履"之古文。

⑥　王化平、周燕《秦墓》:"秦簡文意費解,其中'陼'字,或與'豬'通假。又神話中有'諸比',如《淮南子·墬形》:'諸比,涼風之所生也。'高誘注:'諸比,天神也。'"案:"陼比"當作"諸比",天神名,《山海經》作"奢比"、"據比"、"掾比(北)"等。

⑦　輯本《歸藏》有"昔者羿善射,畢十日,果畢之"之語,《楚辭·天問》作"羿焉彈日",《淮南子·本經訓》:"堯之時,十日並出,焦禾稼,殺草木,而民無所食……堯乃使羿……上射十日"。該卦卦辭當與此有關。

10.☰奈(泰)①曰：昔者弦龍②卜□□而攴（枚）占困₌京₌［困京，困京］③占之曰：不吉。不奈之□□ 11

11.☰否（否）④曰：昔者□□□□

12.☰同人⑤曰：［昔者］黃啻（帝）與炎啻（帝）戰［於涿鹿之野，將戰，而枚占巫］□ 182₌咸₌［巫咸，巫咸］占之曰：果⑥哉而有吝□□⑦ 189

13.☰［☰］［大］右（有）⑧曰：昔者平公⑨卜亓（其）邦尚毋［有］⑩咎，而攴

---

① 對應今本《周易》泰卦，輯本《歸藏》作"泰"，馬王堆帛書《周易》作"泰"，帛書《昭力》篇作"奈"，"泰""奈"通假。《清華簡（肆）》作"☰"，整理者認為是"☰（泰）"之繁體。

② "弦龍"載籍未見，據簡文文例，當為一神話人物或具有神話色彩的歷史人物。

③ "困""京"二字下各有重文符"₌"，據文意，當讀作"困京困京"，後皆做此。"困京"《歸藏》簡文三見，分別在奈（泰）卦、卒（萃）卦和大壯卦，為筮人之名。王啟瀲《歸藏四劄》（未刊稿）認為，《急就篇》將"困""京"並舉，顏師古註："困，囷倉也。京，方倉也。""則'困京'似乎為糧倉、倉庫之神，掌管豐收或倉儲之事。"

④ 王明欽《概述》隸定為"否"，對應今本《周易》否卦，輯本《歸藏》作"否"，"否"同"否"。馬王堆帛書《周易》作"婦"，《清華簡（肆）》作"晶"，"否""婦""晶"，通假。

⑤ 卦名與輯本《歸藏》、今本《周易》、馬王堆帛書《周易》、《清華簡（肆）》同。

⑥ "果"訓為勝，《爾雅·釋詁》："果，勝也。"郭璞注："果，得勝也。"《左傳》曰：'殺敵為果。'《廣韻·果韻》："果，克也。""果哉，而有吝"義為"能勝利，但有根惜"。

⑦ 輯本《歸藏》作：昔黃帝與炎神爭鬥涿鹿之野，將戰，筮於巫咸，曰："果哉而有咎"。據補。巫咸為古神巫名，《歸藏》簡文凡三見，漸卦、盞（既濟）卦筮人名皆為"巫咸"。《尚書·君奭》："巫咸乂王家。"《尚書·序》："伊陟贊於巫咸。"《周禮·春官》："九筮之名：一曰巫更，二曰巫咸……"《山海經·海外西經》："巫咸國在女丑北，右手操青蛇，左手操赤蛇。在登葆山，群巫所從上下也。"《山海經·大荒西經》："有靈山，巫咸、巫即、巫盼、巫彭、巫姑、巫真、巫禮、巫抵、巫謝、巫羅十巫，從此升降，百藥爰在。"《世本》云："巫咸作筮。"關於黃帝與炎帝之戰，《史記·五帝本紀》："炎帝欲侵陵諸侯，諸侯咸歸軒轅。軒轅乃修德振兵，治五氣，藝五種，撫萬民，度四方，教熊羆貔貅貙虎，以與炎帝戰於阪泉之野。""軒轅"即黃帝，"阪泉之野"與簡文"涿鹿之野"有異。"涿鹿之野"在《史記》為黃帝與蚩尤之戰，《史記·五帝本紀》："蚩尤作亂，不用帝命，於是黃帝乃徵師諸侯，與蚩尤戰於涿鹿之野。"

⑧ 原簡卦畫殘損，僅存下半部分"☰"，卦名作"右"，據殘損卦畫和卦名，當對應今本《周易》大有卦，輯本《歸藏》、馬王堆帛書《周易》、上博本《周易》，皆作"大有"。據補。《清華簡（肆）》作"岁"，為"少又"之合文，"少"讀為"小"，當為"大"之誤。

⑨ 李學勤《小記》認為，簡文涉及人物多為著名、常見，故此處"平公"當為宋平公或晉平公，並指出簡文還提到了"宋君"（鼎卦），故為宋平公的可能性較大。王葆玹《關係》認為，《歸藏》為殷筮書，宋為殷後，故此處"平公"當為宋平公，王輝《校釋》贊同此說。李尚信《劄記》認為，《歸藏》簡文神話涉及地名山西地區味道較濃厚，又考證少督卦"□小子"為"晉小子"，並根據文獻記載晉平公多神秘色彩事蹟，提出此卦中的"平公"當為"晉平公"。備一說。

⑩ 原文脫一"有"字，據補。

（枚）占神﹦老﹦［神老，神老］占［之］①曰：吉。有子亓（其）［疾］間墬（瘳），②四旁（方）③敬［賀］，風雷不［驚］☐④ 302

14. ䷛大過曰：昔者日月卜望☐☐⑤

15. ䷚亦（頤）⑥曰：昔☐

16. ䷮困（困）⑦曰：昔者夏后啟卜亓（其）邦尚毋有咎，而攴（枚）占☐ 208

17. ［䷯］井曰：昔者夏后啟貞卜☐ 319

18. ䷱蕭〈鼎（鼎）〉⑨曰：昔者宋君卜封☐而攴（枚）占巫［﹦］⑩蒼﹦［巫蒼，巫蒼］占之曰：吉。蕭〈鼎（鼎）〉之苍﹦［苍苍］，⑪蕭〈鼎（鼎）〉之軼﹦［軼軼］，⑫初有咎，後果述（遂）⑬ ⤳⑭ 214

————————

①　原文脱一“之”字，據補。

②　王輝《校釋》：“《說文》：‘間，隙（隙）也。’墬字字書未見，以音求之，疑讀為瘳，《說文》：‘疾瘉也。’間、瘳意義接近，常連用。……‘間’前一字也有可能是‘疾’字。”其說可從，據補。

③　王輝《校釋》：“旁”疑讀為方。

④　“賀”“驚”據李尚信《劄記》補，“賀”或作“服”，整句卦辭義為：平公疾病好轉，四方都來敬賀或四方都很敬服平公，四方太平，不會起什麼大的事端（風雷）。

⑤　卦名與輯本《歸藏》、今本《周易》同，帛本《周易》作“泰過”。“大”“泰”同音通假。《清華簡（肆）》作“迏”，為“大迖”合文，“迖”為“過”之異體字。卦辭中“日月”依文例當為日月之神。

⑥　僅存簡頭。卦畫作“亦”，據卦畫當對應今本《周易》頤卦，輯本《歸藏》、馬王堆帛書《周易》、上博本《周易》均作“頤”，《清華簡（肆）》作“顋”，整理者認為該字從頁從齒，已聲，為“頤”之異體字。廖名春《管窺》：“古音‘頤’為之部喻母，‘亦’為鐸部喻母。……今本《周易》的‘頤’當為本字，而秦簡《歸藏》‘亦’當為音近相借。”

⑦　簡文卦名作“困”，當以“困”為正字，對應今本《周易》困卦，輯本《歸藏》、馬王堆帛書《周易》、上博本《周易》、《清華簡（肆）》皆作“困”。

⑧　卦畫殘缺，據卦名“井”補，對應今本《周易》井卦，輯本《歸藏》同，馬王堆帛書《周易》作“丼”，上博本《周易》作“汬”。“丼”“汬”同“井”。

⑨　王明欽《概述》釋文作“蕭”，據卦象對應今本《周易》鼎卦，輯本《歸藏》、馬王堆帛書《周易》均作鼎，《清華簡（肆）》作“鼎”。董珊《鼎卦戈》：“簡本《歸藏》卦名仍是‘鼎’，不是‘蕭’。……原可能寫作‘鼎’或‘貞’而應讀爲‘鼎’，但被整理者將‘鼎’誤認做形近的‘蕭’字了。”案：董說為是，卦名正字當作“鼎”，同“鼎”。

⑩　依文例，此處脱一重文符“﹦”，據補。

⑪　王輝《校釋》：“苍”疑讀為佗。《爾雅·釋訓》：“委委佗佗，美也。”從之。

⑫　“軼”，王明欽《概述》隸定為“軼”，王輝《校釋》隸定為“軼”。“蕭之苍苍，蕭之軼軼”系韻語類繇辭，“軼軼”文義不明，存疑。

⑬　王輝《校釋》認為，“述”通“遂”。按：王說是，“述”、遂，同音通假，“遂”即順遂，合於文義。

⑭　“⤳”為原簡標識，王明欽《概述》：“⤳僅出現一次，用於句尾，表示章句結束。”

19. ▨［☲］①豐曰：昔者上帝（帝）卜處□□而攴（枚）占大﹎明﹏［大明，大明］②占之曰：不吉。［磬］臣膿﹎［膿膿］③，牝□雉﹎［雉雉］④□ 304

20. ☲大〈小〉過⑤曰：昔者［殷］小臣⑥卜逃（祧）唐⑦而攴（枚）占中（仲）﹎虺﹎［中（仲）虺，中（仲）虺］⑧占之曰：不吉。過亓（其）門言者□□ 523

21. ☲臨曰：□⑨

────────────

① 原簡卦畫僅存五爻，卦名作"豐"，據今本《周易》豐卦膿補。輯本《歸藏》、馬王堆帛書《周易》、上博本《周易》均作"豐"，帛書《衷》篇、《清華簡（肆）》同作"鄷"，"鄷""豐"通假。

② "大明"見於輯本《歸藏》：昔緐筮注洪水而枚占大明曰："不吉。有初無後。"但輯本《歸藏》以"大明"為卦名，羅苹《路史注》云："《歸藏·初經》卦皆六位，其卦有明夷、熒惑、耆老、大明之類"，王明欽《試論》："'大明'、'熒惑'、'耆老'絕不是卦名，從它們所處的位置來看，應該是當時進行卜筮的人。"王說為是，後皆從之。王輝《校釋》以"大明"為日神，茲備一說。

③ 王明欽《概述》釋文"臣"前一字闕，據王明欽《試論》，補作"磬"，"磬臣"，疑為"擊磬之臣"。"膿"字對應卦名"豐"，古文字"豐""豐"一字。從字形來看，"膿"字從肉，豐（豐）聲，"膿膿"指人容貌丰滿，儀態美好，即"丰丰"。"豐""雉"同屬脂部，押韻。

④ "雉雉"，劉勰《文心雕龍》："《綠圖》曰：'潬潬噅噅，棼棼雉雉，萬物盡化。'言至德所被也。"詹鍈《文心雕龍義證》："《爾雅·釋詁》：'雉，陳也。'棼棼雉雉者，言羅列之多，狀萬物之複雜也……雉雉，雜陳貌。"

⑤ 《歸藏》簡文已有大過卦☲，據卦畫當為小過卦，此處"大"為"小"之訛。輯本《歸藏》作"小過"，馬王堆帛書《周易》、上博本《周易》作"少過"，《清華簡（肆）》作"𨒅"，為"少逃"合文，"少"讀為"小"，"逃"為"過"之異體字，參見上文大過卦注。

⑥ 王輝《校釋》："'小臣'前缺字疑為殷、商或夏字。……'小臣'不知確指，但他既可逃（祧？）唐，則其地位甚高，或者竟為商王之宗族。"

⑦ 王輝《校釋》："唐即殷商先祖湯。'逃'疑讀為祧。《說文》：'祧，祭也。'朱駿聲《通訓定聲》：'祧之言超也，此為遷廟而祭之名。字亦作祧。'《廣雅·釋天》：'祧，祭先祖也。'"據補。

⑧ 王輝《校釋》："《尚書·仲虺之誥》孔氏傳：'仲虺，臣名，以諸侯相天子。'《史記·殷本紀》集解引孔安國曰：'仲虺，湯左相，奚仲之後。'"

⑨ 僅存簡頭。據卦畫和卦名，當對應今本《周易》臨卦。輯本《歸藏》作"林禍"，馬王堆帛書《周易》作"林"。廖名春《管窺》："臨卦，帛書《易經》作'林'，顯然是借字，因為傳本《歸藏》作'林禍'，'禍'如果不誤的話，'林禍'應該讀作'臨禍'"。王寧《輯校》："此卦名當作'林'，'禍'當是經文或薛貞注文誤入於此者。"《清華簡（肆）》作'𦿆'，整理者認為"'𦿆'字中含聲符'林'，可與'臨'相通。"按："林"通"臨"，輯本《歸藏》作"林禍"意不明，存疑。

22. 灨(觀)①曰:昔[者]夏后啟卜酅(享)②☐

23. [卒(萃)]曰:昔者[仚]卜出雲而攴(枚)占[困京,困京占之曰:不吉。卒]☐

[卒(萃)]曰:昔者仚(仙)卜出雲而攴(枚)占困₌京₌[困京,困京]占之曰:不吉。卒☐③ 305

24. 復④曰:昔者䐓王⑤卜復白雉⑥☐☐

25. 毋(无)亡(妄)⑦曰:出入湯(蕩)₌[湯(蕩)湯(蕩)],⑧室安處而壬(野)⑨安藏,毋(无)亡(妄)☐⑩ 471

---

① 對應今本《周易》觀卦,輯本《歸藏》、馬王堆帛書《周易》、《清華簡(肆)》均作"觀","灨""觀"通假。王輝《校釋》:"此卦稱灨或觀義均可通,二字且通用,《史記·平準書》:'河決觀梁之地。'《漢書·食貨志》引'觀'作'灨'。但從《周易》來看,似以作觀於義為長。"

② 王輝《校釋》:"酅應即醹之異體,亦即觴字。《禮記·投壺》:'命酌曰請行觴,酌者曰諾。'釋文:'觴,字或作酅,同。'觴本酒器,應讀為醻。《太玄·竃·次五》:'鼎大可觴。'司馬光集注:'觴當作醻,音商,煮也。'觴、享義近通用。《初學記》卷22引《歸藏》:'昔夏后啟筮享神於大陵而上鈞臺……'語例相近。"

③ 原簡有二,一支卦畫存,卦名殘缺;一支卦名存,卦畫殘缺,據殘文當屬同一卦,可互補。卦名作"卒",對應《周易》萃卦,輯本《歸藏》作"萃",馬王堆帛書《周易》作"卒",上博本《周易》作"㪍",《清華簡(肆)》作"崒",整理者指出,"'崒'是楚文字'卒'的寫法。""㪍"同"崒"。"卒""萃"通假。卦辭中"仚"同"仙",《說文》"仚,人在山上。從人,從山。"顧藹吉《隸辨》:"後人移人於旁,以為神仙之仙。"此處"仙"當專指"出雲"之神。

④ 對應今本《周易》復卦,輯本《歸藏》、馬王堆帛書《周易》均作"復",帛書《繆和》篇作"覆","復""覆",同音通假。上博本《周易》、《清華簡(肆)》同作"遟","遟"為"復"之異體字。

⑤ 王輝《校釋》:"'䐓王'不知確指。從音來看,䐓疑讀為周,䐓,上古音魚部照紐,周,幽部照紐,二字雙聲。"備一說。

⑥ 王輝《校釋》:"白雉,白色野雞,古人以為祥瑞之物。《春秋感精符》:'王者德流四表則白雉見。'《楚辭·天問》:'厥利維何,逢彼白雉?'"

⑦ 對應今本《周易》无妄卦,輯本《歸藏》亦作"毋亡"。馬王堆帛書《周易》作"无孟",《清華簡(肆)》作"盂",為"亡孟"合文,"亡""无"通假,"孟""妄"通假。上博本《周易》作"亡忘","忘"通"妄"。王輝《校釋》:"李過《西溪易說·歸藏》六十四卦有'毋亡',黃宗炎曰:'无妄為毋亡,毋即无,亡即妄,非有他也。'"

⑧ 王輝《校釋》:"'湯湯'讀為蕩蕩,指道路平坦寬廣。《尚書·洪範》:'王道蕩蕩'。"

⑨ 王輝《校釋》:"壬為野之省文。睡虎地秦簡《日書甲·稷辰》'壬戰'即野戰。"按:"野"同"壄","壬"當為"壄"之省文。

⑩ 卦辭大意為:出入平坦,在家可以安處,在野可以安藏。

26. 瞿〈睽〉①曰：昔者殷王貞卜元(其)[邦]尚毋有咎②□[而枚占於巫咸。巫咸占之曰：吉。有瞿有觚，宵梁為酒。尊於兩壺，兩輸飲之，三日然後穌。土有澤，我取其魚。]③

---

① 據卦畫對應今本《周易》睽卦，輯本《歸藏》作“瞿”，馬王堆帛書《周易》作“乖”，帛書《繫辭》作“諢”，“乖”“睽”通假。上博本《周易》作“楑”，《清華簡(肆)》作“愸”，“楑”“愸”“睽”，同音通假。李學勤《小記》：“《睽》卦，簡文作《瞿》，輯本作《瞿》。按金文有‘睪’字，學者即釋為‘睽’，《歸藏》由此致誤。”王輝《校釋》：“此卦傳本作瞿，乃本字，瞿乃其繁化。《周易》作睽。《說文》：‘瞿，鷹隼之視也。’徐鍇《繫傳》：‘驚視也。’《說文》：‘睽，目不相聽(桂馥說為視之訛)也。’即二目不能同視一物。不過，睽也訓‘二目集中視線同視一物’即語言學家說的‘正反同辭。’陝西鳳翔南指揮秦景公大墓磬884號銘云：‘上帝是(宣)睽……’即‘上帝專注地看著’。瞿與睽義近。”王明欽《試論》：“‘睽’、‘瞿’、‘瞿’、‘乖’雖字異音也異，但其意義相近，其內在聯繫顯而易見。”王化平、周燕《秦墓》：“‘睽’上古音是溪母脂部，‘瞿’是群母魚部，兩字同屬牙音，為旁紐雙聲，有通假的可能性。”王寧《補釋》：“‘瞿’、‘睽’雖然見溪旁紐雙聲，但是魚部與脂部較懸隔。李學勤先生指出可能是金文中‘睽’字的誤釋，因為金文中‘睽’字的寫法是上明下癸(見《大簋》)，與‘瞿’字形近，這個看法當是正確的，《睽土父鬲》的‘睽’則寫作‘👁’，與‘瞿’字形的確很近”。案：學界意見或認為“瞿”“睽”通假，或認為形近而訛。筆者同意形訛說，“瞿”“睽”二字古音相差較遠，且缺乏通假例證，因此，如李學勤、王寧所言，當是“睪”字訛為“瞿”，又繁化為《歸藏》簡之“瞿”。

② 輯本《歸藏》有：“節：殷王其國，常毋若谷。”羅苹《路史注》引作“常毋谷月。”王明欽《概述》：“傳本佚文訛誤過甚。‘國’原應作‘邦’，是漢代為避漢高祖劉邦之諱而改；‘殷王’之後脫一‘筮’字，‘常’為‘尚’之借字；而‘谷’與‘咎’、‘月’與‘有’字形皆有共同之處，‘谷月’應是‘咎有’之誤。‘殷王其國，常毋谷月’應為‘殷王筮其邦，尚毋有咎’。秦簡中表示不吉的卦辭除‘咎’之外，也有‘咨’，且兩者之意義似無區別……此外，傳本將該筮辭歸於‘節’卦，而秦簡則在‘叠’卦之中，秦簡另有‘節’卦，其卦畫、卦名皆與《周易》相同，筮辭則為武王伐殷之事。我們推測，傳本《歸藏》在傳抄過程中既將卦名抄錯，又將‘殷王筮其邦，尚毋有咨’誤為‘殷王其國，常毋谷月’，以至於面目全非。”李家浩《〈歸藏〉考》指出，《四庫備要》本《路史》作“常毋谷目”，當為“尚毋有咎”，“有”與“目”、“咎”與“谷”形近，“有咎”先誤作“目谷”，再倒誤作“谷目”。案：王、李二說為是。“尚毋有咨”或“尚毋有咎”在《歸藏》簡文中出現次數、位置以及“咎”與“咨”意義之區別參見前文“少督”卦注。王輝《校釋》：“‘咎’‘咨’下皆有口，《說文》咨之古作‘𠁡’，郭店簡咎字作‘🔣’，字形接近，容易混用。”備一說。

③ 輯本《歸藏》有瞿卦佚文曰：“瞿有瞿有，觚宵梁為酒。尊於兩壺，兩輸飲之，三日然後穌。土有澤，我取其魚。”蔡運章《解詁》：“我們將秦簡《瞿》卦殘辭與傳本《歸藏·瞿》卦佚文相綴合，並參照秦簡《漸》、《叠》兩卦之辭，推測這則易卦的全文應為：‘《瞿》曰：昔者殷王貞卜其[邦]，尚毋有咎？[而枚占於巫咸。巫咸占之曰：吉]。瞿有瞿有，觚(孤)宵梁(梁)為酒。尊於兩壺，兩輸飲之，三日然後穌(蘇)。土有澤，我取其魚(漁)。’”王輝《輯校》：“秦簡本作‘瞿’，即睽卦。有瞿有觚，宵梁為酒，尊於兩壺。兩輸飲之，三日然後蘇。土有澤，我取其魚。……‘兩壺兩輸’則斷句亦不當。此爻以觚、壺、蘇、魚為韻(魚部)，皆為韻語”。案：輯本瞿卦佚文屬韻語類繇辭，根據押韻情況，當斷為：“有瞿有觚，宵梁為酒。尊於兩壺，兩輸飲之，三日然後穌。土有澤，我取其魚。”原文第一個“瞿”字當為卦名，不屬於繇辭內容。

27.［☷］散〈羿〉（家）［人］①曰：昔者□［禹］卜［食］散實而支（枚）占大☲
□［明，大明占之曰：不吉。散其］②

□曰：昔者禹卜食散實而支（枚）占大明，占之，曰：不吉。散其□ 333

28.☶節③曰：昔者武王卜伐殷而支（枚）占耂☴耂（考）☴［耂耂（考），耂耂
（考）］占［之］曰：吉。□④ 194

29.☴渙⑤曰：昔者高□ 328

30.☵［蹇曰］：□⑥

────────────

①　原簡卦畫僅存五畫，上爻殘缺，卦名作"散"，輯本《歸藏》作"散家人"，當對應今本《周易》家人卦，馬王堆帛書《周易》亦作家人，據補。李學勤《小記》："《家人》卦，簡文《散》，輯本作《散家人》，這應該是由於《散》即《家人》，後人於卦名下注記，於是混進正文。"王輝《校釋》："可能傳本承簡本之散，又注明此即《周易》之家人，'家人'二字乃注文而誤入正文者。"王寧《輯校》："秦簡本家人卦只作'散'，則知'家人'二字乃薛貞之注文混為正文者。蓋薛貞於'散'卦下注'家人'二字，謂此卦即《周易》之家人卦也，傳抄誤入卦名。"說是。《清華簡（肆）》作"嗹"，左邊漫漶不清，右邊為"連"，整理者認為是"從連得聲的字"，"'散'、'連'同為元部字，聲母一為心母，一為來母，可以通轉。"王寧《二則》："'家'就有可能被假借作'羿'（同見紐魚部），王國維曾經指出'羿'、散'因為古字形近，所以典籍中經常把'羿'訛為'散'。"案：據羅振玉《增訂殷虛書契考釋·曰羿》及王國維《觀堂集林·說羿》二文，"羿""散"二字甲骨文字形相近，以致於後世文獻中"羿"多訛為"散"。故秦簡《歸藏》"散"卦之"散"也應為"羿"字之訛。羿，古音見母魚部字；家，古音也是見母魚部字，二字聲母同韻同。由此，《歸藏》"散"卦本作"羿"卦，同《周易》"家人"卦，"羿""家"同音通假，"家"卦即"家人"卦的"省寫"，類似於《周易》"大有"，秦簡《歸藏》作"右"，《周易》"噬嗑"，秦簡《歸藏》作"筮"等。

②　王明欽《試論》提及一支編號333的《歸藏》簡，王文作"□曰：昔者禹卜食散實而支（枚）占大明，占之，曰：不吉。散其□"。據補。據文意，"散實"當為某種食物，《說文》："散，雜肉也。從肉，枚聲。""食散實"即"吃雜肉"之義。卦辭大意為，大禹就吃雜肉這件事向大明占卜，大明占卜的結果為不吉。

③　對應今本《周易》節卦，輯本《歸藏》、馬王堆帛書《周易》同。

④　輯本《歸藏》與此簡文內容相關者有二，一為《博物志》卷九引："武王伐紂，枚占耆老，耆老曰：吉。"一為《路史·後紀五》引："武王伐商，枚占耆老曰：不吉。"一曰吉，一曰不吉，據簡文當以吉為是。耆、老、考，三字同義。王輝《校釋》引《論衡·卜筮篇》："周武王伐紂，卜筮之，逆。占曰：大凶。"認為"逆""大凶"同"不吉"，以《路史》所引為是。可備一說。

⑤　對應《周易》渙卦，輯本《歸藏》作"奐"，黃宗炎注曰："渙為奐，古字或加偏旁或不加偏旁，因而互易也。"馬王堆帛書《周易》作"渙"，帛書《繫辭》作"奐"，上博本《周易》作"𤲒"，"奐""𤲒"皆讀為"渙"。《清華簡（肆）》作"惢"，整理者認為，"'惢'應分析為從心睿省聲。'睿'月部喻母字，'奐'、'渙'元部曉母字，韻部對轉，喻、曉亦多通轉之例。"

⑥　原簡僅存卦畫，與今本《周易》蹇卦☵☶同，輯本《歸藏》及馬王堆帛書《周易》均作"蹇"，據補。上博本《周易》作"訐"，"訐""蹇"音近通假。

31. [䷨]損曰:□①

32. ䷞[咸]曰:□

[䷞]□咸曰:□②

33. [䷞]恒{我}③曰:昔者女過(媧)卜作為緘而□④ 476

34. ䷪罠(夬)⑤曰:昔者赤烏⑥止木之遽(處)⑦,初鳴曰鵲,後鳴曰烏,有

---

① 原簡卦畫僅存下半部分"䷨",對應今本《周易》損卦,據補。輯本《歸藏》、馬王堆帛書《周易》均作"損"。《清華簡(肆)》作"敱",整理者認為,"敱,從攴鼎聲。'鼎'即'員'。……古文字中'攴'與'手'互作,'敱'可視為'損'之異體。"

② 原有殘簡二,一有卦畫,卦名漫漶不清;一僅存卦名及"曰"字,可互補。對應《周易》咸卦,輯本《歸藏》、馬王堆帛書《周易》、上博本《周易》均作"欽"。"咸",匣母侵部;"欽",溪母侵部,音近而假。《清華簡(肆)》作"慈",整理者認為,"'慈'應分析為從心鈙聲,'鈙'又從攴金聲。'金'與'咸'同為侵部,聲母都為牙音,可以通用。"

③ 卦畫殘缺,卦名作"恒我","我"為衍文,應為"恒",對應今本《周易》恒卦䷟,輯本《歸藏》、馬王堆帛書《周易》皆作"恒",上博本《周易》作"𢘅",為"恒"字古文。《清華簡(肆)》作"惡",同"恒"。"恒我"見簡文"歸妹"卦,即"姮娥",亦即嫦娥。疑簡文抄寫者受歸妹卦"恒我"影響,將卦名"恒"誤作"恒我"。姮娥事見歸妹卦注。

④ 輯本《歸藏》嚴可均本有"昔女媧筮張雲幕而枚占,神明占之曰:吉。昭昭九州,日月代極。平均土地,和合萬國。"馬國翰本作"昔女媧筮張雲幕,枚占之曰:吉。昭昭九州,日月代極。平均土地,和合四國。"疑與此卦有關。

⑤ 卦畫對應今本《周易》夬卦,馬王堆帛書《周易》、上博本《周易》皆作夬。《清華簡(肆)》作"攽",整理者認為,"攽,從攴介聲。'夬'、'介'都是月部見母字,音近可通。"卦名"罠",廖名春《管窺》隸定為"罬",認為:"罬即闋之省文……'闋'古音月部見母,與'夬'同……因此,'闋'當是'夬'之借字。"廖說為是。

⑥ "赤烏",王輝《校釋》隸定為"舄":"《說文》:'舄,誰(鵲)也。'朱駿聲《通訓定聲》:'今謂之喜鵲。'古人附會喜鵲能報喜,《西京雜記》:'乾鵲噪而行人至。'《淮南子·氾論》:'乾鵲,知來而不知往。'"案:《歸藏》簡"赤烏"二見,另一處在陵(謙)卦。"赤烏"即太陽鳥,是太陽神的象徵,被古人視為祥瑞。《呂氏春秋·有始》:"赤烏銜丹書集於周社。"《初學記》卷三十引三國吳薛綜《赤烏頌》:"赫赫赤烏,惟日之精。"《尚書大傳》卷二:"武王伐紂,觀兵於孟津,有火流於王屋,化為赤烏,三足。"《歸藏》多神話傳說,當以"赤烏"為長。

⑦ 王輝《校釋》:遽讀為巨。《荀子·正論》:"是豈鉅知見侮之為不辱哉!"楊倞注:"鉅與遽同。"又《王霸》:"國者,巨用之則大,小用之則小。"楊注:"巨者,大之極也。""木之遽"指樹木之粗大者。案:"遽"通"處",朱駿聲《說文通訓定聲·豫部》:"遽,假借為處。"《莊子·天地》:"且若是則其自為遽危,其觀臺多,物將往,投跡者眾。"陸德明《釋文》:"遽,本又作處。""處"即居,即鳥巢。"止木之遽"意為"停棲在樹木上的居處(鳥巢)中"。

夫取(娶)妻,存①歸②亓(其)家□③ 212

　　35. 𦣻[姤]④曰:昔者□ 5

　　36. [䷭]⑤兌曰:兌=[兌兌]黄衣以生金⑥,日月並出⑦,獸□□ 334

　　37. 𦥑麗(離)⑧曰:昔者上□

────────────

　　① 王輝《校釋》:"存,止息,安順。《漢書·揚雄傳》:'矯羽厲翮,恣意所存。'顏師古注:'言來去如鳥之飛,各任止息也。'"
　　② 女子出嫁曰歸。《穀梁傳·隱公二年》:"婦人謂嫁曰歸,反曰來歸。"《說文·止部》:"歸,女嫁也。"《周易·漸》:"女歸,吉。"孔穎達疏:"女人生有外成之義,以夫為家,故謂嫁曰歸也。"《國語·晉語四》:"秦伯歸女五人。"韋昭注:"歸,嫁也。"
　　③ 此卦卦辭為歌謠類,先說昔者有赤鳥棲居於樹木之巢穴中,"初鳴曰鵲,後鳴曰烏",類似於《詩經》中的起興,"有夫娶妻,存歸其家"講具體人事。可譯為:喜鵲和烏鴉,先後叫得歡;有人娶媳婦,雙雙把家還。
　　④ 卦名殘缺,據卦畫當對應今本《周易》姤卦,馬王堆帛書《周易》作"狗",帛書《衷》篇作"坸"或"句",上博本《周易》作"敏",皆同音通假。《清華簡(肆)》作"䖥",整理者認為,"䖥即'繫'……'繫'在錫部見母,'姤'在侯部見母,韻部旁對轉。"輯本《歸藏》無"姤"有"夜",馬國翰認為,"夜有姤遇取女義,……夜當屬姤也"。案:簡本《歸藏》已有"夜"卦,卦畫殘缺,據卦辭,與另一支簡"亦(蠱)卦"相同(簡文亦卦有二,其一據卦畫當為頤卦,見上文;另一支卦畫與今本《周易》蠱卦同),亦、夜同音而假,故可推斷輯本《歸藏》"夜"卦當對應今本《周易》蠱卦,馬說非(參見下文亦卦)。輯本《歸藏》無卦名"姤",據今本《周易》補。
　　⑤ 卦畫殘缺,據卦名當對應今本《周易》兌卦,據補。輯本《歸藏》、《清華簡(肆)》同作"兌",馬王堆帛書《周易》作"奪","兌""奪",同音通假。
　　⑥ "兌兌",王啟敏《歸藏四劄》(未刊稿):"在《釋名·釋言語》中有:'生渝蔥薤曰兌,言其柔滑,兌兌然也。'言'兌'之義為生的蔥、薤用水煮後柔滑的樣子……也稱'兌兌然'……則'兌兌黄衣以生金'中的'兌兌'之義,或為《釋名》所言'言其柔滑,兌兌然也',形容'黄衣'柔滑的樣子。""生金"即黄衣顏色鮮亮,放出金色。
　　⑦ "日月並出",《太平御覽》引《春秋考異郵》:"諸侯謀叛,則月生爪牙;后族專政,則日月並照。""日月並照"即"日月並出",《春秋考異郵》以為災異之象。後人或以"日月並出"為光明普照,《全唐文》收郭遵《南至郊祭司天奏雲物賦》:"照臨之明兮,將日月並出;覆載之廣兮,與天地同參。"此卦卦辭前半句講黄衣柔滑,顏色鮮亮,放出金色,故"日月並出"也應作光明普照解。
　　⑧ 對應今本《周易》離卦,《離·彖》:"離,麗也。"輯本《歸藏》作"離",馬王堆帛書《周易》、《清華簡(肆)》同作"羅"。"離""羅",同音通假。

38.☰勞①曰:昔者蚩尤卜鑄五兵而攴(枚)占赤[帝]□②536

39.☰陵(兼)③曰:昔者赤烏卜浴水,通而見(現)神,為木出焉,是畜(帝)□④503

---

① 卦畫對應今本《周易》習坎卦,輯本《歸藏》作"犖",馬王堆帛書《周易》作"習贛",帛書《衷》作"勞",《清華簡(肆)》作"襞",整理者認為,"襞即勞字,卜辭金文等習見"。犖、勞,音近通假。《說卦》:"坎者……勞卦也。萬物之所歸也,故曰勞乎坎。"當以勞為正字。簡文以勞代坎,類似上文天卦以天代乾。輯本《歸藏》:"李過曰:'謂坎為犖,犖者勞也,以為萬物勞乎坎也。'黃宗炎曰:'坎為勞卦,故從勞諧聲而省。物莫勞於牛,故從牛。'"王輝《校釋》認為勞、坎義近,《說文》:"勞,劇也。"長期辛勞使人憂愁,故勞有愁義;而坎為陷,遭遇重險,亦令人憂恨。王寧《補釋》認為,先秦易書中的坎卦很可能有時候是被寫作"襞","襞"與"坎"古音影溪旁紐雙聲、蒸侵通轉疊韻,因為"襞"與"勞"形近的原因,坎卦才訛寫作"勞",傳本《歸藏》更假借作"犖"。案:勞、坎義近的說法不確,訛寫說過於曲折,據王志平《說解》,勞字有見系一讀,勞、坎韻母為宵談對轉,二字音近而假。

② 王輝《校釋》:"赤"後一字殆為帝。《逸周書·嘗麥》:"赤帝分正二卿,命蚩尤宇於少昊,以臨四方。"據補。《史記·五帝本紀》司馬貞《索隱》:"管子曰:'蚩尤受盧山之金而作五兵。'"輯本《歸藏》載蚩尤之事:"蚩尤出自羊水,八肱八趾疏首,九淖以伐空桑,黃帝殺之於青丘。"疑為注文。

③ 據卦畫當對應今本《周易》謙卦,輯本《歸藏》作"兼",馬王堆帛書《周易》作"嗛",帛書《繆和》篇或作"溓",上博本《周易》作"徐",《清華簡(肆)》作"謙","溓""徐""嗛""謙",同音通假。簡文卦名作"陵",王輝《校釋》:"陵讀為慄。《史記·范雎蔡澤列傳》:'至於陵水。'索隱:'劉氏云:陵氏即栗氏也。陵、栗聲相近,故惑也。'《書·湯誥》:'慄慄危懼。'《韓非子·初見秦》:'戰戰栗(慄)栗,日慎一日。'戰慄危懼,自然謙敬謹慎。謙、陵(慄)義近。"王寧《補釋》:"'陵'古音來母蒸部,與力鹽切的'兼'雙聲、蒸談通轉疊韵,爲音近假借。《六書正譌》正以'稜'訓'廉(廉)',當是義訓兼聲訓。'陵'、'稜'古音同,則'陵'、'廉'固亦聲近。故其卦名本作'兼',傳本《歸藏》照書,《周易》讀牙音,故音假作'嗛'、'謙';秦簡《歸藏》讀舌頭音,故音假作'陵'"。按:"謙""陵"二字音義懸隔,不能通假,或如王寧《補釋》所言,"陵""兼"音近,可以通假。可從。此外,筆者認為,"陵"疑為"陖"字,與"陵"字形近而訛,或整理者誤將"陖"字釋為"陵"。"陖"字見《龍龕手鑒》,為"陕"之俗體,"陖",匣母葉部,"謙",溪母談部,音近而假。茲備一說。

④ "赤烏"又見罷(夬)卦,當為太陽神,"浴水"即在水中洗浴。古代傳說太陽居於湯谷,又作暘谷,郭璞《山海經注》:"谷中水熱也。"《論衡·說日》:"《禹貢》、《山海經》言日有十。在海外東方有湯谷,上有扶桑,十日浴沐水中;有大木,九日居下枝,一日居上枝。"《淮南子·天文訓》:"日出於暘谷,浴於咸池,拂於扶桑。"《山海經·大荒東經》:"有谷曰溫源谷。湯谷上有扶木,一日方至,一日方出。"《山海經·海外東經》:"湯谷上有扶桑。十日所浴……有大木,九日居下枝,一日居上枝。"當與此卦卦辭相關。

40.䷏介(豫)①曰北=[北北〈交交〉]②黄鳥,雜③彼秀④虚(墟)⑤,有麷(叢)⑥者□□有□□人民□207

41.[䷵]歸妹⑦曰:昔者恒(姮)我(娥)竊毋(不)死之[藥於西王]□307□[母以]奔月而攴(枚)占[有黄,有黄占之曰:吉。翩翩歸妹,獨將西行,逢天晦芒⑧,毋驚毋恐,後且大昌。]□⑩201

---

①　卦畫對應今本《周易》豫卦,馬王堆帛書《周易》作"餘",帛書《繫辭》、《衷》篇均作"余",上博本《周易》作"余",《清華簡(肆)》作"介"。輯本《歸藏》無"豫"有"分",朱太史注曰:"以謙作兼,而分次之,則分為豫也。"王明欽概述:"'豫'卦,秦簡作'介',傳本作'分',我們以為這兩個卦名是由於形近訛誤所致。'介'字形作尒,'分'字形作仒,在書寫隨意的竹簡文字中,很容易混淆。實際上簡本和傳本應是一致的。"廖名春《管窺》:"傳本'分'當系'介'字之誤……上海簡本'余',帛書《易傳》作'余',帛書《易經》本作'餘'……'余'為'余'之繁文……秦《歸藏》作'介'是正確的,傳本《歸藏》作'分'確是形近而誤。"案:"介"字為是,輯本"分"形近而訛。"余""余""餘"皆讀為"豫"。《清華簡(肆)》豫卦亦作"介",整理者認為"'介'屬月部見母,'豫'屬魚部喻母,魚、月通轉,見、喻牙喉音,音近可通。"

②　王明欽《概述》隸定為"北",王輝《校釋》:"'北北'義不明。秦文字交字作'亝',北字作'火',《歸藏》簡又不是很清楚,疑北為交之訛或誤釋。《詩·秦風·黄鳥》:'交交黄鳥,止於棘。'毛傳:'交交,小貌。'"案:"北北"不詞,《汗簡》"北"作"仌","交"小篆作"亝",王輝說可從。"交交",毛傳:"小貌",馬瑞辰《毛詩傳箋通釋》:"交交,通作咬咬,謂鳥聲也。"

③　"雜"訓作"集",《改併四聲篇海·隹部》引《川篇》:"雜,集也。"集,古文作雧,群鳥棲止在樹上。《說文·雥部》:"雧(集),群鳥在木上也。"桂馥義證:"《禽經》:'獨鳥曰止,眾鳥曰集。'"《五音集韻·緝韻》:"集,《字林》云:'群鳥駐木上。'"《詩·周南·葛覃》:"黄鳥於飛,集於灌木。"

④　王輝《校釋》:"徐鍇《說文繫傳》:'秀,禾實也。有實之象,下垂也。'黄鳥集於有穗之墟,有禾實可食,自甚豫樂。"案:"秀"有草木茂盛義,《爾雅·釋言》:"秀,茂也。""秀虛"義為草木茂盛之山丘。

⑤　虛,《說文·丘部》:"虛,大丘也。昆侖丘謂之昆侖虛。"段注:"虛者,今之墟字。"

⑥　王明欽《概述》隸定為"麷"。案:"麷"有兩義,一同"叢",草叢生貌。《集韻·東韻》:"叢,《說文》:'艸叢生皃。'或作麷。"一同"叢",聚集義。《字彙·木部》:"麷,古文叢字。"《漢書·東方朔傳》:"飾文采,麷珍怪。"據殘簡文義,似取"聚集"義為長,"有叢者"義即群鳥中聚集在一起的一些鳥。

⑦　卦畫殘缺,據卦名補。輯本《歸藏》、今本《周易》、馬王堆帛書《周易》均作"歸妹"。《清華簡(肆)》作"遰",為"遰妹"合文,整理者認為"遰"為"歸"之異體。

⑧　晦,暗義;芒同茫。晦茫,昏暗不明,與後文"大昌"相對。

⑨　昌,光盛義,《說文》段注:"昌之本義訓美言,引申之爲凡光盛之偁,則亦有訓爲日光者。"

⑩　輯本《歸藏》嚴可均本有:"羿請不死之藥於西王母,姮娥竊之以奔月,將往,枚筮之於有黄,有黄占之曰:'吉。翩翩歸妹,獨將西行,逢天晦芒,毋驚毋恐,後且大昌。'"據補。姮娥事亦見於《淮南子·覽冥訓》:"羿請不死之藥於西王母,姮娥竊以奔月。"簡文恒卦疑受此卦辭影響,卦名誤作"恒我"。見上文"恒{我}"卦。

42. ䷴渐曰：昔者殷王貞卜亓（其）邦尚毋有咎，而攴（枚）占巫［＝］①咸＝。［巫咸，巫咸］占之曰：不吉。不渐於□② 335

43. ䷢晉（晉）③曰：昔者□［夏后啟］□卜旸（享）④帝晉（晉）之虚（墟），作為［鈞臺於水之陽，而枚占皋陶，皋陶曰：不吉。］⑤

［䷢］晉（晉）曰：昔者夏后啟卜旸（䣖）帝晉（晉）之［虚（墟），作為鈞臺於水之陽，而枚占皋陶，皋陶曰：不吉。］□ 336

---

① 此處脫一重文符"＝"，據補。

② 卦畫、卦名對應今本《周易》渐卦，輯本《歸藏》、馬王堆帛書《周易》均作"渐"，上博本《周易》作"漸"，疑為"渐"之訛字。《清華簡（肆）》作"蓜"，整理者認為，"'蓜'為陽部精母字，'渐'為談部從母字，二字聲母同為齒音，韻部關係密切。""巫咸"簡文三見，詳見上文"同人"卦注。

③ 王明欽《概述》釋文作"晉"，《清華簡（肆）》整理者隸定為"晉"，認為是"晉"的訛字。考慮到王明欽為秦簡《歸藏》的最初整理者，姑以王文為準。卦畫對應今本《周易》晉卦，輯本《歸藏》作"晉"，馬王堆帛書《周易》作"溍"，《清華簡（肆）》作"懯"，"晉"、"晉"、"溍"、"懯"，同音通假。該卦殘簡有兩支，可互補。

④ 王輝《校釋》據輯本《歸藏》"夏后啟享神"文訓"旸"為"享"。參見上文灌（觀）卦。

⑤ 輯本《歸藏》與此卦相關內容，馬國翰本輯得佚文有二，一為："昔者夏后啟享神於晉之墟，作為璿臺，於水之陽。"馬注："《文選》卷四十六王元長《三月三日曲水詩序》注，《太平御覽》卷八十二引《歸藏·啟筮》，又卷一百七十七引作'晉之靈臺'，無'昔者'及'於水之陽'六字。"一為："昔夏后啟筮享神於大陵而上鈞臺，枚占皋陶曰：'不吉。'"馬注："《太平御覽》卷八十二，《初學記》卷二十二引'至鈞臺'。"王明欽《傳說》文引秦簡《歸藏》"昔者夏后啟卜觴帝大陵上鈞臺而支占誇陆□"，據此，當以簡文"鈞臺"為准，《左傳·昭公四年》："夏啟有鈞臺之亨"。據補。"鈞臺"與"璿臺"，王明欽《傳說》："'鈞'與'天'同義，《漢書·賈誼傳》'大鈞播物'和《淮南子·原道訓》'鈞旋轂轉'注都說：'天也。''鈞'又與'均'互用，《呂覽·有始》'中央曰鈞天'，《淮南子·天文訓》則作'中央曰均天。'《說文》：'均，平徧也。''璿'，《說文》解釋為'美玉'。所謂'鈞臺'，意為'天臺'或'平臺'，是表示臺的形狀為圓形，平頂，高聳入雲；'璿臺'即以美玉裝修的臺，是形容臺的豪華裝飾。……鈞臺與璿臺實際上是同一臺，祇是因形容的角度不同而取的異名。"案：鈞有中心、核心義，《漢書·律曆志》："《詩》云：'尹氏大師，秉國之鈞'。"又有天、造化義，《漢書·賈誼傳》："大鈞播物"，顏師古注引如淳曰："陶者作器於鈞上，此以造化為大鈞也。"《呂覽·有始》："中央曰鈞天。"簡文"鈞臺"之"鈞"，兼中心、天二者言，以"鈞臺"作"平臺"，不確。"靈臺"傳說為周文王所建，《詩·大雅·靈臺》："經始靈臺，經之營之"，輯本《歸藏》引"晉之靈臺"疑受此影響，將"鈞臺"誤作"靈臺"。關於"璿臺"，"璿"同"璇"，又作"琁"，《尚書·堯典》："在璿璣玉衡"，孫星衍《尚書今古文注疏》："《大傳》說：'琁者，還也。'蕭吉《五行大義》引《尚書說》云：'琁璣，斗魁四星。……北斗居天之中，當昆侖之上，運轉所指。"據此，"琁"也有中心、核心之義，眾星以琁機為核心而運轉，與"鈞"義同。故"璿臺"即"鈞臺"，同義而異名，以"璿臺"為"美玉裝飾之臺"，誤。

44.☷明夷①曰：昔者夏后啟卜乘飛龍以登於天，而支（枚）占[皋陶，皋陶占之曰：吉。吉而必同，與神交通；以身為帝，以王四鄉。]▢②

45.☰祭（既）[濟]③曰：昔者殷王貞卜亓（其）邦尚毋有咎，而支（枚）占巫[＝]④咸＝[巫咸，巫咸]占之曰：不吉。祭亓（其）席，⑤投之裕（谿）；⑥祭在北，

----

①　對應今本《周易》明夷卦，輯本《歸藏》作"明尸"，"尸"為"夷"字古文，《玉篇·尸部》："尸，古文夷字。"馬王堆帛書《周易》作"明夷"，"明"為"明"之俗字。《清華簡（肆）》作"亾"，為"亡尸"合文，整理者認為"亡聲字與明聲字每每相通用"。

②　輯本《歸藏》作："明夷：昔夏后啟筮乘飛龍而登於天，而枚占於皋陶，陶曰：吉。"郝懿行《山海經箋疏》云："《太平御覽》卷八十二引《史記》曰：'昔夏后啟筮乘龍以登於天，占於皋陶。皋陶曰：吉而必同，與神交通；以身為帝，以王四鄉。'"據補。

③　卦畫對應今本《周易》既濟卦，馬王堆帛書《周易》、上博本《周易》同，帛書《衷》篇作"既寶"，"寶"通"濟"。輯本《歸藏》有"岑齏"，朱太史注曰："岑齏在未濟前，則既濟也。"王寧《辨證》："岑齏，即既濟卦。岑古通崟（崟古或作嶜），如《楚辭·九歎》：'觸崟石兮。'《考異》：'崟一作嶜。'又《招隱士》：'欽岑碕礒兮。'《考異》：'岑一作嶜。'岑古音在疑母侵部，既在見母物部，皆為喉音字，且物、侵二部元音相同，古本通韻，古岑、既二字音相近。齏即古霽字，尚秉和云：'《爾雅·釋天》：濟謂之霽。《疏》：霽，止也。《說文》同。《歸藏》作岑齏，齏即霽字。'"連劭名《江陵》："'祭'是一個與今本完全不同的卦名，今本作'既濟'。'祭'當讀為'卷'，相當於今語所說的'結束'，如《儀禮·公食大夫禮》云：'有司卷三牲之俎，歸於賓館。'鄭注：'卷，猶收也。'《淮南子·兵略》云：'旗不解卷。'高注：'卷，束也。'"蔡運章《解詁》："'祭'字從虫符，本當蟲名。……'祭'本名為蠐，即金龜子的幼蟲。蠐，通作濟。……當是《既濟》卦的別名。"案：由卦辭"祭其席"可知"祭""卷"同音通假，"祭其席"即"卷其席"。"卷"，見目元部；"既"，見母微部，音近可通，"祭"即"既濟"的"省稱"，同例如散（家人）卦、筮（噬嗑）卦等。後文"祭在北"之"祭"讀如字，為某種蟲類。

④　此處脫一重文符"＝"，據補。

⑤　連劭名《江陵》："'祭'當讀為'卷'，相當於今語所說的'結束'，如《儀禮·公食大夫禮》云：'有司卷三牲之俎，歸於賓館。'鄭注：'卷，猶收也。'《淮南子·兵略》云：'旗不解卷。'高注：'卷，束也。'……《釋名·釋牀帳》云：'席，釋也，可卷可釋也。'《老子》云：'渙兮似冰將釋。'王注：'釋，消亡。'"蔡運章《解詁》："'祭'亦名為蠹，或名為蠍。《說文·虫部》：'蠹，木中蟲。'《爾雅·釋蟲》：'蠍，蛣蜅。'郭璞注：'木中蠹蟲。'嵇康《客難養生論》說：'蠍盛則木朽。'這說明'祭'本是一種蠹蛀木材的害蟲。'席'指用草或蘆葦編織的席子，常用來鋪在地或床上。《玉篇·巾部》：'席，牀席也。'……必須指出的是，這裏的'席'當指宗廟神稷而言。《山海經·中山經》：'熊山，席也。'郭璞注：'席者，神之所馮止也。'《山海經·南山經》：'稻米白營為席。'郝懿行疏：'席者，籍以依神。'《楚辭·九歌·東皇太一》：'瑤席兮玉瑱。'蔣驥注：'席，神位也。'席，又名為筵。《說文·竹部》：'筵，竹席也。'《詩·賓之初筵》鄭玄注：'筵，席也。'《儀禮·士昏禮》：'主人筵於戶。'鄭玄注：'筵，為神布席也。'因'席'是擺放祭品供神靈享用的地方，故可稱為神位。而宗廟神位是國家社稷的象徵，故'其席'則可喻有像蛀蟲般的敵人在侵擾國家社稷之義。"按：此處"祭"通"卷"，"席"即床席。

⑥　連劭名《江陵》："裕，讀為谷。"蔡運章《解詁》："'裕'，從谷，亦聲，席、裕古音均屬鐸部。然而，此字《說文》所無，疑即谿字別體。谿，今作溪。《說文·谷部》謂：'山瀆無所通者，從谷，奚聲。'"按：蔡說為是。

為犯(牝)①□□②213

　　46. ䷿[未濟]③□□□攴(枚)卜□□□□

　　47. ䷿遂(遯)④曰:遂(遯)苴⑤以入為羽,不高不下,即利初事有利□
□⑥463

　　48. ䷿亦(蠱)曰:昔者北[敢大夫⑦卜逆⑧女過(媧)而攴(枚)占]□343

　　　䷿夜(蠱)⑨曰:昔者北[敢]夫゠[大夫]卜逆女過(媧)而攴(枚)占]□⑩

　　49. ䷿[䷿][隨]⑪曰昔者北敢夫゠[大夫][卜]逆女過(媧)而攴(枚)占□
□404

---

　　① 此處"蚤"讀如字,當為某種蟲類。"犯",連卲名《江陵》:"犯,讀為牝。"

　　② "蚤亓席,投之㮚;蚤在北,為犯□"系韻語類縣辭,前半句意為將席子卷起,投至㮚中;後半句似說有名為"蚤"的某種蟲類在北方化為某物。

　　③ 卦名殘缺,僅存卦畫,對應今本《周易》未濟卦,馬王堆帛書《周易》、輯本《歸藏》均作"未濟",據補。上博本《周易》作"未淒","淒"讀為"濟"。《清華簡(肆)》卦名作"淒",當是脫去"未"字,"淒"通"濟"。

　　④ 卦名作"遂",據卦畫對應今本《周易》遯卦,輯本《歸藏》亦作"遂",黃宗炎注曰:"遯為遂,形義本通,無有異義。"馬王堆帛書《周易》作"掾","遂""掾""遯"通假。上博本《周易》作"豚",疑為"豚"之訛字。《清華簡(肆)》作"敆",與"遯"音近通假。

　　⑤ "苴",《集韻·曷韻》:"苴,艸名,薑也。"《玉篇·艸部》:"苴,苴草。"

　　⑥ 卦辭文義模糊,大意似說,如鳥兒遯入薑草之中,勿要高,勿要低,事情初始階段有利。

　　⑦ "北敢夫",據下文隨卦卦辭補,當為人名,"夫"後有合文號"゠",為"大夫"合文,"北敢大夫"載籍未見,存疑。

　　⑧ "逆"訓"迎",《說文》:"逆,迎也。"

　　⑨ 兩支殘簡簡頭卦畫相同,據卦畫,當對應今本《周易》蠱卦,馬王堆帛書《周易》作"箇",帛書《衷》篇作"故","箇"、"故"、"蠱",同音通假。上博本《周易》作"盅",為"蠱"之簡體。今二簡卦名一作"亦",一作"夜",廖名春《管窺》:"古音'亦'、'夜'均為鐸部喻母,'蠱'為魚部見母,韻部相近,'亦'、'夜'當為'蠱'之借字。'箇'從固得聲,"固"為魚部見母。《一切經音義》引《字林》云:'蠱音固。'所以,'箇'也是'蠱'字之借。"輯本《歸藏》作"蜀",黃宗炎注曰:"蠱為蜀,蜀亦蟲也。"《清華簡(肆)》作"姤",整理者認為,"'姤'可能是一個古、夜皆聲的雙聲符字",與"蠱"音近可通。

　　⑩ 二簡殘餘卦辭內容有一致之處,可互補,下文隨卦殘文也和該卦殘文有相同之處,據補。

　　⑪ 卦畫、卦名殘損,卦畫僅存䷿,上爻殘缺,若補陽爻,則卦畫為无妄卦,簡文已有无妄卦,見上文作"毋亡",故只能補陰爻,卦畫為䷿,對應今本《周易》隨卦,馬王堆帛書《周易》作"隋",上博本《周易》作"陲",《清華簡(肆)》作"悤",整理者認為,"'悤'從心睍聲。聲符字……是宵部明母字。'陲'、'隋'、'隨'是歌部邪母字,與'悤'應是通假關係。"輯本《歸藏》無卦名"隨",有"馬徒",朱太史注曰:"以蠱為蜀,而馬徒次之,則馬徒為隨也。"廖名春《管窺》認為輯本《歸藏》卦名"規"對應《周易》隨。按:"規""隨"通假,"馬徒"義不明,存疑。

50. ䷔笩(噬)[嗑]①曰□之□笩(噬)蓋(嗑)之□□☑537

51. ䷕[賁]曰昔☑②

52. ䷼中絼(孚)③曰：啻(帝)□卜☑317

53. ䷡大[壯]④曰：昔者☑408[豐隆]⑤卜將雲雨而攴(枚)占困﹦京﹦[困京，困京]占之曰：吉。大山之雲徺]⑥

　　☑隆卜將雲雨而攴占困京﹦占之曰吉大山之雲徺⑦☑196

　　䷡□壯曰：昔者豐隆☑320

補遺：王明欽《概述》所公佈釋文以錄簡頭為主，為《歸藏》簡部分釋文；在其另外一篇文章《試論》中又公佈了數條釋文，茲補錄於此。

　　1. ☑大明，大明占之，曰：不吉。有初而無後……550

　　2. ☑□下，以求不得，以田傷馬。……☑482

　　3. ☑乘箂黃以遊鼍風之陽，而攴(枚)占夷鳥，夷鳥占之，曰：不吉。不偪於室，而偪於野。☑491

---

①　卦畫對應今本《周易》噬嗑卦，卦名作"笩"，當為"噬嗑"之省文，卦辭中有"笩蓋"，讀為"噬嗑"。輯本《歸藏》無噬嗑。馬王堆帛書《衷》篇作"噬閘"，"閘"，《廣韻》："古盍切"，"閘""嗑"，音近而假。帛書《繫辭》作"笩蓋"，"蓋""嗑"通假。《清華簡(肆)》作"䇅"，整理者認為，"'䇅'應分析為從幽(齒)從又欠聲。'欠'為談部溪母字，與月部禪母的'笩'、'噬'可以通假。"

②　據卦畫當對應《周易》賁卦，輯本《歸藏》無卦名"賁"，馬王堆帛書《周易》作"蘩"，姑補作"賁"。《清華簡(肆)》作"韡"，整理者認為，"字從芔 䋻聲。《說文·生部》：'丰，艸盛丰丰也。''芔'與'丰'同'艸'與'中'的關係相似。'韡'疑即繁茂的專字。馬王堆帛書《周易》作'蘩'，今本作'賁'，一在元部並母，一在文部幫母，聲近可通。"

③　卦畫對應《周易》中孚卦，卦名作"中絼"，"絼"，王明欽《概述》隸定作"絗"，字從糸，包聲，包、孚同音而假。輯本《歸藏》無"中孚"，馬王堆帛書《周易》作"中復"，帛書《繆和》篇作"中覆"，《清華簡(肆)》作"中"，當為"中孚"之省或脫去後一字。

④　據殘簡補，卦畫、卦名對應《周易》大壯，輯本《歸藏》無"大壯"，馬王堆帛書《周易》作"泰壯"，《衷》篇作"大牀"，同音通假。《清華簡(肆)》作"寙"，為"大寙"合文，整理者認為，"'寙'從宀臧聲('臧'實為'臟'之本字)，子聲符和'壯'之聲符相同，聲近通用"。

⑤　豐隆，雲師，《離騷》："吾令豐隆乘雲兮，求宓妃之所在。"王逸注："豐隆，雲師。"

⑥　輯本《歸藏》嚴可均本有："昔者豐隆笩將雲雨而吉核之也。"嚴可均案："《穆天子傳》二注云：'豐隆笩御雲，得《大壯》卦，遂為雲師'，疑《歸藏》之文。"當與此卦有關。

⑦　"徺"，王輝《校釋》："'徺'字書未見，疑為逆或逢之訛或誤釋。逆字秦文字作'䢦'(睡虎地簡30·38)、逢字漢隸作'䢍'(帛書《相馬經》)，字形相近。《爾雅·釋詁》：'逢，遇也。'"備一說。

4. ▢昔者誇父卜▢為河▢,而攴(枚)占尚父,尚父占之,曰:不吉。侯▢而不涉,謀而不▢,▢齊而不陰,興事不當▢▢ 560

5. ▢▢父,夕為母,朝卜及日中吉,日中及夕凶。……▢ 215

6. ▢……不利開事,唯利伏匿。473

7. ▢既成其陳(陣),困其士女。455

8. ▢陳,眾龍之麕,群神伏匿,大臣不朝。259

9. ▢淮,伐之折戈。204

10. ▢▢於溥,唯花作作,不出而利後之,亡羊得牛。538

11. ▢邦尚毋有咎?而攴(枚)占▢夫,▢夫占之曰:吉。唯山於田,得其▢鹿,如▢如屋,王用▢▢

釋文:

1. ䷁坤曰:昔者夏后啟是以登天,帝弗良而投之淵,寅共工以▢江▢▢ 501

2. ䷀天曰:朝朝不利為草木,贊贊稱下▢▢ 181

3. ䷂屯曰:昔者效龍卜為上天而枚占▢ 323

4. ䷃蒙曰:昔者▢▢卜▢▢

5. ䷅訟曰:昔者▢▢卜訟啟▢▢▢▢

6. ䷆師曰:昔者穆天子卜出師而枚占於禺強,禺強占之曰:不吉。龍降於天,而道里修遠;飛而沖天,蒼蒼其羽。

7. ䷇比曰:芘之芣芣,芘之蒼蒼;生子二人,或司陰司陽;不▢姓▢▢ 216

8. ䷈小畜曰:昔者▢小子卜其邦尚毋有咎,而枚占▢ 206

9. ䷉履曰:昔者羿射諸比莊石上,羿果射之,曰履▢▢ 461

10. ䷊泰曰:昔者弦龍卜▢▢而枚占困京,困京占之曰:不吉。奈之▢▢ 2

11. ䷋否曰:昔者▢▢▢▢

12. ䷌同人曰:昔者黃帝與炎帝戰於涿鹿之野,將戰,而枚占巫咸,巫咸占之曰:果哉而有咎▢▢ 189

13. ䷍大有曰:昔者平公卜其邦尚毋有咎,而枚占神老,神老占之曰:吉。有子其疾間瘳,四方敬賀,風雷不驚▢ 302

14. ䷛大過曰:昔者日月卜望□□

15. ䷚頤曰:昔□

16. ䷮困曰:昔者夏后啟卜其邦尚毋有咎,而枚占□ 208

17. ䷯井曰:昔者夏后啟貞卜□ 319

18. ䷱鼎曰:昔者宋君卜封□而枚占巫蒼,巫蒼占之曰:吉。鼎之芒芒,鼎之狱狱,初有咎,後果遂 214

19. ䷶豐曰:昔者上帝卜處□□而枚占大明,大明占之曰:不吉。□臣丰丰,牝□雄雄□ 304

20. ䷽小過曰:昔者殷小臣卜桃唐而枚占仲虺,仲虺占之曰:不吉。過其門言者□□ 523

21. ䷒臨曰:□

22. ䷓觀曰:昔者夏后啟卜享□

23. ䷬萃曰:昔者仙卜出雲而枚占困京,困京占之曰:不吉。卒□

24. ䷗復曰:昔者陼王卜復白雉□□

25. ䷘无妄曰:出入蕩蕩,室安處而野安藏,无妄□ 471

26. ䷥睽曰:昔者殷王貞卜其邦尚毋有咎而枚占於巫咸,巫咸占之曰:吉。有瞿有觚,宵梁為酒。尊於兩壺,兩羭飲之,三日然後穌。土有澤,我取其魚。

27. ䷤家人曰:昔者禹卜食散實而枚占大明,大明占之曰:不吉。散其□

28. ䷻節曰:昔者武王卜伐殷而枚占老考,老考占之曰:吉。□ 194

29. ䷺渙曰:昔者高□ 328

30. ䷴蹇曰:□

31. ䷨損曰:□

32. ䷞咸曰:□

33. ䷟恒曰:昔者女媧卜作為緎而□ 476

34. ䷪夬曰:昔者赤烏止木之處,初鳴曰鵲,後鳴曰烏,有夫娶妻,存歸其家□ 212

35. ䷫姤曰:昔者□ 5

36. ䷹兌曰:兌兌黃衣以生金,日月並出,獸□□ 334

37. ䷝離曰:昔者上□

38. ䷟勞曰:昔者蚩尤卜鑄五兵而枚占赤帝□ 536

39. ䷕謙曰:昔者赤鳥卜浴水,通而現神,為木出焉,是帝□ 503

40. ䷏豫曰:交交黃鳥,雜彼秀墟,有叢者□□有□□人民□ 207

41. ䷵歸妹曰:昔者姮娥竊不死之藥於西王母以奔月,而枚占有黃,有黃占之曰:吉。翩翩歸妹,獨將西行,逢天晦芒,毋驚毋恐,後且大昌。□ 201

42. ䷲漸曰:昔者殷王貞卜其邦尚毋有咎,而枚占巫咸,巫咸占之曰:不吉。不漸於□ 335

43. ䷢晉曰:昔者夏后啟卜享帝晉之墟,作為鈞臺於水之陽,而枚占皋陶,皋陶曰:不吉。

44. ䷣明夷曰:昔者夏后啟卜乘飛龍以登於天,而枚占皋陶,皋陶占之曰:吉。吉而必同,與神交通;以身為帝,以王四鄉。□

45. ䷾既濟曰:昔者殷王貞卜其邦尚毋有咎,而枚占巫咸,巫咸占之曰:不吉。螽其席,投之溪;螽在北,為牝□□ 213

46. ䷿未濟□□□枚卜□□□□

47. ䷠遯曰:遯茝以入為羽,不高不下,即利初事有利□□ 463

48. ䷑蠱曰:昔者北敢大夫卜逆女媧而枚占□□ 343

49. ䷐隨曰:昔者北敢大夫卜逆女媧而枚占□□ 404

50. ䷔噬嗑曰:□之□噬嗑之□□□ 537

51. ䷕賁曰:昔□

52. ䷼中孚曰:帝□卜□ 317

53. ䷡大壯曰:昔者豐隆卜將雲雨而枚占困京,困京占之曰:吉。大山之雲徠□ 196

《概述》原釋文:

1. ䷌橐曰不仁昔者夏后啟是以登天啻弗良而投之淵䷜共工以□江□□ 501

2. ䷀天目朝ニ不利為草木贊ニ偶下□□ 181

3. □肶曰昔者效龍卜為上天而支□ 323

4. ䷟□曰昔者□□卜□□

5. 𝌆訟曰昔者□□卜訟啟□□□□

6. 𝌆師曰昔者穆天子卜出師而攴占□□□439 □龍降於天而□□□遠飛而中天蒼□

7. 𝌆比曰比之苿㆓比之蒼㆓生子二人或司陰司陽不□姓□□216

8. 𝌆少督曰昔者□小子卜亓邦尚毋有咎而攴□206

9. 𝌆履曰昔者羿射殬比莊石上羿果射之曰履□□461

10. 𝌆柰曰昔者㢉龍卜□□而攴占困㆓京㆓占之曰不吉柰之□□2

11. 𝌆否曰昔者□□□□

12. 𝌆同人曰昔者黃啻與炎啻戰□182 □㆓咸㆓占之曰果哉而有咎□□189

13. 𝌆右曰昔者平公卜亓邦尚毋[有]咎而攴占神㆓老㆓占曰吉有子亓□間㙻四旁敬□風雷不□302

14. 𝌆大過曰昔者日月卜望□□

15. 𝌆亦曰昔□

16. 𝌆困曰昔者夏后啟卜亓邦尚毋有咎而攴占□208

17. □井曰昔者夏后啟貞卜□319

18. 𝌆鼑曰昔者宋君卜封□而攴占巫蒼㆓占之曰吉鼑之芒㆓鼑之初有咎後果述▰214

19. 𝌆豐曰昔者上帝卜處□□而攴占大㆓明㆓占之曰不吉□臣體㆓牝□雄㆓□304

20. 𝌆大過曰昔者□小臣卜逃唐而攴占中㆓旭㆓占之曰不吉過亓門言者□□523

21. 𝌆臨曰□

22. 𝌆灌曰昔[者]夏后啟卜賜□

23. 𝌆□曰昔者□卜出雲而攴占□
□卒曰昔者龠卜出雲而攴占困㆓京㆓占之曰不吉卒□

24. 𝌆復曰昔者殬王卜復白雉□□

25. 𝌆毋亡出入湯㆓室安處而圣安藏毋亡□471

26. 𝌆曜曰昔[者]殷王貞卜亓□尚毋有咎□

27. ▨散曰昔者▢▢▢卜▢散實而支占大▫▢

28. ▨節曰昔者武王卜伐殷而支占老▫老▫占曰吉▢ 194

29. ▨渙曰昔者高▢ 328

30. ▨▢▢▢

31. ▨損曰▢

32. ▨▢曰▢

▢咸曰▢

33. ▢恒我曰昔者女過卜作為緘而▢ 476

34. ▨罷曰昔者赤鳥止木之遽初鳴曰鵲後鳴曰鳥有夫取妻存歸亓家▢ 212

35. ▨▢曰昔者▢ 5

36. ▢兌曰兌▫黃衣以生金日月並出獸▢▢ 334

37. ▨麗曰昔者上▢

38. ▨勞曰昔者蚩尤卜鑄五兵而支占赤▢▢ 536

39. ▨陵曰昔者赤鳥卜浴水通而見神為木出焉是啻▢ 503

40. ▨介曰北▫黃鳥雜彼秀虛有轚者▢▢有▢▢人民▢ 207

41. ▢歸妹曰昔者恒我竊毋死之▢▢ 307 ▢▢▢▫月而支▢▢▢ 201

42. ▨漸曰昔者殷王貞卜亓邦尚毋有咎而支占巫咸▫占之曰不吉不漸於▢ 335

43. ▨菁曰昔者▢▢卜賜帝菁之虛作為▢▢

▢菁曰昔者夏后啟卜賜帝菁▢ 336

44. ▨明夷曰昔者夏后啟卜乘飛龍以登於天而支占▢▢▢

45. ▨蠱曰昔者殷王貞卜亓邦尚毋有咎而支占巫咸▫占之曰不吉蠱其席投之裕蠱在北為牝▢▢ 213

46. ▨▢▢▢▢▢支卜▢▢▢▢

47. ▨遼曰遼苴以入為羽不高不下即利初事有利▢▢ 463

48. ▨亦曰昔者北▢▢ 343

▨夜曰昔者北▢夫▫卜逆女▢

49. ▨▢曰昔者北敢夫▫逆女過而支占▢▢ 404

50. ䷽筮曰筮□之□筮盍之□□▨ 537

51. ䷽□曰昔▨

52. ䷽中絇曰帝□卜▨ 317

53. ䷆大□曰昔者▨ 408

□隆卜將雲雨而攴占困京﹦占之曰吉大山之雲徐▨ 196

䷜□壯曰昔者豐隆▨ 320

本章所引文獻：

[1]荆州地區博物館:《江陵王家臺 15 號秦墓》,《文物》1995 年第 1 期。簡稱:《簡報》。

[2]王明欽:《王家臺秦墓竹簡概述》,艾蘭、邢文主編:《新出簡帛研究》,文物出版社 2004 年版。簡稱:《概述》。

[3]李學勤:《王家臺簡〈歸藏〉小記》,《周易溯源》,巴蜀書社 2006 年版。簡稱:《小記》。

[4]王輝:《王家臺秦簡〈歸藏〉索隱》,《古文字研究》第二十四輯,中華書局 2002 年版。簡稱:《索隱》。

[5]李學勤:《竹簡卜辭與商周甲骨》,《周易溯源》,巴蜀書社 2006 年版。簡稱:《竹簡》。

[6]蔡運章:《秦簡〈寡〉、〈天〉、〈蠱〉諸卦解詁》,《中原文物》2005 年第 1 期。簡稱:《解詁》。

[7]廖名春:《王家臺秦簡〈歸藏〉管窺》,《周易研究》2001 年第 2 期。簡稱:《管窺》。

[8]連劭名:《江陵王家臺秦簡〈歸藏〉筮書考》,《中國哲學史》2001 年第 3 期。簡稱:《筮書考》。

[9]王輝:《王家臺秦簡〈歸藏〉校釋》,《江漢考古》2003 年第 1 期。簡稱:《校釋》。

[10]李家浩:《王家臺秦簡〈易占〉為〈歸藏〉考》,《傳統文化與現代化》1997 年第 1 期。簡稱:《〈歸藏〉考》。

[11]王寧:《〈歸藏〉卦名辨證》,《周易研究》1995 年第 2 期。簡稱:《辨證》。

[12]李尚信:《讀王家臺秦墓竹簡"易占"劄記》,《周易研究》2008年第2期。簡稱:《劄記》。

[13]王葆玹:《從王家臺秦簡看〈歸藏〉與孔子的關係》,北京新出簡帛國際學術研討會論文,2000年。簡稱:《關係》。

[14]王明欽:《試論〈歸藏〉的幾個問題》,古方、徐良高等編:《一劍集》,中國婦女出版社1996年版。簡稱:《試論》。

[15]王明欽:《〈歸藏〉與夏啟的傳說》,饒宗頤主編:《華學》第三輯,紫禁城出版社1998年版。簡稱:《傳說》。

[16]連劭名:《江陵王家臺秦簡與〈歸藏〉》,《江漢考古》1996年第4期。簡稱:《江陵》。

[17]王寧:《傳本〈歸藏〉輯校》,復旦大學出土文獻與古文字研究中心網,http://www.gwz.fudan.edu.cn/SrcShow.asp? Src_ID=1003。簡稱:《輯校》。

[18]李學勤主編:《清華大學藏戰國竹簡(肆)》,中西書局2013年版。簡稱:《清華簡(肆)》。

[19]馬承源主編:《上海博物館藏戰國楚竹書(三)》,上海古籍出版社2003年版。簡稱:上博本《周易》。

[20]劉彬:《帛書〈周易〉"川"卦名當釋"順"字詳考》,《周易研究》2013年第4期。簡稱:《詳考》。

[21]王化平、周燕:《王家臺秦墓"易占"簡研究》,《萬物皆有數:數字卦與先秦易筮研究》,人民出版社2015年版。簡稱:《秦墓》。

[22]王寧:《秦簡〈歸藏〉幾個卦名補釋》,復旦大學出土文獻與古文字研究中心網,http://www.gwz.fudan.edu.cn/SrcShow.asp? Src_ID=1906。簡稱:《補釋》。

[23]董珊:《論新見鼎卦戈》,復旦大學出土文獻與古文字研究中心網,http://www.gwz.fudan.edu.cn/SrcShow.asp? Src_ID=2207。又劉釗主編,《出土文獻與古文字研究(第四輯)》,上海古籍出版社2011年版。簡稱:《鼎卦戈》。

[24]王寧:《讀〈清華簡(肆)〉札記二則》,簡帛研究網,2014/2/22.http://www.bamboosilk.org/article.asp? classid=4。簡稱:《二則》。

　　［25］王志平:《清華簡〈筮法〉"勞"卦即"坎"卦說解》,《傳統中國研究集刊》2018 年第 1 期。簡稱:《說解》。

　　［26］王啟澂:《歸藏四劄》(未刊稿),中国人民大学国学院博士研究生论文。

结　语

　　《归藏》研究可以分为两个大的方面,围绕《归藏》相关的问题讨论和《归藏》文本具体内容的解读;这两个方面又互相联系,但前者的讨论意义更大,而文本具体内容的解读更多地服务于《归藏》相关问题的讨论。

　　就第一个方面而言,主要涉及以下几个重要问题。

　　第一,《归藏》与"殷易"的关系。

　　"殷易《归藏》"说由来已久,古代学者虽然大多将魏晋时期出现的《归藏》认定为伪书,但对"殷易《归藏》"并未表示怀疑。简本《归藏》的出土虽然证明了《归藏》不伪,但对"殷易《归藏》"问题的澄清却是极其有限。个别学者提出《归藏》非殷易原貌,但与殷易有联系、有继承,这一说法只能说是一种推测;严格来说,殷商时期有没有一部名为《归藏》的筮书,这个问题只能存疑,就目前所见的《归藏》只能证明它是流行于战国时期的一部先秦古筮书,它证明不了《归藏》就是所谓的"殷易"。

　　第二,《归藏》占法。

　　按照古人说法,《周易》以变为占,《归藏》以不变为占。如孔颖达《春秋左传正义》说:"《连山》、《归藏》以不变为占,占七八之爻,二易并亡,不知实然以否。"简本《归藏》"有卦无爻"的文本形式一定意义上似乎印证了这一传说。我们可以推知,如果用《归藏》占卜,占得一卦,由于不存在爻变,故不会出现像《左传》当中"遇某卦之某卦"的情况,也就是说只有"本卦",不存在"之卦"之说,故根据《归藏》该卦卦辞,即可判断吉凶。然而,我们说,关于《归藏》的占法也只能推理至此,《归藏》具体占筮程序、方法如何? 如何得出一卦? 每一爻背后的筮数是否就是七或八？这些问题只能存疑。严格来说，所谓《归藏》以不变为占以及占七八的说法，只是根据《周易》筮法所做的推测，"不变为占"的说法似乎还能有一些证据支持，但由于《周易》大衍筮法已经失传，具体占法不得而知，以后人拟测出来的"大衍筮法"为依据再去讨论《归藏》具体占法，是一种"迫不得已"的选择，显然是不严谨的。近年来随着筮占类出土文献的增加，尤其是清华简《筮法》的公布，学界认识到先秦易占情况的复杂性。《归藏》占法的进一步探讨还有待于新材料的出现。

第三，《归藏》与数字卦。

自1978年张政烺先生提出"数字卦"一说，这一问题一直是易学界讨论的热点话题。由于秦简《归藏》卦画阴爻的画法也同马王堆帛书《周易》一样作"∧"状，主"数字卦"的学者仍将其视为筮数"六"，将阳爻视为筮数"一"，并将《归藏》卦象"转写"为一组六个的数字。但是这种做法实际意义不大，它只是代表了一类观点，即使《归藏》的卦象也是源于数字，对于考察、解释《归藏》卦象内涵、卦名及卦辞涵义几乎没有什么作用。反过来，对"数字卦"的研究，也只能说明《归藏》简阴爻同其他易类出土文献一样作"∧"，似数字"六"，除此之外似乎没有其他意义了，反不如清华简《筮法》在"数字卦"研究方面的意义和价值。

第四，《归藏》与象数。

部分学者用易学的象数理论解释《归藏》卦象与卦辞之间的联系，这一问题也需要检讨。就象数学说而言，其自身的发展、演变也经历了一个长期的历史过程，而且时间越往后，出现的象数理论越精细、复杂。易学研究一定要具备历史观念，严格区分经、传、学，不能用后世产生的思想、观念、理论去对应早于它的文本内容。就《归藏》而言，我们看不到它包含有爻位、八卦取象，乃至五行生克、互体、纳甲等象数内容，用象数的方法去解释《归藏》只能说是一种诠释和创造，不能说《归藏》文本本身就包含有这些观念。当然，《归藏》文本内容有限，以象数的方式去解释《归藏》也与这种所受的限制有关，也是一种"迫不得已"的选择吧。

第五，《归藏》与《周易》的关系。

《归藏》与《周易》的关系以及《归藏》研究对易学研究的启示和贡献应该

是最具有价值的问题。

所谓"殷易"虽然只能以存疑论之,但是我们看到《归藏》与《周易》就卦名大多相同这一点,说明二者关系相当密切。从包括《归藏》在内的易类文献内卦名的差异比较中,我们基本确认了易卦卦名的来源以及认识到今本《周易》卦名实际上也经历了一个"确立"的过程,易卦卦名最初在定名的时候由于从卦爻辞中选字不同而出现过差异。严格来说,《归藏》卦名与今本《周易》卦名有相同的来源,就"定名"的规律来说,《归藏》的某些卦名比今本《周易》更为"合理",如"筮(噬)"卦、"散(家)"卦、"右(有)"卦等。通过对包括《归藏》在内的易类文献中卦名的考察,我们也了解到了《周易》卦名的早期形态,从而对《周易》卦爻辞的创作、编纂以及卦爻辞"一字多义"现象有了更加深入的了解,也对后世易学观念尤其是《易传》诠释思想的来源和内在理路有了更为明确的认识,这是《归藏》研究对易学研究最大的贡献,而且还有很大的开拓空间。

就第二个方面——《归藏》文本内容的具体解读而言,最重要的贡献在于简本对辑本的校勘意义,早在简本的整理阶段,整理者就已经和辑本内容加以对勘,取得了重要成果,如纠正了传统认为的"大明""荧惑""耆老"为卦名的错误看法,还有辑本内容中存在的文句讹误等。就具体的释文包括辑本中保留的部分卦辞内容而言,虽然学者做了诸多努力,但价值相对有限。一方面,简本残损严重,无一支保存完整,根据现存的残言片语很难窥得《归藏》全貌,个别卦甚至只能通过残存的一两个字去猜测;而辑本中内容非常驳杂,不乏窜入正文的注文,能和简本对应以及互补的内容相对有限,能够互补从而了解一卦全文的仅有个别卦,如师卦、曤(睽)卦、归妹卦,这一客观限制不能使我们全面、完整地认识《归藏》六十四卦全部的形态、面貌。另一方面,就《归藏》"有卦无爻"的文本形式和程式化的卦辞风格,也很难对其有较多的挖掘。正如笔者所言,《归藏》流传过程一波三折,一度被视为伪书,可谓命运多舛,在易学史上也是影响有限,与《归藏》自身的形式、风格,尤其是思想性甚为有限的特征,是有直接关系的。

总的来看,秦简《归藏》的问世无疑给《归藏》研究注入了新的生命力,诸多有价值的成果的取得可以说是简本《归藏》出土带来的结果。但是我们也看到,仅仅就《归藏》来探究《归藏》似乎已经走到了尽头,对《归藏》的研究应该联系、结合其他易类传世文献和出土文献,同时要将其置于整个易学史的视野之下加以审视,考察《归藏》在易学史上的价值、作用、地位,从而促进和推动易学研究的深入发展。

参 考 文 献

一、古籍类

1. 陈国庆:《汉书艺文志注释汇编》,中华书局 1983 年版。

2. 程颐:《周易程氏传》,中华书局 2011 年版。

3. 崔富章:《楚辞集校集释》,湖北教育出版社 2003 年版。

4. 范祥雍:《古本竹书纪年辑校订补》,上海古籍出版社 2018 年版。

5. 房玄龄:《晋书》,中华书局 2015 年版。

6. 郝懿行:《尔雅义疏》,上海古籍出版社 2017 年版。

7. 黄晖:《论衡校释》,中华书局 1990 年版。

8. 蒋天枢:《楚辞校注》,上海古籍出版社 1989 年版。

9. 孔颖达:《周易正义》,北京大学出版社 2000 年版。

10. 李鼎祚:《周易集解》,上海古籍出版社 1989 年版。

11. 李昉:《太平御览》,中华书局 2011 年版。

12. 李光地:《周易折中》,巴蜀书社 2006 年版。

13. 李过:《西溪易说》,文渊阁四库全书版。

14. 李善:《六臣注文选》,中华书局 2012 年版。

15. 马国翰:《玉函山房辑佚书》,广陵书社 2005 年版。

16. 欧阳修:《艺文类聚》,上海古籍出版社 2020 年版。

17. 钱大昕:《十驾斋养新录》,上海书店出版社 2011 年版。

18. 阮元:《十三经注疏》,中华书局 1980 年版。

19. 司马迁:《史记》,中华书局 2014 年版。

20. 孙诒让:《周礼正义》,中华书局 1987 年版。

21. 脱脱:《宋史》,中华书局 1985 年版。

22. 王夫之:《周易内传》,岳麓书社 1996 年版。

23. 王嘉:《拾遗记》,上海古籍出版社 2019 年版。

24. 王筠:《说文句读》,上海古籍出版社 1983 年版。

25. 王彦坤:《路史校注》,中华书局 2023 年版。

26. 王引之:《经义述闻》,凤凰出版社 2000 年版。

27. 王应麟:《王应麟著作集成》,中华书局 2011 年版。

28. 徐坚:《初学记》,中华书局 2004 年版。

29. 徐元诰:《国语集解》,中华书局 2002 年版。

30. 严可均:《全上古三代秦汉三国六朝文》,中华书局 2017 年版。

31. 杨伯峻:《春秋左传注》,中华书局 2016 年版。

32. 余冠英:《诗经选》,人民文学出版社 1956 年版。

33. 虞世南:《北堂书钞》,学苑出版社 1998 年版。

34. 袁珂:《山海经校注》,北京联合出版公司 2014 年版。

35. 张华:《博物志校证》,中华书局 1980 年版。

36. 郑万耕:《太玄校释》,中华书局 2014 年版。

37. 朱熹:《周易本义》,中华书局 2009 年版。

38. 朱彝尊:《经义考》,上海古籍出版社 2010 年版。

39. 朱震:《朱震集》,岳麓书社 2007 年版。

二、今人著作

1. 戴琏璋:《易传之形成及其思想》,文津出版社 1988 年版。

2. 丁福保:《说文解字诂林》,中华书局 2014 年版。

3. 丁四新:《楚竹书与汉帛书〈周易〉校注》,上海古籍出版社 2011 年版。

4. 丁四新:《〈周易〉溯源与早期易学考论》,中国人民大学出版社 2017 年版。

5. 高亨:《高亨〈周易〉九讲》,中华书局 2011 年版。

6. 高亨:《周易大传今注》,齐鲁书社 2009 年版。

7. 高亨:《周易古经今注》,清华大学出版社 2004 年版。

8. 顾实:《〈汉书·艺文志〉讲疏》,商务印书馆 2021 年版。

9. 郭沫若:《青铜时代》,科学出版社 1957 年版。

10. 郭沫若:《中国古代社会研究》,河北教育出版社 2004 年版。

11. 韩仲民:《帛易说略》,北京师范大学出版社 1992 年版。

12. 韩自强:《阜阳汉简〈周易〉研究》,上海古籍出版社 2004 年版。

13. 何琳仪:《战国古文字典》,中华书局 1998 年版。

14. 侯乃峰:《〈周易〉文字汇校集释》,台湾古籍出版有限公司 2009 年版。

15. 季旭昇:《说文新证》,福建人民出版社 2010 年版。

16. 金景芳、吕绍纲:《周易全解》,上海古籍出版社 2005 年版。

17. 金景芳:《〈周易·系辞传〉新编详解》,辽海出版社 1998 年版。

18. 金景芳:《学易四种》,吉林文史出版社 1987 年版。

19. 李镜池:《周易探源》,中华书局 1978 年版。

20. 李圃:《古文字诂林》,上海教育出版社 2004 年版。

21. 李学勤:《清华大学藏战国竹简(四)》,中西书局 2013 年版。

22. 李学勤:《周易溯源》,巴蜀书社 2006 年版。

23. 梁韦弦:《易学考论》,黑龙江人民出版社 2005 年版。

24. 梁韦弦:《出图易学文献与先秦秦汉易学史研究》,黑龙江人民出版社 2016 年版。

25. 廖名春:《〈周易〉经传与易学史新论》,齐鲁书社 2001 年版。

26. 廖名春:《帛书〈周易〉论集》,上海古籍出版社 2008 年版。

27. 廖名春:《〈周易〉经传与易学史续论》,中国财富出版社 2012 年版。

28. 廖名春:《〈周易〉真精神》,广东高等教育出版社 2019 年版。

29. 林义光:《文源》,上海古籍出版社 2017 年版。

30. 林忠军:《周易象数学史》,上海古籍出版社 2022 年版。

31. 刘彬、孙航、宋立林:《帛书〈易传〉新释暨孔子易学思想研究》,中国社会科学出版社 2016 年版。

32. 吕绍刚:《周易阐微》,上海古籍出版社 2005 年版。

33. 罗振玉:《三代吉金文存》,中华书局 1983 年版。

34. 罗振玉:《增订殷虚书契考释》,上海古籍出版社 2013 年版。

35. 马叙伦:《说文解字六书疏证》,上海书店出版社 1985 年版。

36. 濮茅左:《楚竹书〈周易〉研究》,上海古籍出版社 2006 年版。

37. 裘锡圭:《古文字概要》,商务印书馆 2013 年版。

38. 裘锡圭:《长沙马王堆汉墓简帛集成》,中华书局 2014 年版。

39. 饶宗颐:《饶宗颐史学论著选》,上海古籍出版社 1993 年版。

40. 尚秉和:《周易尚氏学》,中华书局 1980 年版。

41. 史善刚、董延寿:《简帛易卦考》,高等教育出版社 2015 年版。

42. 宋镇豪:《商代社会生活与礼俗》,中国社会科学出版社 2010 年版。

43. 王国维:《观堂集林》,中华书局 1959 年版。

44. 王化平、周燕:《万物皆有数:数字卦与先秦易筮研究》,人民出版社 2015 年版。

45. 王进锋:《臣、小臣与商周社会》,上海人民出版社 2018 年版。

46. 杨庆中:《二十世纪中国易学史》,人民出版社 2000 年版。

47. 杨庆中:《周易经传研究》,商务印书馆 2005 年版。

48. 于成宝:《先秦两汉易学研究》,中国社会科学出版社 2019 年版。

49. 于省吾:《双剑誃群经新证》,上海书店出版社 1999 年版。

50. 余嘉锡:《目录学发微·古书通例》,中华书局 2007 年版。

51. 张政烺:《张政烺论易丛稿》,中华书局 2010 年版。

52. 赵诚:《甲骨文简明词典》,中华书局 2009 年版。

53. 郑吉雄:《周易玄义诠解》,台湾"中央研究院"中国文哲研究所 2012 年版。

54. 郑万耕:《易学与哲学》,上海科学技术文献出版社 2013 年版。

55. 朱伯崑:《易学哲学史》,昆仑出版社 2005 年版。

56. 朱希祖：《汲冢书考》，中华书局 1960 年版。

57. 朱兴国：《三易通义》，齐鲁书社 2006 年版。

三、论文类

（一）期刊论文

1. Stephen Field：*Some Observations on Milfoil Divination*，艾兰、邢文编：《新出简帛研究——新出简帛国际学术研讨会文集》，文物出版社 2004 年版。

2. 蔡飞舟：《清华简〈别卦〉解诂》，《周易研究》2016 年第 1 期。

3. 蔡运章：《论秦简〈比〉卦的宇宙生成模式》，《河南科技大学学报》（社会科学版）2004 年第 4 期。

4. 蔡运章：《秦简〈寡〉、〈天〉、〈蠢〉诸卦解诂》，《中原文物》2005 年第 1 期。

5. 曹定云：《殷墟四盘磨"易卦"卜骨研究》，《考古》1989 年第 7 期。

6. 晁福林：《甲骨文"中"字说》，《殷都学刊》1987 年第 3 期。

7. 晁福林：《商代易卦筮法初探》，《考古与文物》1997 年第 5 期。

8. 程二行、彭公璞：《〈归藏〉非殷人之易考》，《中国哲学史》2004 年第 2 期。

9. 程浩：《辑本〈归藏〉源流蠡测》，《周易研究》2015 年第 2 期。

10. 程浩：《清华简〈别卦〉卦名补释》，《简帛研究》，广西师范大学出版社 2014 年版。

11. 程燕：《谈清华简〈筮法〉中的"坤"字》，《周易研究》2014 年第 2 期。

12. 戴霖、蔡运章：《秦简〈归妹〉卦辞与"嫦娥奔月"神话》，《史学月刊》2005 年第 9 期。

13. 董珊：《论新见鼎卦戈》，刘钊主编：《出土文献与古文字研究》（第四辑），上海古籍出版社 2011 年版。

14. 高明：《连山归藏考》，黄寿祺、张善文编：《周易研究论文集》（第一辑），北京师范大学出版社 1987 年版。

15. 高新华：《秦简〈归藏〉所含篇目考：兼论〈归藏〉非汲冢〈易繇阴阳卦〉》，《北京大学中国古文献研究中心集刊》2021 年第 2 期。

16. 顾颉刚：《〈周易〉卦爻辞中的故事》，《燕京学报》1929 年第 6 期。

17. 郝士宏：《说丝及从丝的一组字》，张光裕、黄德宽主编：《古文字学论稿》，安徽大学出版社 2008 年版。

18. 胡厚宣：《释殷代求年于四方和四方风的祭祀》，《复旦学报》（人文社会科学版）1956 年第 1 期。

19. 黄沛荣：《〈周易〉"重卦说"证辨》，《毛子水先生九五寿庆论文集》，幼狮文化事业公司 1987 年版。

20. 季旭昇：《〈清华肆·别卦〉"泰卦""涣卦"卦名研究》，《纪念清华简入藏暨清华大学出土文献研究与保护中心成立十周年国际研讨会论文集》，2018 年，北京。

21. 季旭昇：《从清华肆谈〈周易〉"坤"卦卦名》，《李学勤先生学术成就与学术思想国际研讨会论文集》,2019 年,北京。

22. 季旭昇:《古文字中的易卦材料》,刘大钧主编:《象数易学研究》(第三辑),巴蜀书社 2003 年版。

23. 贾连翔:《从清华简〈筮法〉看〈说卦〉中〈连山〉、〈归藏〉的遗说》,《出土文献》(第五辑),中西书局 2014 年版。

24. 靳青万、沈舜乾:《殷易论》,《福建师范大学学报》(哲学社会科学版)2006 年第 3 期。

25. 荆州地区博物馆:《江陵王家台 15 号秦墓》,《文物》1995 年第 1 期。

26. 柯鹤立:《兆与传说:关于新出〈归藏〉简书的几点思考》,艾兰、邢文编:《新出简帛研究——新出简帛国际学术研讨会文集》,文物出版社 2004 年版。

27. 赖贵三:《〈归藏易〉研究之回顾与评议》,*The Journal of Studies*, vol. 58, Seoul: The Society of Chinese Studies, December 2011。

28. 李家浩:《王家台秦简"易占"为〈归藏〉考》,《传统文化与现代化》1997 年第 1 期。

29. 李零:《跳出〈周易〉看〈周易〉——数字卦的再认识》,《传统文化与现代化》1997 年第 6 期。

30. 李尚信:《读王家台秦墓竹简"易占"札记》,《周易研究》2008 年第 2 期。

31. 李尚信:《王家台秦简〈归藏〉出土的易学价值》,《周易研究》2001 年第 2 期。

32. 李祥林:《〈归藏〉及其性别文化解读》,《民族艺术》2007 年第 2 期。

33. 李学勤:《〈归藏〉与清华简〈筮法〉、〈别卦〉》,《吉林大学社会科学学报》2014 年第 1 期。

34. 连劭名:《江陵王家台秦简〈归藏〉筮书考》,《中国哲学史》2001 年第 3 期。

35. 连劭名:《江陵王家台秦简与〈归藏〉》,《江汉考古》1996 年第 4 期。

36. 梁韦弦:《〈归藏〉考》,《古籍整理研究学刊》2011 年第 3 期。

37. 梁韦弦:《秦简〈归藏〉与汲冢书》,《齐鲁学刊》2003 年第 6 期。

38. 梁韦弦:《试论西周时期筮书中易卦的写法》,《周易研究》2012 年第 6 期。

39. 梁韦弦:《王家台秦简"易占"与殷易〈归藏〉》,《周易研究》2002 年第 3 期。

40. 廖名春:《王家台秦简〈归藏〉管窥》,《周易研究》2001 年第 2 期。

41. 廖名春:《周易释'艰'》,《周易研究》2011 年第 4 期。

42. 林忠军:《王家台秦简〈归藏〉出土的易学价值》,《周易研究》2001 年第 2 期。

43. 刘彬:《子夏与〈归藏〉关系初探》,《孔子研究》2007 年第 4 期。

44. 刘彬:《帛书〈周易〉"川"卦名当释"顺"字详考》,《周易研究》2013 年第 4 期。

45. 刘师培:《连山归藏考》,黄寿祺、张善文编:《周易研究论文集》(第一辑),北京师范大学出版社 1987 年版。

46. 刘新华:《〈归藏〉之神话与史实考》,《西部考古》2017 年第 3 期。

47. 龙异腾、罗松乔:《〈周易〉"帝出乎震"之"帝"考释——兼论与北辰、北斗的关系》,《贵州师范大学学报》(社会科学版)2003 年第 1 期。

48. 倪晋波：《王家台秦简〈归藏〉与先秦文学》，《晋阳学刊》2007 年第 2 期。

49. 庞朴：《"枚卜"新证》，《历史研究》1980 年第 1 期。

50. 饶宗颐：《殷代易卦及有关占卜诸问题》，《文史》（第二十辑），中华书局 1983 年版。

51. 任俊华、梁敢雄：《〈归藏〉、〈坤乾〉源流考》，《周易研究》2002 年第 6 期。

52. 史善刚、董延寿：《王家台秦简〈易〉卦非"殷易"亦非〈归藏〉》，《哲学研究》2010 年第 3 期。

53. 宋镇豪：《谈谈〈连山〉和〈归藏〉》，《文物》2010 年第 2 期。

54. 唐兰：《"蔑历"新诂》，《文物》1979 年第 5 期。

55. 汪显超：《王家台易简〈归藏〉是个错误结论》，《阳明学刊》（第六辑），巴蜀书社 2012 年版。

56. 王葆玹：《从秦简〈归藏〉看易象说与卦德说的起源》，艾兰、邢文编：《新出简帛研究——新出简帛国际学术研讨会文集》，文物出版社 2004 年版。

57. 王葆玹：《从王家台秦简看〈归藏〉与孔子的关系》，新出简帛国际学术研讨会论文，2000 年，北京。

58. 王传龙：《"〈归藏〉"用韵、筮人及成书年代考》，《儒家典籍与思想研究》（第六辑），北京大学出版社 2014 年版。

59. 王辉：《王家台秦简〈归藏〉索隐》，《古文字研究》（第二十四辑），中华书局 2002 年版。

60. 王辉：《王家台秦简〈归藏〉校释》，《江汉考古》2003 年第 1 期。

61. 王立洲：《〈归藏〉在汉、魏两代的文化史意义》，《古典文献研究》（第十二辑），凤凰出版社 2009 年版。

62. 王明钦：《〈归藏〉与夏启的传说》，饶宗颐主编：《华学》（第三辑），紫禁城出版社 1998 年版。

63. 王明钦：《试论〈归藏〉的几个问题》，古方等编：《一剑集》，中国妇女出版社 1996 年版。

64. 王明钦：《王家台秦墓竹简概述》，艾兰、邢文编：《新出简帛研究——新出简帛国际学术研讨会文集》，文物出版社 2004 年版。

65. 王宁：《〈归藏〉卦名辨证》，《周易研究》1995 年第 2 期。

66. 王宁：《〈归藏〉篇目考》，《古籍整理研究学刊》1992 年第 2 期。

67. 王宁：《〈连山〉〈归藏〉名称由来考》，《古籍整理研究学刊》1991 年第 5 期。

68. 王宁：《秦墓〈易占〉与〈归藏〉之关系》，《考古与文物》2000 年第 1 期。

69. 王启微：《归藏四札》（未刊稿），中国人民大学国学院博士研究生。

70. 王兴业：《三论〈归藏易〉》，《周易研究》1999 年第 2 期。

71. 王志平：《说"萃"》，《古文字研究》（第三十辑），中华书局 2014 年版。

72. 王志平：清华简〈筮法〉"劳"卦即"坎"卦说解》，《传统中国研究集刊》2018 年第 1 期。

73. 夏含夷:《从出土文字资料看〈周易〉的编纂》,郑吉雄主编:《周易经传文献新诠》,台大出版中心 2010 年版。

74. 肖楠:《安阳殷墟发现"易卦"卜甲》,《考古》1989 年第 1 期。

75. 辛亚民:《"〈归藏〉殷易说"考辨》,《中国哲学史》2017 年第 1 期。

76. 辛亚民:《〈说卦传〉"帝出乎震"章析论》,《中国哲学史》2015 年第 4 期。

77. 辛亚民:《〈周易·剥卦〉"剥床"考论》,《中国哲学史》2019 年第 2 期。

78. 辛亚民:《略论王家台秦简〈归藏〉的风格特征》,《船山学刊》2014 年第 3 期。

79. 辛亚民:《易卦卦名差异与〈周易〉古经编纂新探》,《中国哲学史》2020 年第 4 期。

80. 辛亚民、贾桠钊:《八卦新探——卦名来源与"重卦说"及卦义关系的探讨》,《世界宗教研究》2021 年第 2 期。

81. 辛亚民:《〈周易·坤卦〉卦名新探——秦简〈归藏〉及清华简〈筮法〉的启示》,《现代哲学》2022 年第 2 期。

82. 辛亚民:《经学诠释的意义生发结构——以〈周易〉坎卦的诠释为例》,《中国哲学史》2022 年第 4 期。

83. 辛亚民、贾桠钊:《小畜、大畜考——基于〈易〉类简帛文献的讨论》,《中国社会科学报》2022 年 9 月 27 日。

84. 辛亚民:《略论易学中思想诠释与文献实证之间的张力——以坎卦为例》,《中州学刊》2023 年第 2 期。

85. 辛亚民:《〈周易〉卦爻辞的多义性、编纂与诠释——以涣卦为中心》,《世界宗教研究》2023 年第 10 期。

86. 邢文:《秦简〈归藏〉与〈周易〉用商》,《文物》2000 年第 2 期。

87. 邢文:《数字卦与〈周易〉形成的若干问题》,郑吉雄主编:《周易经传文献新诠》,台大出版中心 2010 年版。

88. 项思侠:《桓谭〈归藏〉论辨析》(未刊稿),中国人民大学国学院硕士研究生。

89. 徐在国、李鹏辉:《谈清华简〈别卦〉中的"泰"字》,《周易研究》2015 年第 5 期。

90. 薛理勇:《"枚筮"新证——与庞朴同志的〈"枚卜"新证〉和〈阴阳五行探源〉商榷》,《中国社会科学》1985 年第 3 期。

91. 雪苗青:《〈归藏〉书名来源考:"帝—坤"体居首——兼解王家台秦简〈归藏〉坤卦名"寡"之谜》,《怀化学院学报》2016 年第 4 期。

92. 延娟芹:《王家台秦简〈归藏〉的特点及其价值》,《宝鸡文理学院学报》(社会科学版)2014 年第 5 期。

93. 杨柳青:《〈玉函山房辑佚书·连山〉佚文还原及文献价值举隅》,《中州学刊》2019 年第 1 期。

94. 杨琳:《说"娄"》,《中国文字研究》(第二十五辑),上海书店出版社 2017 年版。

95. 姚孝遂:《说"一"》,《姚孝遂古文字论集》,中华书局 2010 年版。

96. 于成宝:《略论〈归藏易〉》,《语文学刊》2014 年第 3 期。

97. 于豪亮:《帛书〈周易〉》,《文物》1984 年第 3 期。

98. 张君:《"枚卜"宜作"微卜"解》,《中国社会科学》1987 年第 1 期。

99. 张鹏飞:《"巽"与"选"形义释源》,《湖北师范学院学报》(哲学社会科学版)
2016 年第 2 期。

100. 张树国:《〈归藏〉殷易说新证及篇名释义》,《中原文化研究》2022 年第 5 期。

101. 张亚初、刘雨:《从商周八卦数字符号谈筮法的几个问题》,《考古》1981 年第
2 期。

102. 赵争:《湖北江陵王家台秦简〈归藏〉研究综述》,《周易研究》2012 年第 5 期。

103. 郑吉雄:《〈归藏〉平议》,《文与哲》2016 年第 29 期。

104. 郑吉雄:《论〈易经〉非占筮记录》,周凤五主编:《先秦文本及思想之形成、发
展与转化》(上),国立台湾大学出版中心 2013 年版。

105. 朱方楣:《〈易经〉卦名等用字考》,《广西师范大学学报》(哲学社会科学版)
2001 年第 3 期。

106. 朱学斌:《秦简〈归藏〉天卦补证》,《出土文献与经学、古史国际学术研讨会暨
研究生论坛论文集》(下),2018 年,上海。

107. 朱渊清:《王家台〈归藏〉与〈穆天子传〉》,《周易研究》2002 年第 6 期。

108. 祝永新、张显成:《秦简〈归藏〉"苍苍其羽"新证》,《周易研究》2019 年第 6 期。

（二）网络论文

1. 孟蓬生:《清华简(三)所谓"泰"字试释》,清华大学出土文献研究与保护中心
网,2013/01/12. http://www.tsinghua.edu.cn/publish/cetrp/6831/2013/20130114193349-
107322501/20130114193349107322501_.html。

2. 王宁:《传本〈归藏〉辑校》,复旦大学出土文献与古文字研究中心网,http://
www.gwz.fudan.edu.cn/SrcShow.asp? Src_ID=1003。

3. 王宁:《读〈清华简(肆)〉札记二则》,简帛研究网,http://www.bamboosilk.org/ar-
ticle.asp? classid=4。

4. 王宁:《秦简〈归藏〉几个卦名补释》,复旦大学出土文献与古文字研究中心网,
http://www.gwz.fudan.edu.cn/SrcShow.asp? Src_ID=1906。

5. 朱兴国:《王家台秦墓竹简〈归藏〉全解》,三易通义——朱兴国的博客,
http://blog.sina.com.cn/u/2707129527。

（三）学位论文

1. 太然:《〈归藏·瞿卦〉繇辞研究》,中国人民大学硕士学位论文,2018 年。

2. 尹海江:《〈汉书·艺文志〉研究》,浙江大学博士学位论文,2007 年。

附录:《归藏》旧辑七种

说　明

关于《归藏》旧辑本,《中国古佚书辑本目录解题》著录七种:王谟辑本,王朝渠辑本,严可均辑本,洪颐煊辑本,马国翰辑本,《一瓻笔存》本,以及观颏道人辑本。前五种,本编并纳入附录;且由于马国翰辑本是在朱彝尊《经义考》所辑佚文及诸家论说的基础上重加校理增补而成,故本编亦收入朱彝尊辑本。至于《一瓻笔存》本与观颏道人辑本,以下稍作辨析说明。

《一瓻笔存》是管庭芬纂集历年来手自抄录的经、史、子、集四部书籍而成的一部丛书,计百十二种,书前有管氏自题诗云:"一瓻借得喜如狂,手录丛残百卷强。"又有跋云:"余髫年即喜涉猎艺苑。家贫无书,凡借读者辄有抄录,积四三年成此十册。"《一瓻笔存》经部《易》类收录《归藏》一卷,管氏于"归藏"大题下记曰:"此卷见《经余必读三集》。"由此可知,《一瓻笔存》本《归藏》并非管庭芬所辑,而是抄录自《经余必读三集》卷四所收《归藏》,题为"三山赵在翰纂",是赵在翰辑本。因此,本编直接迻录《经余必读三集》本,而不从《一瓻笔存》本转录。

观颏道人是清代福建藏书家杨浚之号,其所辑《连山归藏逸文》一卷收入杨氏汇刊之《闽竹居丛书》。尚秉和评价此辑本云:"其所辑二《易》之文,颇简略,……于《归藏》辑只十七条。……所录皆零词断句,于学《易》无关。……又所辑各语皆不著其原本。然则兹编所录,较之各家,脱漏殊多,不足贵也。"是以本编不附录此本。

综上,本编所附录《归藏》旧辑本凡七种:

一、朱彝尊《经义考·归藏》,清乾隆二十年(1755年)卢见曾刻本;

二、王谟《汉魏遗书钞·归藏》,清嘉庆三年金溪王氏刻本(《续修四库全书》第1199册,影印本);

三、王朝渠《十三经拾遗·归藏》,清嘉庆五年(1800年)刻本(《四库未收书辑刊》一辑九册,影印本);

四、严可均《全上古三代秦汉三国六朝文·归藏》,清光绪十三至十九年(1887—1893年)广雅书局刻本;

五、洪颐煊《经典集林·归藏》,清嘉庆中承德孙氏刊本;

六、赵在翰辑《归藏》,清光绪二年(1876年)退补斋重刊《经余必读三集》本;

七、马国翰《玉函山房辑佚书·归藏》,清光绪九年(1883年)长沙嫏嬛馆校刻本。

由于本编仅为附录,故不对各辑本作严格校勘,文字一依各本底本(上所列版本),间出校记。底本文字若有明显错误以至影响阅读,在有其他书提供文本依据的情况下,则酌情订正,然亦多不改,仅出校记说明。惟避讳字一律回改。校记中所涉诸书之版本情况附列于后。

朱彝尊《经义考·归藏》

清乾隆二十年(1755年)卢见曾刻本

《归藏》

《隋志》十三卷,晋太尉参军薛贞注。(《唐志》同,《崇文书目》三卷)。佚。

《礼记》:"孔子曰:'吾欲观殷道,是故之宋,而不足征也,吾得《坤乾》焉。'"

《山海经》:黄帝氏(姚信作归藏氏)得《河图》,商人因之,曰《归藏》。

杜子春曰:"《归藏》,黄帝。"

桓谭曰:"《归藏》藏于太卜。"

郑康成曰:"殷阴阳之书,存者有《归藏》。"

淳于俊曰:"《归藏》者,万物莫不归藏于其中也。"

干宝曰:"初乾,初奭,初艮,初兑,初荦,初离,初釐,初巽,此《归藏》之易也。"

阮孝绪曰:"《归藏》载卜筮之书杂事。"

刘勰曰:"《归藏》之经,大明迂怪,乃称'羿毙十日''常娥奔月'。"

《隋书》:《归藏》汉初已亡,按晋《中经》有之,惟载卜筮,不似圣人之旨。

孔颖达曰:"《归藏》起于黄帝。"又曰:"圣人因时随宜,不必皆相因,故《归藏》名卦之次亦多异。"又曰:"孔子曰:'吾得《坤乾》焉。'殷《易》以坤为首,故先坤后乾。"又曰:"《归藏》,伪妄之书,非殷《易》也。"

贾公彦曰:"殷人因黄帝曰《归藏》。《归藏易》以纯坤为首,坤为地,万物莫不归而藏于其中。殷以十二月为正,地统,故以坤为首。"

元积曰:"穆姜遇艮,足征麟史之文;尼父得坤,亦验《归藏》之首。"

邢昺曰:"《归藏》者,成汤之所作,是'三易'之一也。"

刘敞曰:"坤者,万物所归。商以坤为首。《礼运》'吾得《坤乾》焉',此

《归藏》之易。"

欧阳修曰:"周之末世,夏、商之《易》已亡。汉初虽有《归藏》,已非古经,今书三篇,莫可究矣。"

邵子曰:"商以建丑之月为正月,谓之地统,易曰《归藏》,以坤为首,坤者地也。"

方悫曰:"《归藏》首乎坤,各归其根,密藏其用,皆殷之所为,则合乎地之时焉。殷用地正,故其书名之。"

黄裳曰:"微显者,《易》之知也。故商曰《归藏》者,以其藏诸用而言之也。"

王观国曰:"《礼记》'孔子曰"吾得《坤乾》焉"',郑氏注:'得商阴阳之书,其书存者有《归藏》。'《尔雅·释羊属》有'牡羭',郭璞注引《归藏》曰:'两壶两羭。'《初学记·云部》引《归藏》曰:'有白云出苍梧,入于大梁。'举此可以见矣。"

《中兴书目》:"《归藏》,隋世有十三篇,今但存《初经》《齐母》《本蓍》三篇,文多阙乱,不可训释。"

朱震曰:"《归藏》之书,其《初经》者,庖牺氏之本旨也。卦有初乾、初奭(坤)、初艮、初兑、初犖(坎)、初离、初釐(震)、初巽,卦皆六画。《周礼》'三易经卦皆八',所谓'经卦',则《初经》之卦也。"又曰:"《归藏》之乾有乾大赤,乾为天、为君、为父,又为辟、为卿、为马、为禾,又为血卦。"又曰:"《归藏》小畜曰:'其丈人乃知丈人之言,三代有之'"。

张行成曰:"商曰《归藏》,地《易》也,《元包》义取之。"

郑锷曰:"《归藏》以坤为首,商人之《易》。其卦坤上坤下,故曰《归藏》,言如地道之包含万物,所归而藏也。"

郑樵曰:"《连山》亡矣。《归藏》隋有薛贞注十三卷。今所存者,《初经》《齐母》《本蓍》三篇而已。言占筮事,其辞质,其义古,后学谓为不文,疑而弃之,独不知后之人,能为此文乎?"

杨简曰:"孔子之时,《归藏》犹存,故曰'之宋而得《坤乾》焉'"。

罗泌曰:"黄帝正坤乾,分离坎,倚象衍数,以成一代之宜,谓土为祥,乃重坤以为首,所谓《归藏易》也。"

罗苹曰:"《归藏·初经》卦皆六位。其卦有明夷、营惑、耆老、大明之类,'昔启筮明夷''鲧治洪水枚占大明''桀筮营惑''武王伐商枚占耆老曰不吉'是也。"又曰:"《归藏》之文有乾为天、为君、为父、为大赤、为辟、为卿、为马、为禾、为血卦之类,知与今《易》通矣。"又曰:"《归藏》,黄帝之书,而《坤·启筮》乃有'尧降二女以舜妃'之语,节卦云'殷王其国,常毋谷月'之类,其卦是也,其文非也,盖《归藏》之文,汤代之作。"

林学蒙曰:"《易疏》论《连山》《归藏》,一以为伏羲、黄帝之书,一以为夏、商之书,未知孰是。"

蒋君实曰:"商之序《易》,以坤为首,其尚质、尚白之制,皆自此出也。"

李过曰:"《易钞》云:'天尊地卑,乾坤之定位也。商《易》首坤,是地尊乎天也,商《易》所以不传。'不知商人建丑,以十二月为岁首,取丑未之冲为地统,坤为地,商用地统,只得首坤。"又曰:"夏后氏《连山易》不可得而见。商人《归藏易》今行于世者,其经卦有八,重卦已有六十四。经卦八谓坎为荦,荦者劳也,以万物劳乎坎也;谓震为釐,釐者理也,以帝出乎震,万物所始条理者也;余六卦同。其六十四卦,乾、屯、蒙、溽、讼、师、比、小毒畜、履、泰、否、同人、大有、很、釐、大过、颐、困、井、革、鼎、旅、丰、小过、林祸、观、萃、称、仆、复、毋亡、大毒畜、瞿、散家人、节、奂、蹇、荔、员、诚、钦、恒、规、夜、巽、兑、离、荦、兼、分、归妹、渐、晋、明尸、岑霝、未济、遂、大壮、蜀、马徒,四卦阙名。与《周易》卦同者三之二,曰屯、蒙、讼、师、比、小畜、履,次序大略相同,卦名不同者,如谓需为溽、小畜为小毒畜、大畜为大毒畜、临为林祸之类。如此,则文王重《易》,止因商《易》之旧。今以《周易》质之《归藏》,不特卦名用商,卦辞亦用商,如屯之'屯膏'、师之'帅师'、渐之'取女'、归妹之'承筐'、明尸之'垂其翼',皆因商《易》旧文。则六十四卦不在文王时重,自伏羲以来,至于夏、商,其卦已重矣。乃知《系辞》所载取象十三卦,皆当时所有之《易》也。"

王应麟曰:"《越绝外传》范子曰:'道生气,气生阴,阴生阳。'愚谓先阴后阳,即《归藏》先坤之意,阖而辟,静而动也。"

马端临曰:"《连山》《归藏》乃夏、商之《易》本,在《周易》之前。然《归藏》,《汉志》无之;《连山》,《隋志》无之。盖二书至晋隋间始出,而《连山》出于刘炫伪作,《北史》明言之,度《归藏》之为书亦此类尔。"

葛寅炎曰:"《归藏》,黄帝中天《易》也。"

家铉翁曰:"《归藏》之书作于黄帝。"

朱元昇曰:"《归藏易》,黄帝演伏羲《连山易》而作也。孔子曰'吾得《坤乾》焉',斯《归藏易》之谓矣。"又曰:"《归藏》虽自黄帝作,实循伏羲之卦序。《汉·律历志》曰:'伏羲画八卦,由数起,至黄帝而大备。'是知伏羲《易》与黄帝《易》一以贯之而已。"又曰:"《周礼》'太卜掌三易之法''筮人掌三易以辨九筮之名',初未尝以《周易》废《归藏》也。鲁襄公九年,穆姜为筮,而遇艮之八。杜预释之曰:'是杂用《连山》《归藏》《周易》也。'以此见春秋之时,《归藏》尚无恙也。"又曰:"《归藏》取则《河图》者也。《河图》藏十不具,是以《归藏》去十不用"。又曰:"《归藏易》以纯坤为首,坤为地,万物莫不归而藏于中。《说卦》曰:'坤以藏之。'盖造化发育之真机,常于此藏焉。然而一元有一元之造化,癸亥甲子之交为之藏;一岁有一岁之造化,冬夏二至之交为之藏;一日有一日之造化,夜半日中之交为之藏。是又《归藏易》无所往而不用其藏也。六十四卦,藏者十有六,用者四十有八。乾为六十四卦之父,坤为六十四卦之母。坤统藏卦,乾统用卦,坤乾所以首六十四卦也。有藏者斯有用者,纯坤又所以首纯乾也。"又曰:"《归藏易》以六甲配六十四卦,所藏者五行之气也,所用者五行之象也。"又曰:"《归藏易》首坤尾剥。"又曰:"《归藏》二篇,自甲子至癸巳为先甲,自甲午至癸亥为后甲,其策万有八百。"

吴澄曰:"《归藏》,商之《易》"。又曰:"夏、商二《易》,盖因羲皇所画之卦,而用之以占筮,卦序与先天自然之序不同,故《连山》首艮,《归藏》首坤。朱子《易赞》曰:'降帝而王,传夏历商,有占无文,民用勿彰。'以为二《易》无繇辞也。或曰:'《春秋左氏传》所载繇辞,与《周易》不同者,盖夏、商之《易》。'则有繇辞矣。然今莫可考证。世俗所传《归藏易》,伪书也。"

吴莱曰:"《归藏》三卷,晋薛贞注。今或杂见他书,颇类焦赣《易林》,非古《易》也。"

赵道一曰:"轩辕黄帝取伏羲卦象,法而用之。据神农所重六十四卦之义,帝乃作八卦之说,谓之'八索',求其重卦之义也。帝一号'归藏氏',乃名所制曰《归藏书》,此《易》之始也。"

朱隐老曰:"《归藏》,黄帝之《易》也,以坤为首,而凡建丑者宗之,不特殷人为然也。"

朱升曰:"《归藏》首坤。静,动之首也。"

何乔新曰:"《隋·经籍志》有《归藏》十三卷,出于刘光伯所上,意甚浅陋。书虽不传,《易》所谓'坤以藏之',即《归藏》之遗意也。"

何孟春曰:"殷《易》先坤后乾,有静斯动,阴阳之定理也。"

杨慎曰:"'《连山》藏于兰台,《归藏》藏于太卜',见桓谭《新论》,则后汉时《连山》《归藏》犹存,不可以《艺文志》不列其目而疑之。"

胡应麟曰:"《七略》无《归藏》,晋《中经簿》始有此书,《隋志》因之,称此书'惟载卜筮,不类圣人之旨',盖唐世固疑其伪矣。"

邓元锡曰:"《归藏》首坤,藏而后发。孔子曰:'吾欲观商道,得《坤乾》焉。'盖善之也。然于《易》为褊矣。"

沈懋孝曰:"商《易》首坤,以藏敛而发动直之机。"

郝敬曰:"归藏,坤卦。坤为地,百昌归土,曰'归藏'。"

焦竑曰:"归藏,坤也。商时讲学者首重在静。"

董斯张曰:"《归藏易》今亡,惟存六十四卦名,而又阙其四,与《周易》不同:需作溽,小畜作小毒畜,大畜作大毒畜,艮作很,震作釐,升作称,剥作仆,损作员,咸作诚,坎作荦,谦作兼,遯作遂,蛊作蜀,解作荔,无妄作毋亡,家人作散家人,涣作奂。又有瞿、钦、规、夜、分五卦,岑霁、林祸、马徒三复卦名,不知当《周易》何卦也。"

孙奇逢曰:"《归藏》首坤,坤以藏之。天下事不竭于发而竭于藏,退藏不密,生趣所以日枯也。故藏者养也,坤元所以资生也。"

黄宗炎曰:"《归藏》六十四卦名,其间不同于《周易》者。需为溽,云上天而将雨,必有湿溽之气先见于下。大畜、小畜为毒畜、毒畜,毒取亭毒之义。艮为狠,艮有反见之象,无言笑面目可征,故取其刚狠之义与?震为釐,离当为釐,于震则不近,岂以雷釐地而出以作声与?升为称,地之生木,土厚者茂,土瘠者瘁,言木与土相称也。剥为仆。坎为荦,坎为劳卦,故从劳谐声而省,物莫劳于牛,故从牛,但此乃夫子之《说卦》,岂殷人之所取义与?家人为散家人,则义不可考。损为员,咸为诚,谦为兼,涣为奂,古字或加偏旁,或不加偏旁,因而互易也。遯为遂,形意本通,无有异义。蛊为蜀,蜀亦虫也,但蛊之义深远矣。解为荔,荔亦有聚散之义。无妄为毋亡,毋即无,亡即妄,非有他也。又有瞿、钦、规、夜、分五卦,岑霱、林祸、马徒三复卦名,不知作《周易》何卦。再以愚测之,瞿当属观,钦当属旅,规当属节,夜当属明夷,分当属暌,岑霱当属贲,其他则不可详也。"

徐善曰:"《归藏》之亡久矣,有求之古三坟及司马膺、薛贞之书者,失之诬;有即指归魂、纳甲之书为《归藏》者,失之陋;有谬解'乾君坤藏'之语,而谓方图即《归藏》者,失之傅会;若卫氏之操笔妄拟,则失之肆矣。"又曰:"子复、丑临、寅泰、卯大壮、辰夬、巳乾、午姤、未遯(《归藏》本文作遂)、申否、西观、戌剥(《归藏》本文作仆)、亥坤,此《归藏》十二辟卦,所谓商《易》也。辟者,君也。其法先置一六画坤卦,以六阳爻次第变之,即成复、临、泰、大壮、夬五辟卦;次置一六画乾卦,以六阴爻次第变之,即成姤、遯、否、观、剥五辟卦:十辟见而纲领定矣。于是又置一六画坤卦,以复辟变之,成六卦之一阳;以临辟变之,成十五卦之二阳;以泰辟变之,成二十卦之三阳;以大壮辟变之,成十五卦之四阳;以夬辟变之,成六卦之五阳;更进为纯乾,而六十四卦之序已尽变矣。徐而察之,乾之六位已为递变之新爻,而坤之六位犹为未变之旧画,即卦中阳爻已变而阴爻犹故也。于是复置新成之乾卦,以姤辟变之,成六卦之一阴;以遯辟变之,成十五卦之二阴;以否辟变之,成二十卦之三阴;以观辟变之,成十五卦之四阴;以剥辟变之,成六卦之五阴;更进为纯坤,而坤之六位已更新矣。卒之非有两营也,止此六十四虚位。顺而求之,由坤七变,得阳爻一百九十二,而纯乾之体见;逆而溯之,由乾七变,得阴爻一百九十二,而纯坤之体见。一反一覆,而三百八十四爻之《易》以全矣。"又曰:"《归藏》卦序,坤、震、坎、艮、兑、离、巽、乾。盖震下一阳,生于纯坤之后,进坎而中,进艮而上,乃交于中五,而得兑之二阳,然一阴犹在上也,至离而中阳进上,至巽而初阳进中,于是纯乾体成,此阳气渐长之序也。反而推之,巽下一阴,生于纯乾之后,进离而中,进兑而上,乃交于中五,而得艮之二阴,然一阳犹在上也,至坎而中阴进上,至震而初阴进中,于是纯坤体成,此阴气渐长而阳气归藏之序也。'归藏'之名之义,殆本诸此。其数则自下而上者[①],始八终二,由于阳气之生,自无而有,其理为

---

① 依文义当作"其数则自上而下者",王朝琛辑本《归藏》所引徐善语不误。

知来之逆也;自下而上者,始二终八,由于阳气之归,自有而无,其理为数往之顺也。圣人命'归藏'之名,盖告人以反本复始之道焉。"

按:《归藏》,隋时尚存,至宋犹有《初经》《齐母》《本蓍》三篇。其见于传注所引者,如"荣荣之华""徽徽鸣狐""离监监""燀若雷之声""有鸟将至而垂翼""上有高台,下有雝池""有凫鸳鸯,有雁鹔鶂""有白云自苍梧入大梁""空桑之苍苍,八极之既张,乃有夫羲和,是主日月,职出入,以为晦明""旧言之择,新言之念""君子戒车,小人戒徒""有人将来,遗我货贝。以至则彻,以求则得。有喜将至""若以贾市,其富如河汉""昭昭九州,日月代极。平均土地,和合四国""不利出征,惟利安处。彼为狸,我为鼠。勿用作事,恐伤其父""鼎有黄耳,利取鲴鲤""剥。良人得其玉,小人得其粟""瞿。有瞿有觚。宵粱为酒,尊于两壶。两瀹饮之,三日然后苏。士有泽,我取其鱼"。凡此辞皆古奥,而孔氏《正义》谓"《归藏》,伪妄之书",亦未尽然。若《三坟书》以《归藏易》为《气坟》,其爻卦大象曰:"天气归,地气藏,木气生,风气动,火气长,水气育,山气止,金气杀。"各为之传,则较传注所引大不伦矣。

又按:《归藏》之书有《本蓍》篇,亦有《启筮》篇,有《齐母经》,亦有《郑母经》。今见于郭景纯《山海经注》曰:"瞻彼上天,一明一晦。有夫羲和之子,出于阳谷。"曰:"共工,人面、蛇身、朱髪。"曰:"丽山之子,青羽、人面、马身。"曰:"羽民之状,鸟喙赤目而白首。"曰:"滔滔洪水,无所止极,伯鲧乃以息石息壤,以填洪水。"曰:"鲧去三岁不腐,剖之以吴刀,化为黄能(一作龙)。"曰:"昔彼《九冥》,是与帝《辨》同宫之序,是为《九歌》。"曰:"不得窃《辨》与《九歌》以国于下。"此《启筮》之文也(《太平御览》载《启筮》文曰:"夏后享神于晋之灵台,作璇台。")曰:"夏后启筮御飞龙登于天,吉。"曰:"昔者羿善射,毕十日,果毕之。"此《郑母经》之文也。《隋志》谓"《归藏》,汉初已亡",故班固《艺文志》不载;又谓"晋《中经簿》有之",斯景纯得援之以释《山经》也。

又按:《太平御览》引《归藏》文曰:"蓍末大于本,为上吉;蒿末大于本,次吉;荆末大于本,次吉;箭末大于本,次吉;竹末大于本,次吉。蓍一五神,蒿二四神,荆三三神,箭四二神,竹五一神,筮五犯皆藏,五筮之神明皆聚焉。"当属《本蓍》篇中语。

又按:《归藏》六十四卦,其名或异,然亦皆依反对为序。以谦作兼,而分次之,则分为豫也。以蛊作蜀,而马徒次之,则马徒为随也。以损作员,而諴次之,则諴为益也。林祸在观之前,则临也。钦在恒之前,则咸也。瞿在散家人之前,则暌也。岑霏在未济之前,则既济也。唯规、夜二名不审当何卦,非夬、姤则噬嗑、贲当之矣。

王谟《汉魏遗书钞·归藏》

清嘉庆三年金溪王氏刻本(《续修四库全书》第 1199 册,影印本)

序录

《隋志》:"《归藏》十三卷,晋大尉参军薛贞注。(《唐志》同。)

《周礼》:"大卜掌'三易'之法,一曰《连山》,二曰《归藏》,三曰《周易》。其经卦皆八,其别皆六十有四。"又:"筮人掌'三易'以辨九筮之名,一曰《连山》,二曰《归藏》。"

《周礼疏》曰:"杜子春云:'《连山》,宓戏;《归藏》,黄帝。'《郑志》答赵商云:'非无明文,改之无据,且从子春说。'近师皆以为夏、殷。故郑《易赞》云:'夏曰《连山》,殷曰《归藏》。'又注《礼运》云:'其书存者有《归藏》。'按今《归藏·坤·启筮》云:'帝尧降二女为舜妃。'又节卦云:'殷王其国,常毋谷。'若依子春说,《归藏》黄帝,安得有帝尧及殷王之事? 盖子春之意,宓戏、黄帝造其名,夏、殷因名以作《易》。"

又曰:"殷人因黄帝曰《归藏》。其《易》以纯坤为首,坤为地,万物莫不归而藏于其中。殷以十二月为正,地统,故以坤为首。"

《易丛说》曰:"《归藏·初经》者,伏羲初画八卦,因而重之者也。八卦既重,爻在其中。"又:"《归藏》小畜曰'其丈人',乃知'丈人'之言,三代有之。"

《通志·艺文略》曰:"《连山》亡矣。《归藏》所存者,《初经》《齐母》《本蓍》三篇而已。言占筮事,其辞质,其义古,后学谓为不文,疑而弃之,独不知后之人能为此文乎?"

《路史注》曰:"《归藏·初经》卦皆六位,初𦰧、初乾、初离、初𦬆、初兑、初很、初𧁾、初𡕛。其卦又有明夷、营惑、耆老、大明之类,'昔启筮明夷''鲧治洪水枚占大明''桀筮营惑''武王伐纣枚占耆老曰不吉'是也。"

《丹铅录》曰:"按古《归藏易》今亡,惟存六十四卦而又阙其四,与《周易》不同:需作溽,小畜作小毒畜,大畜作大毒畜,艮作很,震作釐,升作称,剥作仆,损作员,咸作諴,坎作荤,谦作兼,遯作遂,蛊作蜀,解作荔,无妄作毋亡,家人作散家人,涣作奂。又有瞿、钦、规、夜、分五卦,岑釐、林祸、马徒三复卦名,不知当《周易》何卦也。"

《经义考》曰:"按《归藏》隋时尚存,至宋犹有《初经》《齐母》《本蓍》三篇。其见于传注所引者,辞皆古奥。而孔氏《正义》谓《归藏》伪妄之书,亦未尽然。若《三坟书》以《归藏易》为《气坟》,其爻卦大象曰:"天气归,地气藏,木气生,风气动,火气长,水气育,山气止,金气杀。"各为之传,则较传注所引大不伦矣。又按:"《归藏》之书有《本蓍》篇,亦有《启筮》篇,有《齐母经》,亦有《郑母经》,今见于郭景纯《山海经注》。《隋志》谓《归藏》汉初已亡,故班固《艺文志》不载;又谓《晋中经簿》有之,斯景纯得援之以释《山经》也。"又按:"《归藏》六十四卦,其名或异,然亦皆依反对为序。以谦作兼,而分次之,则分为豫也。以蛊作蜀,而马徒次之,则马徒为随也。以损作员,而諴次之,则諴为益也。林祸在观之前,则临也。钦在恒之前,则咸也。瞿在散家人之前,则睽也(睽字疑误,当作明夷)。岑釐在未济之前,则既济也。唯规、夜二名不审当何卦,非夬、姤则噬嗑、贲当之矣。"

谟案:《归藏》本末,诸说言之详矣,故不复云。今共抄出《周礼疏》二条,《尔雅疏》一条,《山海经注》十条,《穆天子传注》一条,《庄子释文》一条,《楚辞补注》一条,《文选注》三条,《类聚》四条,《初学记》二条,《书抄》一条,《御览》十条,《路史注》二条,《经义考》五条。

归藏

晋薛贞注南昌喻祥麟校

瞻彼上天,一明一晦。有夫羲和之子,出于旸谷。

空桑之苍苍,八极之既张,乃有夫羲和,是主日月,职出入,以为晦明。

共工,人面、虵身、朱发。

丽山之子,青羽、人面、马身。(按《山海经》云:"钟山,其子曰鼓,其状如人面而龙身。"郭注:"此亦神名,名之为钟山之子耳,其类皆见《归藏·启筮》。"文无可考,下又引《启筮》"丽山之子"云云,本为二事,而《路史·后纪》引作"丽山氏之子鼓",非也。)

羽民之状,鸟喙赤目而白首。

滔滔洪水,无所止极,伯鲧乃以息石息壤,以填洪水。

鲧死,三岁不腐,剖之以吴刀,化为黄能。(《初学记》引作"大副之吴刀",下有"是用出禹"句。《路史·后纪》误作"启"。)

昔彼《九冥》,是与帝《辨》同宫之序,是为《九歌》。

不得窃《辨》与《九歌》以国于下。(并《山海经注》)

帝尧降二女为舜妃。(《周礼·大卜》疏)

昔夏后启筮享神于晋之虚,为作璇台,于水之阳。(《文选注》。案:《初学记》引《归藏·启筮》作"飨神于晋之灵台"。)

蚩尤出自羊水,八肱、八趾、疏首。登九淖以伐空桑,黄帝杀之于青丘。(《初学记》引《启筮》止此,下从《绎史》抄补。)作《棡鼓之曲》十章:一曰《雷震惊》,二曰《猛虎骇》,三曰《鸷鸟击》,四曰《龙媒蹀》,五曰《灵夔吼》,六曰《雕鹗争》,七曰《壮士夺志》,八曰《熊罴哮吼》,九曰《石荡崖》,十曰《波荡壑》。

昔者河伯筮与洛战,而枚占昆吾,占之,不吉。(并《初学记》)

昔女娲筮张云幕,而枚占之,曰:"吉。(《初学记》作"枚占神明"。)昭昭九州,日月代极。平均土地,和合四国。"

昔黄帝与炎神争斗涿鹿之野,将战,筮于巫咸,巫咸曰:"果哉而有咎。"

金水之子,其名曰羽蒙,乃之羽民,是生百鸟。(《文选注》引作"《殷筮》",无"乃之羽民"句。)

昔夏后启筮飨神于大陵,而上钧台,枚占皋陶,曰:"不吉。"

昔桀筮伐有唐,而枚占于荧惑,曰:"不吉。不利出征,唯利安处。彼为狸,我为鼠。勿用作事,恐伤其父。"(并《御览》)

武王伐纣,枚占耆老,曰:"不吉。"(《路史注》)

昔穆王天子筮西征,不吉,曰:"龙降于天,道里修远。飞而冲天,苍苍其羽。"

穆王猎于戈之墅。(并《御览》)

穆王筮卦于禹强。(《庄子释文》)

苍帝起,青云扶日。赤帝起,黄云扶日。有白云出自苍梧,入于大梁。

(《类聚》。上皆《启筮》篇。)

蓍末大于本为上吉,蒿末大于本次吉,荆末大于本次吉,箭末大于本次吉,竹末大于本次吉。蓍一五神,蒿二四神,荆三三神,箭四二神,竹五一神。筮五犯皆藏,五筮之神明皆聚焉。(《御览》。《经义考》云:"此当属《本蓍》篇。")

昔者羿善射,毕十日,果毕之。(《山海经注》。《书正义》引作"羿彃十日"。)

昔嫦娥以(《御览》作"盗")西王母不死之药服之,遂奔月,为月精。(《文选注》。案张衡《灵宪》云:"羿请无死之药于西王母,姮娥窃之以奔月。将往,枚筮之于有黄,有黄占之曰:'吉。翩翩归妹,独将西行。逢天晦芒,毋惊毋恐,后且大昌。'姮娥遂托身于月,是为蟾蠩。"此文当出《归藏》。)

昔夏后启筮乘龙飞以登于天,皋陶占之,曰:"吉。"(《御览》。按《山海经注》引《郑母经》曰"夏后启筮御飞龙登于天台①",下有"明启亦仙也"句,疑是郭注,或即薛贞注,要非本文。而《路史・后纪》引此作《郑母经・明夷》也。)

启母在嵩高山化为石,子启亦登仙,故其上有启石。(《穆天子传注》。按《穆传》云:"天子南游于黄大室之丘,以观夏后启之所居,乃入于启室,天子筮猎苹泽,其卦遇讼。逢公占之,曰:'讼之繇:薮泽苍苍,其中□,宜其正公。戎事则从,祭事则憙,畋猎则获。'"此亦当属《归藏》繇辞。上俱《郑母经》。)

瞿有。瞿有觚。宵粱为酒,尊于两壶。两羭饮之,三日然后稣。士有泽,我取其鱼。(《尔雅疏》。按郭注引《归藏》"两壶两羭"疏云:"此《齐母经・瞿有》之文也。")

殷王其国,常毋谷。(《周礼・太卜》疏。按罗苹《路史注》云:"《归藏》,黄帝之书,而《坤・启筮》乃有'尧降二女以舜妃'之语,节卦云'殷王其国,常毋谷月'之类,其卦是也,其文非也。盖《归藏》之文,汤代之作。")

君子戒车,小人戒徒。(《文选注》)

鼎有黄耳,利得鳣鲤。(《御览》引作"利取鲌鲤"。)

有凫鸳鸯,有雁鹔鹴。

有人将来,遗我货贝。以至则彻,以求则得。有喜则至。(并《类聚》)

① 台,《山海经・海外西经》注作吉。

虽有丰隆茎得云气而结核。(《书钞》)

上有高台,下有雕池。以此事君,其贵若化。若以贾市,其富如河汉。(《御览》)

乾为天、为君、为父、为大赤、为辟、为卿、为马、为禾、为血卦。(《路史注》)

乾者,积石风穴之寥寥。(《楚辞补注》)

剥。良人得其玉,小人(一作君子)得其粟。

荣荣之华,徽徽鸣狐。

离监监。燀若雷之声。

有鸟将至而垂翼。

旧言之择,新言之念。(并《经义考》)

王朝榘《十三经拾遗·归藏》

清嘉庆五年(1800)刻本(《四库未收书辑刊》一辑九册,影印本)

归藏(一名《坤乾》)

《周礼·春官》云:"太卜掌'三易'之法,二曰《归藏》。"又曰:"其经卦皆八,其别皆六十有四。"

《礼记》:"孔子曰:'吾欲观殷道,是故之宋,而不足征也,吾得《坤乾》焉。'"

桓氏曰:"《归藏》四千三百言。"又曰:"《归藏》藏于太卜。"

阮氏曰:"《归藏》载卜筮之杂事。"

孔氏曰:"圣人因时随宜,不必皆相因,故《归藏》名卦之次亦多异。"

贾氏曰:"殷人因黄帝曰《归藏》。《归藏易》以纯坤为首,坤为地,万物莫不归而藏于其中。殷以十二月为正,地统,故以坤为首。"

欧阳永叔曰:"周之末世,夏商之《易》已亡。汉初虽有《归藏》,已非古经。今书三篇,莫可究矣。"

方氏曰:"《归藏》首乎坤,各归其根,密藏其用,皆殷之所为,则合乎地之时焉,殷用地正,故其书名之。"

黄氏曰:"微显者,《易》之知也。故商曰《归藏》者,以其藏诸用而言之也。"

郑渔仲曰:"《归藏》,隋有薛贞注十三卷,今所存《初经》《齐母》《本蓍》三篇而已。言占筮事,其词质,其义古,后学疑为不文,从而弃之,独不知后之人能为此文乎?"

马贵与曰:"《归藏》,《汉志》无之;《连山》,《隋志》无之。盖二书至晋、隋间始出,而《连山》出于刘炫伪作,《北史》明言之,度《归藏》之为书,亦此类尔。"

葛氏曰:"《归藏》,黄帝中天《易》也。"

朱氏曰:"《归藏》虽自黄帝作,实循伏羲之卦序,《汉·律历志》云:'伏羲画八卦由数起,至黄帝而大备。'是知伏羲《易》与黄帝《易》一以贯之而已。"又曰:"《归藏》取则《河图》者也。《河图》藏十不具,是以《归藏》去十不用。"又曰:"《归藏易》以纯坤为首。《说卦》曰:'坤以藏之。'盖造化发育之真机,常于此藏焉。然而一元有一元之造化,癸亥甲子之交为之藏;一岁有一岁之造化,冬夏二至之交为之藏;一日有一日之造化,夜半日中之交为之藏。是又《归藏易》无所往而不用其藏也。六十四卦,藏者十有六,用者四十有八。乾为六十四卦之父,坤为六十四卦之母,坤统藏卦,乾统用卦,坤、乾所以首六十四卦也。有藏者斯有用者,纯坤又所以首纯乾也。"又曰:"《归藏易》以六甲配六十四卦,所藏者五行之气也,所用者五行之象也。"又曰:"《归藏易》首坤尾剥。"又曰:"《归藏》二篇,自甲子至癸巳为先甲,自甲午至癸亥为后甲,其策万有八百。"

赵氏曰:"轩辕黄帝,一号归藏氏,乃名所制曰《归藏书》。"

沈氏曰:"商《易》首坤,以藏敛而发动直之机。"

焦弱侯曰:"归藏,坤也,商时讲学者所重在静。"

孙氏曰:"《归藏》首坤,坤以藏之。天下事不竭于发而竭于藏,退藏不密,生气所以日枯也。故藏者养也,坤元所以资生也。"

徐氏曰:"《归藏》之亡久矣。有求之《古三坟》及司马膺、薛贞之书者,失之伪;有即指归魂之书为《归藏》者,失之陋;有谬解'乾君坤藏'之语,而谓方图即《归藏》者,失之附会;若卫氏之操笔妄拟,则失之肆矣。"又曰:"子复、丑临、寅泰、卯大壮、辰夬、巳乾、午姤、未遯、申否、酉观,戌剥、亥坤,此《归藏》十二辟卦,所谓商《易》也。辟者,君也。其法先置一六画坤卦,以六阳爻次第变之,即成复、临、泰、大壮、夬五辟卦;次置一六画乾卦,以六阴爻次第变之,即成姤、遯、否、观、剥五辟卦:十辟见而纲领定矣。于是又置一六画坤卦,以复辟变之,成六卦之一阳;以临辟变之,成十五卦之二阳;以泰辟变之,成二十卦之三阳;以大壮辟变之,成十五卦之四阳,以夬辟变之,成六卦之五阳;更进为纯阳乾,而六十四卦之序已尽变矣。徐而察之,乾之六位已为递变之新爻,而坤之六位犹为未变之旧画,即卦中阳爻已变而阴爻犹故也。于是复置新成之乾卦,以姤辟变之,成六卦之一阴;以遯辟变之,成十五卦之二阴;以否辟变之,成二十卦之三阴;以观辟变之,成十五卦之四阴;以剥辟变之,成六卦之五阴;更进为纯阴坤,而坤之六位已更新矣。卒之非有两营也,止此六十四虚位。顺而求之,由坤七变,得阳爻一百九十二,而纯乾之体见;逆而遡之,由乾七变,得阴爻一百九十二,而纯坤之体见。一反一覆,而三百八十四爻之《易》以全矣。"又曰:"《归藏》卦序,坤、震、坎、艮、兑、离、巽、乾。盖震下一阳,生于纯坤之后,进坎而中,进艮而上,乃交于中五,而得兑之二阳,然一阴犹在上也,至离而中阳进上,至巽而初阳进中,于是纯乾体成,此阳气渐长而阴气归藏之序也。反而推之,巽下一阴,生于纯乾之后,进离而中,进兑而上,乃交于中五,而得艮之二阴,然一阳犹在上也,至坎而中阴进上,至震而初阴进中,于是纯坤体成,此阴气渐长而阳气归藏之序也。'归藏'之名之义,殆本诸此。其数则自上而下者,始八终二,由于阳气之生,自无而有,其理为知来之逆也;自下而上者,始二终八,由于阳气之归,自有而无,其理为数往之顺也。圣人命'归藏'之名,盖告人以反本复始之道焉。"

坤。(孔氏曰:"殷《易》以坤为首。"按:朱子发谓《归藏易》以坤为初奭,干令升亦云。或又曰:"《归藏》坤作奭。")

乾。(干氏、朱氏谓《归藏》以乾为初乾。)

屯。屯膏。(详明尸下)

蒙。

溽。(董氏曰:"《归藏易》需作溽。"黄氏曰:"云上于天而将雨,必有湿溽之气先见于下。"或曰:"《归藏易》以霙为需。")

讼。

师。帅师。(详明尸下)

比。

小毒畜。其丈人。(朱子发曰:"乃知'丈人'之言,三代有之。"董氏曰:"《归藏易》小畜作小毒畜。"黄氏曰:"《归藏易》大畜、小畜为𧱕畜、毒畜,毒取亭毒之义。")

履。

泰。

否。

同人。

大有。

很。（董氏斯张曰:"《归藏》艮作很。"黄氏曰:"艮有反身之象,无言笑面目可征,故取其刚很之义。"按:干氏、朱氏谓《归藏》以艮为初艮。）

釐。（李氏过曰:"《归藏》谓震为釐。釐,理也。帝出乎震,万物所始条理者也。"按:干氏、朱氏谓《归藏》以震为初釐。）

大过。

颐。

困。

井。

革。

鼎。

旅。

丰。

小过。

林祸。（李氏曰:"《归藏易》临为林祸。"）

观。

萃。

称。（董氏曰:"《归藏易》升作称。"黄氏宗炎曰:"地之生木,土厚者茂,土瘠者瘁,言木与土相称也。"）

仆。（董氏曰:"《归藏易》剥作仆。"）

复。

毋亡。（董氏曰:"《归藏易》无妄作毋亡。"）

大毒畜。（董氏曰:"《归藏易》大畜作大毒畜。"）

瞿。（朱竹垞曰:"瞿在散家人之前,则睽也。"）

散家人。（董氏曰:"《归藏易》家人作散家人。"）

节。殷王其国,常毋谷月。（罗氏曰:"其卦是也,其文非也。"按《周礼正义》无"月"字。）

奂。（董氏曰:"《归藏易》涣作奂。"）

蹇。

荔。（董氏曰:"《归藏易》解作荔。"黄氏曰:"荔亦有聚散之义。"）

员。（董氏曰:"《归藏易》损作员。"）

諴。（董氏曰:"《归藏易》咸作諴。"朱竹垞曰:"以员为损,而諴次之,则諴为益也。"）

钦。（朱竹垞曰:"钦在恒之前,则咸也。"）

恒。

规。

夜。（朱竹垞曰:"规、夜二名不审当何卦,非夬、姤则噬嗑、贲当之矣。"）

巽。（干氏、朱氏谓《归藏易》以巽为初巽。）

兑。（干氏、朱氏谓《归藏易》以兑为初兑。）

离。（干氏、朱氏谓《归藏易》以离为初离。）

荦。（干氏、朱氏谓《归藏易》以坎为初荦。黄氏曰:"《归藏易》坎为荦,坎为劳卦,故从劳谐声而省。物莫劳于牛,故从牛。但此乃夫子之《说卦》,岂殷人之所取义欤?"）

兼。（董氏曰:"《归藏易》谦作兼。"黄氏曰:"损为员、咸为諴、谦为兼、涣为奂,古字或加偏旁或不加偏旁,因而互易也。"）

分。（朱竹垞曰:"以兼作谦,而分次之,则分为豫也。"黄氏曰:"分当属睽。"）

归妹。承筐。（详明尸下）

渐。取女。（详明尸下）

晋。

明尸。垂其翼。（李氏曰:"以《周易》质之《归藏》,如屯之'屯膏'、师之'帅师'、渐之'取女'、归妹之'承筐'、明尸之'垂其翼',皆因商《易》旧文。"）

岑𩇕。（黄氏曰:"岑𩇕当属贲。"朱氏曰:"岑𩇕当未济之前,则既济也。"）

未济

遬。（古文"遫"字）

大壮。

蜀。（董氏曰："《归藏易》蛊作蜀。"黄氏曰："蛊为蜀，蜀亦虫也，但蛊之义深远矣。"按：《归藏》之蜀，或以为《周易》之睽。杨升菴曰："蠲从蜀为声，音圭，则蜀固有圭音矣。"）

马徒。（朱竹垞曰："以蛊作蜀，而马徒次之，则马徒为随也。"按：观、旅、节、明尸，《归藏易》有之，黄氏谓"瞿当属观，钦当属旅，规当属节，夜当属明尸"，余不敢从。）

营惑。（详大明下）

耆老。（详大明下）

大明。（罗氏苹曰："《归藏·初经》卦皆六位，其卦有明夷、营惑、耆老、大明之类。"按：明夷即明尸。罗氏所据本文别见于后。）

右《归藏》卦名，杂见论说。

初经（朱氏曰："《初经》者，庖牺氏之本旨也。"）

齐母

瞿。有瞿有觚。宵梁为酒，尊于两壶。两羭饮之，三日然后稣。士有泽，我取其鱼。（稣一作苏。《尔雅注疏》）

本蓍

蓍末大于本为上吉，蒿末大于本次吉，荆末大于本次吉，箭末大于本次吉，竹末大于本次吉。

蓍一五神，蒿二四神，荆三三神，箭四二神，竹五一神。筮五犯皆藏，五筮之神明皆聚焉。（《太平御览》）

按：《初经》《齐母》《本蓍》皆篇名，下《郑母》《殷筮》《启筮》亦然。

右三篇宋时犹存，见《中兴书目》。

启筮

空桑之苍苍，八极之既张，乃有夫羲和，是主日月，职出入，以为晦明。

瞻彼上天，一明一晦。有夫羲和之子，出于阳谷。

共工，人面、蛇身、朱发。

丽山之子，青羽、人面、马身。（《路史注》"山"下有"氏"字，"子"下有

"鼓"字。)

羽民之状,鸟喙赤目而白首。

滔滔洪水,无所止极,伯鲧乃以息石息壤,以填洪水。

鲧去三岁不腐,剖之以吴刃,化为黄能。(去,一作死。剖,《路史注》作副。"吴刃"下《路史注》有"是用出启"四字。能,一作龙。)

昔彼《九寠》,是与帝《辨》同宫之序,是为《九歌》。

不得窃《辨》与《九歌》以国于下。

右《山海经注》。

夏后享神于晋之灵台,作璇台。(《太平御览》)蚩尤出自洋水,八肱、八趾、疏首。登九淖以伐空桑,黄帝杀之于青邱。

将战,筮之。

尧降二女以舜妃之。(《周礼疏》"尧"上有"帝"字,"以"作"为","妃"下无"之"字。)

右《路史注》。

殷筮

金木之子,其名曰羽蒙,是生百鸟。(《文选注》)

郑母

夏后启筮御飞龙登于天,吉。(《路史》"夏"上有"明夷曰"三字,登作升。)

昔者羿善射,毕十日,果毕之。(《书正义》《论语疏》"毕"俱作"彈"。)

右《山海经注》。

初坤。荣荣之华。(《路史》坤作奥,谓即坤字。李西溪《易解·序说》下"荣"字作荤。)

初乾。其争言。

初离。离监监。

初荤。为庆身不动。(《路史》荤作𢀩,谓即坎字。)

初兑。其言语敦。

初艮。徽鸣狐。

初釐。燀若雷之声。

初巽。有鸟将至而垂其翼,上有高台,下有雝池。(《路史》巽作奧,谓即巽字。至,一作来。"垂"下一无"其"字。薛氏曰:"巽值鹑尾,故称飞鸟。")

按:《路史》"初坤"至此八条,疑皆《初经》篇文。

有凫鸳鸯,有雁鹔鹴。有白云自苍梧入大梁。(《文选注》未及上二语,"自"上有"出"字,"大梁"上有"于"字。)

曰:旧言之择,新言之念。

君子戒车,小人戒徒。(宋史氏《学斋占毕》曰:"李善《文选·秋胡诗》注引《易归藏》云云,亦可见亡书之语。")

黄帝将战,筮①。

有人将来,遗我货贝。以至则彻,以求则得。

有喜将至。若以贾市,其富如河汉。

鼎有黄耳,利取鲕鲤。

桀筮伐有②,枚占于荧惑,曰:"不吉。不利出征,惟利安处。彼为狸,我为鼠。勿用作事,恐伤其父。"(《王海③》"桀筮伐"上有"昔者"二字,下有"唐而"二字。)

剥。良人得其玉,小人得其粟。(按:此及上条当出鼎、剥卦中。)

鲧治洪水,枚占大明。

昔启筮明夷。

昔者夏后启筮享神于晋之虚,作为璇台,于水之阳。(按:此与《御览》所引自係一条,缘文有详略,故两存之。)

---

① "筮"字下疑有缺文。按《太平御览》卷七九引《归藏》曰:"昔黄神与炎神争斗涿鹿之野,将战,筮于巫咸。巫咸曰:'果哉而有咎。'"又《玉海》卷三五谓"《御览》引《归藏》曰'……黄神将战,筮于巫咸'"。由此推测,王朝榘辑本"筮"字下亦当有更多文字。从底本版面情况看来,"筮"字下原当有"于巫咸"三字。

② 《博物志》《太平御览》"有"作"唐",《路史·后纪》"有"下有"唐"字。疑王朝榘辑本"有"下脱一"唐"字。

③ "王"当为"玉"字之误,然《玉海》似无此文。《太平御览》卷九一二引《归藏》曰"昔者桀筮伐唐而"云云,符合王朝榘所说异文情况。

昔嫦娥以西王母不死之药服之,遂奔月,为月精。(按:此与前《郑母》篇下"昔者"条,即刘彦和所谓"《归藏》之经,大明迁怪,乃称'羿弊十日''嫦娥奔月'"也。)

启筮徙九鼎。

武王伐商,枚占耆老,曰:"不吉。"(按:《归藏》,商《易》,乃称"周武",当别有说。)

穆王子筮卦于禺强。

乾为天,为君,为父,为大赤,为辟,为卿,为马,为禾,为血卦。(罗氏曰:"《归藏》之文有此类,知与今《易》通矣。")

右杂见传注。

朱竹垞曰:"传注所引《归藏》,辞多古奥。孔仲达谓为伪妄之书,亦未尽然。若《三坟书》以《归藏易》为《气坟》,其爻卦大象曰:'天气归,地气藏,木气生,风气动,火气长,水气育,山气止,金气杀。'各为之传,则大不伦矣。"

同复于父,敬如君所。(《左传》。程可久曰:"此固二《易》辞也。"按:史传所称如"千乘雄狐""南国中元"之类,虽不见《周易》,先儒以为卜筮书杂词,则不必尽出《连山》《归藏》也。兹条特据沙随所论附于卷末,其他不敢妄附。)

昔女娲筮张云幕,枚占之,曰:"吉。昭昭九州,日月代极。平均土地,和合四国。"

明夷曰:昔夏后启乘龙飞以登于天,睾陶占之,曰:"吉。"

右《御览》。

昔者河伯筮与洛战而枚卜昆吾,占之,不吉。

昔夏后启筮享神于大陵而上钧台,枚占皋陶,曰:"不吉。"

右《玉海》。

东君、云中。(《史记索隐》)

黄帝与炎帝争斗涿鹿之野,将战,筮于巫咸,巫咸曰:"果哉而有咎。"(《日下旧闻考·补》)

严可均《全上古三代秦汉三国六朝文·归藏》

清光绪十三至十九年（1887—1893年）广雅书局刻本

《归藏》

谨案：杜子春注《周礼》云："《归藏》，黄帝也。"《御览》六百九引《帝王世纪》云："殷人因黄帝曰《归藏》。"《礼运》："我得《坤乾》焉。"郑云："其书存者有《归藏》。"《疏》引熊安生云："殷《易》以坤为首，故先坤后乾。"《隋志》《旧、新唐志》："《归藏》十三卷。"《隋志》又云："《归藏》，汉初已亡。晋《中经》有之，唯载卜筮，不似圣人之旨。以本卦尚存，故取贯于《周易》之首，以备殷《易》之缺。"案《御览》六百八引桓谭《新论》云："《归藏》四千三百言。"是西汉末已有此书，《汉志》本《七略》，偶失载耳。《文献通考》引《崇文总目》云："今但存《初经》《齐母》《本著》三篇。"《玉海》引《中兴书目》同。《文渊阁书目》不著录，盖三篇又亡于元、明之际。今蒐辑群书所载，得八百四十六字，视桓谭所见本略存十二焉。

昔黄神与炎神争斗涿鹿之野，将战，筮于巫咸，曰："果哉而有咎。"（《御览》七十九。《路史·前纪三、后纪四》。）

昔者丰隆筮将云气而吉核之也。（《北堂书钞》一百五十。案：旧写本每条删下半段以"之也"字代之，通部如此。《穆天子传》二注云"丰隆筮御云，得大壮卦，遂为云师"，疑《归藏》之文。陈禹谟本作"虽有丰隆茎得云气而结核"，盖臆改也，不足据。）

昔者河伯筮与洛战，而枚占昆吾，占之：不吉。（《初学记》二十）

昔常娥以西王母不死之药服之，遂奔为月精。（《北堂书钞》一百五十。《文选·月赋》注，《宣贵妃诔》注，《祭颜光禄文》注。《御览》九百八十四。）

羿请不死之药于西王母，姮娥窃之以奔月。将往，枚筮之于有黄，有黄占之曰："吉。翩翩归妹，独将西行。逢天晦芒，毋惊毋恐，后且大昌。"（《续汉·天文志上》注引张衡《灵宪》，当是《归藏》之文。）

鲧筮之于《归藏》,得其大明,曰:"不吉。有初亡后。"(《路史·后纪十三》)

昔者夏后启筮享神于晋之墟,作为璇台,于水之阳。(《艺文类聚》六十二。《文选》王元长《曲水诗序》注。《初学记》二十四。《御览》一百七十七。)

昔夏后启筮享神于大陵,而上钧台,枚占皋陶,曰:"不吉。"(《北堂书钞》八十二。《初学记》二十四。《御览》八十二。)

启筮徙九鼎。启果徙之。(《路史·后纪十四》)

昔者桀筮伐唐,而枚占于荧惑,曰:"不吉。不利出征,惟利安处。彼为狸,我为鼠,勿用作事,恐伤其父。"(《御览》八十二,又九百十二。《路史·后纪十四》。)

武王伐商,枚占耆老,曰:"不吉。"(《路史·后纪五》)

昔穆王天子筮出于西征,不吉,曰:"龙降于天,而道里修远。飞而冲天,苍苍其羽。"(《御览》八十五)

穆王猎于戈之野①。(《御览》八百三十一)

昔穆王子筮卦于禺强。(《〈庄子·大宗师〉释文》。《路史·后纪五》。)

节卦:殷王其国,常毋谷目②。(《周礼·太卜》疏。《路史·发挥》。)

剥。良人得其玉,君子得其粟③。(《御览》八百四十)

鼎有黄耳,利得鳣鲤。(《艺文类聚》九十九)

有凫鸳鸯,有雁鹔鹴。(《艺文类聚》九十二。《御览》九百二十五。)

乾者,积石风穴之琴,亭之者弗亭,终身不瘳。(《北堂书钞》一百五十八)

君子戒车,小人戒徒。(《文选》颜延年《秋胡诗》注。)

上有高台,下有雝池。以此事君,其贵若化。若以贾市,其富如河④。(《御览》四百七十二)

有人将来,遗我货贝。以正则彻⑤,以求则得,有喜则至。(《艺文类聚》

① 底本"于"误"干",据《太平御览》及文义订正。
② 《周礼·太卜》疏作"常毋谷若","若"字属下读。
③ 《太平御览》"君子"作"小人"。
④ 《太平御览》"河"下有"汉"字。
⑤ 《艺文类聚》《太平御览》"正"作"至"。

八十四。《御览》八百七十。)

有人将来,遗我钱财,自夜望之。(《御览》八百三十一)

东君、云中。(《〈史记·封禅书〉索隐》云:"见《归藏易》。")

乾为天,为君,为父,为大赤,为辟,为卿,为马,为禾,为血卦。(《路史·发挥》。案:此盖《说卦》文,殷《易》先有,非始十翼。)

已上二十五事,引见不著篇名。其云"黄神",至夏后启占验,当在《启筮篇》,而并及武王、穆王者,盖太卜增加。《北堂书钞》一百一引桓谭《新论》"《归藏》藏于太卜",故殷《易》有周事。凡繇辞外,皆传说耳。

归藏·启筮

太昊之盛,有白云出自苍梧,入于大梁。(《艺文类聚》一。《文选》谢朓《新亭渚别范零陵诗①》注。《初学记》一。《白帖②》二。《御览》八,又八百七十二。)

昔女娲筮张云幕,而枚占神明,占之曰:"吉。昭昭九州,日月代极。平均土地,和合万国。"(《北堂书钞》一百三十二。《初学记》二十五。《御览》七十八。)

共工,人面蛇身朱发。(《山海经·大荒西经》注。《艺文类聚》十七。《御览》三百七十三。《路史·后纪二》。)

蚩尤出自羊水③,八肱八趾疏首,登九淖,以伐空桑,黄帝杀之于青丘。(《初学记》九。《路史·后纪四》。案:《路史》又云:"蚩尤疏首虎腾,八肱八趾。见《归藏·启筮》。")

空桑之苍苍,八极之既张,乃有夫羲和,是主日月,职出入,以为晦明。(《山海经·大荒南经》注)

瞻彼上天,一明一晦,乃有夫羲和之子,出于阳谷。(《山海经·大荒南经》注)

帝尧降二女,为舜妃。(《周礼·太卜》疏引《坤·开筮》,坤是其卦名。)

---

① 底本"诗"误"诸",据《文选》订正。
② 底本"白"误"百",据《白孔六帖》订正。
③ 底本"尤"误"水",据《初学记》《路史》订正。

滔滔洪水,无所止极,伯鲧乃以息石息壤,以填洪水。(《山海经·海内经》注。又见《〈史记·甘茂传〉索隐》。《北堂书钞》一百六十作"以埋洪水"。)

鲧死,三岁不腐,剖之以吴刀,化为黄龙。(《山海经·海内经》注)

鲧殛死,三岁不腐,副之以吴刀,是用出禹。(《初学记》二十二。《路史·后纪十二》。)

丽山之子鼓,青羽人面马身。(《山海经·西山经》注。《路史·后纪四》。案:《西山经》又云:"钟山,其子曰鼓,其状如人面而龙身。"注云:"其类皆见《归藏·启筮》。")

金水之子,其名曰羽蒙。乃之羽民,是生百鸟。(《文选·鹦鹉赋》注。《御览》九百十四。)

羽民之状,鸟喙赤目而白首。(《山海经·海外南经》注。)

昔彼《九冥》,是与帝《辩》同宫之序,是为《九歌》。(《山海经·大荒西经》注。)

不可窃《辩》与《九歌》以国于下。(《山海经·大荒西经》注。)

归藏·郑母经

昔者羿善射,弹十日,果毕之。(《尚书·五子之歌》疏。《左传》襄四年疏。《论语·宪问》疏。《孟子·梁惠王》疏。《山海经·海外东经》注。案:洪兴祖《补注·天问》引《归藏易》云"羿毕十日",即此约文。)

夏后启筮御飞龙登于天,吉。明启亦仙也[1]。(《山海经·海外西经》注。案:《穆天子传·五》注云:"嵩高山,启母在此山化为石,而子启亦登仙。皆见《归藏》。")

明夷曰:昔夏后启上乘龙飞以登于天,皋陶占之曰:"吉。"(《御览》九百二十九。案:《路史·后纪十四》引《归藏·郑母经》:"明夷曰:夏后启筮御龙飞升于天。"与上文连为一条。)

---

[1] "明启亦仙也"当为郭璞注语,非《归藏》之文。

归藏·初经

初坤,初乾,初离,初坎,初兑,初艮,初厘,初巽。(《路史·后纪五》,又《发挥》。案:《玉海》三十五引作"初乾,初奭,初艮,初兑,初荦,初离,初厘,初巽。卦皆六画"。奭即坤,荦即坎,厘即震。世有《归藏镜》,亦作奭、作荦、作厘。)

归藏·齐母经

瞿有。瞿有觚。宵粱为酒,尊于两壶。两羭饮之,二日然后稣①。士有泽,我取其鱼。(《尔雅·释畜》注②。《释畜》疏云:"《归藏·齐母经》之文也。"瞿有,卦名。)

归藏·本蓍篇

蓍末大于本为上吉,蒿末大于本次吉,荆末大于本次吉,箭末大于本次吉,竹末大于本次吉。蓍一五神,蒿二四神,荆三三神,箭四二神,竹五一神。筮犯皆藏,五筮之神明皆聚焉。(《御览》七百二十七引《归藏》,不著篇名。《崇文总目》云:"今唯存《初经》《齐母》《本蓍》三篇。"知此为《本蓍》篇文。)

《左传》襄九年,穆姜梦于东宫③,初往而筮之,遇艮之八,注:"《连山》《归藏》,皆以七八为占,故言遇艮之八。"疏:七为少阳,八为少阴,九为老阳,六为老阴,老变而少不变。《周易》以变为占,二《易》以不变为占。此筮"遇艮之八",谓艮之第二爻不变者是八也。

筮辞(谨案:《周礼·太卜》:"掌三《易》之法,一曰《连山》,二曰《归藏》,三曰《周易》。其经卦皆八,其别皆六十有四。"秦焚书,唯《易》以卜筮存。《易》盖统"三易"言之。汉专用《周易》,而夏殷《易》若存若亡,通儒不尽见

---

① 《尔雅疏》"二"作"三",是也。
② 此条实见《尔雅·释畜》疏。《尔雅》郭璞注仅云"《归藏》曰'两壶两羭'",疏文乃释注曰:"云'两壶两羭'者,《齐母经》瞿有之文也。案彼云'瞿有。瞿有觚。宵粱为酒,尊於两壶。两羭饮之,三日然后稣(引者案:稣为稣之误)。士有泽,我取其鱼'是也。"
③ "梦"字误,《春秋左氏传》襄九年传作"薨",是也。

之，后竟佚失，可惜也。余编《上古三代文》，既辑《归藏》一篇如右，而《左氏》所载，或用《周易》，《传》必明明标出，其不标出者，实兼"三易"。然亦有筮者临时推测，别撰韵语为象辞，复以韵语下断者，今辑一篇，题曰《筮辞》，附《归藏》后焉。)

同复于父，敬如君所。(《左传》闵二年：成季之将生也，筮之，遇大有之乾，云云。注："筮者之辞也。")

涉河，侯车败。(《左传》僖十五年：秦伯伐晋，卜徒父筮之吉，云云。)

千乘三去，三去之余，获其雄狐。(同上：诘之，对曰：乃大吉也，三败必获晋君，其卦遇蛊，云云。注："盖卜筮者杂辞，以狐蛊为君，其义欲以喻晋惠公，其象未闻。")

士刲羊，亦无衁也。女承筐，亦无贶也。西邻责言，不可偿也。归妹之睽，犹无相也。震之离，亦离之震，为雷为火，为嬴败姬。车说其輹，火焚其旗，不利行师，败于宗丘。归妹睽孤，寇张之弧，侄其从姑，六年其逋，逃归其国，而弃其家。明年，其死于高梁之虚。(《左传》僖十五年：初，晋献公筮嫁伯姬于秦，遇归妹之睽，史苏占之，曰不吉，其繇曰云云。注："凡筮者用《周易》，则其象可推。非此而往，则临时占者，或取于象，或取于气，或取于时日王相，以成其占。")

南国蹙，射其元王，中厥目。(《左传》成十六年：晋、楚遇于鄢陵，公筮之，史曰吉，其卦遇复云云。注："此卜者辞也。")

卜颂(谨案：《周礼》："太卜掌三兆之法，一曰玉兆，二曰瓦兆，三曰原兆。其经兆之体皆百有二十，其颂皆千有二百，盖三兆之颂合三千六百。"群书所载卜之"遇兆曰""其繇曰""占曰"者，皆卜颂也。卜以五行为兆。《左传》哀九年，赵鞅卜救郑，遇水适火，注："水火之兆。"疏引服虔云："兆南行适火。卜法：横者为土，立者为木，邪向经者为金，背经者为火，因光而细曲者为水[①]。"自汉以来，筮专行而卜微。今辑《卜颂》一篇，附"三易"之后焉。)

鼎成三足而方，不炊而自烹，不举而自臧，不迁而自行，以祭于昆吾之虚，上乡。(《墨子·耕柱》："昔者夏后开使蜚廉采金于山川，而陶铸之于昆吾，是

---

① "光"字误，《春秋左传正义》作"兆"，是也。

使翁难乙卜于目若之龟,龟曰。")

逢逢白云,一南一北,一西一东。九鼎既成,迁于三国。(《墨子·耕柱》:"乙又言兆之由曰:飨矣云云。"由同繇。)

非龙非彲,非虎非罴。兆得公侯,天遗汝师。以之佐昌,施及三王。(《六韬》:"文王将田,史编布卜曰:'田于渭阳,将大得焉。云云。'文王曰:'兆致是乎?'史编曰:'编之太祖史畴为禹占,得皋陶,兆比于此。'"案:《史记·齐世家》载此,小异。)

蜉蝣之羽,飞集于户。鸿之戾止,弟弗克理。重灵降诛①,尚复其所。(《文选·思玄赋》注引古文《周书》:"周穆王姜后昼寝而孕,越姬嬖,窃而育之,毙以玄鸟二七,涂以彘血,置诸姜后,遽以告王。王恐,发书而占之,曰。")

虫飞集户,是曰失所。惟彼小人,弗克以育君子。(同上:"问左史氏,史灼曰。"案:灼,本又作豹。)

关亲②,将留其身,归于母氏,而后获宁。册而藏之,厥休将振。(同上:"史良曰:'是谓云云。'")

凤皇于飞,和鸣锵锵。有妫之后,将育于姜。五世其昌,并于正卿。八世之后,莫之与京。(《左传》庄二十二年:"初,懿氏卜妻敬仲,其妻占之,曰吉云云。")

其名曰友,在公之右。间于两社,为公室辅。(《左传》闵二年:"成季之将生也,桓公使卜楚丘之父卜之,曰:'男也。'"又见昭三十二。)

挟以衔骨,齿牙为猾,戎夏交猝。(《晋语》一:"献公卜伐骊戎,史苏卜之,曰:'胜而不吉,遇兆云云。'公不听,遂伐骊戎,克之,得骊姬以归。")

专之渝,攘公之羭。一薰一莸,十年尚犹有臭。(《左传》僖四年:"初,晋献公欲以骊姬为夫人,卜之不吉,筮之吉。公曰:'从筮。'卜人曰:'筮短龟长,不如从长,且其繇曰云云,必不可。'弗听。")

兆如山陵,有夫出征,而丧其雄。(《左传》襄十年:"郑皇耳帅师侵卫,孙文子卜追之,献兆于定姜,姜氏问繇,曰云云。")

---

① 重,《文选》作皇。
② 关,《文选》作阕。

君子得鼃,小人遗冠。(《御览》六百八十四、八百三十二、九百三十二引《古文琐语》:"范献子卜猎,其繇曰云云。献子猎无所得,遗得其豹冠①。")

沉阳,可以兴兵,利以伐姜,不利于商。(《左传》哀九年:"赵鞅卜救郑,遇水适火,史龟曰:'是谓云云。'")

如鱼窥尾,衡流而方羊。裔焉大国,灭之将亡。阖门塞窦,乃自后逾。(《左传》哀十七年:卫侯梦浑良夫叫天无辜,卫侯贞卜,其繇曰。)

大横庚庚,余为天王,夏启以光。(《史记·文帝纪》:"陈平等遣人迎代王,代王卜之,兆得大横,占曰。")

---

① 《太平御览》无"得"字,是也。

洪颐煊《经典集林·归藏》

清嘉庆中承德孙氏刊本

启筮

太昊之盛,有白云出自苍梧,入于大梁。(《初学记》一。《艺文类聚》一。《文选》谢玄晖《新亭渚别范零陵》。《诗注》。《白帖》二。《太平御览》八,又八百七十二。)

昔女娲筮张云幕,而枚占神明,占之,曰:"吉。昭昭九州,日月代极。平均土地,和合四国。(《北堂书钞》一百三十五。《初学记》二十五。《太平御览》七十八。)

共工,人面、蛇身、朱发。(《山海经·大荒西经》注、《艺文类聚》十七、《太平御览》三百七十三、《路史·后纪》二。)

蚩尤出自羊水,八肱、八趾、疏首,登九淖以伐空桑,黄帝杀之于青丘。(《初学记》九。《路史·后纪四》。案:《路史》又引"蚩尤伐空桑"五字,又云"蚩尤疏首虎睠,八肱八止,见《归藏·启筮》"。)

空桑之苍苍,八极之既张,乃有夫羲和,是主日月,职出入,以为晦明。(《山海经·大荒南经》注。)

瞻彼上天,一明一晦。有夫羲和之子,出于阳谷。(《山海经·大荒南经》注。)

帝尧降二女为舜妃。(《周礼·太卜》疏。案:引作"《坤·开筮》",坤是其卦名。)

滔滔洪水,无所止极,伯鲧乃以息石息壤,以填洪水。(《〈史记·甘茂列传〉索隐》。《山海经·海内经》注。《北堂书钞》一百六十。案:《史记索隐》《北堂书钞》引作"以堙洪水"。)

鲧死,三岁不腐,剖之以吴刀,化为黄龙。(《山海经·海内经》注。)

鲧殛死,三岁不腐,副之以吴刀,是用出禹。(《初学记》二十二。《路史·

后记十三①》。)

丽山之子鼓,青羽人面马身。(《山海经·西山经》注。《路史·后纪四》。案:《西山经》又云:"钟山其子曰鼓,其状如人面而龙身。"注云:"其类皆见《归藏·启筮》。")

金水之子,其名曰羽蒙,乃之羽民,是生百鸟。(《文选·鹦鹉赋》注。《太平御览》九百四十。案:《文选》注引作《殷筮》。)

羽民之状,鸟喙赤目而白首。(《山海经·海外南经》注。)

昔彼《九冥》,是与帝《辨》同宫之序,是为《九歌》。(《山海经·大荒西经》注。)

不可窃《辨》与《九歌》以国于下。(《山海经·大荒西经》注。)

郑母经

昔者羿善射,弹十日②,果毕之。(《〈尚书·五子之歌〉正义》。《左氏》襄四年《正义》。《论语·宪问》疏。《孟子·梁惠王》疏。《山海经·海外东经》注。)

夏后启筮御飞龙登于天,吉。明启亦仙也③。(《山海经·海外西经》注。《穆天子传》注五。案:《穆天子传》注云:"嵩高山,启母在此山化为石,而子启亦登仙,皆见《归藏》。")

明夷曰:昔夏后启上乘龙飞以登于天,皋陶占之,曰:"吉。"(《太平御览》九百二十九。《路史·后纪十四》。案:《路史》引《归藏·郑母经》"明夷曰:夏后启筮御龙飞升于天",与上文连为一条。)

齐母经

瞿有。瞿有觚。宵梁为酒,尊于两壶。两羭饮之,二日然后穌④。士有泽,我取其鱼。(《尔雅·释畜》注,《释畜》疏。案:疏云:"《齐母经》瞿有之文也。"瞿有,卦名。)

---

① 当云"《路史·后纪十二》"。
② "弹"字误,《尚书正义》《论语疏》作"彈",是也。
③ "明启亦仙也"当为《山海经》郭璞注语,非《归藏》之文。
④ 《尔雅疏》作"三日然后穌","鯀"为"穌"之误。

初经

初坤,初乾,初离,初坎,初兑,初艮,初釐,初巽。(《路史·后纪五》,又《发挥一》。《玉海》三十五。案:《玉海》引作"初乾、初奭、初艮、初兑、初荤、初离、初釐、初巽,卦皆六画",奭即坤,荤即坎,釐即震。《〈礼记·礼运〉正义》:"熊氏云:'殷《易》以坤为首,故先坤后乾。'")

本蓍篇

蓍末大于本为上吉,蒿末大于本次吉,荆末大于本次吉,箭末大于本次吉,竹末大于本次吉。蓍一五神,蒿二四神,荆三三神,箭四二神,竹五一神。筮五犯皆臧,五筮之神明皆聚焉。(《太平御览》七百二十七。案:王伯厚《汉书艺文志考证》云:"《归藏》,晋《中经》有之,《隋、唐志》皆十三卷,今唯存《初经》《齐母》《本蓍》三篇。"此引虽不题《本蓍》,当是《本蓍篇》之文。)

不著篇名

昔黄神与炎神争斗涿鹿之野①,将战,筮于巫咸,曰:"果哉而有咎。"(《太平御览》七十九。《路史·前纪三、后纪四》。)

昔者丰隆筮将云气而吉核之也。(《北堂书钞》一百五十。案:《穆天子传二》注云:"丰隆筮御云,得大壮卦,遂为雷师。"疑《归藏》之文。)

昔者河伯筮与洛战②,而枚占昆吾,占之,不吉。(《初学记》二十。)

昔常娥以不死之药服之,遂奔为月精。(《文选·月赋》注。《宋孝武宣贵妃诔》注。《祭颜光禄文》注。《太平御览》九百八十四。)

鲧筮之于《归藏》,得其大明,曰:"不吉,有初亡后。"(《路史·后纪十三》)

昔者夏后启筮享神于晋之墟,作为璇台,于水之阳。(《初学记》二十四。《艺文类聚》六十二。《文选》王元长《三月三日曲水诗序》注。《太平御览》一

---

① "与(與)"字底本误作"于(於)",据《太平御览》《路史》及文义订正。
② "与(與)"字底本误作"于(於)",据《初学记》及文义订正。

百七十七。)

昔夏后启筮享神于大陵而上钧台,枚占皋陶,曰:"不吉。"(《北堂书钞》八十二。《初学记》二十四。《太平御览》八十二。)

启筮徙九鼎,启果徙之。(《路史·后纪十四》)

昔者桀筮伐唐而枚占于荧惑,曰:"不吉。不利出征,惟利安处。彼为貍,我为鼠。勿用作事,恐伤其父。"(《太平御览》八十二,又九百一十二。《路史·后纪十四》)

武王伐商,枚占耆老,曰:"不吉。"(《路史·后纪五》)

昔穆王天子筮出于西征,不吉,曰:"龙降于天,而道里修远。飞而冲天,苍苍其羽。"(《太平御览》八十五。)

穆王猎于戈之墅。(《太平御览》八百三十一。)

昔穆王子筮卦于禺强。(《〈庄子·大宗师〉释文》。《路史·后纪五》。)

节卦。殷王其国,常毋谷。(《周礼·太卜》疏。《路史·发挥》。案:《路史》引"谷"下有"目"字。)

剥。良人得其玉,君子得其粟。(《太平御览》八百四十。)

鼎有黄耳,利得鳣鲤。(《艺文类聚》九十九。)

有凫鸳鸯,有雁鹝鹣。(《艺文类聚》九十二。《太平御览》九百二十五。)

乾者,积石风穴之琴,亭之者弗亭,终身不瘳。(《北堂书钞》一百五十八。)

君子戒车,小人戒徒。(《文选》颜延年《秋胡诗》注。)

上有高台,下有雝池。以此事君,其贵若化。若以贾市,其富如河汉。(《太平御览》四百七十二。)

有人将来,遗我货贝。以正则彻①,以求则得。有喜则至。(《艺文类聚》八十四。《太平御览》八百七。)

有人将来,遗我钱财,自夜望之。(《太平御览》八百三十一。)

乾为天,为君,为父,为大赤,为辟,为卿,为马,为禾,为血卦。(《路史·发挥》)

---

① 《艺文类聚》《太平御览》"正"作"至"。

东君、云中,见《归藏易》。(《〈史记·封禅书〉索隐》。案:《太平御览》三十五引《周书》"《归藏》'士无兼年之食'"一条,是《夏箴》之讹,今不录,附订于此。)

《归藏》四千三百言。(桓谭《新论》)

《归藏》者,万事莫不归藏于其中也。(《三国志·三少帝纪》。《左氏传》襄九年《正义》)

《连山》久亡,《归藏》不行于世。(《释文·序录》)

世有《归藏易》者,伪妄之书,非殷《易》也。(《左氏传》襄九年《正义》)

赵在翰辑《归藏》

清光绪二年(1876年)退补斋重刊《经余必读三编》本

归藏

《周官》:"太卜掌'三易',二曰《归藏》。"郑注:"《归藏》,商《易》也。"孔子曰:"吾观殷道,宋不足征也,吾得《坤乾》焉。"郑注:"殷阴阳之书,存者有《归藏》。"邢叔明曰①:"《归藏》,成汤所订。"《崇文书目》:"今存《初经》《齐母》《本蓍②》三篇。文多阙乱,不可训释。"

初经(《周官》"经卦八"),朱子发曰③:"《初经》,包羲氏之本旨。"所谓"经卦",则《初经》卦也。

初與④(《周易》作"坤")。初乾。初艮(艮)。初兑。初莘(坎)。初离(離)。初釐(震)。初奭(巽)。(李过曰:"坎为莘,莘,劳也,万物劳乎坎。震为釐,釐,理也,帝出乎震⑤,万物所始条理者也。")干令升曰:"《归藏》,轩辕氏之书也。商人因之,得地统,故岁建丑,而卦首坤。"《隋·经籍志》:"《归藏》汉初已亡,唯本卦尚存。"朱子发曰:"今书亡,其图郑翁得之《归藏·初经》,以传邵子,邵子传之王豫者。"今载《易洗心·图象卷》。先宗丞曰:"天地万物,莫不气内而形外。伏羲方图,乾一坤八,天地,形之最大,故居外;兑二艮七,山泽,形差小,故在天地内;离三坎六,水火,半形于气,故又内;震四巽五,纯以气用,故最内也。"轩辕有图无文,商汤演之。其图自内而外分四成,自邵子发之。邵子曰:"内四卦,雷风相薄,恒益起意;外十二卦,水火相射,既济未济;外二十卦,山泽通气,损咸见义;外二十八卦,天地定位,否泰反类。"觉罗

---

① 底本"邢"字处原空缺,按"《归藏》成汤所订"语出邢昺《尔雅疏》,昺字叔明,乃据补。

② 底本"蓍"字处原空缺,据《崇文总目辑释》补。

③ 底本"朱"字原误"宋",按"《初经》包羲氏之本旨"语出朱震《周易丛说》,故改。

④ "與"字为"亩"字之误,下文同,不复出校。

⑤ 底本"震"字原误"正",据《经义考》所引李过语订。

济斋曰:"震、巽,阴阳生于初;坎、离,阴阳居中;艮、兑,阴阳极于上;至乾、坤,则纯阴纯阳矣。麟谓先天心法,图自中起,盖万物生机,皆曰中出而曰达①,即《说卦》'雷以动之,坤以藏之'一节次序也。"王伯厚云:"《夏时》《坤乾》,可以见夏殷之礼;《易象》《鲁春秋》,可以见周礼。此三代损益大纲领也。"

母经(坤为母。《周官》:"经卦八,其别六十有四。"郑注:"每卦八。别,重之数也。"此篇齐人传之,谓之《齐母》,郑人传之,谓之《郑母》。朱竹垞曰②:"六十四卦,其名或异,皆以反对为序③。")

與(坤)。乾。屯。蒙。瀯(需)。讼。师。比。小毒④。履。泰。否。同人。大有。艮(艮)。釐(震)。大过。颐。困。井。革。鼎。旅。丰。大明。小过。林祸。观。萃。称(升)。毋亡(无妄)。大毒。瞿(暌)。家人。节。涣(夬)。塞。荔(解)。员(损)。諴(益)。钦(咸)。恒。规夜(贲)。筮嗑。夷(巽)。兑。離(离)。荦(坎)。兼(谦)。分(豫)。归妹。渐。齐(晋)。明尸。岑霏(既济)。未霈。遂(遯)。大壮。蜀(蛊)。马徒(隋)。妒。者老⑤(夬)。复。仆(剥⑥)。(贾公彦曰:"《归藏》首坤,坤为地,万物莫不归藏于其中。殷以十二月为正⑦,故以坤为首。")王伯厚曰:"先阴后阳,

---

① 二"曰"字疑俱误,上"曰"字当作"自"或"由",下"曰"字当作"四"。按此段引文似转引自任启运《周易洗心》并加以概括改写,《洗心》引爱新觉罗德沛(字济斋)原文作:"万物生机,皆自心发。方图中心,震、巽、恒、益四卦,于时为春;春,阳气震动,而又多风,故曰'雷以动之,风以散之',其自中而四达者,皆雷风之卦。包此四卦之外,则有坎、离、未济、既济、鼎、噬嗑、解、涣、井、屯、家人、丰十二卦,于时为夏,万物全籍长养,故曰'雨以润之,日以烜之',故夏多热多雨也;由此四达,皆水火之卦。又包十二卦之外,则有兑、艮、咸、损、旅、小过、渐、塞、暌、归妹、中孚、节、困、大过、随、革、蒙、蛊、颐、贲二十卦,于时为秋,万物成遂,正满足喜悦之时,故曰'艮以止之,兑以悦之',物莫不止于秋、悦于秋;其四达皆山泽之卦。包二十卦之外,则有乾、坤、否、泰、晋、豫、观、比、剥、夬、大有、大壮、小畜、需、大畜、履、同人、无妄、妒、讼、遯、谦、师、升、复、明夷、临二十八卦,于时为冬,万物收敛,故曰'乾以君之,坤以藏之'也。震、巽,阴阳生于初;坎、离,阴阳居于中;艮、兑,阴阳极于上;至乾坤则纯阳、纯阴矣。阴阳极必变,故又反下而生于初也。"结合原文文义可知,此处当云"盖万物生机,皆自(由)中出而四达"。

② "竹垞"当作"竹垞"或"锡垞"。按下文所引者为朱彝尊语,朱彝尊字锡垞,号竹垞。

③ 底本"序"原误"字",据《经义考》订正。

④ 底本原脱"小"字,以下文有"大毒"(与《周易》大畜卦对应),则此处当为"小毒"(与《周易》小畜卦对应),故补"小"字。

⑤ "者"当作"耆"。

⑥ "刺"当作"剥"。

⑦ 底本"二"原误"三",据《周礼注疏》订正。

《归藏》先坤之义,阖而辟,静而动也。"李过曰:"《归藏》卦名与《周易》同者三之二,则文王重《易》,止亦因商之旧。今以《周易》质之《归藏》,不特卦名用商①,卦辞亦用商,如屯之'屯膏',师之'帅师',渐之'取女',归妹之'承筐',明夷之'垂其翼',皆商旧文。则六十四卦,自伏羲至夏商,其卦已重矣。"黄宗炎曰:"需为溽,云上天而将雨,必有湿溽之气先见于下。大畜、小畜为大毒、小毒,取亨毒之义。升为称,地之生木,土厚者茂,土瘠者瘁,言木茁土故称也②。蛊为蜀,蜀亦虫也。解为荔,荔亦有聚散之义。"

启筮篇(《绎史》:"繇辞古质③,录之以存三代遗文。")

與:尧降二女以舜妃。

君子戒车,小人戒徒。

鼎有黄耳,利取鲔鲤。

瞿有瞿有,宵梁为酒,酒尊于两壶,两羭饮之,三日后苏。土有泽,我取其鱼。

旧言之择,新言之念。

营惑:不利出征,惟利安处,彼为狸,我为鼠,勿用作事,恐伤其父。

上有高台,下有雝池。若以贾市,其富如何。

有人将来,遗我货贝。以至则彻,以求则得。有喜将至。

离监监④,燀若雷之声。

有凫鸳鸯,有雁鹅鹕。

昭昭九州,日月代极。平均土地,和合四国。

荣荣之华,徽徽鸣狐。

空桑苍苍,八极既张,乃有羲和,是生日月⑤,职出入,以为晦明。

彼《九冥》⑥,是与帝《辩》同宫之序,是为《九歌》。(《楚辞》:"启《九辩》

---

① 底本"名"原误"明",据《经义考》所引李过语订正。
② 《经义考》引黄宗炎语作"言木与土相称也"。
③ 底本"繇"原误"繫",据《绎史》订正。
④ 底本"离监监"条误与上一条连书,兹分书为二。
⑤ 生,《山海经·大荒南经》郭璞注、《路史·前纪三》并作"主"。
⑥ "彼"上当有"昔"字,见《山海经·大荒西经》郭璞注。又,底本此条原误与上一条连书,兹分书为二。

与《九歌》。"《九共》曰①:"予辩下土②。"言禹辩九州,作《九歌》之乐,启修明也。)

瞻彼上天,一晦一明。羲和之子,出于汤谷。

羿善射,弹十日③。(《山海经》:"羲和生十日。"郭注:"言生十子以日名。")

滔滔洪水,无所极止,伯鲧息壤,以填洪水,有初亡后。

蚩尤出羊④,八趾疏首,登九淖,伐空桑,黄帝杀之青邱。(即涿鹿。)

节:殷王其国,常毋谷月。

明夷:御飞龙登于天。启徙九鼎。

有鸟将至而垂翼。

丰隆筮云气而告之。

有白云出自苍梧⑤,入于大梁⑥。

仆:良人得其玉,令人(《绎史》作⑦"君子")得其粟。

乾为天,为君,为父,为大赤,为辟,为卿,为马,为禾,为血卦⑧。(此节见《路史》,余卦虽不传,亦可知自古有此取象法也。)

本蓍篇

蓍末大于本,为上吉;蒿末大于本,次吉;荆末大于本⑨,次吉;箭末大于本,次吉;竹末大于本,次吉。蓍末五神⑩,蒿二四神,荆三三神,箭四二神,竹

---

① 底本"曰"原误"白",据文义订正。

② 底本"予"原误"子"、"土"原误"士",据《困学纪闻》卷二引《书大传》文订正。

③ "弹"为"弹"之误。

④ "羊"下当有"水"字,见《初学记》九、《路史·后纪四》。又,底本此条原误与上一条连书,兹分书为二。

⑤ 底本"梧"原误"语",据《艺文类聚》一、《初学记》一、《文选》注、《白孔六帖》二、《太平御览》八及八百七十二订正。

⑥ 底本"人"原误"人",据《艺文类聚》一、《初学记》一、《文选》注、《太平御览》八及八百七十二订正。

⑦ 底本"作"原误"佺",据文义订正。

⑧ 底本"血"原误"無",据《路史·发挥一》订正。

⑨ 底本"本"原误"木",据《太平御览》七二七及前后文义订正。

⑩ "末"当作"一"。

五一神。筮五犯皆藏,五祀之神明皆聚焉①。(李伯纪曰②:"《归藏》以静为占,故称七八。"吴渊颖曰:"《易》占以变,故数用九六。《连山》《归藏》四十六,《周易》四十九也。"③徐氏善曰:"《归藏》卦序,坤、震、坎、艮、兑、离、巽、乾。盖震下一阳,生纯坤之后,进坎而中④,进艮而上,又交于中五,而得兑之二阳⑤,然一阴犹在上,至离而中阳进上,至巽而初阳进中,于是纯乾体成,此阳气渐长之序也。反而推之,巽下一阴,生纯乾之后,进离而中,进兑而上,又交于中五,而得艮之二阴,然一阳犹在上,至坎而中阴进上,至震而初阴进中,于是纯坤体成,此阴气所长而阳气归藏之序也⑥。'归藏'名义,实本诸此。")

---

① 祀,《太平御览》作"筮"。
② 底本"李"误"季",按"《归藏》以静为占"云云语出李纲,纲字伯纪,据改。
③ 此段引文系略引,而脱误甚多,语意淆乱。兹迻录吴莱《三坟辨》原文以资参考:"《易》占以变,故其数但用九六而尚老。《连山》《归藏》占以不变,故其数但用七或用八而尚少。乾一、兑二、离三、震四、巽五、坎六、艮七、坤八,是先天之《易》也。《连山》七而首艮,《归藏》八而初坤,亦不过踵吾伏羲之旧。及推其所用之策,《连山》三十有六,《归藏》四十有五,《易》则四十有九。"
④ 底本"坎"原误"次",据《经义考》所引徐善语及文义订正,下文"至坎而中阴进上"同。
⑤ 底本"于"原误"千",据《经义考》所引徐善语及文义订正。
⑥ 所长,《经义考》所引徐善语作"渐长",是也。

马国翰《玉函山房辑佚书·归藏》

清光绪九年(1883 年)长沙娜嬛馆校刻本

《归藏》一卷,残阙。《周礼·春官》:"太卜掌三易之法,一曰《连山》,二曰《归藏》,三曰《周易》。"郑玄注:"《归藏》者,万物莫不归而藏于中。杜子春曰:'《连山》,宓牺;《归藏》,黄帝。'"贾公彦疏引《郑志》答赵商云:"非无明文,改之无据,且从子春,近师皆以为夏、殷也。"《礼记·礼运》:"孔子曰:'吾欲观殷道,是故之宋,而不足征也,吾得《坤乾》焉。'"郑注云:"殷阴阳之书,存者有《归藏》。"是亦以《归藏》为殷《易》矣。《汉书·艺文志》不著录,晋《中经簿》始有之。阮孝绪《七录》云:"《归藏》,杂卜筮之书杂事。"《隋书·经籍志》有十三卷,晋太尉参军薛贞注;《唐书·艺文志》卷同。宋《中兴书目》载有《初经》《齐母》《本蓍》三篇。诸家论说多以后出疑其伪作。郑樵《通志略》云:"言占筮事,其辞质,其义古,后学以其不文,则疑而弃之,独不知后之人能为此文乎?"杨慎亦云:"'《连山》藏于兰台,《归藏》藏于太卜',见桓谭《新论》,则后汉时《连山》《归藏》犹存,未可以《艺文志》不列其目而疑之。今玩其遗爻,如"瞿。有瞿有觚。宵梁为酒,尊于两壶。两羭饮之,三日然后稣。士有泽,我取其鱼""良人得其玉,君子得其粟""有凫鸳鸯,有雁鹔鹴"之类,皆用韵语,奇古可诵,与《左氏传》所载诸繇辞相类,《焦氏易林》源出于此。虽"毕日""奔月"颇涉荒怪,然"龙战于野""载鬼一车",大《易》以之取象,亦无所嫌也。但殷《易》而载"武王枚占""穆王筮卦",盖周太卜掌其法者推记占验之事,附入篇中。其文非汉以后人所能作也。今并宋时三篇亦佚。朱太史《经义考》搜辑甚详,据以为本,间有遗漏,为补缀之,并附诸家论说,为一卷。以此与世传《三坟书》所谓《气坟归藏》者互较参观,其真赝可以立辨矣。历城马国翰竹吾甫。

归藏

归藏·初经(朱震《汉上易》曰:"《归藏》之易,其《初经》者,庖牺氏之本旨也。"）

初乾。（干宝《周礼注》。朱震《易丛说》。）其争言。（李过《西溪易说》。胡一桂《周易启蒙翼传》。）

初奭。（干宝《周礼注》。朱震曰"坤"。）荣荦之华。（《西溪易说》。《周易启蒙翼传》。朱氏《经义考》引作"荣荣"。）

初狠。（干宝、朱震引并作艮。李过《西溪易说》、黄宗炎《周易象辞》皆引作狠。黄云："艮为狠,艮有反见之象,无言笑面目可征,故取其刚狠之义与?"）徽徽鸣狐。（《西溪易说》,《启蒙翼传》。）

初兑。（干宝《周礼注》。朱震《易丛说》。）其言语敦。（《西溪易说》。《启蒙翼传》。）

初荦。（干宝《周礼注》。朱震曰"坎"。李过曰："谓坎为荦,荦者,劳也,以万物劳乎坎也。"黄宗炎曰："坎为劳卦,故从劳谐声而省。物莫劳于牛,故从牛。"）为庆身不动。（《西溪易说》。《启蒙翼传》。）

初离。（干宝《周礼注》。朱震《易丛说》。）离监监。（《西溪易说》。《启蒙翼传》。）

初厘。（干宝《周礼注》。朱震曰"震"。李过曰："谓震为厘,厘者,理也,以帝出乎震,万物所始条理也。"黄宗炎曰："震为厘,离当为厘,于震则不近,岂以雷厘地而出以作声与?"）燀若雷之声。（《西溪易说》。《启蒙翼传》。）

初巽。（干宝《周礼注》。朱震《易丛说》。）有鸟将至而垂翼。（《西溪易说》。《启蒙翼传》。）

卦皆六画。（《易丛说》。王应麟《汉艺文志考》卷一。）

朱元昇《三易备考》曰："《归藏易》以纯坤为首,坤为地,万物莫不藏于中。《说卦》曰'坤以藏之',盖造化发育之真机,常于此藏焉。然而一元有一元之造化,癸亥甲子之交为之藏;一岁有一岁之造化,冬夏二至之交为之藏;一日有一日之造化,夜半日中之交为之藏。是又《归藏易》无所往而不用其藏也。六十四卦,藏者十有六,用者四十有八。乾为六十四卦之父,坤为六十四卦之母。坤统藏卦,乾统用卦,坤、乾所以首六十四卦也。有藏者斯有用者,纯坤又所以首纯乾。"

徐善《四易》曰:"《归藏》卦序,坤、震、坎、艮、兑、离、巽、乾。盖震下一阳,生于纯坤之后,进坎而中,进艮而上,乃交于中五,而得兑之二阳,然一阴犹在上也,至离而中阳进上,至巽而初阳进中,于是纯乾体成,此阳气渐长之序也。反而推之,巽下一阴,生于纯乾之后,进离而中,进兑而上,乃交于中五,而得艮之二阴,然一阳犹在上也,至坎而中阴进上,至震而初阴进中,于是纯坤体成,此阴气渐长而阳气归藏之序也。'归藏'之名义殆本诸此。其数则自下而上者①,始八终二,由于阳气之生,自无而有,其理为'知来之逆'也;自下而上者,始二终八,由于阳气之归,自有而无,其理为'数往者顺'也。圣人命'归藏'之名,盖告人以反本复始之道焉。"

六十四卦(依李过《西溪易说》所载,自乾至马徒凡六十卦,其四卦阙者补之。)

奂(《西溪易说》引阙四卦。贾公彦《礼记疏》:"此《归藏易》以坤为首。"据《初经》补。)

乾(《西溪易说》,下并同。)

屯

蒙

溽(《西溪》曰:"需为溽。"黄宗炎曰:"云上天而将雨,必有湿溽之气先见于下。")

讼

师

比

小毒畜(《西溪》曰:"小畜为小毒畜。"黄宗炎曰:"大畜、小畜为莓畜、毒畜,毒取亭毒之义。")

履

泰

否

同人

---

① 依文义当作"其数则自上而下者",王朝渠辑本《归藏》所引徐善语不误。

大有

狠

厘

大过

颐

困

井

革

鼎

旅

丰

小过

林祸（《西溪》曰："临为林祸。"）

观

萃

称（黄宗炎曰："升为称。地之生木,土厚者茂,土瘠者瘁,言木与土相称也。"）

仆（黄宗炎曰："剥为仆。"）

复

母亡（黄宗炎曰："无妄为母亡。母即无,亡即妄,非有他也。"）

大毒畜（《西溪》曰："大畜为大毒畜。"）

瞿（黄宗炎曰："瞿当属观。"案:《西溪》引已有观,朱太史彝尊《经义考》以反对为义,谓瞿在散家人之前,则睽也。）

散家人（黄宗炎曰："家人为散家人,则义不可考。"）

节

夬（黄宗炎曰："涣为夬。古字或加偏旁或不加偏旁,因而互易也。"）

蹇

荔（黄宗炎曰："解为荔。荔亦有聚散之义。"）

员（黄宗炎曰："损为员。"）

諴(黄宗炎曰:"咸为諴。"朱太史曰:"以损为员,而諴次之,则諴为益也。")

钦(黄宗炎曰:"钦当属旅。"朱太史曰:"钦在恒之前,则咸也。")

恒

规

夜(黄宗炎曰:"规当属节,夜当属明夷。"案:《西溪》引已有节、明夷,朱太史曰:"规、夜二名不审当何卦,非夬、姤则噬嗑、贲也。"案古者书契取诸夬,于规义近;夜有姤遇取女义,疑规当属夬,夜当属姤也。)

巽

兑

离

莘

兼(黄宗炎曰:"谦为兼。")

分(黄宗炎曰:"分当属睽。"朱太史曰:"以谦作兼,而分次之,则分为豫也。")

归妹

渐

晋

明尸

岑霱(黄宗炎曰:"岑当属贲。"朱太史曰:"岑在未济前,则既济也。")

未济

遂(黄宗炎曰:"遯为遂,形义本通,无有异义。")

蜀(黄宗炎曰:"蛊为蜀,蜀亦虫也。")

马徒(朱太史曰:"以蛊为蜀,而马徒次之,则马徒为随也。")

已上六十卦并《西溪易说》引,奭一卦据《初经》补。

荧惑

耆老

大明(罗苹《路史注》云:"《归藏·初经》卦皆六位,其卦有明夷、荧惑、耆老、大明之类,'昔启筮明夷''鲧治水枚占大明''桀筮荧惑''武王伐商枚占耆老'是也。"案:《西溪》引"明尸"即明夷。乾下应有夷卦①,已据干宝、朱震所引《初经》补之。合荧惑、耆老、大明,恰符六十四卦之数。依黄、朱二家所释,惟阙噬嗑、贲、中孚,未知何属,补附于此。)

朱元昇《三易备考》曰:"《归藏易》以六甲配六十四卦,所藏者五行之气也,所用者五行之象也。"

又曰:"《归藏易》首坤尾剥。"

又曰:"《归藏》二篇,自甲子至癸巳为先甲,自甲午至癸亥为后甲,其策万有八百。"

十二辟卦

子复,丑临,寅泰,卯大壮,辰夬,巳乾,午姤,未遯,朱太史曰:"《归藏》本文作遾。"申否,酉观,戌剥,朱太史曰:"《归藏》本文作仆。"亥坤。徐善《四易》。

徐善曰:"此《归藏》十二辟卦,所谓商易也。辟者,君也。其法:先置一六画坤卦,以六阳爻次第变之,即成复、临、泰、大壮、夬五辟卦;次置一六画乾卦,以六阴爻次第变之,即成姤、遯、否、观、剥五辟卦,十辟见而纲领定矣。又置一六画坤卦,以复辟变之,成六卦之一阳;以临辟变之,成十五卦之二阳;以泰辟变之,成二十卦之三阳;以大壮辟变之,成十五卦之四阳;以夬辟变之,成六卦之五阳;更进为纯乾,而六十四卦之序已定矣。徐而察之,乾之六位已为递变之新爻,而坤之六位犹为未变之旧画,即卦中阳爻已变而阴爻犹故也。于是复置新成之乾卦,以姤辟变之,成六卦之一阴;以遯辟变之,成十五卦之二阴;以否辟变之,成二十卦之三阴;以观辟变之,成十五卦之四阴;以剥辟变之,成六卦之五阴;更进为纯坤,而坤之六位已更新矣。卒之非有两营也,止此六十四虚位。顺而求之,由坤七变,得阳爻一百九十二,而纯坤之体见②。逆而溯之,由乾七变,得阴爻一百九十一③,而纯坤之体见。一反一覆,而三百八十四爻之易以全矣。"

---

① 依文义当云"乾上应有夷卦"。
② 依文义,"坤"当作"乾",《经义考》所引徐善语不误。
③ 依文义,后"一"字当作"二",《经义考》所引徐善语不误。

归藏·齐母经（"齐母"不知何义。按《归藏》以奥为首,奥者,物之母也。郭璞《山海经注》又引有《郑母》。疑十二辟卦以十二分野配之,未审是否。）

瞿。有瞿有觚。宵梁为酒,尊于两壶。两羭饮之,三日然后稣。土有泽,我取其鱼。（《尔雅·释兽·羊属》郭璞注引《归藏》"两壶两羭",邢昺疏"此《归藏·齐母经》'瞿有'之文也。案彼文"云云,考《西溪易说》引《归藏》卦名有"瞿",此即瞿卦爻辞也,邢昺谓"瞿有"之文恐非。）

归藏·郑母经

明夷曰:昔夏后启筮乘飞龙而登于天,而枚占于皋陶,陶曰吉。（郭璞《山海经注》引《归藏·郑母经》曰:"夏后启筮御飞龙登于天,吉。"案:张华《博物志》卷九《杂说上》引多"明夷曰昔"及"而枚占于皋陶陶曰"十二字,"御"作"乘","龙"下有"而"字。《太平御览》卷九百二十九引《归藏》曰:"昔夏后启上乘龙飞以登于天,皋陶占之曰吉。"文虽小异,要为此节遗文也,兹据补。）

昔夏启筮徙九鼎,启果徙之。（《博物志》卷九《杂说上》引此与前为一节,此下更有四节,盖一篇之文,故次于此。）

昔舜筮登天为神,枚占有黄龙神,曰:"不吉。"（同上）

武王伐纣,枚占耆老,耆老曰:"吉。"（同上）

昔鲧筮注洪水,而枚占大明,曰:"不吉。有初无后。"（同上）

昔者桀筮伐唐,而枚占荧惑,曰:"不吉。不利出征,惟利安处。彼为狸,我为鼠。勿用作事,恐伤其父。"（《太平御览》卷八十二引《归藏》云"昔桀筮伐唐,而枚占于荧惑,曰:不吉。不利出征,惟利安处,彼狸为鼠",脱"为""我"二字。又卷九百一十二引云:"昔者桀筮伐唐,而枚占荧惑,曰:不吉。彼为狸,我为鼠,勿用作事,恐伤其父。"王氏《汉艺文志考》顺为一节,今依录之。《博物志》引云"桀筮伐唐,而枚占荧惑,曰不吉",不及爻辞,彼盖约文言之尔。）

昔者羿善射,毕十日,果毕之。（郭璞《山海经注》引《归藏·郑母经》。《〈尚书·五子之歌〉正义》《春秋左传》襄四年《义》并引《归藏易》"羿䮝①"。）

---

① "䮝"当作"彈",《说文解字》云:"彈,射也。"按《尚书正义》作"彈",《春秋左传正义》作"弹(彈)","弹(彈)"显係"彈"形近误字。

遗爻附(案:徐善《四易》谓《归藏》三百八十四爻,是每卦六爻,与《周易》同。爻当属经,传注所引只有《齐母》《郑母》,其可考者已分属于二篇,其但引卦名与卦名并不详者,未敢强属,故附经后,题"遗爻"以别之。)

舆(开筮)。帝尧降二女为舜妃。(《周礼·春官·太卜》贾公彦疏。)

屯。屯膏。(《西溪易说》云:"今以《周易》质之《归藏》,不特卦名用商,卦辞亦用商,如屯之'屯膏',师之'帅师',渐之'取女',归妹之'承筐',皆用商《易》旧文。")

师。帅师。(《西溪易说》)

小毒畜。其丈夫。(朱震《汉上易·丛说》引《归藏·小畜》。)

鼎。鼎有黄耳,利取鲔鲤。(欧阳询《艺文类聚》卷九十九。)

仆。良人得其玉,小人得其粟。(《太平御览》卷八百四十引作"剥"。马骕《绎史》卷十四引作"君子得其粟"。)

节。殷王其国,常毋若谷①。(《周礼·春官·太卜》贾公彦疏引《归藏》云"见节卦"。罗苹《路史注》引作"常毋谷月"。)

归妹。承筐。(《西溪易说》)

渐。取女。(同上)

明尸。垂其翼。(同上)

已上爻辞有卦名可考者,依《西溪易说》所次卦序次之,至所引"初乾。其争言""初坤。荣荦之华""初艮。徽徽鸣狐""初兑。其言语敦""初莘。为庆身不动""初离。离监监""初厘。燀若雷之声""初巽。有鸟将至而垂翼",虽皆有卦名,而皆系"初"字,故入《初经》,不复录此,其无卦名可考者列后。

上有高台,下有雝池。以此事君,其富如何。(《太平御览》卷四百七十二②。王应麟《汉艺文考》引作"以此贾市③,其富如河汉"。《绎史》引作"河海"。)

有白云出自苍梧,入于大梁。(虞世南《北堂书钞》卷一百五十。徐坚《初

---

① 《周礼疏》作"常毋谷若","若"字属下读。

② 《太平御览》四七二作"上有高台,下有雝池。以此事君,其贵若化。若以贾市,其富如河汉"。

③ 以此,《汉艺文志考证》作"若以"。

学记》卷一。《文选》卷二十谢玄晖《新亭渚别范零陵诗》李善注。)

　　虽有丰隆茎得云气而结核。(《北堂书钞》卷一百五十。)

　　乾者,积石风穴之琴。(《北堂书钞》①)

　　有凫鸳鸯,有雁鹩鹅。(《艺文类聚》卷九十二。《太平御览》卷九百二十五。《汉志考》卷一。)

　　有人将来,遗我货贝。以至则彻,以求则得。有喜将至。(《艺文类聚》卷八十四。《太平御览》卷八十七②。)

　　君子戒车,小人戒徒。(《文选》卷二十颜延年《秋胡妻诗》注。王应麟《玉海》卷三十五。)

　　有人将来,遗我钱财,自夜望之。(《太平御览》卷八百三十五。)

归藏·本蓍篇

　　蓍二千岁而三百茎,其本以老,故知吉凶。(张华《博物志》。)

　　蓍末大于本,为上吉;蒿末大于本,次吉;荆末大于本,次吉;箭末大于本,次吉;竹末大于本,次吉。蓍一五神,蒿二四神,荆二三神③,箭四二神,竹五一神。筮五犯皆藏④,五筮之神皆聚焉⑤。(《太平御览》卷七百二十七引《归藏》。按《博物志》云"蓍末大于本上吉,次蒿,次荆,皆如是",盖约文言之。朱太史《经义考》云:"当属《本蓍篇》中语。"兹并据以采补。)

　　筮必沐浴斋戒食香。每日望浴蓍,必五浴之。浴龟亦然⑥。(《博物志》卷九。)

　　归藏·启筮篇(朱氏《经义考》云:"按《归藏》之书,有《本蓍篇》,亦有《启筮篇》。")

　　瞻彼上天,一明一晦。有夫羲和之子,出于阳谷。(郭璞《山海经注》引《归藏·启筮》。)

---

① 此似漏略卷数,当云"《北堂书钞》卷一百五十八"。
② "卷八十七"当作"卷八百七"。
③ "二"当作"三",《太平御览》不误。
④ 藏,《太平御览》作"臧"。
⑤ 《太平御览》"神"下有"明"字。
⑥ 底本"龟"字处原空阙,兹据《博物志》补。

空桑之苍苍,八极之既张,乃有夫羲和,是主日月出入①,以为晦明。(罗泌《路史·前纪二②》引《归藏·启筮》。)

共工,人面蛇身朱发。(郭璞《山海经注》、罗苹《路史注》并引《归藏·启筮》。)

丽山之子,青羽人面马身。(郭璞《山海经注》引《归藏·启筮》。罗苹《路史注》引首句云"丽山之子鼓"。)

羽民之状,鸟喙赤目而白首。(郭璞《山海经注》引《归藏·启筮》。)

金水之子,其名曰羽蒙,乃之羽民③,是生百鸟。(《文选》卷十三祢正平《鹦鹉赋》注引作《归藏·殷筮》。《太平御览》卷九百十四作《启筮》,引多"乃之羽民"四字。)

滔滔洪水,无所止极,伯鲧乃以息石息壤,以填洪水。(郭璞《山海经④》引《归藏·启筮》。)

鲧去三岁不腐,剖之以吴刃,化为黄熊⑤。(同上)

大副之吴刀,是用生禹。(《初学记》卷二十二。)

昔彼《九冥》,是与帝《辨》同宫之序,是为《九歌》。(郭璞《山海经注》引《归藏·启筮》。)

不得窃《辨》与《九歌》以国于下。(同上)

昔者夏后享神于晋之墟,作为璇台,于水之阳。(《文选》卷四十六王元长《三月三日曲水诗序》注。《太平御览》卷八十二引《归藏·启筮》,又卷一百七十七引作"晋之灵台",无"昔者"及"于水之阳"六字。)

昔夏后启筮享神于大陵,而上钧台,枚占皋陶,曰:"不吉。"(《太平御览》卷八十二。《初学记》卷二十二引至"钧台"。)

逸文(凡传纪所引无篇名可考者,皆附于下。)

乾为天,为君,为父,为大赤,为辟,为卿,为马,为禾,为血卦。(朱震《易

---

① 《路史》"出入"上有"职"字。
② "空桑之苍苍"条见《路史·前纪三》。
③ 《太平御览》"乃"下有"占"字,"之"下有"曰"字。
④ 当云"山海经注"。
⑤ 《山海经注》"熊"作"龙"。

丛说》。罗苹《路史注》。)

苍帝起,青云扶日。赤帝起,黄云扶月。

东君,云中。(司马贞《史记索隐》云:"东君、云中,见《归藏易》。")

昔女娲筮张幕①,枚占之,曰:"吉。昭昭九州,日月代极。平均土地,和合四国。"(《太平御览》卷七十八。《汉艺文志考》卷一。)

昔黄帝与炎神争斗涿鹿之野,将战,筮于巫咸,曰:"果哉而有咎。"(《太平御览》卷七十九。《汉艺文志考》引云"黄帝将战,筮于巫咸"。罗苹《路史注》引云"昔黄神与炎帝战于涿鹿"。)

蚩尤伐空桑,帝所居也。(罗苹《路史注》。)

蚩尤出自羊水,八肱八趾疏首,九淖以伐空桑②,黄帝杀之于青邱,作《棡鼓之曲》十章:一曰《雷震惊③》,二曰《猛虎骇》,三曰《鸷鸟击》,四曰《龙媒蹀》,五曰《灵夔吼》,六曰《雕鹗争》,七曰《壮士奋④》,八曰《熊罴哮⑤》,九曰《石荡崖》,十曰《波荡壑》。(《初学记》卷九引"蚩尤"至"青邱"。冯惟讷《诗纪》引有《棡鼓之曲》以下。)

昔常娥以不死之药犇月。(《文选》卷十三谢希逸《月赋》注。《太平御览》卷九百八十四。《汉艺文志考》引作"昔常娥以西王母不死之药服之,遂奔月为月精"。)

昔者河伯筮与洛战,而枚占昆吾,占之不吉。(《初学记》卷二十。)

穆王猎于弋之墅。(《太平御览》卷八百三十一引《尚书归藏》,"尚书"二字误。)

昔穆王子筮卦于禺强。(《庄子·释文》。《汉艺文志考》卷一。)

昔穆王天子筮西出于征⑥,不吉,曰:"龙降于天,而道里修远。飞而冲天,苍苍其羽。"(《太平御览》卷八十五。)

---

① 《太平御览》"幕"上有"云"字。

② 《初学记》《诗纪》"九"上有"登"字,是也。

③ 《诗纪》作"震雷惊"。

④ 《诗纪》"奋"下有"怒"字。

⑤ 《诗纪》"哮"下有"唬"字。

⑥ 《太平御览》"西出于征"作"出于西征"。

附诸家论说

《礼记》:"孔子曰:'吾欲观殷道,是故之宋,而不足征也,吾得《坤乾》焉。'"

《山海经》曰:黄帝氏得《河图》,商人因之,曰《归藏》。

《周礼》:太卜掌三易之法,一曰《连山》,二曰《归藏》,三曰《周易》,其经卦皆八,其别皆六十四。

杜子春曰:《归藏》,黄帝。

桓谭曰:《归藏》四千三百言。又曰:《归藏》藏于太卜。

郑康成曰:殷阴阳之书,存者有《归藏》。

淳于俊曰:《归藏》者,万物莫不归藏于中也。

阮孝绪曰:《归藏》载卜筮之书杂事。

刘勰曰:《归藏》之经,大明迂怪,乃称羿毙十日,常娥奔月。

《隋书》:《归藏》已亡,按晋《中经》有之,惟载卜筮,不似圣人之旨。

孔颖达曰:《归藏》起于黄帝。又曰:圣人因时随宜,不必皆相因,故《归藏》名卦之次亦多异。又曰:孔子曰"吾得《坤乾》焉",殷《易》以坤为首,故先坤后乾。

贾公彦曰:此《归藏易》以纯坤为首,坤为地,万物莫不归而藏于其中。又曰:殷以十二月为正,地统,故以坤为首。

元稹曰:穆姜遇艮,足征《麟史》之文;尼父得坤,亦用《归藏》之首。

李石曰:按《乾凿度》曰"垂皇策者盖伏羲",用蓍卦已重矣。然而世质民淳,法惟用七八,六十四卦皆不动,若乾止于乾,坤止于坤,不能变也。夏商因之,皆以七八为占,《连山》《归藏》是已。后世浇薄,始用九六为占,不如是不足以应天下之变。

刘敞曰:坤者,万物所归,商以坤为首,《礼运》"吾得《坤乾》焉",此《归藏》之易。

邢昺曰:《归藏》者,成汤之所作,是三《易》之一也。

欧阳修曰:周之末世,夏商之《易》已亡,汉初虽有《归藏》,已非古经,今书三篇,莫可究矣。

邵子曰:商以建丑之月为正月,谓之地统,《易》曰《归藏》,以坤为首,坤者,地也。

方悫曰:《归藏》首乎坤,各归其根,密藏其用,皆殷之所为,则合乎地之时焉,殷用地正,故其书名之。

黄裳曰:微显者,易之知也,故商曰《归藏》。《归藏》者,以其藏诸用而言之也。

王观国曰:《礼记》孔子曰"吾得《坤乾》焉",郑氏注:"得商阴阳之书,其书存者有《归藏》。"《尔雅·释羊属》有"牡羭",郭璞注引《归藏》曰"两壶两羭",《初学记·云部》引《归藏》曰"有白云出苍梧,入于大梁",此可以见矣。

《中兴书目》:《归藏》,隋世有十三篇,今但存《初经》《齐母》《本蓍》三篇,文多阙乱,不可训释。

吴沆曰:《周礼》:"太卜掌三《易》,《连山》《归藏》《周易》,其经卦皆八,其别皆六十有四。"此则《连山》《归藏》之卦,自重于三皇之时,而《周易》乃重于文王之世。

吴仁杰曰:《连山》《归藏》以不变者占,其占不出于本卦;《周易》以不变者占,其占必通于两卦,《春秋传》之文可考也。

魏了翁曰:《周易》,三易之义;"阖户谓之坤",即《归藏》终万物;始万物莫盛乎艮,即《连山》。

李纲曰:《归藏》,商易也,以坤为首,故曰《归藏》。孔子观商道于宋,得《坤乾》焉,盖《归藏》之书。

朱震曰:《归藏》之书,其《初经》者,庖牺氏之本旨也。又曰:《周礼》"三《易》经卦皆八",所谓"经卦",则《初经》之卦也。

张行成曰:商曰《归藏》,地《易》也。《元包》义取之。

郑锷曰:《归藏》以坤为首,商人之《易》,其卦坤上坤下,故曰《归藏》,言如地道之包含万物,所归而藏也。

郑樵曰:《连山》亡矣。《归藏》,唐有司马膺注十三卷,今亦亡,隋有薛贞注十三卷,今所存者,《初经》《齐母》《本蓍》三篇而已。言占筮事,其辞质,其义古,后学以其不文,则疑而弃之。往往《连山》所以亡者,且过于此矣。独不知后之人,能为此文乎?

杨简曰:孔子之时,《归藏》犹存,故曰"之宋得《坤乾》焉"。

罗泌曰:黄帝正坤乾,分离坎,倚象衍数,以成一代之宜,谓土为祥,乃重坤以为首,所谓《归藏易》也。又曰:《归藏》者,归藏氏之书也,商人因之。又曰:《归藏》用八。

罗苹曰:《归藏》,黄帝《易》,而《坤·启筮》乃有"尧降二女以舜妃"之语,节卦云"殷王其国,常母谷月①"之类,其卦是也,其文非也,盖《归藏》之文,汤代之作。

林学蒙曰:《易疏》论《连山》《归藏》,一以为伏羲、黄帝之书,一以为夏商之《易》,未知孰是。

蒋君实曰:商之序《易》,以坤为首,其尚质、尚白之制,皆自此出也。

李过曰:《易钞》云:"天尊地卑,乾坤之定位也。商《易》首坤,是地尊乎天也。商《易》所以不传。"不知商人建丑,以十二月为岁首,取丑未之冲为地统,坤为地,商用地统,只得首坤。

王应麟曰:《越绝外传》范子曰:"道生气,气生阴,阴生阳。"愚谓先阴后阳,即《归藏》先坤之意,阖而辟,静而动。

马端临曰:《连山》《归藏》乃夏商之《易》,本在《周易》之前。然《归藏》,《汉志》无之;《连山》,《隋志》无之。盖二书至晋、隋间始出。而《连山》出于刘炫伪作,《北史》明言之;度《归藏》之为书,亦此类尔。

葛寅炎曰:《归藏》,黄帝中天易也。

家铉翁曰:《归藏》之书,作于黄帝,而六十甲与先天六十四卦并行者,乃中天《归藏易》也。

朱元昇曰:《归藏》虽自黄帝作,实循伏羲之序卦。《汉·律历志》曰:"伏羲画八卦,由数而起,至黄帝而大备。"是知伏羲《易》与黄帝《易》一以贯之者也。又曰:《周礼》"太卜掌三《易》之法""筮人掌三《易》以辨九筮之名",初未尝以《周易》废《归藏》也。鲁襄公九年,穆姜为筮,而遇艮之八,杜预释之曰:"是杂用《连山》《归藏》《周易》也。"以此见春秋之时,《归藏》尚无恙也。又

---

① 《路史注》"母"作"毌","月"作"目"。

曰:《归藏》取则《河图》者也。《河图》藏十不具,是以《归藏》去十不用。

吴澄曰:《归藏》,商之《易》。又曰:夏、商二《易》,盖因羲皇所画之卦而用之,以占筮卦序与先天自然之序不同,故《连山》首艮,《归藏》首坤。

吴莱曰:《归藏》三卷,晋薛贞注,今或杂见他书,颇类焦赣《易林》,非古《易》也。

赵道一曰:轩辕黄帝取伏羲卦象,法而用之,据神农所重六十四卦之义,帝乃作八卦之说,谓之"八索",求重卦之义也。帝一号"归藏氏",乃名所制曰《归藏书》,此《易》之始也。

朱隐老曰:《归藏》,黄帝之《易》也,以坤为首,而凡建丑者宗之,不特殷人为然也。

朱升曰:《归藏》首坤。静,动之首也。

丁易东曰:夏曰《连山》,商曰《归藏》,虽首艮、首坤之不同,然皆止以下卦为贞,上卦为悔,故箕子《洪范》但云"占用二"耳。

何乔新曰:《隋·经籍志》有《归藏》十三卷,出于刘光伯所上,意甚浅陋,书虽不传,《易》所谓"坤以藏之",即《归藏》之遗意也。

何孟春曰:殷《易》先坤后乾,有静斯动,阴阳之定理也。

杨慎曰:《连山》藏于兰台,《归藏》藏于太卜,见桓谭《新论》,则后汉时《连山》《归藏》犹存,不可以《艺文志》不列其目而疑之。

胡应麟曰:《七略》无《归藏》,《中经簿》始有此书,《隋志》因之,称此书"惟载卜筮,不类圣人之旨",盖唐世固疑其伪矣。

郑元锡曰:《归藏》首坤,藏而后发。孔子曰:"吾欲观商道,得《坤乾》焉。"盖善之也,然于《易》褊矣。

沈懋孝曰:商《易》首坤,以藏敛而发动直之机。

郝敬曰:《归藏》坤卦,坤为地,百昌归土,曰"归藏"。

焦竑曰:《归藏》坤也,商时讲学者首重在静。

董斯张曰:《归藏易》今亡,惟存六十四卦名,而又阙其四,与《周易》不同。

孙奇逢曰:《归藏》首坤,坤以藏之。天下事不竭于发而竭于藏。退藏不密,生趣所以日枯也,故藏者养也,坤元所以资生也。

徐善曰:《归藏》之亡久矣。有求之《古三坟》及司马膺、薛贞之书者,失之讹;有即指归魂、纳甲之书为《归藏》者①,失之陋;有谬解乾君坤藏之语而谓方图即《归藏》者,失之附会;若卫氏之操笔妄拟,则失之肆矣。

朱彝尊曰:按《归藏》隋时尚存,至宋犹有《初经》《齐母》《本蓍》三篇。其见于传注所引者,辞皆古奥。而孔氏《正义》谓《归藏》"伪妄之书",亦未尽然。若《三坟书》以《归藏易》为《气坟》,其爻卦大象曰"天气归,地气藏,木气生,风气动,火气长,水气育,山气止,金气杀",各为之传,则较传注所引大不伦矣。

马骕曰:《周礼》"大史掌三《易》",近师以《归藏》为殷《易》之名也,其繇辞诸书所引用多古质。

---

① 底本"甲"字原误"曰",据文义订正。

参校各书

[1]《尚书正义》,旧题孔安国传,孔颖达疏:《中华再造善本》影印中国国家图书馆藏宋两浙东路茶盐司刻本。

[2]《周礼注疏》,郑玄注,贾公彦疏:《中华再造善本》影印中国国家图书馆藏宋两浙东路茶盐司刻宋元递修本。

[3]《春秋左传正义》,杜预注,孔颖达疏:《中华再造善本》影印中国国家图书馆藏宋庆元六年绍兴府刻宋元递修本。

[4]《论语注疏解经》,何晏注,邢昺疏,中国国家图书馆藏元泰定四年(1327年)刻明修本。

[5]《山海经》,郭璞注:《中华再造善本》影印中国国家图书馆藏宋淳熙七年池阳郡斋刻本。

[6]《尔雅》,郭璞注:《中华再造善本》影印中国国家图书馆藏宋刻本。

[7]《尔雅疏》,邢昺撰:《四部丛刊续编》影印宋刊本。

[8]《说文解字》,许慎撰,中华书局影印清同治十二年(1873年)陈昌治刻本。

[9]《博物志》,张华撰,日本内阁文库藏清嘉庆九年(1804年)黄丕烈士礼居影刻连江叶氏本。

[10]《文选》,萧统编,李善注,中华书局影印清嘉庆十四年(1809年)胡克家校刻本。

[11]《北堂书钞》,虞世南撰,台北"国家图书馆"藏清嘉庆间阳湖孙氏影宋钞本。

[12]《艺文类聚》,欧阳询撰,《中华再造善本》影印上海图书馆藏宋刻本。

[13]《初学记》,徐坚等撰,日本宫内厅书陵部藏宋绍兴十七年(1147年)东阳崇川余四十三郎宅刊本。

[14]《白孔六帖》,白居易、孔传撰,台北故宫博物院藏明嘉靖间苏州覆宋刊本。

[15]《太平御览》,李昉等撰,《四部丛刊三编》影印日本静嘉堂文库藏宋

刊本(少数卷帙配补日聚珍本)。

[16]《崇文总目辑释》,王尧臣等撰,钱东垣等辑释:《续修四库全书》(916 册)影印《汗筠斋丛书》本。

[17]《汉上易传》(附《易丛说》),朱震撰,天津图书馆藏清康熙十九年(1680 年)《通志堂经解》本。

[18]《路史》,罗泌撰,罗苹注,中国国家图书馆藏明万历三十九年(1611年)乔可传刻本。

[19]《困学纪闻》,王应麟撰:《中华再造善本》影印中国国家图书馆藏元泰定二年(1325 年)庆元路儒学刻本。

[20]《玉海》,王应麟撰:《中华再造善本》影印中国国家图书馆藏元至元六年(1340 年)庆元路儒学刻本。

[21]《汉艺文志考证》,王应麟撰:《中华再造善本》影印中国国家图书馆藏元至元六年(1340 年)庆元路儒学刻本。

[22]《渊颖吴先生集》,吴莱撰:《中华再造善本》影印中国国家图书馆藏元末刻本。

[23]《诗纪》,冯惟讷,中国国家图书馆藏明万历间吴琯刻本。

[24]《绎史》,马骕撰,中国国家图书馆藏清康熙九年(1670 年)刻本。

[25]《经义考》,朱彝尊撰,天津图书馆藏清乾隆二十年(1755 年)卢见曾刻本。

[26]《周易洗心》,任启运撰,美国普林斯顿大学图书馆藏清乾隆三十四年(1769 年)任氏清芬堂刻本。

后　记

2010年,我从北京师范大学博士毕业,博士论文以《张载易学研究》为题,廖名春教授是我的答辩主席。答辩时廖老师问我一个问题——张载借助《周易》经传阐发出了如此博大精深的思想,那么有没有考虑《周易》卦爻辞本身是什么意思?廖老师的这个问题促使我开始了对《周易》经传本身,尤其是《周易》古经"本义"的思考和探索。之后我便跟随廖老师开始了为期两年的博士后学习,研究范式也由之前的中国哲学史转向了历史文献学。

廖老师是当代著名易学家,尤其擅长出土文献,在马王堆帛书《周易》方面的研究堪称独步。我一进站,廖老师给我布置的任务是研究王家台秦简《归藏》。起初,由于我对出土文献的学习、研究还处在起步阶段,感觉捉襟见肘,无从下手,好在有廖老师的悉心关爱和严格教导,我从最基础的"集释"做起,开始逐渐走上正途。

从哲学史的角度研究易学,重在逻辑分析和思想诠释,而历史文献学的研究方法又立足于实证研究,二者的张力在易学中尤为突出。好在我博士在读期间,郑万耕老师特别强调易学哲学研究中的历史、实证的维度,在教导我以朱伯崑先生《易学哲学史》为易学研究典范的同时,郑老师也十分看重高亨先生以文献实证为基本范式的《周易》研究,这也成为我后来跟随廖老师学习《易》类出土文献的机缘之一。

经过两年的学习,我的博士后出站报告即是以《归藏研究》为题。但实际上做完报告的那一刻才意识到自己在这方面是多么的浅陋,也才认识到真正对《易》类出土文献的研究才刚刚开始。此后在人民大学就职的数年,我也一直为研究生开设易学专题的课程,和学生们一起讨论、思考,对此前的研究进行不断的修订、补充。2015 年,我以《归藏研究》为题申报的国家社科基金青年项目顺利获得立项,大大促进了研究的进展,并于 2020 年结项。回顾这十余年来《归藏》研究的发展,相关《易》类出土文献研究的不断拓展,尤其是清华简(四)的公布和相关研究的深入开展,对《归藏》研究的推进起到了极为关键的作用。经过这些年的追踪、积累,在诸多师友的敦促下,我也觉得有必要对《归藏》研究做一个阶段性的总结,这才有了这部小书的问世。

秦简《归藏》的出土使我们对《归藏》这部古书有了全新的认识,更重要的是它对于易学整体的意义和价值。其中较为突出的,比如《归藏》卦名与《周易》大同小异的问题,这一问题促使我们对易卦卦名的来源及其与卦义的关系进行思考,进而考察卦爻辞的创作、编纂等重要问题。就本书的研究而言,高亨"依筮辞而题卦名"的说法具有重要意义,我虽然不是完全认同高亨之说,但顺着这一思路,能够解决部分易卦卦名差异的疑难问题,并且对于了解卦名与卦义的关系,卦爻辞的创作、编纂也具有重要的启示作用。书中提出的"卦名的先天形式"、卦爻辞的"母本""重卦说"与八卦卦名、卦义的关系等,虽说还有待进一步求正于学界方家,但均是源于对卦名差异的探究。此外,还有由对卦义的考察延伸至易学的诠释问题。我们看到传统的训诂在易学意义生发中具有重要作用,由此进一步考察,易学史上不同时期的易学家会在《易传》及训诂的基础上,借助"勾连""植入"等方式进行创造性诠释的学术图景,从而对中国古代经学诠释以及中国古代哲学发展、演进的内在逻辑、根本特征、基本旨趣等窥得一斑。这也是从经学的角度对中国古代哲学所作的一次尝试性观照。

当然,本书还有很多不足,甚至错误,还有待于学界同仁的批评指正。

无论如何,这本小书也是我学习和研究的一个阶段性总结,回首十余年的学习历程,如果说多少有一点收获的话,也要感谢一路教导、帮助、支持我的各位师友和亲人。

感谢我的博士后导师廖名春教授。廖老师系湘人,为人刚直,敢怒敢言,学问精深,著述等身。廖老师的谆谆教诲引导我走上出土文献的研究道路,极大地拓展了我的学术视野。这本小书实际上也是交给廖老师的一篇"作业",

迟交数年,且不尽如人意,有愧于师恩。如今老师业已退休,而前师母周珊珊女士也于数年前辞世,周师母为人坦诚直率,热情开朗,与我们这些学生无话不谈,席间还常为我们表演家乡民谣,深受我们这些学生爱戴。斯人已逝,但音容笑貌却一直留存在我们心底,故也借此寄托对周师母的感恩和哀思。

感谢李锐师兄在我课题研究过程中给予的热心指导。感谢陈颖飞、孙飞燕、牛鹏涛、邓少平、黄甜甜、赵晶、刘丽、叶攀、严明、夏虞南、陈鸿超和蔡卓,在你们的帮助下,与你们的交流中,我度过了在清华园最愉快的时光。

感谢国家社科基金结项评审专家们提出的宝贵意见,让我获益良多。

本书的附录部分,从文献的搜集到初步的整理,我的两位研究生殷展鹏和罗臻做了大量的工作。初稿完成后我深感在校勘方面水平有限,请同事章莎菲女士斧正,章老师不辞辛劳,进行了全面、细致的修订,在此深表谢意。

感谢人民出版社对本书出版工作的帮助。感谢我所供职的人大国学院在本书出版方面给予的支持。

书中部分章节内容曾以单篇论文的形式在《中国哲学史》《世界宗教研究》《现代哲学》《中州学刊》《船山学刊》《中国社会科学报》等刊物上发表,在此向以上刊物谨表谢忱。

最后,感谢我的家人,从我早年求学到现在的科研、教学工作,你们做出了太多牺牲,我只能用更多的努力带给你们欣慰。

辛亚民

2025 年 3 月 10 日

责任编辑：戚万迁
封面设计：汪　阳

图书在版编目（CIP）数据

归藏研究/辛亚民 著. —北京：人民出版社，2025.3
ISBN 978－7－01－026592－6

Ⅰ.①归…　Ⅱ.①辛…　Ⅲ.①《周易》-研究　Ⅳ.①B221.5

中国国家版本馆 CIP 数据核字（2024）第 108043 号

归藏研究
GUI CANG YANJIU

辛亚民　著

人民出版社 出版发行
（100706　北京市东城区隆福寺街 99 号）

北京九州迅驰传媒文化有限公司印刷　新华书店经销

2025 年 3 月第 1 版　2025 年 3 月北京第 1 次印刷
开本：710 毫米×1000 毫米 1/16　印张：26.5
字数：406 千字

ISBN 978－7－01－026592－6　定价：98.00 元

邮购地址 100706　北京市东城区隆福寺街 99 号
人民东方图书销售中心　电话 （010）65250042　65289539